LE PROBLÈME DU LANGAGE CHEZ KANT

DERNIÈRES PUBLICATIONS SUR KANT
À LA MÊME LIBRAIRIE

THEIS R., *La raison et son Dieu. Étude sur la théologie kantienne*, 2012, 320 p.

BAROT E. et SERVOIS J. (dir.), *Kant face aux mathématiques modernes*, 2009, 288 p.

GALLOIS L., *Le souverain bien chez Kant*, 2008, 272 p.

PRIHONSKY F., *Bolzano critique de Kant*, 2006, 192 p.

FOISNEAU L. et THOUARD D. (dir.), *De la violence à la politique. Kant et Hobbes*, 2005, 256 p.

COHEN-HALIMI M., *Entendre raison. Essai sur la philosophie pratique de Kant*, 2004, 384 p.

PIEROBON F., *Kant et les mathématiques*, 2003, 240 p.

BIBLIOTHÈQUE D'HISTOIRE DE LA PHILOSOPHIE

NOUVELLE SÉRIE

Fondateur : Henri GOUHIER — Directeur : Emmanuel CATTIN

LE PROBLÈME DU LANGAGE CHEZ KANT

par

Raphaël EHRSAM

Ouvrage publié avec le concours du Centre national du livre

PARIS

LIBRAIRIE PHILOSOPHIQUE J. VRIN

6, Place de la Sorbonne, Ve

2016

À mon père, pour son courage

Imprimé en France
ISSN 0249-7980
ISBN 978-2-7116-2721-9

www.vrin.fr

ABRÉVIATIONS

Nous renvoyons aux traductions françaises des œuvres de Kant dont nous avons fait l'usage à l'aide des abréviations suivantes :

FS	*La fausse subtilité des quatre figures du syllogisme* [1762], trad. fr. J. Ferrari, in *Œuvres philosophiques*, F. Alquié (dir.), Paris, Gallimard, 1980, t. I, p. 177-194
RE	*Recherche sur l'évidence des principes de la théologie naturelle et de la morale* [1763], trad. fr. M. Fichant, Paris, Vrin, 1966
UA	*L'unique argument possible pour une démonstration de l'existence de Dieu* [1763], trad. fr. R. Theis, Paris, Vrin, 2001
Rem.	*Remarques touchant les observations sur le sentiment du beau et du sublime* [Réflexions des années 1760], trad. fr. B. Geonget, Paris, Vrin, 1994
RVRM	*Rêves d'un visionnaire expliqués par des rêves métaphysiques* [1766], trad. fr. F. Courtès, Paris, Vrin, 2013
Diss.	*Dissertation de 1770* [1770], trad. fr. P. Mouy, Paris, Vrin, 1942
Duis.	*Manuscrit de Duisbourg* [*1774-1775*] – *Choix de réflexions des années 1772-1777*, trad. fr. F.-X. Chenet, Paris, Vrin, 1988
Abr.	*Abrégé de philosophie* [en allemand *Vorlesungen über die philosophische Enzuklopädie*, prononcées entre 1775 et 1779], trad. fr. A. Pelletier, Paris, Vrin, 2009

CRP	*Critique de la raison pure* [1781; 1787], trad. fr. A. Renaut, Paris, GF, 2001
A	*Critique de la raison pure*, édition de 1781
B	*Critique de la raison pure*, édition de 1787
Prol.	*Prolégomènes à toute métaphysique future qui pourra se présenter comme science* [1783], trad. fr. L. Guillermit, Paris, Vrin, 1986
IHU	*Idée d'une histoire universelle au point de vue cosmopolitique* [1784], trad. fr. S. Piobetta in *La philosophie de l'histoire*, Paris, Aubier, 1947, p. 57-79
QQL	*Qu'est-ce que les Lumières?* [1784], trad. fr. J.-M. Muglioni, Paris, Hatier, 2007
LE	*Leçons d'éthique* [traduction de l'édition de Menzer des *Vorlesungen*, correspondant principalement au manuscrit Collins reproduit dans l'édition de l'Académie de Berlin. Manuscrit daté par les éditeurs de l'Académie du semestre d'hiver 1784-1785], trad. fr. L. Langlois, Paris, LGF, 1997
FMM	*Fondation de la métaphysique des mœurs* [1785], trad. fr. A. Renaut, *Métaphysique des mœurs*, Paris, GF, 1994
Herder.	*Compte-rendu de Herder* « *Idées en vue d'une philosophie de l'histoire de l'humanité* » [1785], trad. fr. S. Piobetta, in *La philosophie de l'histoire*, Paris, Aubier, 1947, p. 93-126
Conj.	*Conjectures sur les débuts de l'histoire humaine* [1786], trad. fr. S. Piobetta, in *La philosophie de l'histoire*, Paris, Aubier, 1947, p. 151-172
QSOP	*Que signifie : s'orienter dans la pensée?* [1786], trad. fr. J.-F. Poirier et F. Proust, Paris, GF, 2006
LM	*Leçons de métaphysique* [manuscrits *Metaphysik* L_2 *et Metaphysik* L_1, leçons datées par Pölitz de 1788, par Heinze entre 1775 et 1780], trad. fr. M. Castillo, Paris, Le Livre de Poche, 1993
PPM	*Premiers principes métaphysiques de la science de la nature* [1786], trad. fr. F. de Gandt, in *Œuvres philosophiques*, F. Alquié (dir.), t. II, Paris, Gallimard, 1985, p. 363-493
CRprat.	*Critique de la raison pratique* [1788], trad. fr. J.-P. Füssler, Paris, GF, 2003
CFJ	*Critique de la faculté de juger* [1790], trad. fr. A. Philonenko, Paris, Vrin, 1993

Eberhard.	*Réponse à Eberhard* [1790], trad. fr. J. Benoist, Paris, Vrin, 1999
Progrès	*Les progrès de la métaphysique en Allemagne depuis Leibniz et Wolff* [1791], trad. fr. L. Guillermit, Paris, Vrin, 1990
Rel.	*La religion dans les limites de la simple raison* [1793], trad. fr. J. Gibelin revue par M. Naar, Paris, Vrin, 2010
Th. et prat.	*Théorie et pratique* [1793], trad. fr. L. Guillermit, Paris, Vrin, 1967
DD	*Doctrine du droit* [1796], trad. fr. A. Renaut, *Métaphysique des mœurs*, Paris, GF, 1994
Ton	*Sur un ton grand seigneur adopté nagère en philosophie* [1796], trad. fr. L. Guillermit, Paris, Vrin, 1968
DV	*Doctrine de la vertu* [1797], trad. fr. A. Renaut, *Métaphysique des mœurs*, Paris, GF, 1994
APP	*Anthropologie du point de vue pragmatique* [1798], trad. fr. M. Foucault, Paris, Vrin, 1970
Logique	*Logique* [1800], trad. fr. L. Guillermit, Paris, Vrin, 1966
Éduc.	*Réflexions sur l'éducation* [éditées par Rink en 1803], trad. fr. A. Philonenko, Paris, Vrin, 1966
OP	*Opus postumum* [manuscrit de 1794 à 1803], trad. fr. F. Marty, Paris, P.U.F., 1986
Correspondance	*Correspondance*, trad. fr. M.-C. Challiol, M. Cohen-Halimi et *alii.*, Paris, Gallimard, 1986

INTRODUCTION

Il est aujourd'hui encore courant de juger que la philosophie kantienne n'accorde aucune place au thème du langage. Cette sentence accusatrice se réclame d'une longue lignée de lectures, initiée dès la réception immédiate de la *Critique de la raison pure*. Johann Georg Hamann, longtemps l'ami de Kant[1], rédige en 1784 une brève *Métacritique du purisme de la raison pure*[2], dans laquelle il fustige les lacunes de la première *Critique*. Toute capacité humaine possède selon Hamann un ancrage linguistique – ce que Kant méconnaîtrait. En 1799, Johann Gottfried Herder, ancien élève de Kant influencé par Hamann, développe tout au long de deux volumes (*Verstand und Erfahrung* et *Vernunft und Sprache*) les charges déjà formulées par Hamann. Il s'agit de déférer la philosophie transcendantale elle-même devant le tribunal de la théorie du langage, afin de dévoiler sa prétention illégitime à se placer au-dessus des langues et de la tradition.

Le diagnostic liminaire des métacritiques a fait fortune, jusqu'à devenir proverbial[3]. Kant se trouve ainsi souvent présenté comme *le* philosophe qui aurait par excellence occulté le thème du langage.

1. *Cf.* Manfred Kuehn, *Kant. A Biography*, Cambridge, Cambridge University Press, 2001, p. 11. Selon Kuehn, Hamann est un « ami proche » de Kant, en dépit de leurs différends théoriques. *Cf.* également Lukas K. Sosoe, « Kant et Hamann : langage et critique de la raison », *in* C. Piché (dir.), *Années 1781-1801. Kant. Critique de la raison pure*, Paris, Vrin, 2002, p. 90.

2. *Métacritique du purisme de la raison pure*, in *Aesthetica in nuce et autres textes*, trad. fr. R. Deygout, Paris, Vrin, 2001, p. 149-155.

3. *Cf.* Walter Benjamin, « Sur le programme de la philosophie qui vient », *Œuvres 1*, trad. fr. M. de Gandillac revue par P. Rusch, Paris, Gallimard, 2000, p. 193 ; Karl-Otto Apel, *Discussion et responsabilité*, trad. fr. C. Bouchindhomme, C. Charrière et R. Rochlitz, Paris, Cerf, 1996, p. 61 ; Sylvain Auroux, *Histoire des idées linguistiques*, Liège, Mardaga, 1989, p. 30 ; Lia Formigari, *La sémiotique empiriste face au kantisme*, Liège, Mardaga, 1994, p. 7-8 ; Jürgen Villers, *Kant und das Problem der Sprache. Die historischen und systematischen Gründe für die Sprachlosigkeit der Transzendentalphilosophie*, Konstanz, Verlag am Hockgraben, 1997*;* Kurt Mosser, « Why Doesn't Kant Care About Naturel Language ? », *Dialogue,* 41, 2001, p. 25-52 ; Jürgen Habermas, *Vérité et justification*, trad. fr. R. Rochlitz, Paris, Gallimard, 2001, p. 11 ; la liste est loin d'être exhaustive.

Pourtant, les métacritiques n'ont connu du vivant de Kant qu'un écho limité. Kant lui-même, souvent soucieux de répondre aux objections adressées à ses œuvres ou aux recensions négatives, ne ressent pas le besoin de donner une réplique à Hamann et Herder[1]. Certains de ses proches et certains épigones s'en chargent à sa place, et défendent immédiatement l'œuvre kantienne contre l'injustice des accusations portées à son encontre. August Friedrich Bernhardi, spécialiste des langues influencé par Fichte, est encouragé par ses amis de l'Athenaeum à rédiger une grammaire transcendantale à cette fin[2]. Kiesewetter, proche ami de Kant, propose une réfutation détaillée de la *Metakritik* de Herder dans laquelle il fait valoir pleinement la prise en compte kantienne du thème du langage[3]. Kiesewetter écrit alors à Kant : « à vrai dire, je jugeais le bavardage herderien en soi à peine digne de réfutation et je ne m'en serais pas occupé si ce vieux radoteur de Wieland n'avais dans le *Mercure allemand* soufflé si puissamment dans sa trompette pour répandre la louange de ce gribouillage et si le ton de Herder [...] ne m'avait tant blessé »[4]. Kant lit la réponse de Kiesewetter et l'approuve[5]. Au début du XIXe siècle, Humboldt s'estime sur de nombreux points l'héritier de Kant pour sa propre pensée du langage[6]. Dans cette mesure, on doit reconnaître que le philosophe de Königsberg s'estimait lui-même à l'abri des métacritiques. Comment comprendre dès lors la fortune du diagnostic d'Hamann et Herder ? En quoi la présence du thème du langage dans l'œuvre de Kant constitue-t-elle authentiquement un « problème » ?

Nous soutiendrons dans cet ouvrage que les diverses approches de la question du langage qui ont été proposées, en des lectures que nous nommons « critiques », « bienveillantes » et « maximalistes », ont toutes

1. L'absence de réponse à Herder ne tient pas aux mêmes raisons que l'absence de réponse à Hamann. La *Métacritique du purisme de la raison pure* n'a pas été publiée du vivant de Hamann. Elle ne l'est qu'en 1801, et n'a été connue auparavant que de Herder et de Jacobi. Kant a discuté directement avec Hamann, qu'il voyait encore régulièrement au début des années 1780. Leur correspondance en 1774 compte d'ailleurs le thème du langage parmi ses objets principaux. Quant au texte de Herder, Kant est déjà âgé au moment de sa parution, et ne dispose plus du temps suffisant pour livrer lui-même une réponse.

2. *Sprachlehre*, 2 volumes [1801-1803], Olms, Hildesheim, 1973.

3. *Prüfung der Herderschen Metakritik zur Kritik der reinen Vernunft*, Berlin, Quien, 1799.

4. Ak 12 : 293. Lettre du 15 novembre 1799, *Correspondance*, p. 714.

5. Ak 12 : 315. Lettre du 8 juillet 1800. Kant loue Kiesewetter pour son texte : « [il] fait autant honneur à votre tête qu'à votre cœur » (*ibid.*, p. 726).

6. *Cf.* Ernst Cassirer, « Die kantischen Elemente in Wilhelm Von Humboldts Sprachphilosophie » [1923], in *Gesammelte Werke, Hamburger Ausgabe Band 16, Ausätze und kleine Schriften 1922-1926*, Hamburg, Felix Meiner Verlag, 2003, p. 105-133.

jusqu'ici manqué ce qui fait l'originalité radicale de la pensée kantienne, à savoir la construction d'une théorie du développement de l'esprit compatible avec les exigences théoriques de la philosophie transcendantale. Par là, nous n'entendons pas simplement nous mêler d'une querelle philologique : il s'agit proprement de voir que la capacité de la philosophie kantienne à dégager un espace théorique pour le langage nous renseigne fondamentalement sur la portée épistémique originale de la réflexion transcendantale, de même que sur les effets latéraux de cette réflexion pour les enquêtes génétiques.

LES LECTURES CRITIQUES

Plusieurs lectures de l'œuvre kantienne à propos du langage peuvent être dites « critiques », dans la mesure où leur approche consiste à dénier à Kant toute articulation satisfaisante de la question du langage. De ces lectures critiques ressortent deux types d'affirmations. a) Le thème du langage serait tout simplement *absent* de la philosophie de Kant. b) Le thème du langage serait *incompatible* avec des éléments clé de la philosophie transcendantale.

Un thème radicalement absent ?

L'affirmation selon laquelle le thème du langage serait entièrement *absent* de l'œuvre kantienne est formulée d'abord par Hamann. Dans sa *Métacritique*, il part d'une formulation berkeleyenne du rapport entre les pensées et les mots :

> Un grand philosophe a prétendu, « que des idées générales et abstraites ne sont que particulières, mais liées à un mot particulier qui donne à sa signification plus de volume ou d'étendue, et en même temps nous en fait souvenir en considérant certaines choses particulières »[1].

Hamann magnifie une telle affirmation comme l'« une des *plus grandes* et des *plus appréciables découvertes* qui ont été faites de notre temps dans la république des lettres »[2]. À partir d'un tel point de bascule, il entend revenir sur la *Critique de la raison pure* kantienne pour dénoncer, *a contrario*, sa méconnaissance fâcheuse de « l'importante découverte ». Son argumentation repère dans la réflexion transcendantale kantienne une série de *purifications* de la raison, c'est-à-dire une série de gestes

1. *Métacritique du purisme de la raison pure*, *op. cit.*, p. 149.
2. *Ibid.*, p. 150.

théoriques isolant la pensée des conditions concrètes de son exercice. Kant a tort de prétendre que la critique du pouvoir de la raison doit être « pure » afin de prétendre à l'universalité. Hamann rétorque que le « purisme » signe la rupture irrémédiable de la *Critique* avec les conditions langagières de toute sensibilité et de toute pensée. Toute notre affectivité, notre imaginaire et nos réflexions s'épanouissent à partir de la tradition et de la langue. Le purisme « suprême »[1] de la raison kantienne « concerne donc [...] la *langue*, le seul et dernier organe et critère de la raison, sans un autre créditif que *tradition* et *usage* »[2]. Hamann fait l'hypothèse suivant laquelle l'occultation du thème du langage serait le résultat « d'un froid préjugé en faveur de la mathématique »[3] et soutient contre Kant que les mots constituent le point de jonction entre sensibilité et entendement, dans la mesure où ils possèdent « une *faculté* esthétique et *logique* »[4].

Un thème incompatible avec la philosophie transcendantale ?

Les métacritiques de Hamann et Herder ne sont pas seulement porteuses de l'idée selon laquelle Kant oublierait l'importance du langage par négligence. Elles suggèrent et appuient la thèse selon laquelle la question du langage ne *pouvait pas* être posée au sein du kantisme, pour des raisons attenant à ses principaux choix théoriques. Pour Hamann, la volonté de chercher des principes *a priori*, c'est-à-dire des principes indépendants de l'expérience et antérieurs à celles-ci, cette volonté porte en elle-même une puissance positive d'occultation du langage. Kant ne laisse pas de côté les mots et la langue pour des motifs contingents : il était inéluctable qu'il refoule ces objets hors du champ de la philosophie transcendantale. Comment en serait-il autrement, puisqu'il se met en quête d'une « connaissance humaine d'objets de l'expérience *sans* et *avant* toute expérience »[5] ? Le concept de « purisme » choisi par Hamann connote à dessein une attitude d'*élimination active* des éléments considérés comme handicapants ou menaçants vis-à-vis de l'entreprise critique. Les reproches de Herder à Kant vont dans le même sens : la philosophie transcendantale s'avère « l'autorité la plus prohibitive »[6]. Elle ne méconnaît pas simplement la langue : elle interdit positivement son étude

1. *Métacritique du purisme de la raison pure*, *op. cit.*, p. 7.
2. *Ibid.*
3. *Ibid.*, p. 151.
4. *Ibid.*, p. 154.
5. *Ibid.*, p. 149-150.
6. *Eine Metakritik zur Kritik der reinen Vernunft*, *op. cit.*, p. XX (trad. fr. G. Raulet in *Aufklärung. Les Lumières allemandes*, Paris, GF, 1995, p. 109).

philosophique, et crée elle-même une terminologie artificielle tendant à se substituer à la langue commune. Ce second niveau de la critique formulée par Hamann et Herder rejoint deux soupçons généraux que nous pouvons formuler à l'intérieur même de la philosophie kantienne. 1) Kant semble considérer que l'enquête critique porte essentiellement sur nos « représentations », comprises comme des occurrences mentales indépendantes de tout usage des signes linguistiques[1]. 2) Les signes sont du côté des phénomènes sensibles, les langues sont des productions historiques contingentes, or la philosophie transcendantale entend ne porter que sur des principes universels et nécessaires : n'est-il pas en conséquence inévitable qu'elle se solde par une relégation du langage hors de son champ propre[2] ?

LES LECTURES BIENVEILLANTES

Aux lectures critiques sont opposées des lectures que l'on peut dire « bienveillantes », et qui soutiennent la possibilité de lier la philosophie kantienne au thème du langage en dépit de son absence globale de l'œuvre kantienne. Ces lectures peuvent être classées selon trois types de perspective. a) Le thème du langage, bien qu'il ne soit pas abordé par Kant, serait implicitement présent dans son œuvre, et pourrait donc faire l'objet d'un travail d'explicitation. Il serait en ce sens possible de retraduire plusieurs thèses kantiennes en faisant un usage majoré de concepts empruntés à la philosophie du langage. b) Le thème du langage est bien présent dans l'œuvre de Kant, mais de façon secondaire. Son traitement est lacunaire et non systématique ; on peut à la limite tirer quelques enseignements féconds de propositions kantiennes en les isolant de leur gangue transcendantale. c) Le thème du langage est absent de la philosophie kantienne, mais la philosophie kantienne est propice au développement d'une pensée rationaliste et universaliste du langage.

1. Dans *L'unique argument*, Kant présente le concept de « représentation » comme fondamental et ne requérant donc aucune définition (Ak 2 : 70. *UA*, p. 97). Dans la *Critique de la raison pure*, il fait de la représentation le « genre » comprenant sous lui la perception et la connaissance, l'intuition et le concept (Ak 3 : 250, 4 : 203 ; A 320/B 376-377. *CRP*, p. 346).

2. Marcelo Dascal et Taro Senderowitcz ont soutenu, dans « How Pure is Reason? Language, Empirical Concepts, and Empirical Laws in Kant's Theory of Knowledge », que les rares propos tenus par Kant sur le langage introduisent dans sa théorie des contradictions insolubles, justifiant de ce fait l'idée selon laquelle « l'absence d'un traitement véritable de ce thème n'est pas accidentelle », *Histoire, Epistémologie, Langage*, 14/2, 1992, p. 150.

Un thème implicite ?

Plusieurs lecteurs de l'œuvre de Kant estiment qu'en dépit de l'absence globale du thème chez le philosophe de Königsberg, sa critique de la connaissance enveloppe *virtuellement* des thèses substantielles en philosophie du langage. Généralement, cette perspective s'appuie sur un constat : *de facto*, la *Critique de la raison pure* offre une théorie de la vérité des jugements qui consonne avec des percées contemporaines, notamment en matière de sémantique. Pour peu que l'on affaiblisse le mentalisme supposé de Kant, ou pour peu que l'on reformule certaines de ses thèses dans un autre idiome théorique, la philosophie transcendantale pourrait devenir directement féconde pour penser nos usages des expressions linguistiques. Une telle perspective a historiquement résulté de la confluence anglo-saxonne entre le regain d'intérêt pour Kant dans la seconde moitié du XXe siècle et l'importance capitale revêtue par la question du langage à cette date. Peter Frederick Strawson propose ainsi en 1966 de dépouiller la philosophie kantienne de son versant psychologique afin d'en dégager une théorie des « limites du sens »[1], propre à éclairer le langage de la science autant que le langage ordinaire. Plus récemment, Jocelyn Benoist a proposé de relire la distinction kantienne de l'analytique et du synthétique selon un geste théorique comparable :

> L'analyticité kantienne est, semble-t-il, [...] gagée sur le sens des mots [...] et sur le présupposé d'un langage qui, s'il n'est jamais explicité par Kant, est constamment sous-jacent, et auquel elle est pour ainsi dire adossée. [...] Les textes kantiens reprennent ainsi une seconde vie, et une espèce d'évidence pour nous – si contestable et contestée soit-elle – à la lumière de ce qui demeure leur impensé (mais combien éclairant) : le langage[2].

Une perspective semblable d'*explicitation* des thèses kantiennes par le biais de leur *retraduction* sur le terrain de la philosophie du langage est

1. *The Bounds of Sense* [1966], Londres, Routledge, 2004. Strawson distingue « deux visages de la *Critique* » (*ibid.*, p. 15-24), estimant que le noyau de la critique de la connaissance est indépendant de la théorie des facultés et du mentalisme qui semblent l'accompagner : « séparer ces deux fils conducteurs à l'intérieur de la *Critique* n'est qu'une partie d'une tâche plus large : celle de partager ce qui demeure intéressant et fécond et ce qui n'est plus désormais prometteur, voire tout simplement inacceptable » (*ibid.*, p. 16, nous traduisons).

2. « Kant et l'analyticité moderne », *Cahiers de philosophie de l'Université de Caen*, n° 33, Caen, Presses Universitaires de Caen, 1999, p. 73.

ainsi présente chez Kalyan Kumar Bagchi[1], Newton Garver[2], Gerhard Knauss[3] ou J-P. Nolan[4].

Des percées lacunaires ?

D'autres lectures bienveillantes considèrent que le thème du langage est effectivement abordé par Kant, mais de façon lacunaire et non systématique. De vrai, aucun texte kantien n'en traite de façon principale et exclusive. Les sections offrant des développements et des remarques sur les mots, la grammaire ou la communication sont éparses. En conséquence, force est d'admettre que la structure de la pensée kantienne du langage n'est pas d'emblée claire. Kant égraine ses réflexions au fil des œuvres et des années, paraissant ouvrir librement des domaines qu'il n'approfondit pas toujours. Pour autant, plusieurs chercheurs kantiens se sont attachés à mettre positivement en lumière les percées théoriques que représentent tel ou tel *locus* isolé. Michèle Cohen-Halimi incarne vigoureusement ce type de parti pris : plusieurs de ses articles abordent frontalement les défis interprétatifs représentés par l'irruption du langage au sein des textes de Kant. Dans « L'aphasie de Kant ? (…et si l'être de la loi morale n'était que littérature…) », elle questionne le lexique de la voix dans la *Critique de la raison pratique* ; dans « L'usage des pronoms personnels dans la réfutation kantienne du *cogito* »[5], elle discute l'idée selon laquelle l'enfant doit savoir dire « je » pour être pleinement une personne. De façon similaire, de nombreux spécialistes de Kant ont interrogé ponctuellement la pensée de la communication chez Kant (H. Arendt, C. Berner, H. d'Aviau de Ternay)[6].

1. « Kant's Transcendental Problem as a Linguistic Problem », *Philosophy*, 46, 1971, p. 341-345.

2. « Analyticity and Grammar », in *Kant Studies Today*, Lewis White Beck (ed.), Lasalle Illinois, Open Court, 1969, p. 245-273.

3. « Extensional and Intensional Interpretation of Synthetic Propositions A Priori », *in* Lewis White Beck (ed.), *Proceedings of the Third International Kant Congress*, Dordrecht, D. Reidel Publishing Company, 1972, p. 356-361.

4. « Schematism and the Semantics of Categories », *Kant-Studien*, 70, 1979, p. 122-130.

5. *Lectures de Kant*, M. Foessel et P. Osmo (dir.), Paris, Ellipses, 2010, p. 73-94.

6. Notamment Hannah Arendt, *Juger*, trad. fr. M. Revault d'Allonnes, Paris, Seuil, 1991 ; Henri d'Aviau de Ternay, *La liberté kantienne, un impératif d'exode*, Paris, Cerf, 1992 ; Christian Berner, « Comprendre et communiquer. Kant à l'horizon du paradigme herméneutique », *in* A. Neschke et A. Laks (éd.), *La naissance du paradigme herméneutique*, Lille, Septentrion, 2008, p. 26-39.

Un thème complémentaire ?

Selon le dernier type de lecture bienveillante, la philosophie kantienne peut servir de point d'appui pour développer certains aspects de la théorie du langage – une philosophie de la grammaire, de la signification, de la communication, etc. La *Critique*, loin d'être incompatible avec la prise en compte de nos divers usages du discours, ne demanderait qu'à être complétée par une philosophie du langage – à être *dotée* d'adjonctions ciblant un manque. Humboldt est le représentant emblématique d'un tel geste de lecture. Comme le remarque Denis Thouard, en faisant du langage la condition d'élaboration de la pensée théorique, Humboldt estimait « prolonger la révolution du mode de pensée instaurée par Kant, qui décèle dans le monde objectif le rôle des activités du sujet »[1]. Tout en admettant que Kant ne parle pas assez précisément du langage, Humboldt refuse de conclure qu'une telle insuffisance résulterait du geste critique lui-même. Bien au contraire : la philosophie kantienne favoriserait selon lui le développement de la philosophie du langage, quoiqu'elle n'ait pas elle-même accompli ce développement. Dans la seconde moitié du XXe siècle, le rapport à Kant revendiqué par Habermas, Apel, McDowell ou Brandom épouse un même mouvement de transformation de la philosophie kantienne appuyé sur l'implémentation de la philosophie du langage sur un sol d'éléments transcendantaux. En reposant la question typiquement transcendantale des conditions de possibilité des discussions et des accords argumentés, Apel et Habermas, chacun à leur manière, font de la philosophie du langage le vecteur d'une reprise contemporaine du kantisme[2]. McDowell propose de compléter l'articulation kantienne entre concepts et intuitions par une théorie de la seconde nature axée sur l'apprentissage linguistique. Selon lui, nous devons concevoir « comme il convient, la rationalité en des termes kantiens »[3], mais à condition de naturaliser

1. « L'embarras des langues », in Wilhelm von Humboldt, *Sur le caractère national des langues et autres écrits sur le langage*, trad. fr. D. Thouard, Paris, Seuil, 2000, p. 8. *Cf.* la lettre de Humboldt à Schiller de 1830, dans laquelle Humboldt fait l'éloge de Kant (*ibid.*, p. 9-10).

2. Apel exprime très nettement la nature kantienne de son projet : « on peut dire que la philosophie transcendantale transformée aura le statut d'une *sémiotique transcendantale* renfermant, en tant que fondement de la théorie des actes de langage, une *pragmatique transcendantale du langage* et, en tant que fondement des « sciences humaines compréhensives », une *herméneutique transcendantale* » (*Discussion et responsabilité*, *op. cit.*, p. 62). Habermas emprunte plus spécifiquement à la philosophie pratique de Kant en présentant « le principe d'universalisation comme règle argumentative » (*Morale et communication*, trad. fr. C. Bouchindhomme, Paris, Cerf, 1986, p. 78).

3. *L'esprit et le monde*, trad. fr. C. Alsaleh, Paris, Vrin, 2007, IV, § 8, p. 119.

l'existence de la raison en donnant, « dans notre conception de la *Bildung*, [...] une place de choix à l'apprentissage du langage »[1].

LES LECTURES MAXIMALISTES

La dernière posture identifiable chez les lecteurs de Kant à propos de la question du langage consiste à affirmer pleinement la présence du thème, jusqu'à le poser comme la clé du projet d'ensemble de l'œuvre critique. On peut nommer de telles lectures « maximalistes », dans la mesure où elles présentent la philosophie kantienne *tout entière* comme une pensée du langage qui ne dit pas son nom. Les deux principales lectures maximalistes sont développées par Wolfram Hogrebe et Josef Simon : le premier soutient que la philosophie kantienne doit être comprise comme une « sémantique transcendantale »[2], tandis que le second fait du problème de la « communication » le fil conducteur des trois *Critiques*[3].

La lecture sémantique de Wolfram Hogrebe

Pour Hogrebe dans *Kant und das Problem einer transzendentalen Semantik*, le cœur de la *Critique de la raison pure* a pour but de mettre en lumière les règles de la constitution de l'expérience. Or, pour Hogrebe, ce projet d'établissement des règles de constitution équivaut strictement à rechercher les règles de remplissement des prédicats possibles du langage humain. La théorie transcendantale des éléments aurait donc pour objet de définir les conditions de l'objectivité possible des propositions de notre langage[4]. L'« Esthétique transcendantale » pointe l'ostension ou *deixis* comme le mode fondamental du remplissement[5], tandis que la « Logique transcendantale » indique que l'« on ne peut pas revenir à un point antérieur à la prédication »[6]. Sous la plume de Hogrebe, la faculté de juger kantienne se voit expliquée comme « compétence prédicative »[7], et la question

1. *Ibid.*, VI, § 8, p. 163.

2. *Kant und das Problem einer tranzsendantalen Semantik*, Freiburg/München, Karl Alber Verlag, 1974.

3. *Kant – Die fremde Vernunft und die Sprache der Philosophie*, Berlin/New York, Walter de Gruyter, 2003.

4. *Kant und das Problem einer tranzsendantalen Semantik*, *op. cit.*, p. 46. Nous traduisons cette citation et les suivantes.

5. *Ibid.*, p. 77.

6. *Ibid.*, p. 42.

7. *Ibid.*, p. 112.

directrice de la philosophie transcendantale devient celle de la possibilité de la prédication empirique[1]. Le mérite de Kant à cet égard consisterait à montrer que la prédication ne peut être expliquée de façon purement logique : elle requiert une théorie des facultés. Dès lors, la « Dialectique transcendantale » et la critique de la *Schuhlphilosophie* se trouvent présentées par Hogrebe comme une critique des termes – les « Idées » – pour lesquels aucune application (aucun « acte prédicatif ») n'est envisageable[2]. Les principes de l'entendement pur sont nommés « cadres *a priori* de signification »[3] (*apriorischen Bedeutungsrahmen*) et « prolepses »[4] des objets observables, livrant les conditions de tout usage légitime du discours.

Une théorie générale de la communication ?
La lecture de Josef Simon

Pour Josef Simon, Kant place le thème de la communication au cœur de *toute* sa philosophie en conférant à la question de l'intersubjectivité un rôle systématique dans la philosophie théorique et pratique. Simon part du « Canon de la raison pure » et de la distinction faite par Kant entre l'opinion, la croyance et le savoir[5] ; en insistant sur l'idée selon laquelle ce sont les degrés de la communicabilité des représentations à une « raison étrangère » qui fournissent le principe de cette trichotomie (l'opinion est seulement subjective, la croyance est subjective mais communicable, le savoir est universellement communicable), il entreprend de relire l'ensemble de l'œuvre kantienne. L'idée directrice de Simon est que chez Kant, la détermination métaphysique de la vérité comme correspondance à l'objet se voit remplacée par l'étude des différents degrés du « tenir-pour-vrai » (*Fürwahrhalten*)[6]. Parallèlement, pour Simon, comme le résume bien Denis Thouard, « la distinction opérée entre maximes, préceptes et

1. *Kant und das Problem einer tranzsendantalen Semantik*, *op. cit.*, p. 115.

2. *Ibid.*, p. 116.

3. *Ibid.*, p. 127.

4. *Ibid.*, p. 138.

5. Ak 3 : 531-532 ; A 820/B848. *CRP*, p. 667. Cf. *Kant – Die fremde Vernunft und die Sprache der Philosophie*, *op. cit.*, p. 58-64.

6. *Ibid.*, p. 67-73. Denis Thouard a bien montré les difficultés de cette réinterprétation du transcendantal dans « Langage et subjectivité. Sur le *Kantbuch* de Josef Simon », *in* Ch. Berner et F. Capeillères (éd.), *Kant et les kantismes dans la philosophie contemporaine*, Lille, Septentrion, 2007, p. 257.

lois correspond bien à l'échelle des modalités de l'assentiment et reproduit la gradation de l'opinion au savoir sur le mode éthique »[1].

KANT, PENSEUR DU LANGAGE : DE LA NÉCESSITÉ D'UN RETOUR AUX TEXTES

Doit-on admettre avec Hamann et Herder que la question du langage est négligée par Kant et même positivement occultée par la réflexion transcendantale ? Doit-on se contenter de répondre à ces accusations en faisant valoir la présence implicite d'un problème du langage, quitte à reconnaître le caractère non systématique et lacunaire des textes où Kant thématise frontalement le sujet ? Faut-il plutôt décrire l'œuvre tout entière comme une « philosophie du langage », soit en optant pour une lecture sémantique exclusive (Hogrebe), soit en posant la communication et le rapport à une « raison étrangère » comme fil directeur (Simon) ?

Nous soutiendrons au cours de ce livre, contre les lectures critiques, que le langage est un objet explicite et légitime des textes kantiens ; contre les lectures bienveillantes, nous montrerons que le traitement kantien du thème du langage possède un lieu architectonique défini, répondant à certaines articulations de la philosophie transcendantale ; et contre les lectures maximalistes, nous défendrons l'idée que le langage ne constitue pour Kant un objet d'enquête que dans des limites spécifiées – la philosophie kantienne n'est pas tout uniment une « philosophie du langage ».

La pensée kantienne du langage est bien réelle : non seulement cette pensée est compatible avec l'ensemble de la philosophie transcendantale, mais elle découle même, par plusieurs aspects, de l'organisation interne de celle-ci. Son intérêt principal réside dans l'attachement de Kant à dégager le principal lieu de la théorie du langage, à savoir la théorie du développement cognitif et moral de l'esprit *via* l'apprentissage linguistique.

Un thème présent sans solution de continuité

La pensée kantienne du langage est *explicite*. Les lectures favorables qui jugent le thème seulement latent dans l'œuvre du philosophe de Königsberg nous semblent ainsi sous-estimer sa diffusion, sous forme de lignes de questionnements insistants et volontairement reconduits, dans

1. Denis Thouard, « Langage et subjectivité », *op. cit.*, p. 255-256, commentant *Kant – Die fremde Vernunft und die Sprache der Philosophie*, *op. cit.*, p. 115.

l'ensemble des textes. Pour mettre en lumière ce caractère *explicite* du thème, le recours à la correspondance (volumes 10 à 13 de l'*Akademie Ausgabe*), aux « Réflexions » non publiées (volumes 14 à 23) et aux notes des auditeurs des leçons dispensées par Kant (volumes 24 à 29) constitue une aide précieuse. Les *Leçons sur l'encyclopédie philosophique* nous en offrent un puissant témoignage :

> Puisque la forme de la langue et la forme de la pensée sont parallèles et semblables l'une à l'autre – puisque c'est bien dans les mots que nous pensons, et que nous communiquons nos pensées aux autres au moyen de la langue –, il existe bien également une grammaire de la pensée [1].

La présence expresse du thème ne se limite pas, loin s'en faut, aux œuvres non publiées. Selon les *Rêves d'un visionnaire expliqués par des rêves métaphysiques* en 1766, « la cause qui fait que l'on croit sentir l'âme *pensante* principalement dans le cerveau » [2] est que « tout effort de réflexion requiert la médiation des *signes* » [3]. Les *Prolégomènes à toute métaphysique future qui pourra se présenter comme science* en 1784 expliquent la démarche de la déduction transcendantale par analogie avec la réflexion grammaticale [4]. La *Critique de la raison pratique* en 1788 expose les principes pratiques comme des formules d'injonction conceptuellement articulées, et introduit la loi morale selon l'idée d'une réceptivité à une voix intérieure. Enfin, l'*Anthropologie du point de vue pragmatique* en 1798 fait dépendre la personnalité de la capacité à *dire* « je », propose les linéaments d'une théorie de la conversation et affirme que « les sourds de naissance, qui doivent par conséquent rester aussi muets (sans langage) ne peuvent jamais accéder au-delà d'un *analogon* de la raison » [5].

Nous pouvons en outre affirmer la *constance* de l'intérêt porté par Kant au thème du langage. Dès la décennie 1770, les notes manuscrites abondent en réflexions portant sur les progrès linguistiques des enfants, l'origine du langage chez les premiers hommes, la différence entre mots et symboles, la structure grammaticale des langues, le caractère formulaire des impératifs pratiques, etc. Le *Nachlass* et les *Vorlesungen* nous permettent ainsi d'évaluer la pérennité de certains thèmes dans la réflexion kantienne, de la période dite pré-critique jusqu'à la fin de sa vie. Dans l'*Opus postumum*,

1. Ak 29 : 31. *Abr.*, p. 107.
2. Ak 2 : 325. *RVRM*, p. 57.
3. Ak 2 : 325. *Ibid.*, p. 57.
4. Ak 4 : 322-323. *Prol.*, p. 95.
5. Ak 7 : 155. *APP*, § 18, p. 38.

Kant réaffirme encore des thèses cardinales : « Que l'homme non seulement pense, mais aussi peut se dire à lui-même je pense, fait de lui une personne. Le penser est un parler et celui-ci un écouter »[1].

Reste que constater la présence, même continue, du thème du langage dans l'œuvre de Kant ne permet ni de répondre aux métacritiques, ni d'évaluer directement les lectures maximalistes. En effet, il reste encore loisible d'envisager les occurrences répertoriées de deux manières. Certains héritiers des métacritiques pourront répliquer que la présence – même explicite et constante – du langage dans l'œuvre kantienne est accidentelle, voire qu'elle est un dangereux supplément introduisant des tensions insolubles au sein de la philosophie transcendantale. N'est-il pas contradictoire de soutenir *d'un côté* qu'il existe des connaissances universelles et nécessaires, des représentations indépendantes de l'expérience, *d'un autre côté* que l'on ne peut juger sans les mots, et qu'il faut pouvoir se dire « je » à soi-même pour être une personne ? Les propos kantiens sur le langage ne doivent-ils pas être interprétés comme des incursions de l'auteur dans un champ étranger à son objet, portant par là préjudice – qu'on le déplore ou que l'on s'en félicite – à la pureté des principes *a priori* ? D'autre part, les partisans des lectures maximalistes pourront soutenir que la thèse de présence doit aboutir à formuler une hypothèse substantielle d'unité, suivant laquelle toute l'œuvre kantienne devrait être comprise comme pensée du sens, ou pensée de la communication. Doit-on leur donner raison, et *comprendre la philosophie transcendantale elle-même comme une philosophie du langage* ? En quoi le « problème du langage » chez Kant consiste-t-il ?

Apprentissage et rôles génétiques du langage

Pour Kant, former un concept, être capable de juger, connaître, mais aussi être réceptif à des exigences morales, légiférer : toutes ces propriétés et activités spécifiquement humaines vont de pair avec la capacité linguistique, c'est-à-dire l'aptitude à parler et à comprendre des énoncés. Les traits multiples de l'existence humaine s'articulent uniment au langage, formant un portrait de l'homme comme animal doué de logos. Même si Kant ne fait pas du langage l'attribut premier ou essentiel de l'humain, on est contraint de prendre acte du fait que le langage constitue un centre autour duquel se distribue l'ensemble des attributs fondamentaux reconnus à l'homme. Cette solidarité globale du langage et de l'humain, Kant la souligne abondamment. Le langage n'est pas une compétence

1. Ak 21 : 203. *OP*, p. 242.

locale puisque toute l'activité distinctive de l'esprit humain y est reconduite :

> penser, c'est *parler* avec soi-même [...] ; c'est, par conséquent, s'entendre soi-même intérieurement[1].
>
> le penser est un parler[2].
>
> sans l'expression par les mots, on ne pourrait pas juger du tout[3].

Lors de l'exposé dense des aptitudes fondamentales de l'humanité, dans les *Conjectures sur les débuts de l'histoire de l'humanité*, Kant cite le langage au premier chef, et lui subordonne la socialité aussi bien que la raison pratique elle-même :

> Le premier homme [...] savait parler, je dis même s'exprimer, c'est-à-dire parler en enchaînant des concepts, donc penser. [...] le développement de l'élément moral [...] suppose nécessairement cette aptitude[4].

La description et l'élucidation des *traits et structures achevés* de la pensée et l'activité humaine confèrent donc une place centrale au langage. Leur addition permet ainsi d'attribuer à Kant une thèse générale de *corrélation* entre langage et pensée.

Pour quelles raisons Kant affirme-t-il une solidarité stricte entre langage et vie humaine, aussi bien cognitive que morale ? Quels arguments ou quelle voie d'analyse offre-t-il pour comprendre une telle articulation systématique ? Notre thèse principale dans cet ouvrage est que la réponse réside tout entière dans l'identification d'une série de fonctions que Kant attribue au langage, et que l'on peut ranger sous le titre général des *rôles génétiques* dévolus au langage[5]. Si la faculté linguistique est essentielle à l'exercice des pouvoirs de l'esprit, c'est avant tout parce que le *développement* de ces pouvoirs va de pair avec l'apprentissage linguistique, parce que leur *maîtrise progressive* ne peut être élucidée qu'au regard de

1. Ak 7 : 192. « *Denken ist* Reden *mit sich selbst* [...] *folglich sich auch innerlich* [...] *hören* », *APP*, p. 65.

2. Ak 21 : 103. « *Das Denken ist ein Sprechen* », *OP*, p. 242.

3. Ak 9 : 109. « *Ausduck durch Worte, ohne die man ja überall nicht urtheilen könnte* », *Logique*, p. 119.

4. Ak 8 : 110. *Conj.*, p. 155 .

5. Nous introduisons le concept de « genèse » pour faire saillir l'unité des textes de Kant consacrés aux fonctions développementales du langage. Quoique Kant n'utilise pas le terme de « genèse » dans cette acception unifiante, il nous paraît particulièrement propre à donner le point focal des diverses analyses que cette partie va parcourir. Parler de « genèse » des pouvoirs de l'esprit nous paraît constituer le meilleur équivalent français à la problématique de l' « *Entwicklung* » parvenue à Kant par l'intermédiaire de Tetens.

l'acquisition des compétences linguistiques. Cette ligne explicative consonne avec un constat presque trivial que Kant ne cesse de répéter dans ses essais sur l'histoire, ses *Réflexions sur l'éducation* ou même dans la *Métaphysique des mœurs :* à la différence de l'animal, l'homme qui vient de naître n'est pas tout ce qu'il peut être. Les « facultés » (*Vermögen*) dont l'étude systématique occupe la philosophie critique connaissent chacune un développement, et c'est au cours de ce développement que l'apport du langage s'avère déterminant. Par conséquent, la liaison indissociable entre langage et esprit doit être clarifiée par la prise en compte de la genèse des capacités de connaissance et des capacités morales en tant que cette genèse s'effectue conjointement avec l'acquisition des signes oraux, l'usage de la première personne, l'intégration des règles grammaticales, etc.

Cette ligne explicative se heurte évidemment à l'objection des métacritiques. En effet, attribuer à Kant une perspective génétique à propos de la possession individuelle des concepts et principes (théoriques et moraux) ne va nullement de soi. N'est-il pas contradictoire de penser que des concepts et principes universels et nécessaires devraient être acquis, d'affirmer que leur possession par l'homme devrait être indexée à la maîtrise temporelle et contingente des signes linguistiques ? Affirmer que le langage vaut comme condition de la pensée et de la vie morale, n'est-ce pas temporaliser l'*a priori*, lui ôter son caractère de nécessité et d'universalité, jusqu'à le dissoudre dans l'empirie ? Cette objection peut d'abord paraître puissante et incontournable, fragilisant la lecture de Kant que nous souhaitons défendre.

Afin de montrer en quoi la corrélation entre esprit et langage ne s'éclaire qu'au regard des rôles génétiques remplis par le langage, il nous faudra donc commencer par interroger la situation architectonique de ces rôles. Comment comprendre la multiplicité des lieux de l'œuvre de Kant au sein desquels prennent place les réflexions génétiques sur le langage ? En quoi ces réflexions sont-elles effectivement compatibles avec les principaux critères des connaissances *a priori*, partant avec la nature même de la philosophie transcendantale ? Dans le chapitre premier, nous essayerons de montrer que l'on doit nécessairement défendre une conception compatibiliste afin de faire droit à la ligne de partage appuyée que trace Kant entre l'*a priori* et l'inné. Nous soutiendrons que les propos génétiques de Kant sur le langage ne sont pas de simples annexes à l'entreprise critique. Bien au contraire, la nature de la démarche transcendantale nous paraît ne pouvoir être bien comprise que si l'on parvient à l'articuler de façon satisfaisante à la théorie du développement de l'esprit[1]. La ligne de partage entre l'*a priori* et l'inné sera ainsi l'occasion d'une réévaluation de la place de la psychologie empirique; il nous faudra voir en quoi l'étude du développement de l'esprit mobilise bien cette discipline, mais en réaménageant son statut à la croisée de l'anthropologie pragmatique, de l'histoire et de la pédagogie.

Après cette mise au point architectonique sur les rôles génétiques du langage, nous aborderons successivement l'ensemble de ces rôles. Car au terme d'une étude de l'ensemble du corpus kantien, il apparaît que le langage remplit au moins quatre fonctions cruciales, chacune étant axée sur certaines propriétés particulières du langage. Posséder des concepts – ce que Kant nomme également la « discursivité » – ressortit ainsi au fait de maîtriser des signes oraux (chap. II). Le pouvoir de juger et sa structuration logique se développent conjointement avec l'apprentissage des règles grammaticales (chap. III). La personnalité et la responsabilité apparaissent en connexion avec l'organisation du discours en première personne (chap. IV). Enfin l'éducation morale et la représentation convenable des devoirs par l'enfant supposent l'expérience de l'injonction, ainsi que les pratiques de la description et du dialogue (chap. V). Parce que Kant se montre ainsi attentif aux propriétés des signes, à la grammaire, à l'énonciation et à plusieurs usages du discours, on comprend en quoi il est légitime d'affirmer qu'il élabore une pensée des rôles génétiques du *langage*. Les strates successives mobilisées par l'analyse montrent que Kant ne se contente pas d'esquisser une pensée des signes (*Zeichen*), qu'il ne regarde pas simplement au rapport entre la pensée et les mots. Or, au terme de ce parcours des quatre rôles génétiques du langage, il nous faudra soulever une dernière difficulté. En effet, si on soutient que l'esprit ne parvient à son plein développement que pour un individu capable de parler, ne doit-on pas réciproquement affirmer que l'apprentissage linguistique est lui-même appuyé sur des capacités cognitives préalables? Plus grave encore : ne sommes-nous pas contraints d'admettre que les langues

1. Cette gageure paraît d'ailleurs d'autant plus pressante que Kant, lors de la rédaction de la *Critique de la raison pure* tout entière, avait parmi ses livres de chevet les *Philosophische Versuche über die menschliche Natur und ihre Entwicklung* de Tetens (Leipzig, M.G. Weidmanns Erben und Reich, 1777). Selon Cassirer dans *Kants Leben und Lehre* (*Gesammelte Werke*, *Hamburger Ausgabe*, Band 8, Hambourg, Felix Meiner Verlag, 2001, p. 188). Hamann indique dans une lettre à Herder datée du 17 mai 1779 que les *Essais philosophiques sur la nature humaine et son développement* de Tetens étaient posés sur la table de Kant pendant toute l'élaboration de la *Critique*. L'ampleur de cette influence doit contraindre le lecteur de Kant à ne pas placer les problèmes génétiques hors de la détermination du sens global de la philosophie transcendantale.

sont apparues historiquement dans l'espèce humaine, et ont dû de ce fait reposer sur des dispositions mentales préexistantes? Il semble bien qu'à vouloir expliquer le développement humain par le langage, on doive affronter un cercle. Kant peut-il tenir ensemble d'une part l'idée que l'homme doit savoir parler pour déployer ses capacités théoriques et pratiques, d'autre part le fait que les langues doivent elles-mêmes être acquises par l'individu et dans l'espèce? Nous verrons la manière dont Kant prend en charge ce problème et comment celui-ci s'impose à lui sous l'influence de Mendelssohn et Süssmilch (chap. VI).

Remarque méthodologique

L'importance de la problématique du langage chez Kant a été en grande partie sous-estimée du fait que l'arrière-plan historique de certains concepts ou l'omniprésence de certains débats théoriques dans l'Europe des XVIIe et XVIIIe ne reçoivent pas toujours une attention suffisante. Afin de pallier ce manque, nous nous efforcerons de tirer un parti maximal des discussions d'époque. Notre approche de la succession des théories répondra ainsi à un effort pour dégager la continuité de certaines questions et le caractère rationnel des oppositions rencontrées. Nous espérons en retirer un appui comparatif pour faire ressortir, par contraste différentiel, les nuances précises et l'originalité des positions kantiennes.

Nous recourrons souvent, dans le présent ouvrage, aux réflexions du *Nachlass* et aux *Vorlesungen*, dont le statut philologique constitue parfois une difficulté. Les premières sont de la main de Kant lui-même, mais elles sont parfois elliptiques, fragmentaires ou inchoatives. Les secondes sont des notes prises par les élèves de Kant durant ses leçons ou même parfois de mémoire, après avoir assisté à ses leçons[1]. Les écarts repérables entre plusieurs manuscrits correspondant à un même semestre de leçons laissent à penser que les élèves de Kant prenaient des notes personnalisées, certes fidèles pour l'ensemble à l'enseignement dispensé, mais souvent aussi complétées par des détails dont nous ignorons si Kant en est bien l'auteur. Les invitations à la prudence de la part des éditeurs des réflexions et des leçons sont donc innombrables[2]. Pourtant, ces textes constituent également des documents irremplaçables, témoignant de l'élaboration progressive de la pensée kantienne comme de la richesse de ses sources.

1. *Cf.* Monique Castillo, « Présentation » des *Leçons de métaphysique*, Paris, LGF, 1993, p. 48; Luc Langlois, « Présentation » des *Leçons d'éthique*, Paris, LGF, 1997, p. 21.

2. *Cf.* par exemple l'« Introduction » de R. Brandt et W. Stark au t. 25 de l'*Akademie Ausgabe*, et A. Pelletier, « Présentation », *Abr.*, p. 12.

Nous choisirons donc de les employer à chaque fois que nous l'estimerons pertinent, en soumettant ces emplois à trois maximes : 1) autant qu'il est possible, il convient de préférer l'étude des œuvres publiées à celle du *Nachlass* et des *Vorlesungen*; 2) quand un texte du *Nachlass* ou des *Vorlesungen* contredit une œuvre publiée, les thèses de cette dernière prévalent; 3) quand un texte du *Nachlass* ou des *Vorlesungen* concorde avec les textes publiés et les précise, il est permis d'en faire un usage positif.

REMERCIEMENTS

Ce livre constitue la réécriture d'une partie de ma thèse de doctorat, intitulée « Le problème du langage chez Kant », rédigée sous la direction de Jocelyn Benoist, et soutenue en décembre 2012 à Paris 1 Panthéon-Sorbonne.

Je tiens tout d'abord à exprimer ma plus profonde reconnaissance à Jocelyn Benoist, à lui dire ma dette pour sa confiance, son soutien, son sens irremplaçable de l'objection, enfin pour l'inspiration qu'il communique, par sa propre pratique de la philosophie, à ceux qui ont la chance de le voir et de l'entendre penser. Ma reconnaissance va également à l'ensemble des professeurs qui m'ont fait l'honneur de participer à mon jury de thèse et ont stimulé la réécriture du présent ouvrage par leurs réflexions et critiques : Christian Berner, Christian Bonnet, Mai Lequan, Dominique Pradelle.

Je veux témoigner tout particulièrement ma gratitude à Béatrice Longuenesse. Ses écrits ont exercé une influence considérable sur ma lecture de Kant et ont suscité l'idée originale ce travail. Ce livre doit également beaucoup à sa patience face à mes questions et à ma perplexité lors de nos discussions à l'Université de New York en 2011.

Je tiens à remercier chaleureusement les professeurs, collègues ou amis qui m'ont soutenu, instruit et encouragé tout au long de ce travail : Antoine Grandjean, François Calori, Laurent Gallois, Tim Crane, Rae Langton, Angela Breitenbach, Marc Crépon, Denis Thouard, Quentin Meillassoux, André Charrak, Pierre-Yves Quiviger, Jean-Baptiste Joinet, Marwan Rashed, Bernard Sève, Jean-François Kervégan, Catriona Seth, Guillaume Ansart et Sandra Laugier.

Mes pensées vont tout spécialement à ceux qui ont été les relecteurs scrupuleux de ce travail et des interlocuteurs infatigables, mettant à l'épreuve mes hypothèses avec un sens fin de l'analyse argumentative et non sans un humour salvateur : un immense merci à Adrien Ehrsam, Raoul Moati, Charlotte Gauvry, Thomas Blanchard, Claudia Serban, Jeanne-

Marie Roux et Raphaëlle Thery. Merci également à Daniel Brigham, Kyle Mitchell, Matthew Simpson, Colin Marshall, Ralph Bader, Maria Gyemant, Paola Nicolas, Anne Le Goff, Vincent Grondin, Sabine Plaud, Pierre Fasula, Philippe Lusson, Roberta Locatelli, Alberto Naibo, Irlande Saurin, François Thomas, Perrine Marthelot, Juliette Morice, Pauline Nadrigny, Pierre-Jean Renaudié.

Je ne saurais oublier les professeurs de philosophie qui m'ont transmis les premiers l'amour de Kant et m'ont formé durablement : Hélène Nancy et Jean-Michel Muglioni.

Je remercie de tout cœur mes parents pour leur soutien et leur amour.

Aucune page de ce travail n'aurait été écrite sans Raïssa Maillard. Je ne saurais assez la remercier pour tout ce que je lui dois.

CHAPITRE PREMIER

SITUATION ARCHITECTONIQUE DES RÔLES GÉNÉTIQUES DÉVOLUS AU LANGAGE

DE L'IDÉE D'UNE INCOMPATIBILITÉ ENTRE PHILOSOPHIE TRANSCENDANTALE ET ENQUÊTE GÉNÉTIQUE

Structure de l'argument en faveur de l'incompatibilité

Revenons tout d'abord sur l'objection majeure qui paraît interdire l'attribution à Kant d'une thèse sur les rôles génétiques du langage. Le caractère *a priori* des concepts de l'entendement pur, des formes logiques du jugement, des Idées de la raison et de l'impératif catégorique interdirait qu'on pose la question du rôle de l'apprentissage du langage pour leur acquisition ou leur reconnaissance. L'argument a du poids. Le rôle de ce premier chapitre va donc consister à en dévoiler la faiblesse logique.

La structure générale de l'argument peut être présentée sous forme de syllogisme :

a) Toute théorie de l'acquisition des connaissances *a priori* (concepts, jugements, Idées), en relation avec l'apprentissage du langage, implique une volonté de procéder à une dérivation empirique du contenu et de la validité de ces connaissances

b) Or Kant refuse formellement une telle dérivation, au motif qu'elle supprimerait la nécessité et l'universalité qui définissent le champ des connaissances *a priori*

c) Toute perspective génétique doit être frappée d'anathème – on ne saurait soutenir que les capacités et connaissances rationnelles sont acquises de pair avec le développement du langage.

Selon un tel syllogisme, prendre au sérieux la genèse des capacités de l'esprit à la lumière des performances linguistiques revient tout bonnement à abandonner le point de vue transcendantal pour retomber dans l'empirisme, à enlever à la pensée kantienne tout ce qui la distingue des thèses de Locke, Condillac ou Hume.

Accordons tout d'abord à cet argument que Kant est prolixe en mises en garde contre toute dérivation empirique des connaissances *a priori*. Le célèbre coup d'envoi de l'introduction de la *Critique de la raison pure* donne le ton : « Bien que toute notre connaissance s'amorce avec l'expérience, il n'en résulte pas pour autant qu'elle dérive dans sa totalité de l'expérience »[1]. Il s'avère tentant de conclure que la durée qui a conduit aux premiers échanges verbaux entre humains, comme la durée nécessaire pour que les enfants s'élèvent aux premières formules, ne sont en rien nécessaire à la possession des connaissances *a priori*. L'entendement produit de lui-même les concepts *a priori*, et de façon analogue la raison tire d'elle-même la loi morale ; langage et raison seraient à décrire comme les deux faces connaturelles d'un pouvoir inhérent à l'humanité, pouvoir que les premières communications humaines et les premières articulations de l'enfant ne feraient qu'*actualiser*. Le lexique de la genèse est d'ailleurs abondamment mobilisé par Kant, mais à contre-emploi, dans l'« Analytique des concepts », pour souligner la vanité de toute tentative d'engendrer les catégories depuis l'expérience :

> J'entends, par analytique des concepts, [...] la *décomposition*, encore rarement tentée, du *pouvoir même de l'entendement*, pour explorer la possibilité des concepts *a priori* en les cherchant dans l'entendement seul, leur lieu de naissance[2].

Le chapitre clé, la « Déduction transcendantale », oppose ainsi « déduction empirique » et « déduction transcendantale » des concepts. La déduction empirique consiste à attribuer à un concept « un sens et une signification »[3] en exhibant dans l'expérience un objet contenu dans l'extension du concept, tandis que la déduction transcendantale montre comment certains concepts « peuvent se rapporter à des objets qu'ils n'empruntent en tout cas à aucune expérience »[4]. Plus radicale encore, l'« Analytique de la raison pure pratique » soutient que

1. Ak 3 : 27 ; B 1. *CRP*, p. 93.
2. Ak 3 : 84, 4 : 57 ; A 66/B 91. *Ibid.*, p. 154.
3. Ak 3 : 99, 4 : 68 ; A 84/B 116. *Ibid.*, p. 169.
4. Ak 3 : 100, 4 : 69 ; A 85/B 117. *Ibid.*, p. 170.

> la réalité objective de la loi morale ne peut être prouvée par aucune déduction, par aucun effort de la raison théorique, spéculative, ou empiriquement étayée, et donc, si l'on acceptait même de renoncer à la certitude apodictique, elle ne pourrait être confirmée par aucune expérience, ni être prouvée *a posteriori*, et cependant elle est solidement établie par elle-même[1].

En conséquence, tenter de faire reposer la maîtrise des concepts moraux sur la discussion avec autrui paraît attenter directement à la pureté de la loi elle-même et à son caractère inconditionné. Kant réprouve naturellement, dans l'« Élucidation critique de l'analytique de la raison pratique pure », ceux qui « continuent de croire pouvoir expliquer la liberté [...] par des principes empiriques, et de la considérer comme une propriété *psychologique* »[2]. La *Fondation de la métaphysique des mœurs* va plus loin et met en jeu, dans le rejet de toute ambition génétique concernant la loi morale, le statut même de la philosophie pratique. Elle proclame en effet qu'une théorie morale

> qui mélange les principes purs avec les principes empiriques ne mérite pas le nom de philosophie [...] et elle mérite encore beaucoup moins d'être appelée philosophie morale dans la mesure, précisément, où à travers cette confusion, elle porte même atteinte à la pureté des mœurs et va à l'encontre de son propre but[3].

Le point tout à fait remarquable de cette mise en garde est le suivant. Pour Kant, le problème touche précisément, tout comme la difficulté marquée dans le § 13 de la *Critique de la raison pure*, à la *signification* des concepts. Se demander comment nous apprenons le langage des concepts pratiques, c'est, paradoxalement, prendre le risque de vider ces concepts de leur contenu propre :

> les concepts et jugements qui portent sur nous-mêmes et sur nos conduites n'ont aucune signification morale si leur contenu se réduit à ce qu'il est possible d'apprendre de l'expérience[4].

Même au moment d'aborder la question d'un « enseignement des lois morales »[5], par le biais de « la formation, la diffusion et l'affermissement des principes moraux (dans l'éducation, dans l'instruction scolaire et

1. Ak 5 : 81-82. *CRPrat.*, p. 148.
2. Ak 5 : 94. *Ibid.*, p. 208.
3. Ak 4 : 390. *FMM*, p. 55.
4. Ak 6 : 215. *DV*, p. 164.
5. Ak 6 : 216. *Ibid.*, p. 165.

populaire) »[1], Kant prend surtout soin d'affirmer que « l'anthropologie morale » chargée de définir les étapes et les voies d'un tel enseignement « ne peut en aucune manière précéder la métaphysique des mœurs, ni être fondue avec elle »[2]. Il nous faut par conséquent, suivant l'extrême cohérence de ces textes, reconnaître que la mineure (b) de l'argument est parfaitement fondée. Il faut même admettre que cette mineure tire son poids du projet transcendantal lui-même, en tant qu'effort pour dégager la possibilité de connaissances *a priori* en général. Le soupçon qui pèse sur toute enquête génétique ne tient pas uniquement à la difficulté abstraite d'articuler genèse et structure, elle découle de la difficulté propre à la philosophie transcendantale de penser une genèse pour des concepts et propositions *universels et nécessaires*, l'*a priori* se qualifiant au sein de la connaissance par son indépendance vis-à-vis de toute expérience.

*L'*a priori *et l'inné*

Nous soutenons néanmoins que la défiance tendanciellement attribuée à la philosophie transcendantale à l'encontre de *toute* enquête génétique s'avère nulle et non avenue. En effet si la mineure (b) possède des raisons solides, en revanche la proposition hypothétique qui constitue la majeure (a) est sans appui textuel. Elle se trouve à vrai dire directement démentie par Kant. On peut en discerner un premier indice par le fait que si l'on admet simultanément (a) et (b), on se trouve confondre le statut épistémique de l'*a priori* kantien avec le statut propre à aux connaissances innées leibniziennes. Supposer que toute théorie de l'acquisition des connaissances *a priori* revient à éliminer *ipso facto* la nécessité de ces dernières consiste à répéter exactement l'objection formulée par Théophile à l'encontre de Philalèthe dans le premier livre des *Nouveaux essais*. Après avoir refusé de fonder « la certitude des principes innés »[3] sur les sens et le consentement, Leibniz décrit l'aperception progressive des connaissances nécessaires et innées comme une « réminiscence »[4]. À la naissance et dans les premières années de la vie du jeune enfant, l'inné est l'objet d'une « connaissance virtuelle »[5]; graduellement, l'éducation ne fait que déplier et actualiser ce qui était *déjà présent*.

1. Ak 6 : 217. *Ibid*, p. 167.
2. *Ibid.*
3. *Nouveaux essais sur l'entendement humain* [1703], Paris, GF, 1990, I, I, § 2, p. 59.
4. *Ibid.*, I, I, § 5, p. 61.
5. *Ibid.*, I, I, § 25, p. 68.

Or, avec une grande constance du début à la fin de son œuvre[1], Kant combat l'identification de l'*a priori* et de l'inné, aussi bien en ce qui concerne la raison spéculative que la raison pratique. L'espace dévolu par le sage de Königsberg à une genèse de l'*a priori* ne se tient pas ailleurs.

Le refus de l'innéisme procède de plusieurs motifs non équivalents, mais ce refus apparaît à chacune des étapes cruciales du développement de Kant. Dans la *Lettre à Marcus Herz*, la *Dissertation de 1770*, la « Déduction transcendantale » de la *Critique de la raison pure* (puis plus sporadiquement dans les textes ultérieurs)[2], la démarcation de l'*a priori* et de l'inné est une constante majeure. Loger dans l'entendement ou la raison pure des concepts et idées innés, c'est manquer le rapport de ceux-ci à l'expérience et à la vie concrète du sujet, et revenir à une métaphysique dogmatique où la validité des connaissances se voit reconduite au divin :

> Platon admettait une intuition spirituelle antérieure de la divinité comme source originaire des concepts purs de l'entendement et des principes. Malebranche admettait une intuition toujours durable de cet être originaire. Différents moralistes admettent précisément cela en ce qui concerne les premières lois morales. Crusius, lui, admet certaines règles du jugement et des concepts que Dieu a implantés dans les âmes humaines tels qu'ils

1. La continuité de cette préoccupation apparaît notamment dans le *Nachlass*. *Cf.* Ak 18 : 10, R 4851 ; Ak 18 : 12, R 4859. Ak 18 : 14, R 4866. Ak 18 : 21, R 4893. Ak 18 : 22, R 4894. Ak 18 : 23, R 4900. Les *Vorlesungen* marquent encore davantage l'uniformité des thèses de Kant sur ce point, des années 1770 aux années 1790. La *Metaphysik L1* date du milieu des années 1770. Kant y déclare : « même les concepts de l'entendement, bien qu'ils ne soient pas tirés des sens, naissent à l'occasion de l'expérience; i.e., personne n'aurait les concepts de cause et d'effet s'il n'avait pas perçu des causes dans l'expérience. Aucun humain n'aurait le concept de vertu s'il avait toujours vécu parmi des hommes sans scrupules. [...] [aucun concept] n'est inné dans l'entendement, ils proviennent plutôt de la réflexion à l'occasion de l'expérience » (Ak 28 : 233). La *Metaphysik Mrongovius*, qui date de 1782-1783, va dans le même sens : « nos concepts ne naissent jamais autrement qu'à l'occasion des objets des sens, réfléchis par l'entendement. [...] Les concepts de l'entendement ne sont rien que des actions de réflexion. » (Ak 29 : 761-762). « Tous les concepts sont acquis » (Ak 29 : 763). Le développement le plus extensif sur cette question se trouve dans la *Metaphysik Vigilantius* (*K3*), des années 1794-1795 : « Tous les concepts sont acquis, et ne peuvent pas être des idées innées. Car les concepts présupposent une activité de pensée » (Ak 29 : 952). « Malgré cela, il existe des concepts *a priori*, des intuitions *a priori*, des propositions et jugements *a priori* » (Ak 29 : 952).

2. Par exemple, la seconde *Critique* juge que l'une des utilités principales de la « Déduction transcendantale » est que « par là seulement on peut éviter, quand on situe [les catégories] dans l'entendement, de les tenir, avec Platon, pour innées » (Ak 5 : 254; *CRPrat.*, p. 270). L'*Anthropologie* (Ak 7 : 141 ; *APP*, p. 27) juge que les plus graves contresens de Leibniz et de Wolff à l'encontre de la sensibilité sont les conséquences de l'introduction d'idées et intuitions innées.

> doivent être pour s'harmoniser avec les choses et l'on pourrait appeler le premier de ces systèmes celui de *l'influxus hyperphysicus*, et le second celui de *l'harmonia praestabilita intellectualis* [1].

On remarque que la critique de l'innéité présentée ici par Kant se distingue par son orientation de celle de Locke dans le livre I de l'*Essai sur l'entendement humain*. Locke craint surtout l'intolérance des visées morales et apologétiques associées à l'innéisme anglais de son temps (Henry More, Ralph Cudworth) : il conteste ainsi que les principes théoriques et moraux aient pu être imprimés par Dieu dans les esprits et nous soient accessibles par une évidence immédiate. Par contraste, les noms de baptême donnés par Kant aux différents innéismes signent une critique axée sur le statut des concepts. L'*influxus hyperphysicus* est l'idée que l'homme jouirait d'une sorte d'intuition intellectuelle, que ce soit par participation à l'intuition divine (Platon) ou par la vision en Dieu (Malebranche). Or prêter à l'homme une intuition intellectuelle, ce n'est pas seulement produire une description inexacte, c'est surtout manquer la nature *discursive* de la connaissance humaine, et donc (on le verra dès le chapitre II), occulter le rôle du langage dans son développement. Ce premier innéisme occulte la médiation du discours et son rôle dans la connaissance pour lui préférer la métaphore d'une coïncidence immédiate et antédiscursive avec l'objet. C'est pourquoi on se situe dans le registre de l'hyperphysique : accorder à l'homme un tel pouvoir s'apparente à un tour de magie surnaturel, où l'esprit pourrait se trouver sidéré et intérieurement pénétré de connaissances sans avoir à *exprimer de jugements*.

La théorie de l'*harmonia praestabilita intellectualis* pose une difficulté distincte. L'idée générale est que l'homme serait à la naissance en possession de principes théoriques et pratiques, ces principes mettant certes en jeu des concepts. Mais, puisque par là la possession et le contenu des concepts se trouvent disjoints de tout contact avec l'expérience, il devient inévitable, si l'on veut préserver la fonction de ces concepts et leur valeur pour notre activité de connaissance, de les rapporter à une « harmonie préétablie ». Un symptôme frappant (et bien relevé par Kant à la suite de Locke) du voilement des rôles génétiques du langage par l'innéisme consiste dans la désignation fréquente des connaissances innées par la métaphore de l'écriture. Chez Locke les maximes spéculatives innées sont repérées comme « marques prétendument imprimées dans

1. Ak 10 : 131. *Lettre à Marcus Herz du 21 février 1772*, in *Diss.*, p. 134.

l'esprit de l'homme »[1], tandis que les principes pratiques le sont comme « caractères naturels gravés sur l'esprit »[2]. Leibniz-Théophile n'est pas gêné le moins du monde par la métaphore : « je n'y vois aucune absurdité »[3], il renchérit même dans ce sens en affirmant que « les lois éternelles de Dieu sont gravées d'une manière encore plus lisible »[4]. Rien d'étonnant à ce que, pour soutenir une telle thèse, il faille par ailleurs affirmer que Dieu a placé en l'homme la capacité linguistique : « Dieu [...] lui a aussi donné la faculté de parler »[5]. Au contraire lorsque Kant refuse l'innéisme comme « une sorte de système de la préformation de la raison pure »[6], le refus s'atteste en relation directe avec la métaphore de l'écriture, le tort des notions innées étant d'être déterminées comme « inscrites en nous en même temps que notre existence »[7]. En conséquence, Kant dénonce le fait que l'innéisme d'un côté ôte aux concepts théoriques leur signification et leur fonction législatrice à l'égard de l'expérience, de l'autre conduise à poser une hétéronomie indépassable de la raison pratique en faisant dériver l'autorité de la loi morale d'un fondement matériel (la perfection selon Wolff, ou la volonté de Dieu selon Crusius)[8].

Affirmer l'innéité des concepts théoriques, c'est leur accorder une portée seulement subjective, et s'interdire de comprendre leur validité objective au regard de l'expérience, à moins de recourir à un « *Deus ex machina* » ; c'est ouvrir « la voie à une philosophie paresseuse qui proclame vaine toute recherche ultérieure »[9]. Car en les pensant comme « des dispositions subjectives de la pensée inscrites en nous en même temps que notre existence et qui ont été mises en place par notre créateur »[10], on prête le flanc à une « objection décisive », selon laquelle « dans ce cas,

1. *Essai sur l'entendement humain*, trad. fr. J-M. Vienne, Paris, Vrin, 2001, I, 2, § 1, p. 64. Un des contre-arguments clé de Locke est donc logiquement que « les enfants n'apprennent les noms qui tiennent lieu [des idées générales] qu'après avoir un bon moment exercé leur raison sur des idées courantes moins générales et après s'être révélés capables de discussion rationnelle dans leurs débats ordinaires » (*ibid.*, I, 2, § 14, p. 75).

2. *Ibid.*, I, 3, § 1, p. 92. D'où le contre-argument : « les principes moraux exigent raisonnements, discours et exercice mental » (*ibid.*).

3. *Nouveaux essais sur l'entendement humain*, Paris, GF, 1990, I, 1, § 10, p. 63.

4. *Ibid.*, I, 1, § 4, p. 60.

5. *Ibid.*, III, I, § 1, p. 213.

6. Ak 3 : 129 ; B 167, *CRP*, § 27, p. 219.

7. Ak 3 : 128. *Ibid.* Nous soulignons.

8. Ak 5 : 40. *CRPrat.*, p. 139.

9. Ak 2 : 406. *Diss.*, § 15, p. 75.

10. Ak 3 : 128-129 ; B 167-168. *CRP*, § 27, p. 219.

manquerait aux catégories la *nécessité* qui appartient par essence à leur concept »[1].

Parallèlement, affirmer l'innéité des concepts pratiques fondamentaux, c'est supprimer l'autonomie de la raison pratique qui est condition de la moralité des résolutions, et ériger en loi suprême l'obéissance aux ordres innés inscrits en nous par le créateur; c'est donc manquer la nature de l'obligation morale et par là vider les principes moraux et leurs concepts de leur caractère impératif[2]. Aussi il convient, tout en continuant d'affirmer que la signification et la validité des concepts et connaissances *a priori* ne sont pas dérivées de l'expérience, de tenir ces connaissances pour « acquises » en un sens qui reste à définir.

Les représentations a priori *sont acquises*

Dès la période pré-critique, Kant s'efforce de tenir ensemble les deux aspects du problème (refus d'une généalogie empirique des concepts, et refus de l'inné) :

> En métaphysique, on ne trouve pas de principes empiriques, alors il faut chercher les concepts qu'on y rencontre, non dans les sens, mais dans la nature même de l'entendement pur, non comme concepts *innés*, mais comme abstraits des lois qui siègent en lui (par réflexions sur les actions à l'occasion de l'expérience), donc *acquis*[3].

Le texte est capital, puisqu'il indique le point ignoré par la prémisse majeure (a) de l'argument construit plus haut : toute théorie de l'acquisition des concepts n'implique pas une réduction empiriste du contenu et de la signification des concepts acquis. On doit pouvoir concevoir une acquisition qui n'aboutisse pas à une dissolution de l'apriorité des concepts, mais qui au contraire en assure seule l'intégrité. Ainsi, l'enjeu majeur d'une connexion génétique entre langage et raison consistera par suite à pouvoir lever la contradiction seulement apparente entre les passages où Kant, contre l'empirisme, dénie tout rôle à l'expérience dans le développement rationnel (« les catégories émergent, *indépendamment de la sensibilité*, dans le simple entendement »)[4], et les passages où, contre Leibniz et ses épigones, il affirme le caractère acquis de toute représentation sans exception (« La *Critique* ne permet absolument aucune *représentation* placée dans le sujet par création [*anerschaffen*] ou

1. Ak 3 : 128-129; B 167-168. *CRP*, § 27, p. 219.
2. Ak 5 : 71. *CRPrat.*, p. 141.
3. Ak 2 : 395. *Diss.*, § 8, p. 45.
4. Ak 3 : 115; B 144. *CRP*, § 21, p. 205.

innée [*angeboren*][1]; elle les tient toutes ensemble, qu'elles appartiennent à l'intuition ou aux concepts de l'entendement, pour *acquises* »)[2].

Le tour pris par le paradoxe pour la raison pratique est tout à fait analogue. Bien qu'il refuse toute dérivation des principes pratiques à partir des exemples et de l'observation empirique, Kant réaffirme la nécessité d'une *acquisition* des concepts moraux en raison d'un refus général de tout innéisme, en particulier dans la « Doctrine de la méthode de la raison pratique pure » (*Critique de la raison pratique*) et la « Méthodologie éthique » (*Doctrine de la vertu*). La méthode entend en effet « assurer aux lois de la raison pratique pure un *accès* à l'esprit humain, [...] c'est-à-dire rendre également subjectivement pratique la raison qui l'est objectivement »[3]. On ne saurait être plus clair. L'objectivité de la raison pratique signifie l'impossibilité de dériver la signification et le caractère obligatoire de la loi à partir de l'anthropologie empirique. Mais simultanément, la question de la reconnaissance et de l'acquisition individuelle de la moralité demeure, puisqu'aucune représentation et aucun concept en l'homme ne sont innés.

> Que la vertu puisse et doive être *enseignée*, cela résulte d'emblée du fait qu'elle n'est pas innée[4].
>
> Évidemment, l'enfant ne possède encore aucun concept des mœurs[5].

La nécessité de relever le rôle du langage dans l'apprentissage pratique (en particulier *via* le dialogue dans la « Didactique éthique », comme nous le montrerons dans le chapitre V) sera là encore une suite de la démarcation de l'*a priori* et de l'inné.

Dès lors, quels concepts directeurs Kant propose-t-il pour comprendre le développement génétique de la raison, et comment honore-t-il les engagements philosophiques contractés ?

1. « *Anerschaffen* » fait signe vers un innéisme métaphysique, inscription de principes ou notions communes en l'âme, tandis que « *angeboren* » renvoie à un innéisme biologique centré sur la transmission héréditaire des caractères.

2. Ak 8 : 221. *Eberhard.*, p. 122. Sur la différence de l'*a priori* et de l'inné, *cf.* les remarques de Jocelyn Benoist, « Les limites de l'ontologie et le sujet critique », *ibid.*, p. 49 *sq.*

3. Ak 5 : 151. *CRPrat.*, p. 281.

4. Ak 6 : 477. *DV*, § 49, p. 353.

5. Ak 9 : 460. *Éduc.*, p. 96.

L'enquête génétique n'est pas une généalogie des significations, mais une explication de la possession des concepts

Si l'enquête génétique prétendait offrir une généalogie des significations des concepts de l'entendement pur, elle se trouverait commettre une faute irréparable. En effet, l'idée même d'enquête génétique consiste en l'étude d'une succession réglée, afin de dégager des étapes selon un ordre du temps, en fonction de principes réglant la succession. Par là toute enquête génétique se place d'emblée dans le cadre de la sensibilité humaine, et fait usage des concepts de l'entendement pur (le plus fréquemment unité, pluralité, limitation, causalité...). Le sérieux des résultats de l'enquête et leur valeur épistémique dépend de l'inscription des phénomènes interrogés au sein de l'unité de l'expérience. Aussi, loin de pouvoir dériver la validité objective des concepts de l'entendement pur, l'enquête sur l'apparition du langage dans l'espèce et sur son acquisition par l'individu présuppose en permanence ces concepts. Ce sont précisément les concepts de l'entendement pur qui assurent la structure théorique de l'enquête. La genèse des facultés est ainsi menée rétrospectivement par un esprit développé, et les processus qu'elle objective sont une certaine portion de l'expérience dont l'objectivité dépend de la validité de propositions telles « tout changement doit avoir une cause ».

Un texte décisif de la première *Critique* permet de situer très exactement la portée des résultats de l'enquête génétique et la place qui doit leur revenir. Ce texte, trop susceptible d'être recouvert par une tradition de lecture axée sur le divorce de Kant d'avec l'empirisme, frappe par l'éloge massif qui y est fait des résultats obtenus par les empiristes, *pour autant qu'on les comprenne mieux que les empiristes ne les ont compris*. Kant y signale d'abord, nommant Locke, la vanité de toute tentative visant à dériver le sens et la valeur objective des catégories de l'expérience. Cependant, et on ne saurait assez souligner à quel point ce complément est essentiel, Kant entend conférer à l'enquête de Locke une pertinence renouvelée, en requalifiant le statut des résultats obtenus. Il faut lire ce texte et se laisser surprendre :

> Vis-à-vis de ces concepts [les catégories], comme vis-à-vis de toute connaissance, on peut chercher dans l'expérience, non pas le principe de leur possibilité, mais en tout cas les causes occasionnelles de leur production. À cet égard, ce sont alors les impressions des sens qui fournissent la première occasion [...]. Une telle recherche des premiers efforts de notre faculté de connaître pour s'élever des perceptions singulières à des concepts généraux possède sans nul doute une grande utilité, et il faut savoir gré au célèbre Locke d'avoir été ici le premier à ouvrir la voie.

> Reste qu'une *déduction* des concepts purs a priori ne peut jamais être menée à bien sur ce mode [...]. Une telle tentative de dérivation physiologique, qui, au sens propre, ne peut pas du tout s'appeler déduction, parce qu'elle concerne une question de fait, je la nommerai par conséquent l'explication de la possession d'une connaissance pure [1].

Ce texte suffit à lui seul à situer les propos de Kant sur les rôles génétiques du langage. On peut en distinguer deux lectures. 1) Suivant la première lecture, que l'on peut nommer la lecture partielle, Kant soutiendrait que l'approche empirique des concepts ne peut valoir *que* pour les concepts empiriques. Elle ne possède corrélativement aucune pertinence lorsque l'on a affaire aux concepts exprimant les principes de toute expérience possible. Il serait ainsi d'un côté possible de procéder à une déduction empirique du concept de « chien » en décrivant la façon dont le concept s'est formé à la suite de la vision d'images (croquis, dessins) et par la fréquentation d'animaux domestiques que l'on a appris à reconnaître; en revanche, aucune observation des phénomènes ne permettrait jamais d'expliquer comment nous acquérons les concepts de « cause », d'« unité » et de « pluralité », etc. Cette première lecture nous paraît moins fausse qu'insuffisante. 2) Si l'on essaie de faire du texte une lecture complète, on atteint les conclusions suivantes. Kant ne dit pas que l'approche empirique n'est possible que pour les concepts empiriques tandis qu'elle serait dans tous les cas non pertinente pour les catégories. Il soutient plutôt que les textes décrivant les progrès de l'esprit, textes *compris à tort* comme ayant valeur de déduction empirique des catégories, ces textes *ont une pertinence*, pour autant qu'on cesse de vouloir les comprendre *comme des déductions*, et pour autant qu'on les prenne pour ce qu'ils sont, à savoir des *théories de l'acquisition des représentations*. Car il faut bien expliquer comment nous acquérons chaque concept, y compris les catégories; cependant n'allons pas croire que par ce biais nous pourrons expliquer la signification et la validité des catégories vis-à-vis des phénomènes, ce qui est un tout autre problème. S'il ne faut pas chercher dans l'expérience le « principe de possibilité » des catégories, c'est parce que toute expérience est structurée conformément aux types d'unité qu'expriment les catégories – par exemple, toute succession, y compris dans l'apprentissage du jugement et du discours, dépend de la causalité. En revanche, l'expérience peut nous apprendre comment les catégories sont produites *en chacun de nous*, comment progressivement chacun en vient à les *posséder* ou à les développer. Les « premiers efforts » dont parle Kant font aussi bien signe

1. Ak 3 : 100-101, 4 : 69-70; A 86-87/B 118-119. *Ibid.*, § 13, p. 170-171.

en direction de l'enfant qu'en direction des hommes hypothétiques de « l'état de nature ». En effet, la locution « dérivation physiologique », qui vient adéquatement se substituer à la locution fautive de « déduction », nous renvoie à des processus corporels (croissance, sensations, éventuellement évolution de l'espèce), et peut coïncider avec l'enfance aussi bien qu'avec le développement de l'espèce. Simultanément, le terme de « production » signale que Kant ne réactive pas une théorie du virtuel à la manière de Leibniz, où les impressions des sens seraient seulement les *stimuli* « actualisant » en chacun des concepts *déjà possédés* mais inaperçus. Les perceptions sont les occasions pour nous d'exercer une certaine activité par laquelle nous produisons les catégories. En quoi consiste cette production ou cette acquisition ? Kant ne le précise pas ici. Mais s'il ne le fait pas, ce n'est pas par manque d'espace ou parce que l'enquête reste à faire, et il ne faut donc pas le déplorer. Aux yeux de Kant, l'enquête génétique est déjà largement frayée par le « célèbre Locke », génial guide en la matière. Kant ne nous enjoint pas de refermer l'*Essai sur l'entendement humain*, il nous demande de le relire avec de nouveaux yeux.

La définition du projet de la « Déduction transcendantale » remplit ainsi un double rôle. D'une part, elle ouvre une voie inexplorée, en offrant pour la première fois une explication de la façon dont nous pouvons « attribuer un sens et une signification »[1] aux catégories. Mais d'autre part, elle rend possible un nouveau regard sur les théories empiriques (physiologiques, psychologiques, anthropologiques, historiques) du développement de l'esprit[2]. La clarification de la démarche kantienne au cours du § 13 permet ainsi une démarcation dont le bénéfice est pluriel. En isolant la question du contenu et de la validité objective des concepts de celle de leur acquisition, elle nous permet justement de comprendre le statut architectonique des processus subjectifs de développement. De façon latérale, elle déploie devant nous un éventail extrêmement vaste d'enquêtes, et nous incite à

1. Ak 3 : 99, 4 : 68 ; A 84/B 116. *Ibid.*, § 13, p. 169.

2. K. P. Winkler distingue (dans « Kant, the Empiricists, and the Enterprise of Deduction », *in* Paul Guyer (ed.), *The Cambridge Companion to Kant's Critique of Pure Reason*, New York, Cambridge University Press, 2012, p. 41-74), à propos des théories empiriques de l'origine des concepts, le fait fait de donner à ces théories un sens temporel, un sens causal, ou un sens contentuel/sémantique (p. 51). Si l'on conserve la terminologie de Winkler, on peut dire que Kant accepte de donner à l'origine empirique des concepts un sens exclusivement temporel et causal, tout en excluant de lui donner une portée contentuelle/sémantique. L'erreur de Locke, Hume ou Berkeley n'est donc pas de proposer une « interprétation causale » (p. 48) de la genèse, leur erreur est d'en donner une interprétation contentuelle et sémantique.

relire également Tetens[1], Rousseau, Mendelssohn, et même Herder, pour autant que l'on ne se méprenne pas sur ce que l'on peut attendre de telles lectures. Par là, la philosophie transcendantale kantienne s'avère même parfaitement compatible avec les percées contemporaines en paléontologie et neurologie, neurolinguistique, etc., pourvu qu'on ne confonde pas les conditions du développement de l'esprit et la validité de ses concepts et jugements. Dans le cadre de la *Critique*, Kant peut donc se permettre de rester concis sur le détail des enquêtes génétiques, et ce pour d'excellentes raisons. Car à cette partie du système, il incombe *uniquement* de développer « une science qui détermine la possibilité, les principes et l'étendue de toutes les connaissances *a priori* »[2]. Mais, simultanément, la *Critique* seule situe la portée épistémique des enquêtes génétiques, dans la mesure même où la Déduction transcendantale assure à ces examens complémentaires leur statut propre.

VOIES DES ENQUÊTES GÉNÉTIQUES

Forts de la légitimité accordée aux enquêtes génétiques, une fois leur portée redéfinie en prenant acte de la disjonction de l'*a priori* et de l'inné, nous devons à présent examiner les trois formulations principales qui organisent la pensée kantienne de la genèse : l'analogie biologique d'une « épigenèse de la raison pure » au § 27 de la première *Critique*, l'idée de « réflexion » sur les pouvoirs de l'esprit (dès la *Dissertation de 1770*), enfin l'analogie juridique d'une « acquisition originaire » des concepts *a priori* formulée dans la *Réponse à Eberhard* et éclairée par le § 15 de la *Doctrine du droit*. Les rôles génétiques accordés au langage, que nous étudierons en

1. Dans le *Nachlass*, Kant ne dénonce nullement chez Tetens l'attention empirique aux processus de genèse, mais en même temps il prend soin de distinguer la démarche transcendantale de celle des *Versuche :* « Je ne m'occupe pas de l'évolution des concepts comme *Tetens* (toutes les actions, par lesquelles les concepts sont produits [...]), mais simplement de leur validité objective. Je ne me place pas en concurrence avec ce[t] homme » (Ak 18 : 23, R. 4900). « *Tetens* examine les concepts de la raison pure de façon simplement subjective (nature humaine), moi de façon objective. Son analyse est empirique, la mienne transcendantale. » (Ak 18 : 23, R 4901). Dans ces déclarations, l'objectif de Kant est la simple *démarcation des démarches*, non la disqualification de la portée épistémique des recherches de Tetens. De même dans les *Vorslesungen* à propos d'Aristote et Locke : « on doit distinguer entre la manière d'acquérir [*modum acquirendi*] et la manière de posséder [*modum habendi*]. » (*Metaphysik Vigilantius* (*K3*), Ak 29 : 951).

2. Ak 3 : 30, 4 : 17 ; A 2/B 6. *CRP*, *op. cit.*, p. 97.

détail dans les chapitres suivants, s'insèrent dans les espaces théoriques ouverts par ces formules.

L'analogie biologique :
qu'est-ce que « l'épigenèse de la raison pure » ?

Kant n'est pas, loin s'en faut, l'inventeur du concept d'épigenèse.

La théorie de l'épigenèse trouve d'abord sa véritable impulsion au XVIIe siècle, à mesure que les découvertes de la médecine et de la biologie rendent plus plausible une conception mécaniste des animaux. Cependant « épigenèse » n'est pas synonyme de « théorie mécaniste de la vie animale ». Pour le voir, il convient de distinguer à partir de Descartes deux idées distinctes : l'idée selon laquelle les processus internes des vivants sont assimilables aux mouvements d'une machine – exprimée par *L'homme* de Descartes et popularisée à la suite des travaux de Harvey (en Prusse par Boerhaave) –, et l'idée selon laquelle la croissance de l'embryon se fait par les lois de la mécanique – exprimée par Descartes dans le *Traité de la formation du fœtus*. Seule la seconde idée livre véritablement une première version de ce qu'on nommera par la suite « théorie épigénétique », car l'épigenèse n'est pas une théorie de la vie de l'organisme achevé, elle est une théorie de la reproduction et du développement des êtres vivants.

Avec l'enthousiasme provoqué par le mécanisme à la suite des travaux de Descartes, les deux idées paraissent au départ solidaires. Cependant très vite, alors que la circulation du sang et les dissections convainquent le public scientifique de la pertinence des explications mécanistes dans le domaine de la physiologie, la reproduction et la croissance animale semblent présenter des difficultés insurmontables. Selon un mot fameux de Fontenelle[1], on peut bien comparer un animal à une montre, mais nulle part on n'a vu de montre engendrer une autre montre, ni se réparer elle-même.

Dès lors les cartésiens ultérieurs choisissent d'abandonner la version de l'épigenèse attribuée à Descartes, tout en préservant la mécanique des fluides et des mouvements corporels. Malebranche active la théorie de la préexistence des germes. Frappé par la découverte d'animaux « plus petits

1. Bernard le Bovier de Fontenelle, *Lettres galantes du chevalier d'Her...* [1685], in *Œuvres de Fontenelle*, t. 2, 1re partie, Paris, A. Belin, 1818, p. 463 : « deux montres seront l'une auprès de l'autre toute leur vie sans faire jamais une troisième montre ». Fontenelle était connu en Allemagne par le biais de l'Académie royale des sciences et lettres de Berlin, dont il était membre depuis 1749. Kant le reprend sans le citer : « un rouage ne peut en produire un autre, et encore moins une montre d'autres montres » (Ak 5 : 374, *CFJ*, p. 297).

qu'un grain de sable qui est presque invisible»[1] à l'aide des premiers microscopes, Malebranche conclut qu'on ne peut comprendre la reproduction qu'en supposant une infinité d'animaux minuscules dans le moindre germe. Cependant, la théorie de la préexistence des germes possède le défaut de substituer une thèse métaphysique aux hypothèses scientifiques, elle est donc théoriquement insatisfaisante; en outre, si le vivant adulte n'est que l'agrandissement d'un vivant préformé dans le germe, on ne peut plus comprendre l'existence des êtres présentant des caractères ayant appartenu à leurs *deux* géniteurs.

Dans un premier temps, chez Buffon et Maupertuis, les solutions substituées à la théorie de la préexistence des germes fournissent des constructions surprenantes. Maupertuis dans la *Vénus physique*[2] attribue aux plus petites parties des animaux une sorte d'«instinct»[3], et Buffon imagine une «force pénétrante»[4] poussant les molécules organiques à s'unir conformément à des «moules intérieurs»[5] qui en assurent l'organisation macroscopique. Buffon est ainsi à l'origine du regain de tentatives épigénétiques amendées, en définissant désormais l'épigenèse par 1) le refus de la préexistence des germes, 2) la revendication de forces spécifiques au vivant à partir desquelles expliquer la reproduction aussi bien que la croissance.

Kant est directement l'héritier de cette histoire. Dès l'*Unique argument*, sa réflexion sur les vivants est marquée par la reconnaissance des limites du mécanisme: «il serait absurde de considérer la première génération d'une plante ou d'un animal comme un effet mécanique secondaire, en vertu des lois générales de la nature»[6]. Kant refuse également la solution de la préexistence des germes chez Malebranche, solution hyperphysique contraignant de faire intervenir un miracle divin à chaque génération:

> Chaque individu de la même espèce est-il formé directement par Dieu et a-t-il par conséquent une origine surnaturelle, la reproduction, c'est-à-dire le passage, de temps à autre, au développement, étant seul confié à une loi naturelle[7]?

1. *De la recherche de la vérité* [1674], Paris, Vrin, 2006, I, 6, § 1, p. 157.
2. *Œuvres de Maupertuis*, t. II, Lyon, Jean-Marie Bruysset, 1768.
3. *Cf.* Philippe Huneman, *Métaphysique et biologie*, Paris, Kimé, 2008, p. 116.
4. *Ibid.*, p. 118.
5. *Ibid.*, p. 120.
6. Ak 2: 114. *UA*, II, IV, § 2, p. 144.
7. *Ibid.*

Kant s'avoue pourtant insatisfait des alternatives proposées par Maupertuis et Buffon, si bien que la reproduction et le développement du vivant lui apparaissent d'abord essentiellement comme un problème non résolu :

> Les moules intérieurs de M. de Buffon et les éléments de la matière organique qui, selon l'opinion de M. Maupertuis, se combinent d'après leurs réminiscences, conformément aux lois du désir et de l'aversion, sont ou bien tout aussi incompréhensibles que la chose elle-même ou bien des pensées purement arbitraires [1].

À ce stade de sa pensée, Kant reste au final profondément insatisfait. Néanmoins, il pense avoir récolté de ses remarques un bilan au minimum négatif, puisqu'il a exclu *aussi bien le mécanisme pur que les solutions surnaturelles*. La voie à approfondir demeure analogue à celle de Buffon et Maupertuis : il s'agit de concevoir des forces naturelles pour soumettre la succession des états organiques à des principes, afin de préserver la structure causale des théories biologiques : « Mon intention ici est seulement de montrer qu'on doit accorder, plus qu'on ne le fait d'ordinaire, aux choses naturelles, une plus grande puissance de produire leurs effets, en vertu de lois générales »[2]. Dans cette mesure Kant revendique clairement dès 1763 une pensée de l'épigenèse, c'est-à-dire une théorie causale naturelle quoique non mécaniste de la reproduction et de la croissance animale.

C'est chez les Allemands Caspar Wolff et Blumenbach que Kant trouve enfin un modèle satisfaisant pour préciser le concept d'épigenèse. La date à laquelle Kant lit Blumenbach n'est pas connue, mais la parution de *Über den Bildungstrieb* en 1781, la même année que la première *Critique*, peut expliquer l'occurrence du concept d'épigenèse au § 27 de la seconde édition en 1787, alors même que le concept était absent de la Déduction transcendantale de 1781. Kant ne témoigne explicitement qu'il a lu et compris Blumenbach qu'en 1790, dans la *Critique de la Faculté de Juger* (§ 81). Il ne renvoie pas directement à Caspar Wolff, mais *via* Blumenbach celui-ci exerce une forte influence sur sa pensée. Wolff, plutôt que de prendre argument des errements de l'épigenèse chez Buffon et Maupertuis pour revenir avec Haller à une théorie préformationniste, se concentre sur la description des *phases* successives de l'embryon. Contre l'idée selon laquelle l'organisme miniature devrait déjà posséder un cœur, un système vasculaire et tous ses principaux organes, Wolff se consacre à décrire les

1. Ak 2 : 115. *UA*, p. 145.
2. *Ibid.*

transitions graduelles, postulant une « force essentielle »[1] spécifiquement organique pour assurer la nécessité dans la succession des phases. L'exigence intellectuelle de Wolff lui interdit de faire porter à ladite force essentielle un rôle de suppléance hyperphysique dans l'explication des phénomènes que le mécanisme laissait non-interrogés; parce que sa conviction est qu'il faut donner la *primauté à l'observation* et à *l'enchaînement des étapes* découvertes par le biais de l'observation, il ne détermine pas positivement la nature de la « force essentielle ». La notion sert simplement à nommer la nécessité de l'enchaînement des phases. Son entente est donc délicate, puisqu'elle désigne l'irréductibilité de l'organisme à toute forme de machine, sans pour autant proposer de détermination de cette irréductibilité – Wolff s'en remettant par ailleurs à l'enquête empirique. Pour cette raison, plusieurs lecteurs de Wolff ont vu chez lui une nouvelle forme de mécanisme, nonobstant les débats qui l'avaient opposé à Haller. Goethe le premier trouve que la notion de force essentielle, sans plus de précisions, « évoque dès le départ quelque chose de physique, et même de mécanique »[2]. Gérard Lebrun accuse Wolff de proposer une version dissimulée de « matérialisme »[3], c'est-à-dire de mécanisme qui ne dirait pas son nom. Au contraire Philippe Huneman voit dans l'œuvre de C. Wolff la première version satisfaisante de l'épigenèse[4].

À cet égard, l'apport de Blumenbach consiste principalement à dissiper une équivoque. En effet, Blumenbach préfère parler de « force formatrice »[5] (*nisus formativus*, ou *Bildungstrieb*), dans la mesure où il estime que la force de Caspar Wolff (*vis*) possède des connotations trop mécanistes, et risque de jouer en faveur d'une dissolution de la spécificité de l'organisme. Si Blumenbach refuse comme Wolff l'idée d'une préexistence des germes *individuels*, son mérite selon Kant consiste à proposer cependant une théorie plus modeste et acceptable de la « préformation générique »[6]. Kant le souligne en présentant la théorie de l'épigenèse comme « la théorie opposée de la préformation individuelle »[7].

1. Dans *La formation des intestins* [1768], trad. fr. M. Perrin, Turnhout, Brepols, 2003.

2. Goethe, *Naturwissenchaftliche Schriften*, Hambourg, Christian Werner Verlag, 1955, cité par Jean Beaufret *in* P. Fouillaron (éd.), *Leçons de philosophie* 2, Paris, Seuil, 1998, p. 170.

3. *Kant et la fin de la métaphysique*, Paris, Le Livre de Poche, 2003, p. 397-398.

4. *Métaphysique et biologie*, *op. cit.*, p. 132. Il rejoint sur ce point F. Duchesneau, « Épigenèse de la raison pure et analogies biologiques », *in* F. Duchesneau, G. Lafrance et C. Piché (dir.), *Kant actuel. Hommage à Pierre Laberge*, Montréal, Bellarmin, 2000, p. 255.

5. *Institutions de physiologie*, trad. fr. J-F. Pugnet, Lyon, Reymann et Cie, 1797.

6. Ak 5 : 423. *CFJ*, § 81, p. 368.

7. *Ibid.*

À la fin du même paragraphe, l'éloge à Blumenbach est marqué: « concernant cette théorie de l'épigenèse, personne n'a plus fait que M. le conseiller aulique Blumenbach »[1].

Au total, le concept d'épigenèse dont Kant hérite pour penser le développement historique et individuel de la faculté rationnelle s'avère ainsi porteur de trois contraintes principales :

1) La théorie du développement ne peut ni se réduire à une physique mécaniste, ni faire appel à des facteurs surnaturels.
2) La théorie du développement oppose à la théorie de la préformation individuelle une théorie plus modeste de la préformation générique.
3) La théorie du développement repose sur un primat accordé à l'observation et à la description des phases.

L'articulation génétique du langage et de la pensée doit donc être envisagée selon ces trois contraintes. Or, au cours des chapitres suivants, nous verrons que Kant leur reste constamment fidèle. 1) Il refuse l'explication hyperphysique de l'apprentissage linguistique par don divin tout comme la réduction physiologique du processus. L'apparition des capacités théoriques et morales se trouve par lui dégagée d'une telle alternative. 2) Il refuse de placer les concepts théoriques et moraux à l'état embryonnaire dans l'individu. En effet, dans un tel cas, les facteurs naturels ne feraient alors que déplier la faculté rationnelle pour lui donner son étendue actuelle. On retomberait ainsi dans une image de l'apprentissage des langues proche de celle avancée par Leibniz, centrée sur le concept d'actualisation. Mais, suivant Blumenbach, Kant doit admettre une préformation générique propre à l'espace humaine. L'« organisation originaire »[2] de l'espèce selon Blumenbach a pour pendant les formes de l'expérience et les formes de la réflexion chez le nourrisson. 3) La primauté de l'exigence descriptive fait qu'il s'agit avant tout pour Kant d'enchaîner des phases différenciées au sein desquelles il n'est pas du tout évident que soient d'emblée co-présentes toutes les propriétés qui font le langage et la rationalité achevées. Corrélativement, le langage lui-même se trouve descriptible suivant plusieurs strates (l'accroissement des capacités mémorielles par la répétition, les exercices perceptifs, la maîtrise des règles grammaticales, etc.).

1. Ak 5 : 424. *Ibid.*, p. 370.
2. *Ibid.*

Innéisme formel et réflexion

La difficulté principale de l'analogie biologique paraît résider dans l'admission, au niveau de l'espèce, d'une part innée minimale (contrainte 2). En quoi la préformation générique ne contredit-elle pas la disjonction de l'*a priori* et de l'inné étudiée plus haut ? D'une part en ce que le concept d'innéité se trouve neutralisé et naturalisé dans le cadre du refus de la préformation individuelle. D'autre part, le refus d'assimiler l'*a priori* et l'inné se trouve compatible avec le fait qu'il est *inévitable d'attribuer à l'homme une part minimale de déterminations innées*.

La clarification de ces points trouve son aboutissement dans un des usages kantiens du concept de « réflexion ».

De facto, même les plus farouches opposants de l'innéisme sont contraints d'envisager un point de départ des processus de genèse, selon certaines données naturelles à la naissancc. Hume lui même ne pouvait que le reconnaître dans l'*Enquête sur l'entendement humain*[1]. Il tient volontiers ensemble : a) Le refus de tout innéisme métaphysique, selon lequel les concepts abstraits et les principes théoriques et moraux seraient présents en chacun dès la naissance. b) La reconnaissance d'une innéité inéliminable, coïncidant avec la constitution primitive des êtres humains : nous naissons percevants, et il n'y a rien de philosophiquement suspect à l'admettre. Dans la lignée de Hume, Kant conjugue le refus d'un innéisme métaphysique plaçant en chacun des idées et principes innés, et la légitimité d'une définition des traits minimaux caractérisant l'espèce humaine à la naissance.

La notion kantienne positive de l'inné s'avère minimale en un sens original; car Kant n'est même pas prêt à admettre que certaines de nos représentations soient innées. Avec l'empirisme, Kant accepte l'idée que l'expérience possède des traits primitifs qui ne sont en rien des concepts ou des principes. Mais s'écartant de l'empirisme, Kant produit un déplacement des éléments primitifs de l'expérience. Contre l'idée humienne selon laquelle on peut considérer comme primitives les impressions simples, c'est-à-dire certains types de contenus de représentations, Kant va poser comme primitives les formes des impressions des sens et les formes de leur synthèse. L'inné humien (et leibnizien) est matériel, l'inné kantien n'est que formel. La puissance de cette solution théorique est qu'elle n'implique donc pas la possession de *représentations* primitives telles que la représentation de l'espace, du temps, du concept de cause, etc. L'acquisition des représentations de l'espace, du temps et des catégories se fait

1. Cf. *Enquête sur l'entendement humain* [1748], trad. fr. M. Malherbe in *Essais et traité III*, Paris, Vrin, 2004, p. 53, n.

uniquement lorsque l'esprit *réfléchit* les formes de sa sensibilité et les formes des liaisons synthétiques qui organisent sa perception et ses jugements *dans des représentations*.

Le concept de réflexion sera défini de façon précise dès 1781 dans « De l'amphibologie des concepts de la réflexion :

> La *réflexion* (*reflexio*) n'a pas affaire aux objets eux-mêmes, pour en obtenir directement des concepts, mais est plutôt l'état de l'esprit, dans lequel nous nous disposons tout d'abord à mettre au jour les conditions subjectives sous lesquelles nous pouvons parvenir à des concepts [1].

Deux contrastes forts empêchent dès lors d'identifier la réflexion kantienne et la réflexion lockienne. 1) Ce que Locke nomme les « opérations internes de l'esprit » ou les « actions » de celui-ci ne coïncide pas avec les objets de la réflexion selon Kant. Pour Locke, la réflexion nous donne des idées des opérations et actions que sont la perception, la volonté, le souvenir, le raisonnement, le jugement, la connaissance, la foi, etc [2]. Pour Kant au contraire la réflexion nous donne des concepts généraux des *sources* de nos représentations (sensibilité et entendement) et, selon la différence de ces sources, de quelques représentations fondamentales (espace, temps et catégories). 2) Tandis que la réflexion lockienne a pour terrain les sensations, la réflexion kantienne porte sur les formes sensibles des sensations et sur les formes discursives de leur liaison.

À la lumière du concept de réflexion déployé par l'« Amphibologie », on peut relire le texte de 1770 cité *supra* (p. 38). Si certes nous ne possédons pas à la naissance la capacité de nous représenter isolément l'espace et le temps (comme Kant les décrit au début de la première *Critique* lorsqu'il dit notamment que nous nous représentons l'espace comme une « grandeur infinie donnée »)[3], cependant les premières impressions sensibles qui suivent la naissance (ouïe, odorat, vision, toucher, gustation) ont une forme d'emblée temporelle et spatiale. D'emblée nous percevons des successions et des répartitions spatiales, nous nous représentons les objets temporellement et spatialement. Mais nous ne nous représentons pas encore l'espace et le temps *pour eux-mêmes*. Cette lecture peut être appuyée sur la distinction faite par Kant entre la spatialité et la temporalité comme « formes de la sensibilité » d'un côté, la *représentation* de l'espace et du temps comme « intuitions pures » de l'autre. Selon le § 1 de la première

1. Ak 3 : 216, 4 : 170 ; A 262/B 318, trad. fr. M. Haumesser in *Kant. Critique de la raison pure. De l'amphibologie des concepts de la réflexion*, Paris, Vrin, 2012, p. 23.

2. *Essai sur l'entendement humain*, *op. cit.*, II, 6 et 7, p. 205-213.

3. Ak 3 : 53, 4 : 33 ; A 25/B 39. *CRP*, p. 121.

Critique, la représentation de l'espace *comme intuition pure* est en effet ce que j'obtiens quand je suis devenu capable d'abstraire de ma perception spatialement structurée toutes les déterminations d'entendement et tout ce qui revient à la sensation (« comme l'impénétrabilité, la dureté, la couleur, etc. »)[1]. Or, puisque cette capacité de réfléchir la forme de mes perceptions en une représentation suppose vraisemblablement un certain degré de développement cognitif, le problème sera pour nous de voir par la suite en quoi ce développement est commandé par l'usage des signes linguistiques.

De façon similaire, la réflexion permet de comprendre comment, en nous appuyant sur les formes de liaison synthétiques innées entre nos représentations, nous pouvons obtenir un concept de ces formes. Au premier âge, nous ne pouvons pas d'emblée former des jugements et appliquer des concepts; cependant nous sommes dès le départ capables d'apercevoir au moins vaguement des différences de connexion entre nos représentations selon les modes sériés par ce que Kant nomme les « concepts de la réflexion » (identité et diversité, convenance et disconvenance, intérieur et extérieur, déterminable et détermination)[2]. À partir des formes de la connexion entre les représentations, et par réflexion sur ces formes, les concepts *a priori* devront être acquis par chaque individu. Là encore, on en revient à la distinction cruciale faite par la *Dissertation de 1770* entre les *représentations*, lesquelles ne sont jamais innées mais toujours formées au gré du développement de l'expérience individuelle, et les lois des opérations de l'esprit, qui seules sont innées. Cette distinction est ce qui permet à Kant de se démarquer aussi bien de l'empirisme que du leibnizianisme. L'acquisition ne dissout pas le caractère *a priori* des concepts de l'entendement, dans la mesure où elle est obtenue par réflexion non sur le *contenu* des perceptions, sur les sensations

1. Ak 3 : 50, 4 : 30; A 20-21/B 35. *Ibid.*, § 1, p. 118.

2. Étant donné l'objectif limité de notre présente démonstration, inclure ici un développement extensif sur le rapport entre les formes de la réflexion, les formes logiques du jugement et les catégories donnerait à ce chapitre une longueur excessive. Il nous semble que là-dessus, la meilleure somme reste celle de Béatrice Longuenesse, *Kant et le pouvoir de juger*, Paris, P.U.F., 1993 (*cf.* aussi la Thèse de Matthieu Haumesser, *La sensualisation de l'entendement dans Locke et Kant autour de l'Amphibologie des concepts de la réflexion*, dir. J-M. Vienne, Nantes, 2005, non publiée). On fera seulement remarquer que le chapitre « De l'amphibologie des concepts de la réflexion » gagnerait à être relu à la lumière du problème génétique chez Kant, qui sépare Kant tout autant de Locke que de Leibniz, et qui explique sa méfiance aussi bien à l'égard de tout « système intellectuel du monde » (3 : 220, 4 : 174; A 269/B 325) qu'à l'égard de toute « noogonie » de la raison pure (3 : 221, 4 : 175; A 271/B 327).

elles-mêmes, mais bien sur leur structuration, leur organisation[1]. De même que l'espace et le temps ne sont pas des représentations possédées de façon préalable au déploiement des perceptions, de même les catégories ne sont pas des représentations intellectuelles subsistant par soi indépendamment des actes de synthèse opérés par l'esprit (liant ses perceptions et ses concepts). Au contraire, les catégories ne sont acquises qu'au moment où nous devenons capables de nous représenter de manière générale l'unité de ces actes de liaison synthétique. Kant signale ce statut en définissant les catégories comme les concepts qui *expriment* de pures fonctions de synthèse, ou comme *expressions générales* de la fonction qui donne de l'unité aussi bien aux formes logiques qu'aux synthèses de la perception, et non comme cette unité elle-même :

> La même fonction qui donne de l'unité aux diverses représentations *dans un jugement* donne aussi à la simple synthèse de diverses représentations *dans une intuition* une unité qui, *exprimée de façon générale* [*allgemein ausgedrückt*], s'appelle le concept pur de l'entendement[2].

Au final, si la possibilité de représenter l'espace, le temps et les catégories est *logiquement* attachée aux formes de l'organisation des perceptions, en même temps l'effectivité de cette représentation succède temporellement aux premières perceptions. Cette secondarité dans la possession n'empêche pas que les concepts purs et les intuitions pures n'aient pas pour autant le même *statut cognitif* que les matières auxquels ils s'appliquent.

1. Il faut encore prendre garde à un dernier point. La manière dont les concepts *a priori* sont acquis ne dissout pas leur caractère *a priori*, mais elle ne l'établit pas davantage. Le fait que la réflexion porte sur les formes innées de la sensibilité et les formes innées de la synthèse entre nos perceptions ou nos concepts, ce fait ne permet pas de conclure au caractère *a priori* des concepts purs de l'entendement. Tenter de dériver l'apriorité de l'innéité, ce serait confondre validité objective et validité subjective des représentations (cf. *supra*). En revanche l'obtention des concepts de l'entendement par réflexion sur l'unité des formes de la synthèse *préserve* leur caractère *a priori* et leur validité à l'égard de toute expérience – apriorité et validité étant établies par d'autres voies (exposition des concepts et déduction transcentandale).

2. Ak 3 : 92, 4 : 64 ; A 79/B104-105, nous soulignons « exprimée de façon générale [*allgemein ausgedrückt*] ». *CRP*, p. 162. *Cf.* la Seconde Préface, qui souligne le fait que toute règle à laquelle l'expérience est soumise « s'exprime en des concepts *a priori* » (Ak 3 : 12 ; B XVII. *Ibid.*, p. 78). Selon la « Déduction transcendantale », « un concept qui exprime de façon générale et suffisante [une] condition formelle et objective de l'expérience s'appellerait un concept pur de l'entendement » (Ak 4 : 75 ; A 96. *Ibid.*, p. 177). Ces formules étaient présentes dès les années 1770 : « Les concepts de l'entendement expriment tous des actes de l'esprit [*Gemütskräfte*] en tant qu'ils sont possibles suivant leurs lois universelles et, précisément, leur possibilité *a priori* » (R 4642. Ak VII, 620, *Manuscrit de Duisbourg*, trad. fr. F-X. Chenet, Paris, Vrin, 1988, p. 97).

La relation de présupposition demeure. Mais la présupposition ne signifie pas une antériorité chronologique dans la possession[1].

L'analogie juridique de « l'acquisition originaire »

La *Réponse à Eberhard* constitue le dernier texte capital pour achever de dissiper toute velléité d'assimilation du kantisme à un innéisme individuel des représentations, puisqu'elle contient une explication finale de Kant avec la philosophie leibnizienne au moyen du concept d'« acquisition originaire ».

> Mais il y a aussi une acquisition originaire (pour parler comme les théoriciens du droit naturel), donc aussi de ce qui auparavant n'a pas encore existé, par conséquent n'a appartenu à aucune chose (*Sache*) avant cette action. De ce genre, selon les affirmations de la *Critique*, sont *premièrement* la forme des choses dans l'espace et le temps, *deuxièmement* l'unité synthétique du divers dans des concepts; car notre pouvoir de connaître ne prend ni l'une ni l'autre des objets, en tant que ceux-ci seraient donnés en eux-mêmes dans celles-là, mais les produit *a priori* de son propre fond. Il faut pourtant bien qu'il y ait un fondement dans le sujet, qui rend possible que les représentations pensées naissent ainsi et pas autrement et par-dessus le marché puissent être rapportées à des objets qui ne sont pas encore donnés, et ce fondement au moins est *inné*[2].

Ce texte n'est pas sans difficultés. Il pourrait conduire le lecteur à attribuer à Kant l'idée d'une contemporanéité des premières perceptions et de l'acquisition des concepts purs et des intuitions pures, réactivant ainsi l'idée que Kant présenterait encore une variante de leibnizianisme. On peut être tenté de penser que *l'originarité* de l'acquisition signifie que le concept de cause aussi bien que la représentation de l'espace et du temps sont possédés dès l'instant suivant la naissance (et ainsi dès qu'il y a des générations humaines). Il y aurait « acquisition » en tant que ces représentations supposent l'effectivité des premières perceptions, et l'acquisition serait « originaire » dans la mesure où elle serait coextensive au premier complexe de sensations. Or, il nous semble que l'analogie juridique qui sous-tend le concept d'« acquisition originaire » interdit une telle lecture.

1. À ce titre, il serait tentant de transférer le schéma ratio essendi/ratio cognoscendi de la seconde *Critique* au rapport expérience/concepts purs-intuitions pures. Cependant on ne doit pas céder à cette tentation; car si les perceptions sont ce à l'occasion de quoi nous pouvons former la représentation des conditions cognitives de toute expérience, ces conditions cognitives elles-mêmes ne produisent pas l'expérience dans sa diversité.

2. Ak 8 : 221-222. *Eberhard.*, p. 122.

Que signifie en effet l'acquisition originaire (*ursprüngliche Erwerbung/Acquisitio originaria*) en contexte juridique? Voici quelques occurrences du terme dans les corpus de philosophie du droit fréquentés par Kant (Achenwall ne développant pas la question en détail) :

> Samuel Pufendorf [1672] : « L'ordre veut que nous traitions maintenant des différentes manières d'acquérir la Propriété. On les divise, avec raison, d'après *Grotius*, en *Originaires*, & *Dérivées*. Les premières, ce sont celles, par lesquelles une chose, qui n'était à personne, commence à appartenir en propre à quelqu'un. Les autres, ce sont celles qui font passer d'une personne à l'autre la Propriété déjà établie sur une chose. » [1].
>
> Gottlieb Hufeland [1790] : L'acquisition originaire est l' « acquisition indépendante de la volonté d'autres [personnes] » [2].
>
> Ludwig Heinrich Jakob [1795] : « Acquérir un droit veut dire faire, par une action libre, que l'on obtienne un droit sur une chose sur laquelle on n'avait auparavant aucun droit; et l'action libre par laquelle le droit est acquis se nomme l'acquisition du droit (*acquisitio*), qui peut être originaire (*originaria*) ou dérivée (*derivativa*); suivant qu'elle est possible sans avoir été jamais acquise auparavant ou non » [3].

Abstraction faite des nuances, le concept d'acquisition originaire sert donc d'abord à distinguer a) une acquisition qui succède à une précédente possession (par exemple si je deviens propriétaire d'un terrain parce qu'on me l'a vendu), et b) une acquisition qui ne se fonde pas sur une possession antérieure (si on ramasse un objet trouvé et que personne ne le réclame, c'est-à-dire si aucun propriétaire antérieur n'est assignable). Il y a acquisition originaire lorsque l'acquéreur est le premier propriétaire; par là le concept peut servir à désigner les premières prises de possession au moment, historique ou imaginaire, où le droit de propriété vient de naître et n'existait pas auparavant. À ce niveau, une fois transposée sur le terrain de la critique de la raison pure, l'acquisition originaire d'une représentation ou d'un concept signifie qu'elle est acquise en première personne sans qu'il y ait l'intervention décisive d'une transmission, d'une tradition ou d'une médiation divine. Le concept fortifie donc la théorie épigénétique et les développements sur le concept de « réflexion ».

1. *Le droit de la nature et des gens* [1672], trad. fr. Jean Barbeyrac, Amsterdam, Henri Schelte, 1706, t. I, IV, VI, § 1-2, p. 472.

2. *Lehrsätze des Naturrechts und der damit verbundenen Wissenschaften*, Iéna, Christian Heinrichi Kuno's Erben, 1790, § 216, p. 104.

3. *Philosophische Rechtslehre oder Naturrecht*, Halle, Renger, 1795, § 25, p. 12.

Cependant chez Kant l'acquisition originaire n'implique pas seulement le caractère *initial* d'une possession, mais également son caractère *provisoire*, la possession ne se muant en propriété que dans le cadre d'un état civil réalisé :

> Le *titre rationnel* de l'acquisition ne peut résider que dans l'idée d'une volonté de tous unifiée *a priori* [...]. Or l'état d'une volonté effectivement unifiée de manière universelle en vue de légiférer est l'état civil. Donc ce n'est qu'en conformité avec l'Idée d'un état civil, c'est-à-dire en prenant cet état et sa mise en œuvre comme point de vue, mais avant sa réalisation (car, sinon, l'acquisition serait dérivée), par conséquent de façon seulement *provisoire*, que l'on peut acquérir quelque chose d'extérieur *originairement*[1].

En d'autres termes, si une acquisition originaire est une étape nécessaire, dont on peut opérer une déduction rationnelle, c'est au sein du processus réel conduisant aux premières propriétés garanties au sein d'un état civil. Elle n'est pas encore en elle-même une acquisition véritable. Certes, le fait qu'on doive référer une telle acquisition originaire à « l'Idée d'un état civil » ne signifie pas que celui qui enclot le premier un terrain devrait lui-même agir selon une telle Idée, c'est-à-dire devrait vouloir entrer dans un état civil sans tarder, pour que son acquisition originaire en soit bien une. Kant veut plutôt dire que c'est seulement *rétrospectivement*, une fois un premier pacte social établi et une fois l'état civil institué, que la prise de possession initialement brute, non référée par les agents à l'Idée d'état civil, se verra reconnue le statut d'une acquisition. Bon lecteur de Rousseau, Kant considère que l'acquisition n'est « originaire » qu'après coup, une fois entérinée dans un état civil fondé sur des principes. Son caractère originaire est un effet de perspective rétroactif, puisqu'on peut très bien imaginer qu'avant de constituer une première société civile, un même terrain soit passé de mains en mains au gré des rapports de force. Quelles conclusions en tirer en ce qui concerne l'acquisition originaire des représentations *a priori* ?

Avant tout, il faut bien comprendre que ce qui se produit lors des premières perceptions n'est pas encore une acquisition véritable des concepts et représentations *a priori*. Certes, percevoir de façon spatio-temporelle et lier synthétiquement ses premières sensations constitue une étape nécessaire au sein du processus conduisant à la constitution systématique d'une expérience et à l'expression discursive des articulations de celle-ci. Mais de même que toute occupation factuelle d'un terrain *peut*

1. Ak 6 : 264. *DD*, § 15, p. 61.

revêtir le statut d'acquisition originaire pour autant qu'elle puisse se voir enregistrée dans un état civil, de même les formes de toute perception et de toute réflexion minimale sur nos perceptions *peuvent* être réfléchies dans des concepts purs et des intuitions pures une fois que l'individu articulera au sein de jugements des relations rationnelles. L'acquisition originaire ne signifie pas une acquisition des concepts et représentations pures dès le premier âge, mais bien, dès ce moment, *l'horizon* d'une reprise des formes de la sensibilité et des formes de la réflexion dans des concepts dont la *validité*, elle, est *a priori* – reprise qui supposera que l'homme s'élève au langage et exprime la structuration innée de l'expérience dans des jugements. De même que l'état civil ne consiste pas seulement à actualiser une répartition des propriétés déjà virtuelle dans les acquisitions originaires, mais redéfinit les acquisitions brutes *comme originaires* en leur conférant le statut de propriété, de même le fait de formuler des jugements au sein d'un langage ne fait pas qu'actualiser des représentations *a priori* déjà virtuelles dans les premières perceptions, il produit l'organisation des perceptions comme le lieu d'une acquisition originaire, en réfléchissant cette organisation de façon explicite. Au final, on comprend bien en quoi Kant s'attaque radicalement à Leibniz en le désignant comme « système de préformation de la raison pure ». Non seulement pour Kant, *aucune représentation* n'est innée, mais surtout les impressions ne sont pas non plus des occasions du développement de concepts prêts d'avance. L'épigenèse suppose de l'inné dans le sujet, mais seulement la réceptivité (pour les formes de la sensibilité) et la spontanéité (pour les formes de la synthèse). Kant veut signer, par la pensée de l'épigenèse, la différence entre une innéité des structures, qu'il revendique, et une innéité des représentations, qu'il rejette. Quant à la formule de « l'acquisition originaire », elle nous oriente vers une théorie où la représentation de l'espace et du temps, ainsi que les concepts de l'objectivité en général, *auront été* acquis à l'occasion des impressions, mais seulement une fois l'aptitude rationnelle pleinement déployée dans un langage. La préformation générique apporte une certaine configuration de l'expérience; mais pour ce qui est des représentations et concepts, on peut reprendre ce mot du plus fameux des écrits sur l'histoire : « il ne devait pas être gouverné par l'instinct, ni secondé et informé par une connaissance innée : il devait bien plutôt tirer tout de lui-même »[1].

1. Ak 8 : 19. *IHU*, p. 63.

Une objection possible

L'ordre du développement des facultés, qui fait dériver l'apparition des concepts de l'entendement de l'exercice de nos facultés perceptives et des synthèses de l'imagination contredit-elle la hiérarchie des facultés définie dans la *Critique de la raison pure* ? Une telle objection pourrait faire valoir la façon dont cette hiérarchie se trouve par exemple précisée dans l'édition de 1781 de la « Déduction transcendantale » : après avoir présenté les trois types de synthèses impliquées dans l'expérience (appréhension, reproduction, recognition), Kant articule dans la « Troisième section » les relations de subordination qui les unissent :

> Si nous voulons donc poursuivre le principe interne de cette connexion des représentations jusqu'au point où elles doivent toutes converger afin d'y obtenir, là seulement, l'unité de la connaissance qu'exige une expérience possible, il nous faut commencer par l'aperception pure [1].

L'entendement est premier dans l'ordre de la constitution de l'objectivité empirique. Si l'on déplie ce que nous appelons ordinairement « l'expérience d'un objet » ou « la connaissance d'un objet », il apparaît qu'une perception ne vaut comme perception *d'objet* que dans la mesure où la diversité qu'elle contient se trouve appréhendée et agencée selon l'unité de règles. L'entendement fournit seul au synopsis du divers sensible et à sa synthèse par l'imagination la forme de l'objectivité, en rattachant par des concepts cette diversité à l'unité d'une conscience pensante; sans la priorité de la subordination de toute perception à une conscience, on ne pourrait pas comprendre l'idée fondamentale selon laquelle :

> il y a une seule expérience, où toutes les perceptions sont représentées selon un enchaînement global et structuré par des lois, de même qu'il y a seulement un espace et un temps [2].

Pourtant, est-ce là le dernier mot de Kant ? Seuls le croiront ceux qui auront négligé la nature hypothétique de l'affirmation de Kant :

> *Si nous voulons* donc poursuivre le principe interne de cette connexion des représentations jusqu'au point où elles doivent toutes converger *afin d'y obtenir, là seulement, l'unité de la connaissance* qu'exige une expérience possible [...].

Kant n'affirme pas tout uniment qu'il faut commencer par l'entendement quel que soit le type de questionnement engagé, mais bien que l'unité

1. Ak 4 : 87; A 116. *CRP*, p. 189.
2. Ak 4 : 83; A 110. *Ibid.*, p. 185, nous soulignons.

conférée au divers par des règles d'entendement constitue le point de départ obligé *dans l'optique* d'une explicitation des principes de l'unité de la connaissance et de l'expérience. Dans la « Déduction » de 1781, l'ordre est ainsi symétriquement inverse dans la Déduction subjective (appréhension, reproduction, recognition) et dans la Déduction objective. On peut donc conclure que Kant tient, dans le cadre même de la « Déduction transcendantale », à ne pas établir l'ordre hiérarchique transcendantal de la constitution comme l'unique ordre d'articulation des facultés. On doit garder présent à l'esprit le fait que la « Déduction transcendantale » s'ouvre au § 13 sur la démarcation entre le projet transcendantal kantien de la « déduction » et le projet lockien (admis et inchoatif) de « l'explication de la possession », et se clôt de façon frappante en 1787 au § 27 avec la notion d'épigenèse marquant la distinction de l'*a priori* et de l'inné. Une telle option interprétative permet seule de préserver la cohérence systématique du propos de Kant en ressaisissant les textes où l'ordre d'articulation des facultés se trouve renversé comme ne contredisant pas la « Déduction ». Au contraire ces textes, que nous étudierons dans les chapitres suivants, complètent la déduction, en approfondissant le champ d'analyse ouvert – et ajourné – par le § 13.

Retour synthétique sur les débats autour des lectures psychologiques de la Critique

Avant d'examiner en détail les capacités que les hommes développent en apprenant à parler, il nous reste à affronter un fait étonnant. On sait que la réception de Kant, de Reinhold jusqu'à Marbourg, s'est jouée en grande partie autour des rapports entre philosophie transcendantale et psychologie[1], et que le débat sur la part de la psychologie dans le criticisme a

1. C'est le constat liminaire fait par Kuno Fischer dès 1862 dans *Die beiden kantischen Schulen in Iena* (Stuttgart, Gottascher Verlag) lorsqu'il oppose les philosophies de l'identité de Fichte, Schelling et Hegel, aux héritiers de la lecture psychologique et anthropologique de la critique dans la lignée de Fries. Ce constat est repris par J.B. Meyer en 1870 (*Kant's Psychologie*, Berlin, Wilhelm Hertz), qui identifie « la question récemment reposée par K. Fischer concernant la nature et les fondements psychologiques du criticisme kantien » (p. 297) comme la *crux* de l'interprétation contemporaine du kantisme. Plus récemment, Patricia Kitcher a montré comment les interprétations de Kant au XXe siècle ont été polarisées par la question du psychologisme : d'un côté, l'héritage anti-psychologiste de Frege et Husserl produit une défiance générale à l'encontre de toute lecture psychologique de la *Critique* jusqu'aux années 1970, de l'autre, le regain d'intérêt pour la philosophie de l'esprit avec la naissance des sciences cognitives projette à nouveau les enjeux psychologiques du criticisme sur le devant de la scène (*Kant's transcendantal psychology*, New York, Oxford University Press, 1990, p. 3-29).

trouvé une nouvelle jeunesse dans les années 1990 avec l'ouvrage de Patricia Kitcher, *Kant's transcendental psychology*. Or, aucune des discussions qui ont projeté la psychologie et l'anthropologie sur le devant de la scène n'ont permis de rendre justice aux rôles génétiques conférés par Kant au langage. D'aucuns pourront tirer argument de cet état des lieux pour donner raison à Herder et Hamann : si même les auteurs qui se sont intéressés au versant psychologique de la *Critique* n'ont pas accordé d'importance au langage, n'est-ce pas là le signe que le problème du langage est étranger à Kant ? N'est-ce pas forcer les textes que de vouloir à tout prix y introduire les thématiques du discours, de la grammaire, de la discussion, etc. ?

À l'encontre de cette appréciation de surface, il nous semble au contraire que, paradoxalement, les débats sur la nature psychologique (ou non psychologique) de la philosophie transcendantale ont, en raison de leur structure même, positivement occulté le problème du langage, en même temps que *le problème génétique tout entier*.

Dans les limites de ce travail, il ne conviendrait pas de rendre compte de façon détaillée des différentes lectures, psychologiques ou anti-psychologiques qui ont été faites de la *Critique*[1]. En revanche, on peut proposer le diagnostic suivant :

Le débat sur la nature, psychologique ou non, de la connaissance transcendantale revêt la structure suivante.

1) Les protagonistes du débat admettent généralement l'existence de connaissances *a priori*, notées ici C_1 (et distinguées par les critères que sont l'universalité et la nécessité). C'est le cas de Reinhold, Fries, Herbart, etc.
2) Les protagonistes s'accordent également pour définir la connaissance transcendantale, à la suite de Kant, comme une connaissance de second ordre (notée C_2), portant non pas sur des objets, mais sur notre connaissance *a priori* des objets (C_1) en tant qu'elle est possible en général.

1. Pour une présentation historique de la mise en place des lectures psychologiques de Kant, *cf.* Christian Bonnet : « Le préjugé du transcendantal », *Archives de Philosophie*, 61, 1998, p. 475-488 ; « Herbart lecteur de Kant » in *J.F. Herbart (1776-1841). Métaphysique, psychologie, esthétique*, *Cahiers de Philosophie de l'université de Caen*, 36, 2001, p. 31-44 ; Léo Freuler : « A priorisme et psychologisme sont-ils compatibles ? L'interprétation empiriste de la *Critique de la raison pure* de Beneke à J. B. Meyer », *Revue de métaphysique et de morale*, 35, 2002/3, p. 341-361, et *La crise de la philosophie au XIXe siècle*, Paris, Vrin, 1996 ; Dominique Pradelle, *Par-delà la révolution copernicienne – Sujet transcendantal et facultés chez Kant et Husserl*, Paris, P.U.F., 2012.

3) Le débat commence lorsqu'il s'agit de savoir *comment* la possibilité des connaissances *a priori* C_1 est *connue par le philosophe*, c'est-à-dire comment la connaissance C_2 est elle-même possible. L'alternative qui semble se présenter à ce stade est la suivante :

ou bien (3a) les connaissances *a priori* (C_1) sont établies et dénombrées par le philosophe de façon purement *a priori*, de sorte que la connaissance transcendantale (C_2) est elle-même *a priori*.

ou au contraire (3b) il faut passer par l'observation de soi, par l'anthropologie ou par la psychologie empirique pour voir que (et comment) l'on possède les connaissances *a priori* C_1. Les connaissances C_1 ne sont pas elles-mêmes psychologiques, mais la connaissance transcendantale C_2 qui établit l'existence et la possibilité des connaissances C_1 repose sur des processus psychologiques.

On peut, à la lumière de cette structure générale, ressaisir la plupart des lectures de la *Critique* par les premiers postkantiens, Reinhold, Fichte, Schulze, Maïmon, Fries, Herbart, Beneke, etc[1].

Or, il apparaît que, quelles que soient les positions adoptées par ces auteurs à l'égard du problème posé, *dans tous les cas* ils n'envisagent d'accorder un rôle à la psychologie et à l'anthropologie que dans une perspective épistémique *statique*, afin d'expliquer comment le philosophe découvre en l'homme des structures achevées. De part et d'autre de l'alternative (3), on interroge seulement la manière dont les concepts et principes *a priori* sont connus par un individu – le philosophe – qui les possède *déjà*. De là à supposer que, quel que soit le développement des facultés dans un individu, les représentations de l'espace et du temps, les concepts de l'entendement pur, etc., sont toujours déjà possédés par n'importe quel individu, il n'y a qu'un pas. Que l'on adopte les analyses de Kuno Fischer, Liebmann, Cohen ou celles de Fries, Beneke, Meyer, dans tous les cas on fait tendanciellement comme si les conditions *a priori* de l'expérience étaient présentes de façon identique d'un bout à l'autre de la vie d'un

1. Pour Fichte, Schelling et Hegel, la possibilité de la philosophie elle-même est généralement le levier permettant d'affirmer la nécessité de ne pas s'en tenir à une connaissance d'expérience, un des arguments directeurs justifiant le passage à l'idéalisme absolu. Schulze perçoit une contradiction entre le principe selon lequel toutes les connaissances (y compris C1) sont censées ne pouvoir dépasser les limites de l'expérience, et le fait que la philosophie transcendantale elle-même (C2) ne réponde pas à ce principe ; il en tire des conséquences sceptiques. Fries distingue entre l'objet de la *Critique*, à savoir les connaissances C1, et le contenu de la *Critique*, à savoir les connaissances C2, et se trouve prêt à accorder l'apriorité des connaissances C1, mais pas celle des connaissances C2. Kuno Fischer considère qu'on ne peut pas nier l'apriorité de C2 sans supprimer par là même celle de C1. Etc.

homme, et comme si le seul rôle à accorder à la psychologie pouvait être d'éclairer comment chacun peut *apercevoir* en soi-même ces conditions présentes et opérantes. La réhabilitation de la psychologie dans une telle optique fondationnelle, pour expliquer la possibilité des connaissances transcendantales, cette réhabilitation s'est donc faite au détriment de l'attention portée à la question de la genèse des facultés. Le problème du XIXe : « comment les représentations *a priori* sont-elles connues ? », en tant qu'il a polarisé les débats sur la psychologie, a forclos la question : « comment les représentations *a priori* sont-elles acquises ? ».

Or, pour situer le rôle du langage (et la portée des recherches et remarques de Kant qui lui sont consacrées), l'enjeu est justement de voir que les conditions *a priori* de l'expérience, c'est-à-dire les concepts et les principes dont la validité est universelle et nécessaire, ces concepts et principes ne sont pas pour autant *possédés* par chacun à la naissance. Afin de réévaluer les rôles génétiques du langage, nous devons distinguer 1) la question de la validité et de la signification des concepts, 2) la question de leur reconnaissance par le philosophe transcendantal (question du XIXe siècle, à la suite de Fries), 3) la question de « l'explication de leur possession ».

Cette distinction ternaire fournit-elle indirectement un argument en faveur des lectures psychologiques de la *Critique* ? Il ne nous semble pas que tel soit nécessairement le cas. En effet, il n'existe pas de lien analytique entre l'idée selon laquelle les capacités humaines font l'objet d'un développement épigénétique, et l'idée selon laquelle la philosophie transcendantale elle-même repose sur l'introspection, l'observation ou l'aperception. Il apparaît même que la définition du rôle de la Déduction Transcendantale en référence aux concepts de « signification » et de « validité » des concepts incline davantage en faveur des lectures non-psychologiques de cette partie de la Critique, sans forcément les interdire.

La distinction du problème de la signification et du problème de la genèse des pouvoirs de l'esprit permet dans tous les cas de déplacer le caractère trop restrictif des alternatives qui ont jusqu'ici été imposées aux connexions entre la philosophie transcendantale et la psychologie.

CHAPITRE II

L'AUDITIF ET LE CONCEPTUEL

Parmi les rôles génétiques dévolus par Kant au langage, le premier et le plus frappant d'entre tous est que le langage, plus particulièrement l'usage des signes oraux, rend possible l'émergence des concepts et de la rationalité[1]. Cette thèse se trouve développée de façon privilégiée dans l'*Anthropologie du point de vue pragmatique* en 1798, dans les paragraphes consacrés aux propriétés du sens de l'ouïe (§ 18), à la hiérarchie des sens (§ 22), et à la faculté de l'usage des signes (§ 38). Malgré son apparition tardive dans les textes publiés, cette thèse n'est pourtant en rien un revirement du dernier Kant. Les tomes de l'édition de l'Académie dans lesquels sont éditées les leçons données sur l'anthropologie (Ak 25,1 et 25,2), de 1772 (manuscrits Collins et Philippi) à 1789 (manuscrit Busolt) donnent un aperçu de la continuité remarquable de la position kantienne sur ce point.

Dans l'*Anthropologie* de 1798, l'affirmation du rôle génétique des signes auditifs est mise en avant chez Kant en relation avec une série d'affirmations au sujet des sourds et muets de naissance. En conséquence, nous essaierons de faire ressortir la portée exacte de la thèse de Kant sur la connexion de l'auditif et du conceptuel en suivant, à partir de Descartes, la façon dont les grandes décisions théoriques en philosophie du langage se déploient sur fond d'une thématisation répétée des capacités des sourds.

Il est remarquable en effet qu'au cours des XVIIe et XVIIIe siècles, la plupart des théories du langage fassent référence aux « sourds et muets » de

1. Ce chapitre est une réécriture de R. Ehrsam, « Représentation des sourds et muets et fonctions de la parole de Descartes à Kant », *Archives de philosophie* 75/4, 2012, p. 643-667.

naissance. Ces derniers ont été ainsi nommés parce que, depuis Aristote, les médecins s'accordent à penser que la surdité entraîne avec elle la mutité. Bien avant Kant, les grandes décisions théoriques, les inflexions doctrinales et les partages se manifestent de façon privilégiée dans la façon dont les philosophes analysent la situation des sourds et muets – l'état de leurs pensées, leurs capacités et comportements. Cette centralité de la figure des sourds ne découle certes que rarement d'un intérêt empirique porté au sort effectif (cognitif, politique et social) des particuliers affligés d'un tel handicap : aux côtés des perroquets, des singes et des enfants sauvages, les sourds interviennent dans les théories avant tout comme des personnages conceptuels, destinés à poser certaines difficultés ou à éprouver certains arguments[1]. Or, de ce constat même, on peut tirer une méthode : les représentations qui ont été produites des sourds sont appelées à constituer une voie royale pour interroger les pensées du langage en leurs détails et fondements.

À cet égard, Descartes s'impose comme le pôle d'un parcours historique et philosophique qui, jusqu'à Kant, place et déplace les sourds au cœur de la théorie du langage. En effet, tandis que Descartes accorde aux sourds, dans le *Discours de la méthode*, des capacités intellectuelles strictement identiques à celles des autres hommes, Kant prononce en 1798 un jugement sans appel, affirmant que les sourds sont destinés à rester privés de toute capacité rationnelle :

> Les sourds de naissance, qui doivent par conséquent rester aussi muets (sans langage) ne peuvent jamais accéder au-delà d'un *analogon* de la raison[2].
>
> Il n'est guère possible d'imaginer qu'il [le sourd et muet] fait autre chose en parlant que jouer avec des impressions physiques, sans avoir à proprement parler de concepts, et sans penser[3].

Comment comprendre ce renversement, véritable abîme théorique entre le XVIIe siècle et les Lumières ? Pourquoi en particulier, au moment même où l'abbé de l'Epée éduque avec succès les sourds à Paris, où Samuel Heinicke y réussit par d'autres voies en Allemagne, Kant rend-il un verdict

1. C'est d'ailleurs la raison pour laquelle ce sont toujours les sourds et muets *de naissance* qui intéressent les philosophes, et non les locuteurs ayant *perdu* l'usage de l'ouïe, ou même les très jeunes entendants devenus sourds à la suite d'un accident ou d'une maladie. Seuls les premiers peuvent figurer un sujet humain n'ayant *jamais* entretenu de relations avec ses semblables par le biais du canal sonore.

2. Ak 7 : 155. *APP*, § 18, p. 38.

3. Ak 7 : 192-193. *Ibid.*, § 39, p. 65.

aussi radical? Nous souhaitons montrer que le renversement qui s'opère concernant les sourds du XVIIe au XVIIIe procède paradoxalement d'une percée survenue dans la théorie du langage, à savoir de l'affirmation d'un rôle *maximal* et *inédit* accordé au langage au cœur de l'exercice des pouvoirs de l'esprit[1]. Le chiasme entre les positions de Descartes et celles de Kant répond à la continuité et l'unité proprement philosophiques d'un problème – celui de l'articulation du langage et de la pensée. L'idée directrice de ce chapitre est la suivante: à proportion inverse de la secondarité et du caractère accessoire du langage vis-à-vis de la pensée chez les cartésiens, la corrélation du langage et de la pensée ne pouvait être reconquise par Kant qu'en situant les conditions des performances intellectuelles à même les propriétés les plus concrètes du médium phonique. En fonction de ce principe, on peut opérer une relecture rationnelle de la succession chronologique des théories.

On verra ainsi comment, à partir de Descartes, s'élabore un modèle *expressif* et *communicationnel* des signes linguistiques, à la faveur duquel les sourds et muets se voient attribuer des facultés identiques à celles de tout autre locuteur. À partir de la découverte suivant laquelle l'usage des signes dans l'expression et la communication remplit un rôle additionnel de *développement* et d'*extension* de la pensée – ce moment correspondant à son tour à la remise en question du statut et des capacités des sourds –, nous serons alors conduits à examiner les premières substitutions d'un modèle *corrélationnel* au modèle expressif et communicationnel, et les répercussions théoriques qui en résultent pour les sourds chez Kant. Nous pourrons alors rapporter les premières formes d'instruction des sourds et muets en Europe à l'arrière-plan théorique qui les détermine, de Amman à Heinicke, et enfin mesurer précisément la portée de la thèse kantienne.

LE MODÈLE EXPRESSIF-COMMUNICATIONNEL ET LA PENSÉE PRÉ-SÉMIOTIQUE DES SOURDS

À la suite de Descartes, se met en place un modèle expressif et communicationnel du rôle dévolu au langage. Ce modèle est esquissé par Descartes lui-même dans des textes épars et subtils, avant d'être dépouillé de toute ambiguïté par Arnauld et Nicole. À la suite de ceux-ci, on peut

1. Souligner ce point ne revient pas, bien entendu, à forger un plaidoyer pour le point d'arrivée kantien. Assurément, la thèse de Kant est erronée. Cependant les erreurs de Kant *à propos des sourds* révèlent paradoxalement certaines de ses avancées *dans la théorie du langage*.

suivre la survivance de plusieurs postulats fondamentaux depuis Leibniz et Locke jusqu'à Diderot et Maupertuis.

Descartes et la pensée sourde : un « très fort argument »

Nulle part Descartes n'affirme nettement que nous sommes capables de penser sans le secours de signes. Le *Discours de la méthode* affirme que le langage humain est une preuve de notre nature pensante, mais il ne se prononce pas sur l'antériorité et la préexistence de la pensée par rapport au langage. Les *Méditations*, tout comme *Les passions de l'âme*, décrivent au final l'homme comme l'union très étroite d'une âme *et* d'un corps. La prudence des *Principes* est grande, car même si Descartes y admet « qu'il y a des notions d'elles-mêmes si claires [...] qu'elles ne s'acquièrent point par l'étude, mais naissent avec nous »[1], il concède plus loin qu'il est « à peine » possible que nous puissions penser sans paroles[2].

Cependant, que nous en soyons « à peine » capables ne veut pas dire que la chose soit intrinsèquement impossible. Suivant la « Méditation seconde », je peux concevoir clairement et distinctement que je suis une chose qui pense, tout en doutant que j'aie « aucun sens ni aucun corps »[3]. Implicitement, je peux me reconnaître pensant tout en doutant que j'entende des sons, que je perçoive aucun signe, que j'aie une voix pour parler et des mains pour écrire ou pour faire quelque geste que ce soit. Descartes affirme bien, dans la présentation qu'il fait des Sixièmes Objections, que l'âme, qui a pour attribut la pensée, « n'a rien en soi de ce qui appartient au corps »[4], et, dans une lettre à Chanut, il semble suggérer la dissociation en droit de la pensée et des signes, lorsqu'il soutient que « lorsqu'on apprend une langue, on joint les lettres ou la prononciation de certains mots, qui sont des choses matérielles, avec leurs significations, qui sont des pensées »[5]. Au final, la tension entre les textes est persistante. Mais la balance penche clairement du côté d'une distinction réelle de la pensée et de son expression. En effet, logiquement il y a place chez Descartes aussi bien pour des proférations sonores non signifiantes (pies, perroquets, machines) que pour des pensées sans expression dans un signe. Au reste, Descartes n'est pas équivoque quant aux fonctions du langage :

1. *Les principes de la philosophie* [1644], in *Œuvres philosophiques III*, Paris, Garnier, 1998, I, § 10, p. 96, AT, IX, II, 28.

2. *Ibid.*, I, § 74, p. 143, AT IX, II, 60-61.

3. *Méditations métaphysiques* [1641-1647], Paris, GF, 1992, p. 73, AT VII, 24-25.

4. *Ibid.*, p. 437, AT IX, 223.

5. Lettre à Chanut, 1er février 1647, in *Lettres*, Paris, P.U.F., Les Grands Textes, 1954, p. 165.

il nous sert à « déclarer aux autres nos pensées »[1], et permet aux hommes de « f[aire] entendre leurs pensées »[2]. C'est dire que la pensée est de soi-même non sonore, non dépendante d'un médium sensible ou d'une trace mémorielle. Or si la pensée n'est pas, pour Descartes, dépendante des signes qui permettent son expression, il est donc naturel de l'attribuer intégralement aux sourds :

> Les hommes qui, étant nés sourds et muets, sont privés des organes qui servent aux autres pour parler, autant ou plus que les bêtes, ont coutume d'inventer d'eux-mêmes quelques signes, par lesquels ils se font entendre à ceux qui, étant ordinairement avec eux, ont loisir d'apprendre leur langue[3].

En disant que les gestes des sourds constituent une « langue » qu'ils sont capables de forger par eux-mêmes au besoin, Descartes suggère que la pensée se tient elle-même en amont de la langue, pleine et entière, si bien que les efforts d'invention des langues sont de nature technique, loin de tenir à un mouvement d'autoformation de la pensée à cette occasion. De la secondarité des signes à l'affirmation de la pensée des sourds, la conséquence est bonne et centrale aux yeux de Descartes ; une lettre à Newcastle le confirme, dans laquelle Descartes désigne l'existence des signes des muets comme « un très fort argument »[4].

Port-Royal et l'établissement du modèle expressif-communicationnel

Mais en vérité, c'est proprement Arnauld qui achève de balayer les réserves de Descartes et qui construit le modèle des signes linguistiques comme vêtement et véhicule des pensées. Pour lui les pensées se forment et se développent sans mélange avec leurs expressions, en elles-mêmes ; la distinction qui existe entre elles et les signes n'est pas « de raison », c'est une séparation réelle, et tout langage vaut comme un instrument artificiel chargé de faire passer les pensées dans l'élément public et commun de la perception. L'importance de la *Logique* et de la *Grammaire* tient à leur exceptionnelle diffusion, et il n'est pas un auteur en Europe qui n'en ait une connaissance au moins indirecte[5]. La structure de ces ouvrages est

1. *Discours de la méthode* [1637], in *Œuvres philosophiques I*, Paris, 1963, p. 629, AT VI, 56.

2. *Ibid.*, p. 630, AT VI, 58.

3. *Ibid.*, AT 57-58.

4. Lettre au marquis de Newcastle, 23 novembre 1646, in *Œuvres philosophiques III*, *op. cit.*, p. 695.

5. La *Logique ou l'art de penser* est « un livre classique que les écoles d'Angleterre et d'Allemagne ont emprunté de bonne heure à la France » (C. Jourdain, in Posface à *La logique*

remarquable : il s'agit de partir d'une analyse de la pensée pour elle-même, de ses opérations principales et de ses besoins internes, pour en inférer les principes d'une analyse des principales catégories linguistiques : « la connaissance de ce qui se passe dans notre esprit est nécessaire pour comprendre les fondements de la grammaire ; et c'est de là que dépend la diversité des mots qui composent le discours »[1]. L'introduction de la *Logique* expose l'ensemble des quatre « actions de l'esprit »[2] – comprenez de l'esprit *seul*. Concevoir est apercevoir une idée, juger consiste à comparer plusieurs idées, raisonner signifie former un jugement en partant de plusieurs jugements antécédents, et ordonner sa pensée revient à articuler les trois opérations mentales précédentes. La subsistance de ces opérations sans le secours des signes est nette pour Arnauld. Sans le besoin de « faire entendre nos pensées »[3], nous pourrions fort bien les contempler dans leur pure transparence :

> si les réflexions que nous faisons sur nos pensées n'avaient jamais regardé que nous-mêmes, il aurait suffi de les considérer en elles-mêmes, sans les revêtir d'aucunes paroles ni d'aucuns autres signes[4].

Les mots n'ont en eux-mêmes « rien de semblable »[5] à ce qui se passe dans notre esprit, et leur seule charge est qu'ils en « découvrent aux autres tout le secret »[6]. La problématique de l'expression et de la communication se double donc ici d'une thèse sur le caractère inaccessible et privé des réflexions.

Les conséquences s'enchaînent alors avec une rigueur systématique : tout signe est essentiellement « arbitraire »[7] ; l'identité à soi de la pensée permet de penser la possibilité sans défaut de la traduction[8], de produire une grammaire « générale », c'est-à-dire commune à toutes les langues. L'ordre même des mots peut être comparé à l' « ordre naturel » des pensées

ou l'art de penser [1662], Paris, Gallimard, 1992, p. 362). Pour l'Allemagne, une traduction latine est publiée en 1704 à la Halle. Dans ses textes, Kant ne cite jamais directement Arnauld, Nicole ou Lancelot, mais plusieurs passages témoignent sinon d'une connaissance directe de leurs livres, au moins d'un rapport indirect par l'intermédiaire de Wolff et de Meier (*Auszug aus der Vernunftslehre*, Halle, 1752), eux-mêmes imprégnés de la lecture de Port-Royal.

1. *Grammaire générale et raisonnée* [1660], Paris, Allia, 2010, p. 47.
2. *La logique ou l'art de penser*, *op. cit.*, p. 30.
3. *Ibid.*, p. 31.
4. *Ibid.*
5. *Grammaire générale et raisonnée*, *op. cit.*, p. 47.
6. *Ibid.*
7. *La logique ou l'art de penser*, *op. cit.*, p. 37.
8. *Ibid.*, p. 36-37.

ou au moins critiqué au regard de celui-ci[1]. Dans la langue formée, la dépendance unilatérale à l'égard des pensées se donne à percevoir dans les sous-entendus (où nous « joignons mentalement l'idée »[2] à une phrase sans l'exprimer tout entière) et dans l'enthymème (qui est un « véritable syllogisme dans l'esprit, parce qu'il supplée la proposition qui n'est pas exprimée »)[3], etc. En eux-mêmes, les sons n'ont aucune valeur propre, ils sont communs aux hommes et aux perroquets[4].

Dès lors il est absolument nécessaire d'accorder aux sourds la possession entière de la pensée, les signes visuels pouvant être substitués à loisir aux signes auditifs, sans que les uns puissent avoir la prééminence sur les autres : « les sourds, qui n'ont point d'images des sons, ne laissent pas d'avoir des idées de leurs pensées »[5]. Le langage est librement forgé, et ses seules fonctions sont « expliquer ses pensées par des signes »[6], « signifier nos pensées »[7], « marquer »[8] et « faire entendre »[9] ce qui se passe dans l'esprit; en conséquence, « chacun a le droit de faire un dictionnaire pour soi »[10]. Les sourds se trouvent dès lors sur un pied d'égalité avec les locuteurs des langues vernaculaires : « signifier [...] n'est rien autre chose qu'exciter une idée [...] en frappant nos oreilles *ou nos yeux* »[11].

Chez les cartésiens ultérieurs, on n'assiste pour l'essentiel qu'à une répétition de cette articulation systématique. Pour Leibniz dans son écrit exotérique en 1703, les mots, « qui servent à représenter [...] les idées »[12], nous sont communs avec les perroquets quant aux sons[13], et ne contribuent pas à la formation des idées. Plusieurs idées sont innées, dont celle de Dieu, ce qui se marque notamment dans les comportements des sourds (« on a vu un enfant né sourd et muet marquer de la vénération pour la pleine

1. *Ibid.*, p. 136.
2. *La logique ou l'art de penser*, *op. cit.*, p. 59.
3. *Ibid.*, p. 169.
4. *Grammaire générale et raisonnée*, *op. cit.*, p. 47.
5. *La logique ou l'art de penser*, *op. cit.*, p. 39.
6. *Grammaire générale et raisonnée*, *op. cit.*, p. 23.
7. *Ibid.*, p. 47.
8. *Ibid.*, p. 49.
9. *Ibid.*, p. 113.
10. *La logique ou l'art de penser*, *op. cit.*, p. 86.
11. *Ibid.*, p. 86. Nous soulignons.
12. *Nouveaux essais sur l'entendement humain* [rédaction. 1703; édition posthume 1765], Paris, GF, 1990, III, I, § 1, p. 213.
13. *Ibid.*, p. 214.
14. *Ibid.*, I, I, § 4, p. 60.

Leibniz recommande d'ailleurs de compléter le problème de Molyneux par l'examen de ces derniers[1] :

> Il serait […] fort important d'examiner les idées qu'un homme né sourd et muet peut avoir des choses non figurées, dont nous avons ordinairement la description en paroles, et qu'il doit avoir d'une manière tout à fait différente, quoiqu'elle puisse être équivalente à la nôtre, comme l'écriture des Chinois fait un effet équivalent à celui de notre alphabet, quoiqu'elle en soit infiniment différente et pourrait paraître inventée par un sourd. […] Ces gens sourds et muets peuvent aller plus loin qu'on ne pense[2].

Leibniz illustre son propos par la référence à un sourd d'Oldenbourg, bon peintre et « très raisonnable »[3], ainsi qu'à sourd breton capable de parfaitement comprendre ses semblables et d'agir socialement en dépit de son infirmité.

Pérennité du modèle dans les premières théories empiristes de la surdité

Le modèle expressif et communicationnel découle donc logiquement d'une dissociation de la pensée et des signes sensibles-matériels qui la rendent publique. Cela signifie-t-il que ce modèle était promis à vaciller à partir du principe empiriste selon lequel rien n'est dans l'esprit qui n'ait été auparavant dans les sens ? La réponse est négative. On ne peut prendre la pleine mesure de l'emprise de ce modèle jusqu'à Kant qu'en suivant sa survivance dans l'empirisme français et anglais, de Locke à Maupertuis. Chez Locke, la critique des idées innées et la genèse des représentations ne conduisent pas à réévaluer le statut des signes. Le plan de l'*Essai* réaffirme clairement la priorité réelle des idées sur leurs expressions, celles-ci étant toujours destinées à simplement extérioriser celles-là. Comme l'a bien remarqué Condillac[4], Locke après avoir rejeté l'innéité au livre I, procède de façon indépendante à l'étude de la nature et de l'origine des idées au livre II, et ne décrit les mots et le langage au livre III que comme un « instrument »[5] destiné à produire « le lien normal de la vie sociale »[6]. La pensée se forme par la seule addition des sensations, leur répétition,

1. *Nouveaux essais sur l'entendement humain*, *op. cit.*, II, IX, § 10, p. 108.
2. *Ibid.*
3. *Ibid.*
4. *Essai sur l'origine des connaissances humaines* [1746], Paris, Vrin, 2014, p. 173.
5. *Essai sur l'entendement humain* [1790], trad. fr. J-M. Vienne, Paris, Vrin, 2001-2003, III, 1, § 1, p. 33.
6. *Ibid.*

leurs séquences, et par les opérations purement mentales que sont la réflexion et l'abstraction. Les différentes idées (individuelles et générales, simples et complexes) ne requièrent pas nécessairement pour leur formation l'intervention de moyens sémiotiques. En général, les mots sont « signes de conceptions internes »[1], « marques tenant lieu d'idées à l'intérieur de l'esprit »[2], qui ne possèdent pas d'efficience propre. Leur fonction selon Locke fait écho aux postulats cartésiens : « faire connaître aux autres »[3] ses pensées, rendre accessible l'impénétrable : « les mots, dans leur signification primaire ou immédiate ne tiennent lieu de rien d'autre que des idées dans l'esprit de celui qui s'en sert »[4]. En eux-mêmes, les sons articulés sont creux[5] – propriété commune des hommes et des perroquets et autres oiseaux[6] –, ils ne sont que des supports vides. La précédence des idées permet d'ailleurs à Locke, à l'instar des logiciens de Port-Royal, de remarquer que l'ordre des mots et la répartition entre adjectifs et substantifs ne suivent pas toujours l'ordre naturel des idées[7]. Aussi le langage est-il avant tout étudié dans la perspective des risques de travestissement qu'il fait encourir à la pensée[8]. Dès lors, le statut de la pensée des sourds ne fait même pas question pour Locke. De même que les aveugles ne peuvent avoir les idées simples des couleurs, les sourds ne peuvent avoir celles des sons; mais parallèlement, ils ne manquent d'aucune des idées dont sont capables tous les hommes, même s'ils n'ont pas les mêmes ressources expressives[9]. La possession des idées, étant pré-sémiotique, est le lot universel de tout sujet sentant :

> je suppose qu'on m'accordera facilement que de telles idées se trouvent bien dans l'esprit des hommes : tout le monde en a conscience pour soi-même; les paroles *et les actions* des hommes garantiront qu'il y en a aussi chez les autres[10].

1. *Ibid.*, III, 1, § 2, p. 34.
2. *Ibid.*
3. *Ibid.*
4. *Ibid.*, III, 2, § 2, p. 40.
5. III, 2, § 7, p. 44.
6. *Ibid.*; *cf.* aussi III, 1, § 1, p. 33.
7. *Ibid.*, III, 3, § 10, p. 55.
8. Tout le chapitre IX du livre III est consacré aux « Imperfections du langage ».
9. *Ibid.*, II, 2, § 2, p. 189. *Cf.* également II, 4, § 5, p. 201 et II, 11, § 11, p. 260 : « des hommes privés de langage par un défaut d'organes n'en expriment pas moins leurs idées universelles par des signes qui leur servent à la place des mots généraux ».
10. *Ibid.*, I, 1, § 8, p. 64.

La conclusion que l'on doit en tirer est claire : sur le chapitre du rapport des idées et des signes, Locke demeure cartésien. Et il n'est pas le seul. Diderot et Maupertuis en 1748 et 1751 sont encore largement tributaires de ce modèle. Dans la « Lettre sur les sourds et muets »[1], Diderot s'intéresse avant tout aux sourds en tant qu'ils sont susceptibles d'exemplifier l'« ordre naturel des idées »[2] et de nous faire déceler les inversions de cet ordre dans la grammaire française. La pensée même des sourds est en tout point homologue à celle des autres locuteurs, puisqu'elle subsiste préservée en elle-même. La seule fonction reconnue au langage est la communication, et les sourds ne sont privés que des idées des sons, sans que cela leur ôte aucune des ressources de leur esprit (abstraction, réflexion, analyse, etc.). Pour Maupertuis de même, la fonction de tout signe consiste dans l'expression publique des états internes; la priorité réelle et chronologique de ces états conduit à envisager la possibilité de langues sonores aussi bien que de langues gestuelles[3]. D'ailleurs, la première langue des hommes a été composée de cris et de gestes, et c'est seulement par l'effet d'un choix non entièrement nécessité que les langues ont pris le chemin du canal sonore[4]. On peut donc en conclure que l'empirisme ne porte pas par lui-même le principe d'une remise en question de la secondarité des signes. Pour cela, il faudra l'apparition d'un empirisme non cartésien, et l'approfondissement des pistes esquissées chez Locke et Leibniz par Condillac.

DU MODÈLE AMPLIATIF AU MODÈLE CORRÉLATIONNEL : LA QUESTION DES CAPACITÉS DES SOURDS

Le cartésianisme a eu le mérite de déployer une vérité. Le principe selon lequel la parole sert à communiquer et exprimer la pensée n'a pas à être critiqué en lui-même. Il est bien vrai que l'usage des signes a pour site l'interlocution et la discussion, que formuler une proposition consiste bien à exprimer une pensée. Pour autant, peut-on conclure, comme le font les cartésiens, que la pensée précède son expression et détermine de façon unilatérale les moyens et modes de sa communication? L'insuffisance du

1. « Lettre sur les sourds et muets, à l'usage de ceux qui entendent et qui parlent » [1751], in *Lettre sur les aveugles*, Paris, GF, 2000, p. 89-137.

2. *Ibid.*, p. 92.

3. « Dissertation sur les différents moyens dont les hommes se sont servi pour exprimer leurs idées » [1748], in *Œuvres III*, Hildesheim, Olms, 1965, p. 437-468.

4. *Ibid.*, p. 438.

dispositif issu de Port-Royal tient moins au fait que ce dispositif se *méprendrait* sur les fonctions du langage, qu'à ceci qu'il refuse de voir en quoi ces fonctions sont *partie prenante de la constitution* de la pensée comme telle. Il était donc nécessaire que les failles du modèle apparaissent d'abord à partir de son approfondissement, pour finalement produire une théorie du langage comme médium du *développement* et de la *formation* des pensées, depuis une requalification du processus même de l'expression et de la communication. Les conséquences de cet ébranlement pour la représentation des sourds sont directes, à la mesure même de la solidarité qui liait leur représentation antérieure à la thèse de la pensée pure. Elles conduisent directement à la situation théorique dans laquelle Kant vient s'insérer.

Figures du modèle ampliatif-extensionnel, de Locke à Sulzer

Les prémisses de l'ébranlement opéré par Condillac se trouvent déjà chez Locke et Leibniz, mais sans que leur potentiel critique soit thématisé comme tel. Fidèle au modèle communicationnel et expressif, Locke se contente d'égrainer plusieurs remarques sur les bénéfices secondaires produits par l'usage des signes : parce que les mots mis en usage dans la communication subsistent, ils ont la vertu d'« enregistrer »[1] les idées au-delà de leur occurrence immédiate. Ils constituent une aide pour l'esprit des enfants, en accélérant leur accès aux idées qu'ils ne possèdent pas encore[2], soulagent la mémoire[3] et favorisent le progrès scientifique. Parce qu'ils sont transmis, les noms généraux font progresser la classification des objets[4] et permettent de dépeindre de façon stable les modèles moraux[5]. Quant à Leibniz, son apport décisif consiste à dire que l'expression des pensées, si elle ne produit pas à proprement parler les pensées (maintien de la thèse de préexistence), peut parfois contribuer à les *clarifier*. Les mots « servent à représenter, et même à expliquer les idées »[6]. Le projet même de la « Caractéristique universelle » atteste simultanément l'idée d'un partage universel de la même pensée chez tous les hommes (nonobstant les langues et systèmes de signes au sein desquels a lieu l'éducation) et celle selon laquelle les signes, venus par surcroît pour exprimer des pensées

1. *Essai sur l'entendement humain*, *op. cit.*, III, 9, § 1, p. 169.
2. *Ibid.*, III, 5, § 15, p. 100.
3. *Ibid.*, III, 2, § 2, p. 40.
4. *Ibid.*, III, 3, § 13, p. 59.
5. *Ibid.*, III, 5, § 12, p. 97.
6. *Nouveaux essais*, *op. cit.*, III, I, § 1, p. 213.

antécédentes, sont susceptibles de posséder une vertu et une influence clarificatrice.

Au plus proche de Kant, la postérité de cette posture leibnizienne est sensible en Allemagne via les grandes personnalités de l'Académie de Berlin, Michaelis et Sulzer, et les conséquences sur la représentation des sourds sont frappantes. Dans son texte au titre évocateur, *De l'influence des opinions sur le langage, et du langage sur les opinions*[1], Michaelis explique d'abord le langage par les idées. C'est la façon dont un aspect des objets nous frappe qui explique la composition des noms[2], et chaque langue, par son étymologie n'est rien d'autre que la conservation des opinions des peuples[3]. Mais justement cette conservation des pensées dans la langue doit être comprise comme un « trésor »[4] qui étoffe et soutient la réflexion de ceux qui s'y expriment. Aussi :

> il y a bien des différences qui échappent aux sourds : ils remarquent beaucoup moins celles des arbres et des plantes, qui ont quelque ressemblance, que celui qui a une connaissance suffisante de la langue[5].

Parce que les langues contiennent les représentations sédimentées de la vertu, les sourds qui ignoreront la langue parlée risqueront d'être « d'une stupidité brute »[6] en matière de morale. La stupidité n'est certes pas l'absence radicale de toute pensée, et Michaelis n'exclut pas que la réflexion puisse progresser sans signes oraux, voire sans signes du tout[7]. À son tour Sulzer, à l'instar de Leibniz, part de prémisses cartésiennes : « les allures de l'esprit sont toujours les mêmes »[8], les signes ont la charge

1. *Dissertation qui a remporté le prix de l'Académie Royale des sciences et belles lettres de Prusse en 1759*, trad. fr. Mérian, Brême, George Louis Förster, 1762.

2. *Ibid.*, p. 7.

3. *Ibid.*, p. 9. Ce sont les réflexions des métaphysiciens qui sont à l'origine des mots les plus abstraits (p. 15), et les savants comme les poètes produisent l'enrichissement des nomenclatures. C'est pour cette raison d'ailleurs que Michaelis formule les plus grandes réserves à l'encontre du projet de « langue universelle ». Chaque langue ayant rapport à des pensées *particulières*, l'idée d'une fixation des pensées dans une caractéristique unique ne pourrait être que sclérosante (p. 155-172).

4. *Ibid.*, p. 27.

5. *Ibid.*, p. 45.

6. *Ibid.*, p. 68.

7. « Il n'y a qu'un génie peu commun qui puisse concevoir les idées abstraites sans le secours des signes » (*ibid.*, p. 69).

8. « Observations sur l'influence réciproque de la raison sur le langage et du langage sur la raison », in *Histoire de l'Académie royale des sciences et belles-lettres, année MDCCLXVII*, Berlin, Haude et Spener, 1767, p. 414.

de « représenter les idées »[1], et les mots ne peuvent apparaître que parce qu'au préalable tout esprit est capable de distinguer les objets et d'isoler des traits saillants au sein de la masse de ses perceptions. Le talent de former une langue est donc universel, et « les hommes mêmes qui sont nés sourds et muets le possèdent »[2]. Cependant, comme au fil des générations, la langue permet les progrès vers « la raison cultivée »[3], la mémorisation des idées, l'abréviation des opérations mentales et la « fortification »[4] de l'esprit, les sourds seront cantonnés à une pensée moindre, encore empreinte d'intuition. Pour Sulzer, les sourds pensent, mais ils pensent moins ; il ne leur manque pas la raison, mais il leur manque la culture.

Buffon et le « sourd de Chartres » : prémisses du modèle corrélationnel

Le modèle communicationnel est donc d'abord enrichi plutôt qu'abandonné. Mais suffit-il de dire que les signes, en plus d'exprimer la pensée, permettent d'en étendre la portée ou d'en améliorer la clarté ? Y a-t-il seulement une différence de degré entre la pensée pré-linguistique et la pensée formulée, ou faut-il au contraire franchir un pas de plus, et attribuer aux signes la charge de *donner forme* à la pensée dès les premiers états de celle-ci ? Et dans le deuxième cas, cela nous engage-t-il à rompre avec la primauté de la fonction communicationnelle ? La prise en charge historique de cette difficulté résiduelle est venue de Condillac et Buffon, et la figure des sourds y joue encore un rôle décisif.

L'impulsion critique est venue par l'empirisme. Non, comme on l'a vu, par la thèse de l'origine sensible des idées, mais par le souci de récolter des informations empiriques sur les formes du développement humain. Buffon le premier, en 1733, soutient que sans la parole, l'homme ne pourrait avoir aucune connaissance des choses abstraites et générales, ni de pensées morales ou métaphysiques. Pourtant au départ, Buffon attribue au langage les fonctions cartésiennes traditionnelles[5]. Mais cette fois, la communication ne remplit pas un rôle simplement social, elle est chez Buffon *en même temps* le ressort essentiel du développement cognitif. L'argument de Buffon est tiré d'un récit appelé à avoir une grande fortune, celui du sourd de Chartres, rapporté par l'Académie Royale[6]. Ce récit est celui d'un jeune

1. *Ibid.*
2. *Ibid.*, p. 420.
3. *Ibid.*, p. 422.
4. *Ibid.*, p. 425.
5. *De l'homme* [1733-1734], Paris, l'Harmattan, 2006, p. 44-45.
6. *Ibid.*, p. 199 *sq*.

homme né sourd et muet, auquel l'ouïe serait venue à l'âge de 23 ans. Selon le récit que ce jeune homme fit plus tard, il commença par écouter sans rien dire

> S'accoutumant à répéter tout bas les paroles qu'il entendait, et s'affermissant dans la prononciation et dans les idées attachées aux mots : enfin il se crut en état de rompre le silence, et il déclara qu'il parlait[1].

Alors questionné par des théologiens, le jeune homme aurait révélé qu'il n'avait pas d'idée de l'âme, de Dieu, du bien et du mal ni de la mort. L'Académie en tire les conclusions suivantes :

> Il menait une vie purement animale; tout occupé des objets sensibles et présents, [...] il ne tirait pas même de la comparaison de ces idées tout ce qu'il semble qu'il aurait pu en tirer. Ce n'est pas qu'il n'eût naturellement de l'esprit, mais l'esprit d'un homme privé du commerce des hommes est si peu exercé et si peu cultivé, qu'il ne pense qu'autant qu'il y est indispensablement forcé par les objets extérieurs. Le plus grand fonds des idées des hommes est dans leur commerce réciproque[2].

Buffon endosse largement cette conclusion. Avant l'apprentissage de la langue, les états internes n'ont pas de teneur *cognitive*, ils relèvent seulement des besoins et des passions. Les premiers sons prononcés ne sont d'ailleurs pas signifiants, mais purs gémissements, cris et répétitions mécaniques. C'est lors de l'entrée dans la langue, vers deux ans et demi, quand « nous recevons la pensée des autres »[3], que notre réflexion propre entre en activité. Fort d'une théorie des nerfs selon laquelle les sensations confluent et se suppléent à même leurs canaux nerveux, Buffon est optimiste sur les possibilités d'éduquer les sourds par les gestes visuels. La nécessité des signes est primordiale pour tous, l'importance de l'ouïe est seulement contextuelle et liée à l'élection historique contingente du canal sonore pour le développement des langues.

La nécessité des signes : hésitations sur le statut des sourds chez Condillac

Condillac emboîte directement le pas à Buffon, qu'il cite et auquel il reprend l'histoire du sourd de Chartres, mais pour le radicaliser. On peut dire que c'est seulement avec Condillac qu'est brisé définitivement le

1. *De l'homme*, *op. cit.*, p. 200.
2. *Ibid.*
3. *Ibid.*, p. 199.

modèle cartésien de la préexistence des pensées[1]. Avant l'usage des signes, chaque individu possède des sensations, est capable d'une attention passive et de souvenirs involontaires, il profère des cris en réaction machinale à ce qui le touche. Ses idées ne sont que de fragiles « germes »[2], et tout ce qui est connaissance lui est étranger. Car cette fois, il faut dire que « les mots et la manière dont nous nous en servons, peuvent fournir des lumières sur le principe de nos idées »[3]. En effet, l'usage d'un signe arbitraire (ou « signe d'institution ») associé à une idée sensible va bouleverser notre rapport à celle-ci. Tandis que pour Locke, les signes ne faisaient que soulager et étendre la mémoire, pour Condillac eux seuls permettent à l'homme d'en disposer, en lui permettant de rappeler à lui-même ses idées selon sa volonté propre[4]. Dès lors, la différence entre hommes et animaux n'est plus le fruit de la pensée pure, mais bien de la puissance d'attacher les « idées à des signes arbitraires »[5]. Parce qu'ils permettent à l'âme d'orienter son attention et de rappeler à elle-même ses idées, les signes sont le fondement de toute réflexion, de toute abstraction et de tout jugement, et par suite de tout ce que nous nommons à proprement parler l'entendement et la morale. Dès lors, le sort des sourds et muets dépend du fait qu'on puisse ou non leur apprendre une langue. Dans l'*Essai sur l'origine des connaissances humaines*, parce que Condillac juge qu'un sourd est irrémédiablement coupé du reste des hommes, il suppose que « l'on ne doit pas attendre qu'il puisse donner aucun signe de raison »[6]. L'indigence cognitive et morale supposée des sourds ne provient pas dans cette optique de la privation des sensations sonores, mais de l'impossibilité pour eux de se servir d'un système de signes grammaticalement structuré avec un vocabulaire étendu[7]. Cependant Condillac révisa son verdict lorsqu'il eut vent des prouesses de l'abbé de l'Epée :

1. Condillac en a d'ailleurs une conscience très vive. Dans la première édition de son ouvrage, il avait affirmé : « les progrès de l'esprit humain dépendent entièrement de l'adresse avec laquelle nous nous servons du langage. Ce principe est simple, et répand un grand jour sur cette matière : personne, que je sache, ne l'a connu avant moi » (*Essai sur l'origine des connaissances humaines*, *op. cit.*, I, II, 11, § 107, n. p. 139).

2. *Ibid.*, p. 65.

3. *Ibid.*, Introduction, p. 64.

4. « La mémoire [...] ne consiste que dans le pouvoir de nous rappeler les signes de nos idées » (*ibid.*, I, II, 4, § 39, p. 101).

5. *Ibid.*, I, II, 4, § 46, p. 105.

6. *Ibid.*, I, IV, 2, § 22, p. 161.

7. Le sourd et muet de naissance, pour Condillac, est dans l'état de l'enfant qui n'a pas quitté le stade des associations d'idées involontaires et de l'attention passive. À propos du sourd de Chartres, il écrit « j'imagine que, pendant vingt-trois ans, ce jeune homme était à peu près dans l'état où j'ai représenté l'âme, quand, ne disposant point encore de son attention, elle

> l'instituteur des sourds et muets de Paris a fait du langage d'action un art méthodique aussi simple que facile, avec lequel il donne à ses élèves des idées de toute espèce, et j'ose dire des idées plus exactes et plus précises que celles qu'on acquiert communément avec le secours de l'ouïe [...][1].

Au total, la révolution condillacienne consiste dans la découverte de la nécessité génétique des supports sémiotiques. La fonction des signes n'est plus seulement l'expression et la communication, elle consiste à rendre possible la plupart des opérations de l'âme auparavant posées comme pure pensée. Plus que jamais, théoriser les capacités intellectuelles des sourds constitue pour la philosophie du langage un enjeu capital.

LES ÉDUCATEURS DES SOURDS AU CROISEMENT DES MODÈLES

Afin de comprendre le renversement final opéré par Kant, il nous faut encore rendre compte de l'influence déterminante des méthodes des premiers éducateurs des sourds et muets au siècle des Lumières, en les rapportant à leurs coordonnées philosophiques. Au XVIe siècle, le moine Las Casas a commencé à essayer de faire parler les sourds et muets de naissance, et au XVIIe siècle en Angleterre, le mathématicien Wallis enseigne à parler anglais à deux sourds. Mais les figures dont l'influence est la plus vaste sont Amman[2], l'abbé de l'Epée[3] et en Allemagne Samuel Heinicke[4].

la donne aux objets, non pas à son choix, mais selon qu'elle est entraînée par la force avec laquelle ils agissent sur elle » (*ibid.*, I, IV, 2, § 15, p. 157). « Il est même vraisemblable que, pendant le cours des vingt-trois premières années de sa vie, il n'a pas fait un seul raisonnement » (*ibid.*, § 17, p. 158).

1. *Cours d'études pour l'instruction du prince de Parme*, t. I, 1re partie, chapitre premier, p. 11, cité par l'abbé de l'Epée en personne dans sa controverse avec Heinicke, in *Controverse au sujet de la véritable manière d'instruire les sourds-muets*, trad. du latin J. Alard, Paris, G. Pelluard, 1881, p. 4.

2. Amman, d'origine Suisse, pratiquait à Amsterdam. Sa dissertation sur les sourds eut une grande fortune dans toute l'Europe. Selon Beauvais de Préau, Amman est bien connu du monde des lettres. Boeerhave, qui est aussi connu de Kant, fait l'éloge de ses textes (*cf.* Deschamps, E.-F., *Cours élémentaire d'éducation des sourds et muets de naissance*, 1779, p. 209), et Heinicke se réclame de son enseignement.

3. L'abbé de l'Epée publie en 1776 *Institution des sourds et muets par la voie des signes méthodiques. Ouvrage qui contient le projet d'une langue universelle, par l'entremise des signes naturels assujettis à une méthode* (Paris, Nyon l'aîné). Ses thèses se répandent rapidement en Europe, notamment à l'occasion de sa controverse avec Heinicke.

4. Nous reviendrons sur la connaissance qu'avait Kant des thèses de ce dernier à la fin de ce chapitre.

Amman, Heinicke et le modèle ampliatif-extensionnel

Les présupposés d'Amman sont théologiques. Il part de l'idée que la parole est un « présent de la divinité »[1]. Les sourds doivent donc être capables de la développer avec quelque aide. Amman est absolument hostile aux gestes par lesquels les sourds s'efforcent de communiquer entre eux. À ses yeux, les gestes sont un piètre succédané du présent divin, incapables de conduire l'esprit aux connaissances sublimes que sont les sciences abstraites, la morale et la religion. Cependant la thèse d'Amman n'est pas génétique comme chez Condillac, mais plutôt lockéenne. Il n'affirme pas que la parole contribue à former la pensée. Si les sourds réduits aux gestes « ressemblent à des animaux stupides »[2], c'est seulement parce qu'ils ne peuvent pas partager leurs idées et les développer. Les gestes dont ils usent ne seraient qu'une langue privée, intelligible d'eux seuls. Mais étant hommes, les sourds jouissent parfaitement de la capacité de parler, qu'il convient simplement d'activer chez eux. Amman raconte que sa méthode lui est venue comme une révélation devant un miroir. Observant les mouvements de sa bouche et de sa langue, il découvre que la variété des sons « est due aux mouvements divers de certains organes », et que ces mouvements « sont susceptibles d'être saisis à la simple vue »[3]. Partant d'une anatomie de l'appareil phonatoire, Amman conçoit sa tâche comme la simple invention d'une *technique* permettant aux sourds de formuler des sons et de lire sur les lèvres par l'observation des mouvements buccaux. Afin que les sourds perçoivent la différence entre une expiration non sonore et une expiration sonore, il leur fait appliquer leurs mains sur leur gosier pour qu'ils en perçoivent les vibrations caractéristiques, puis sur son propre gosier tandis qu'il accentue le mouvement des lèvres et la position de la langue. À l'aide d'un miroir et du toucher, les élèves parviennent progressivement à formuler voyelles et consonnes. C'est seulement à la fin, une fois que la technique de prononciation est acquise, qu'Amman introduit l'apprentissage des significations de tel ou tel complexe phonique. Cette dissociation de la maîtrise technique et de l'attribution du sens manifeste bien son ancrage dans le modèle lockéen.

Heinicke, qui est théoricien de bien moindre envergure, n'ajoute que peu d'éléments au dispositif d'Amman. Simplement ses partis pris

1. « Dissertation sur la parole » [1700], trad. fr. Beauvais de Préau *in* Deschamps E.-F., *Cours élémentaire d'éducation des sourds et muets de naissance*, *op. cit.*, p. 226. Amman croit en l'existence de l'adamique (p. 235).

2. *Ibid.*, p. 226.

3. *Ibid.*, p. 228.

théoriques sont plus proches de Leibniz. Comme Amman, il pense que « la langue articulée est [...] le point capital »[1], et que les gestes ne peuvent suppléer les signes audibles. Mais lui insiste sur le commerce oral pour l'acquisition des idées : « Par [la langue] et par les idées de toute sorte qui lui sont attachées, [les sourds] acquièrent un très grand nombre de notions et de pensées, et passent du monde matériel dans le monde intellectuel »[2]. Son innovation technique curieuse consiste à se servir au départ de saveurs fortes pour arracher aux sourds les premières voyelles, de l'eau pure pour le *a*, de l'absinthe pour le *e*, du vinaigre fort pour le *i*, de l'eau sucrée pour le *o*, et des gouttes d'olive pour le *ou* (le *u* allemand). Lui aussi conçoit la langue non comme formatrice des idées, mais comme simple technique d'expression et de communication, par laquelle les idées du groupe humain sont multipliées et diffusées.

L'abbé de l'Epée, entre Port-Royal et Condillac

L'abbé de l'Epée en revanche propose un système beaucoup plus construit, par lequel il s'essaie à une impossible synthèse de Port-Royal et de Condillac. Son présupposé de départ est cartésien : les sourds ont d'entrée de jeu des idées, qu'ils expriment d'ailleurs tout d'abord dans « la langue qui leur est propre »[3], à savoir celle des gestes. Dans le même temps, l'abbé se revendique de Condillac à plusieurs reprises, et considère que les signes ont « la vertu de rappeler à l'esprit les idées des choses »[4], et ainsi de mener une analyse des idées qui permet par suite « de développer leur intelligence, de leur fournir des idées »[5]. Pour cette raison, l'abbé se désole que ses collègues considèrent la parole comme une simple technique mécanique dissociée de toute réflexion : pour lui l'apprentissage des signes et l'exercice des facultés intellectuelles doivent aller de paire. Par ailleurs, l'originalité de l'abbé se marque en ceci qu'il revendique une supériorité des signes méthodiques sur les signes oraux. Il va même jusqu'à identifier les gestes méthodiques à la Langue universelle tant désirée par les savants. Son argument principal est qu'à la différence des signes oraux, qui sont toujours purement arbitraires[6], les signes méthodiques possèdent « une

1. *Controverse au sujet de la véritable manière d'instruire les sourds et muets*, *op. cit.*, p. 30.

2. *Ibid.*

3. *Institution des sourds et muets*, *op. cit.*, p. 36.

4. *L'art d'enseigner à parler aux sourds-muets de naissance* [1784], Paris, J-G. Dentu, 1820, p. 65.

5. *Institution des sourds et muets*, *op. cit.*, p. 179.

6. *Ibid.*, p. 119.

connexion naturelle, ou, si je puis m'exprimer ainsi, rationnelle avec les objets que l'on veut désigner »[1]. Parce que les signes méthodiques imitent les objets et les actions désignées, ou possèdent une ressemblance avec ceux-ci, ils présentent comme une sorte d'analyse des choses et sont indépendants des langues nationales. On peut ne retenir qu'un exemple, celui du signe pour la proposition métaphysique « je crois » :

> Je fais le signe de la première personne du singulier, je mets mon doigt sur mon front, dont la partie concave est censée renfermer mon esprit, c'est-à-dire ma faculté de penser, et je fais le signe de oui. Après cela, je fais le même signe de oui en mettant mon doigt sur la partie de moi-même, qu'on regarde ordinairement comme le siège de ce que nous appelons notre cœur dans l'ordre spirituel, c'est-à-dire, de notre faculté d'aimer [...]. Je fais ensuite le signe de oui sur ma bouche, et le signe de non en mettant ma main sur mes yeux[2].

La décomposition du signe gestuel en plusieurs étapes suit la volonté de décomposer les éléments sémantiques de la notion de croyance elle-même. On comprend donc la conclusion de l'abbé, qui prétend disjoindre les gestes des sourds de tout ancrage national : « nos signes méthodiques, soit généraux, soit particuliers, sont des signes d'idées, et non des signes de mots. Ils n'ont pas plus de rapport avec le Français qu'avec tout autre langue »[3]. Reprenant les postulats de la grammaire générale et raisonnée, l'abbé considère que la langue des signes méthodiques doit contenir des moyens de distinguer les différents groupes de mots en fonction des besoins intellectuels correspondants[4]. C'est seulement depuis leur langue

1. *Controverse*, *op. cit.*, p. 3.

2. *Institution des sourds et muets*, *op. cit.*, p. 80.

3. *Ibid.*, p. 128.

4. Cette fois, un exemple frappant est donné dans la *Controverse*, où l'abbé explique comment il permet aux sourds de distinguer le mot « inintelligibilité » de mots voisins dans le langage oral, à savoir « intellect, intellectuel, intelligent, intelligence, intelligible, intelligiblement, inintelligiblement » : « Cinq signes suffisent de reste à désigner ce mot avec la rapidité dont vous avez été témoin. / Le premier indique que l'action n'est pas extérieure mais bien intérieure ; le second représente la disposition de l'esprit à lire intérieurement, c'est-à-dire à comprendre ce qui lui est présenté ; le troisième signe montre cette disposition comme possible, d'où on forme l'adjectif *intelligible* qui convient à la chose proposée, et de cette qualité concrète, transformée par le quatrième signe en qualité abstraite, on fait *intelligibilité ;* enfin, en ajoutant une négation à ce dernier mot, à l'aide du cinquième signe, on a *inintelligibilité* » (*op. cit.*, p. 7). Les signes méthodiques possèdent une structure grammaticale, leur permettant d'exprimer les personnes, les verbes, les nombres, temps et modes, les substantifs, adjectifs et adverbes (*ibid.*, p. 11). C'est là la très grande différence qui sépare les signes méthodiques des signes de la dactylogie de Péreire, qui se servait de positions des mains pour

propre, qui est aussi plus adéquate pour l'expression de la pensée, que l'on peut apprendre aux sourds à prononcer des sons et à lire sur les lèvres. Là-dessus, les techniques de l'abbé sont proches de celles d'Amman. Les exercices centraux sont la palpation du gosier, la perception des vibrations internes par les flancs, la vision de soi dans le miroir et l'observation de locuteurs-modèles. La perception tactile et visuelle, jointe à la proprioception, permet ainsi de suppléer l'ouïe. Selon les mots de l'abbé, se voient jointes la plus grande simplicité technique et la vérité de principes « fondés sur une exacte métaphysique »[1].

À partir de là, tous les textes de Kant s'éclairent.

KANT ET LE MODÈLE CORRÉLATIONNEL

Avec Condillac s'est donc opérée la transition d'un modèle de la secondarité des signes à un modèle corrélationnel où les signes ne font pas que traduire ou étendre les contenus et les capacités de l'esprit, mais sont intrinsèquement impliqués dans la formation de ceux-ci. La représentation des sourds au sein de ce modèle est dès lors fonction de la connaissance qu'ont les auteurs ou de l'existence des langages de gestes, ou des entreprises philanthropiques d'éducation des sourds. Justice semble rendue à l'articulation du linguistique et du mental. Mais pour comprendre le pas supplémentaire tenté par Kant, il faut pourtant percevoir un manque chez Condillac, et les difficultés nouvelles ouvertes son dispositif. Si sa pensée est résolument une théorie générale des signes, elle est pourtant indifférente aux spécificités des divers systèmes sémiotiques. Pour Condillac il est essentiel que des signes quelconques soutiennent l'exercice de la réflexion; mais la réalité différentielle, concrète, ou sensible et matérielle des signes lui importe assez peu. Or, tout comme les héritiers de Descartes ont voulu approfondir ses thèses en cherchant les effets additionnels de la communication et de l'expression, les héritiers de Condillac chercheront encore à approfondir ses conclusions en interrogeant la multiplicité des supports sémiotiques, en comparant les bénéfices des supports et leurs propriétés respectives.

signifier non des idées, mais des lettres alphabétiques afin de permettre aux sourds d'épeler indirectement les mots des langues nationales.

1. *L'art d'enseigner à parler aux sourds et muets de naissance*, *op. cit.*, p. 65.

Un nouveau problème : les propriétés respectives des divers types de signes

La rupture théorique essentielle pour notre enquête se situe ici : à la suite de Condillac, la comparaison des avantages variés des différents types de signifiants se voit appelée à devenir un questionnement indispensable. Par conséquent, la représentation des sourds va dépendre désormais des analyses locales consacrées aux ressources originales fournies par les gestes. C'est dans ce contexte seulement que l'on peut comprendre la thèse de Kant sur l'asymétrie des signes visuels et des signes auditifs. Car chez Condillac, la confrontation des différents types de signes est seulement pragmatique, et, en droit, aucun signe n'influe par sa nature particulière sur les capacités cognitives : l'auteur affirme ainsi qu'il est d'abord plus *facile* de produire une variété de gestes par contorsions et agitations, et qu'à force de pratique il devient à l'inverse plus *commode* de diversifier sons et articulations. Pour d'autres raisons, chez les héritiers de Descartes, les systèmes sémiotiques sont hiérarchisés uniquement en fonction de la facilité pragmatique de l'invention/exécution des signes. Maupertuis affirme par exemple que les gestes et les sons peuvent posséder chacun des voies de perfectionnement propres (pantomimes et langages de convention) ; il ajoute simplement que les sons représentent une économie dans la dépense d'énergie et une plus grande variété de modulation[1]. Pour lui les sonorités sont simplement plus utilisables que les gestes, mais du point de vue du rapport à la pensée, signes visuels et signes auditifs sont parfaitement substituables. Chez Rousseau encore, les mérites respectifs des signes ne sont distribués qu'en fonction d'avantages pragmatiques. Les gestes ont pour cet auteur une plus grande facilité d'exécution que les sons, une plus grande puissance sur l'imagination du récepteur, une énergie portée par l'ensemble du corps, tandis que les sons possèdent le mérite d'émouvoir le cœur et de permettre la communication nocturne (tandis qu'il faut nécessairement de la lumière pour communiquer par gestes)[2].

C'est seulement chez Kant qu'est produite la première tentative de penser les effets *cognitifs* spéciaux du support sémiotique oral[3].

1. « Dissertation sur les différents moyens dont les hommes se sont servis pour exprimer leurs idées », *op. cit.*, p. 439.

2. *Essai sur l'origine des langues* [1755-63 ; publication posthume 1781], Paris, Gallimard, 1990, chap. premier, p. 60 *sq*.

3. On attribue parfois à Herder la première affirmation d'un privilège de l'auditif, mais une telle affirmation reste superficielle. Car comme on l'a vu, toute primauté accordée aux sons sur les gestes et autres signes n'implique pas une détermination cognitive de cette primauté. En outre, chez Herder, les langues n'ont été sonores que parce que l'homme, en plus

L'audition et l'esprit

La percée kantienne consiste à essayer de penser le point décisif pour le plein développement de la discursivité, non plus dans l'existence générale de signes quelconques, mais bien dans la spécificité la plus concrète de certains signes, à savoir dans les *propriétés structurelles de la matière phonique*, qui vont permettre de s'élever à la généralité du concept, à l'abstraction et aux relations rationnelles caractéristiques du langage humain. Pour lui, les cris et les premières manifestations vocales ne peuvent encore être nommés un langage, car le concept de langage implique le fait de « parler en enchaînant des concepts »[1] ; des vocalisations ne « constituent un langage » que « si les sons émis par chacun sont articulés et [...] liés par l'entendement selon une loi »[2]. Or, la thèse qui fait l'originalité la plus forte de Kant est qu'il ancre le passage du cri au langage dans les possibilités offertes à l'esprit par les spécificités du canal sensible auditif. Quelles sont donc ces propriétés originales des sonorités qui en font le médium décisif de l'émergence de la rationalité et qui font que, par leur usage, l'homme passe du cri au langage ? On peut se laisser surprendre par un texte de Kant peu relevé à ce jour :

> La forme de l'objet n'est pas donnée par l'ouïe, et les paroles ne conduisent pas immédiatement à la représentation de l'objet; mais pour cette raison précise et pour cette autre qu'en soi elles ne signifient rien, du moins aucun objet [...] elles sont le moyen le plus adapté à la caractérisation des concepts[3].

Le contraste implicite permettant de comprendre l'importance de cette remarque passe entre les propriétés des signes visuels (gestes) et celles des

de trouver une facilité à proférer des sons, est naturellement capté par les aspects sonores de son environnement (*Traité de l'origine du langage*, trad. fr. D. Modigliani, Paris, P.U.F., 1992, p. 40 et p. 59). Le langage est d'abord formé comme « calque » des signaux sonores émis par les animaux et les éléments (p. 73). Si l'oreille est « première institutrice du langage » (p. 71), c'est seulement parce que « la nature se révèle à lui [l'homme] par l'oreille » (*ibid.*) et que les sons nous permettent plus facilement de nous recueillir et nous concentrer (p. 84-89). La sonorité en tant que telle ne joue aucun rôle original dans l'édification des capacités cognitives. À l'inverse, pour Herder c'est l'organisation globale des forces mentales chez l'homme, la capacité de l'âme d'isoler des marques de reconnaissance (p. 58-59) qui permet de se servir de signes sonores. En un sens, Herder opère une régression pré-condillacienne. En outre son désaccord avec Kant est total, puisque, comme on le verra, la vertu des signes sonores chez Kant tient à leur nature *arbitraire*, tandis que chez Herder elle tient à leur capacité d'évoquer les réalités sonores par *ressemblance*.

1. Ak 8 : 110. *Conj.*, p. 155.
2. Ak 7 : 155. *APP*, § 18, p. 38.
3. Ak 7 : 155. *Ibid.*

sons. Kant choisit de ne pas considérer une simple différence de degré dans les facilités d'usage, mais bien une spécificité radicale des sons, seul lieu possible du développement de la faculté rationnelle. Bien qu'il conserve encore le vocabulaire de l'adaptation, chez lui les bénéfices obtenus par la voie vocale changent de nature, ils ne concernent plus la commodité de l'exécution, la variété potentielle des signes, l'extension de la communication à distance ou la nuit tombée, mais bien la possibilité de la pensée elle-même.

L'idée est la suivante : si pour désigner les objets, en premier lieu les objets spatiaux du sens externe, les hommes avaient seulement utilisé des gestes, le rapport entre les signes et leurs référents aurait simplement été un rapport de *ressemblance* ou *d'analogie*, et il aurait été impossible de s'élever à l'un des traits caractéristiques du conceptuel : la normativité[1]. La normativité des concepts correspond chez Kant au fait que ceux-ci valent comme des règles précisant ce qui doit ou non être le cas pour les objets compris dans leur extension[2]. Or, une relation entre un geste et une chose n'équivaut jamais qu'à la relation d'une image à une autre image, et par là elle est simplement une association suggérée par une affinité sensible, une assimilation approximative au gré de l'imagination et de l'habitude, non une liaison fondée selon une règle. L'argument repose implicitement sur une conception mimétique du geste (d'ailleurs partagée par l'abbé de l'Epée), où le geste consisterait avant tout à figurer dans l'air la forme spatiale d'un objet, ou à soi-même imiter un objet, un être vivant, une attitude ou une action[3]. Tandis que pour l'abbé de l'Epée, l'arbitraire

1. Les concepts étant définis par Kant tantôt comme des caractères, tantôt comme des règles en vue d'opérer des subsomptions.

2. « Toute connaissance exige un concept [...]; mais celui-ci, quant à sa forme, est toujours quelque chose de général et qui sert de règle » (Ak 4 : 81 ; A 106. *CRP*, p. 183). Cette détermination du conceptuel par la normativité constitue, aux yeux de Robert Brandom, une des révolutions introduites par le kantisme (cf. *Rendre explicite* [1994], trad. fr. I. Thomas-Fogiel (dir.), Paris, Cerf, 2010, p. 65 : « Qu'est-ce qui distingue une activité spécifiquement *conceptuelle ?* La pensée contemporaine sur le maniement des concepts doit beaucoup à Kant. L'une de ses innovations cardinales est l'introduction de cette idée selon laquelle une activité conceptuellement structurée se distingue par son caractère *normatif*. [...] Kant considère que les concepts prennent la forme de *règles*, ce qui veut dire qu'ils spécifient comment quelque chose *doit* (selon la règle) être fait »).

3. Cette conception discutable du geste est extrêmement répandue à l'époque de Kant. On a vu plus haut que Maupertuis considère la pantomime comme la perfection du langage de gestes. Même Diderot, plus précis que Kant dans son observation des sourds, décrit les actions du sourd-muet qu'il fréquentait comme si celui-ci ne faisait qu'imiter par ses gestes ce qu'il souhaite signifier : le sourd baisse les bras lorsqu'il croit qu'une partie d'échecs est perdue, il montre du doigt les personnes, etc. (*cf.* « Lettre sur les sourds et muets », *op. cit.*, p. 98). On sait

fait le défaut des langues orales, l'idée de Kant est que l'arbitraire du signe est essentiel à la normativité conceptuelle.

On peut reconstruire le raisonnement total de Kant en un syllogisme : A) l'arbitraire du signe est essentiel à la normativité des concepts, du fait qu'il est une condition nécessaire de la pensée comme pouvoir d'ordonner les représentations selon des *règles* (et non au gré des associations empiriques de l'imagination) ; or B) cet arbitraire ne peut naître d'abord que sur le terrain de l'oralité ; donc C) l'ouïe et les paroles seules rendent possible la pensée.

À partir de là il devient possible de comprendre le sens de la thèse de Kant au sujet des sourds de naissance – thèse *de facto* erronée mais en rien fortuite – en la ressaisissant comme une preuve emblématique du souci kantien de porter attention aux spécificités du support phonique. Si Kant estime que les sourds de naissance, c'est-à-dire ceux qui n'ont jamais eu part à la communication verbale, sont condamnés à rester « sans langage », ce n'est pas au motif qu'il ignorerait les formes de communications par gestes qui existent et se développent en France et en Prusse alors qu'il écrit l'*Anthropologie*. La raison plus fondamentale de son verdict tient dans l'idée qu'une communication par gestes, aussi détaillée et riche soit-elle, *ne constitue pas authentiquement un langage*, du fait qu'elle ne met en jeu que l'imagination et ne permet pas à l'entendement ou à la raison de s'affranchir des associations sensibles. Il est intéressant de noter à cet égard que Kant est en réalité au plus proche de l'Abbé de l'Epée et de Heinicke, quand bien même ses conclusions s'avèrent plus pessimistes. Loin que la position de Kant sur la primauté de l'ouïe et les limites intellectuelles des sourds de naissance repose sur une ignorance des projets d'éducation des sourds-muets propres à son temps, elle résulte d'une conjonction des conceptions de l'époque en matière d'éducation des sourds-muets et de sa propre thèse selon laquelle l'entendement, comme faculté des concepts, ne peut se développer que sur un terrain qui rompt avec l'affinité des images. La description que présente Kant du sourd-muet s'inscrit bien dans ces coordonnées :

> chez un sourd de naissance, la vue doit partir du mouvement des organes de phonation, et convertir les sons obtenus par l'éducation en un sentiment des mouvements de ses propres muscles ; toutefois cela ne peut le conduire à

aujourd'hui que le langage des sourds-muets comprend lui-même un véritable arbitraire du signe, d'autant que différents alphabets dactylogiques et différents codes gestuels existent en fonction des régions géographiques et des groupements nationaux (il existe même un dialecte de la LSF dans la région de Marseille !).

des concepts réels, puisque les signes dont il doit faire usage ne sont susceptibles d'aucune universalité [...] [1].

Le processus de déchiffrement du comportement des locuteurs ordinaires attribué par Kant aux sourds de naissance correspond terme à terme aux techniques développées de Amman à Heinicke. Le fait que la vue doive partir du mouvement des organes de phonation correspond au moment du déchiffrement labial, et la conversion en sentiment des muscles correspond aux expériences de palpation de la gorge. Si la sentence de Kant s'avère radicale (le sourd de naissance ne possède pas véritablement de concepts), elle a le mérite de souligner la solidarité reconnue par Kant entre la possession individuelle des concepts et le développement du langage. Kant est bien un post-condillacien. De fait, il n'exclut pas le moins du monde que le sourd de naissance, en tant qu'il est un homme, possède une expérience structurée *selon* l'espace, le temps et les catégories (qui songerait d'ailleurs à soutenir qu'un sourd n'expérimente pas la différence entre le fait de percevoir une maison et la perception d'un bateau descendant le cours d'un fleuve ou d'une eau qui se congèle) [2]. Cependant, comme il ne bénéficie pas des effets de la pratique verbale, et qu'il ne dispose pas du moyen d'exprimer des liaisons constantes et nécessaires, il ne possède pas de *concepts* et ne peut soumettre l'articulation de ses représentations à des lois. Il convient à cet égard de prévenir un dernier contresens sur « l'universalité » dont Kant affirme qu'elle ne saurait appartenir aux gestes des sourds. Kant ne veut pas dire par là que les gestes sont des signes privés, et qu'ils ne pourraient pas faire l'objet d'un apprentissage par tout homme. Bien au contraire, Kant considère plutôt avec l'Abbé de l'Epée que le statut d'image des signes gestuels leur confère une accessibilité intuitive et les rend propres à valoir pour tout individu, quelles que soient son origine

1. Ak 7 : 159. *APP*, *op. cit.*, § 22, p. 41.

2. Ces exemples sont mobilisées par Kant dans la *Critique de la raison pure*. Au § 26, notre expérience de la congélation a pour charge d'illustrer le fait que notre perception est structurée selon les types d'unités synthétiques qu'expriment les catégories de substance et de cause (Ak 3 : 126; B 162). De même pour la perception des parties d'une maison et celle des positions successives du bateau sur un cours d'eau (Ak 3 : 169, 4 : 130; A 192/B 237). Ces expériences perceptives sont structurées selon les types d'unité exprimées par les catégories de substance et de cause, mais elles ne supposent pas que le sujet percevant *applique* les catégories dans des jugements, qu'il formule des propositions. De ce fait, elles sont accessibles à tout sujet humain percevant, même si tout sujet humain ne possède pas les *représentations* réfléchies des concepts purs de l'entendement (cette possession supposant en effet la capacité de formuler des jugements). Dans sa *Correspondance*, Kant écrit : « je peux percevoir la chute des corps, *même si je ne pense pas à sa cause* » (Lettre à J. W. A. Kosmann, septembre 1789, Ak 11 : 82. *Correspondance*, p. 381, nous soulignons).

nationale et sa communauté de naissance. Pour autant, en raison de cette nature visuelle, les signes gestuels ont une puissance seulement évocatrice et n'expriment aucune règle, c'est-à-dire qu'ils ne peuvent pas servir à énoncer un caractère susceptible de déterminer universellement *les cas où le concept peut ou non s'appliquer*. Pour Kant, l'universalité qui leur manque est l'universalité logique, non le loisir d'être utilisé aisément par tout homme[1]. On ne s'étonnera plus que Kant conclue: « L'absence de l'ouïe, si elle est innée, est la moins remplaçable »[2]. L'absence d'une possibilité de suppléance pour l'ouïe ou de vicariance des sens dans ce cas achève d'entériner le statut des sons et de leur usage comme ultime condition de l'apparition conjointe du langage et de la pensée.

Le § 38 de l'*Anthropologie* le confirme, dans lequel Kant soutient que « penser, c'est *parler* avec soi-même »[3]. Loin que la désignation soit simplement secondaire à l'égard de la pensée, elle est supposée par l'exercice de celle-ci. Kant se concentre en particulier sur la différence entre connaissance symbolique et connaissance discursive :

> Les formes des choses (intuitions), dans la mesure où elles ne servent que de moyens pour la représentation par les concepts, sont des symboles [...] Les *caractères* ne sont pas des symboles; car [...] en soi, [ils] ne signifient rien, mais conduisent par la seule association, aux intuitions, et par celles-ci aux concepts. C'est pourquoi il ne faut pas opposer la connaissance *symbolique* à *l'intuitive*, mais à la *discursive:* dans cette dernière, le signe (caractère [Charakter]) accompagne le concept seulement comme *gardien* (*custos*), pour le reproduire à l'occasion. La connaissance symbolique n'est donc pas opposée à l'intuitive (par l'intuition sensible), mais à l'intellectuelle (par les concepts)[4].

Les signes algébriques sont ainsi des symboles des grandeurs et des rapports des grandeurs, en tant que l'intuition de ces signes et de leur rapport permet la représentation des grandeurs et de leurs propriétés par analogie. La forme sensible même des signes est alors ce qui permet à la

1. Sur tous ces points, les thèses de Kant sur les sourds se sont avérées fausses. Il n'y a pas aujourd'hui un langage transnational unique des sourds, mais bien des *langues* des sourds, dont la diversité épouse souvent celle des langues orales. Néanmoins la thèse de Kant conserve un intérêt dans le cadre du projet épigénétique, car il reste vrai qu'historiquement les hommes ont construit les premiers systèmes d'expression à l'oral et ont d'abord fait par ce biais l'usage de concepts. Or dans cette optique, la distance frappante entre le contenu des perceptions visuelles et les sons peut valoir comme explication du fait que la puissance d'abstraction de l'humanité se soit développée prioritairement sur le terrain vocal.

2. Ak 7 : 192. *APP*, p. 65.

3. Ak 7 : 192. *Ibid*.

4. Ak 7 : 191. *Ibid*., p. 64.

pensée de progresser. Ce n'est pas le cas des « caractères » (*Charaktere*) qui ne signifient pas en vertu de l'impression sensible originale qu'ils nous communiquent. Aussi on doit bien comprendre que pour Kant, le langage est par essence non symbolique. Le fait qu'il naisse sur le terrain de l'oralité, c'est-à-dire sur un terrain où les signifiants ne sont pas eux-mêmes des images, interdit de le considérer comme fonctionnant à la manière des symboles[1]. Sachant cela, l'opposition dressée par Kant entre d'un côté la connaissance intuitive-symbolique, de l'autre la connaissance discursive-orale, jette une nouvelle lumière sur la valeur de pivot reconnue aux sons articulés. En effet, si ces derniers sont bien, eux aussi, *des objets d'intuition*, puisqu'ils sont des contenus sensibles à part entière, pourtant, en raison de leur nature radicalement non figurative, la connaissance qu'ils rendent possible peut être tenue pour *non intuitive*. En conséquence, Kant parvient à l'idée extrêmement originale selon laquelle le passage du sensible à l'intellectuel est opéré depuis une distinction sensible : c'est depuis une espèce spécifique de données sensorielles (les intuitions auditives) que l'esprit surmonte sa dépendance première à l'égard des associations non réglées de l'imagination[2]. Les concepts sont rendus possibles par une différence au départ immanente à la sensibilité, en tant que cette différence permet l'émergence d'une relation de signification irréductible à la symbolisation.

L'ouïe et la raison dans les Vorlesungen *: remarques sur la formation des thèses kantiennes*

Dans les textes publiés, il pourrait sembler que les thèses de Kant sur le langage apparaissent plus massivement à partir des années 1790. L'*Anthropologie* paraît en 1798 et la *Logique* est colligée par Jäsche pour être publiée en 1800. Doit-on en conclure que les thèses que nous attribuons à Kant ne seraient qu'un revirement, tandis que les grands massifs de l'œuvre *Critique* (1781-87, 1788, 1790) auraient été écrits à une époque où Kant n'aurait encore éprouvé aucun intérêt pour la question du

1. François Marty méconnaît ce point lorsqu'il soutient que l'essence du langage pour Kant est symbolique, dans *La naissance de la métaphysique chez Kant*, Paris, Beauchesne, 1980, p. 362.

2. Il y aurait davantage à dire sur la fonction schématisante de l'imagination et sur le rôle de schèmes joué *par certaines images* (sur ce point, *cf.* R. Ehrsam, « Le rôle du schématisme dans la connaissance : une interprétation sémiotique », *in* S. Grapotte, M. Lequan et M. Ruffing (éd.), *Kant et la science. Théorie critique et transcendantale de la connaissance*, Paris, Vrin, 2011, p. 145-152). Reste que cette précision n'entame en rien la thèse de l'*APP*. Le schématisme n'est pas la discursivité – il la suppose et ne la constitue pas.

langage ? La lecture des *Vorlesungen* nous permet d'affirmer nettement le contraire, tout en nous permettant d'apprécier quelques inflexions et évolutions des doctrines de Kant sur ce sujet.

Les premières transcriptions des leçons données par Kant sur l'anthropologie sont celles de Collins et de Parow, toutes deux datées de l'hiver 1772-1773. C'est la première fois que Kant consacre un cours à ce thème. À cette date, Kant ne formule pas encore toutes les thèses qui occuperont le devant de la scène en 1798. L'ouïe est déjà identifiée comme le sens privilégié de la communication, Kant lui reconnaît la particularité de ne représenter directement « aucune chose ni aucune propriété » (du fait que « les mots en eux-mêmes ne signifient rien »)[1], cependant elle ne se voit pas encore posée comme le lieu d'émergence de la conceptualité. Dans les leçons Collins, les avantages thématisés de l'ouïe sont purement pragmatiques :

> nous n'avons pas de faculté pour faire une impression plus forte sur un autre homme ; l'autre peut bien se détourner, il nous entend tout de même. Avec les expressions du visage, nous ne pourrions pas lui faire comprendre autant de choses [...][2].

> l'ouïe est le moyen le plus excellent de communiquer des pensées entre êtres rationnels. On pourrait tout à fait songer à d'autres moyens de communiquer des pensées, mais aucun n'est plus aisé (en effet on se fatigue peu en parlant) ni plus puissant[3].

En 1772-73, Kant est encore l'héritier du modèle ampliatif-extensionnel, et les thèses qu'il développe ne font que répéter celles de Leibniz, de Wolff ou de Meier. Il distingue certes les signes qui « doivent seulement servir comme moyen de produire [*hervorbringen*] les concepts [...] : les mots »[4], des images et des symboles, mais l'apport des mots est seulement clarificateur, il n'est pas une condition *sine qua non* de la pensée :

> Nous avons besoin que les mots accompagnent nos concepts, car nous pouvons ainsi mieux reconnaître les choses [...]. Si les concepts sont abstraits, alors on doit employer beaucoup de mots. Par exemple mesure, modestie, équité, *douceur*. Mais pour les représentations qui tombent sous les sens, on peut économiser les mots[5].

1. *Anthropologie Collins*, Ak 25 : 54. Nous traduisons.
2. Ak 25 : 55.
3. *Ibid.*
4. Ak 25 : 126.
5. *Ibid.*

Les enfants disposent d'une connaissance par le moyen des seules images. Cette connaissance est certes imparfaite, tout comme celle qui est fournie par les hiéroglyphes des Egyptiens, mais elle n'est pas nulle pour autant[1].

Dans les notes prises par Parow la même année, on trouve l'idée que la supériorité des mots sur les gestes est purement pratique, alors même qu'une telle idée sera refusée dans les leçons des années suivantes : « on peut également voir pourquoi on a choisi comme moyen de communiquer ses pensées à un autre homme les mots, et pas les pantomimes ou les gestes, simplement parce que le son se propage de tous côtés, et parce que l'on sent en général les impressions auditives plus fortement que les sensations visuelles »[2]. Les sourds de naissance sont déjà évoqués au motif de leur difficulté à participer à la société, mais ce handicap semble alors secondaire à Kant : il juge les sourds « méfiants et contrariés »[3], mais ne les prive pas de ressources intellectuelles spécifiques. Preuve de l'attachement de Kant à ce que nous avons nommé le modèle extensionnel, les mots ont avant tout la charge lockienne de conserver les concepts dans la mémoire – comme « moyens de retenir les représentations »[4].

À cet égard, l'hiver 1775-1776 constitue un véritable tournant[5].

Le rôle mémoriel des mots demeure, de même que la différence entre images visuelles et sons auditifs : « l'ouïe ne nous présente pas la figure des objets [...] c'est pourquoi elle a les utilités suivantes : elle est le sens de la sociabilité, et sert à communiquer les signes des pensées, elle est donc un moyen du langage [...] tandis que les figures ne nous donnent aucun signe de l'objet, mais l'objet lui-même »[6]. Mais en rupture avec les thèses

1. Ak 25 : 127.

2. *Anthropologie Parow*, Ak 25 : 275-276.

3. Ak 25 : 277.

4. Ak 25 : 338.

5. Nous nous trouvons de ce fait en désaccord avec le récent essai de Michael Forster, « Kant's Philosophy of Language » (*Tijdschrift voor Filosofie*, 74, 2012, p. 485-511). Après avoir estimé dans *After Herder. Philosophy of Language in the German Tradition* (Oxford, Oxford University Press, 2009) que Kant n'avait jamais esquissé les linéaments d'une pensée du langage, Forster a plus récemment jugé que Kant s'est finalement converti au paradigme corrélationnel, *mais uniquement à partir de 1790* (p. 490-493). Kant aurait cédé aux sirènes argumentatives de Hamann et Herder (*ibid.*, p. 508), ou encore à la pression des leibniziens et des wolffiens, après avoir adopté dans les années 1780 une forme de « dualisme » décrivant les mots et les pensées comme des entités indépendantes. Cette chronologie nous paraît radicalement erronée, non seulement au regard du contenu des *Vorlesungen* consacrées à l'anthropologie, mais également au regard du contenu des *Vorlesungen* sur l'encyclopédie philosophique ou de la déclaration déjà citée des *Conjectures sur les débuts de l'histoire humaine* (Ak 8 : 110).

6. *Anthropologie Friedländer*, Ak 25 : 493-494.

soutenues trois ans auparavant, Kant voit désormais dans cette spécificité du canal auditif le principal moteur du développement cognitif :

> L'ouïe est un organon de la raison ; sans l'ouïe, il ne peut exister de langage, *sans* langage aucun signe des concepts, et sans cela aucun usage de l'entendement. [...] L'ouïe est donc le sens le plus important pour l'acquisition des connaissances[1].

> Il faut distinguer caractères et symboles. Le symbole est une image sensible, le caractère est seulement une désignation. L'image sensible [...] possède une ressemblance avec la chose. Le caractère ne signifie rien en lui-même, il n'est qu'un moyen de désigner quelque chose [...]. Pour notre connaissance, il ne s'offre pas de meilleurs signes de l'entendement que les mots, parce qu'en eux-mêmes ils ne signifient rien[2].

Cette thèse sera pérennisée jusqu'en 1798. Dans toutes les leçons des années ultérieures, Kant affirmera la nécessité des mots pour la conceptualité en arguant du fait que l'oralité seule pouvait valoir comme terrain de naissance de l'arbitraire du signe.

Les acquis du modèle lockien et leibnizien expliquent parallèlement la persistance de remarques sur la facilité d'usage de notre langue [*Zunge*][3], sur les bénéfices pragmatiques de l'oralité, ou sur le fait que les signes linguistiques servent à la reproduction des représentations en permettant d'en assurer la maîtrise étendue – en 1798, ce thème trouve encore à s'exprimer lorsque Kant fait du caractère le « gardien » [*custos*] du concept. Mais l'essentiel est désormais la thèse selon laquelle sans langage, et plus particulièrement sans l'oralité, l'entendement est impossible : « Sans l'ouïe, nous n'aurions aucun concept »[4].

Comment peut-on expliquer cette stabilisation de la thèse kantienne en 1775 et l'importance majorée accordée au langage, jusqu'à aboutir à une variante originale du modèle corrélationnel ? Les facteurs historiques que l'on peut invoquer sont multiples; ils jettent une lumière sur la connaissance que Kant pouvait avoir des débats de son temps en philosophie du langage et sur la façon dont les débats antérieurs lui étaient parvenus. Il faut remarquer tout d'abord que la problématique du langage et des signes auditifs ne fait pas irruption dans le corpus kantien par Baumgarten. Dans la *Metaphysica*, et plus particulièrement la partie

1. Ak 25 : 498.
2. Ak 25 : 536.
3. Par exemple *Anthropologie Menschenkunde*, hiver 1781-82, Ak 25 : 909.
4. Ak 25 : 916. « *ohne das Gehör würde man keine Begriffe haben* ».

« Psychologia empirica » qui est la base de l'*Anthropologie*, il n'est ni question des sourds ni de la spécificité des signes linguistiques.

Avant 1772, Kant a pu recevoir un écho des thèses de Port-Royal par l'intermédiaire de Wolff. En effet, les exposés présentés par celui-ci dans sa *Logique*[1] et ses *Pensées rationnelles*[2] sont directement inspirés par la *Logique de Port-Royal* (Wolff a lui-même vraisemblablement connu ces thèses dans la période où il enseignait à Halle, à partir de 1706, par son collègue philosophe Johannes Sperlette qui faisait du texte d'Arnauld et Nicole la base de ses cours).

Or, trois ans avant que Kant ne donne ses premières leçons d'anthropologie à la fin de l'année 1772, l'Académie de Berlin met au concours la question suivante : « *En supposant les hommes abandonnés à leurs facultés naturelles, sont-ils en état d'inventer le langage? Et par quel moyen parviendront-ils à cette invention? On demande une hypothèse qui satisfasse à toutes les difficultés* ». Les manuscrits sont à remettre pour 1771. Parmi les membres du jury se trouvent Sulzer et Nicolaï; Herder et Tetens présentent tous deux des textes, qu'ils publient dans l'année 1772. On peut donc supposer qu'à la fin de l'année 1772, Kant n'a pas encore parfaitement pris connaissance des discussions touchant aux enjeux génétiques de l'acquisition du langage. En revanche, en 1775, Kant a pu lire l'essai de Herder (*Traité de l'origine du langage*) et celui de Tetens « Über den Urpsrung der Sprachen und der Schrift »[3]. Or Herder présente au cours de cet essai un compte-rendu des positions de Condillac[4]; il y défend l'idée selon laquelle « même le premier, le plus élémentaire usage de la raison ne peut avoir lieu sans langage »[5]. Herder a suivi les cours de Kant à Königsberg en 1762, et à cette époque leur rupture n'est pas consommée. On peut donc envisager l'essai comme une des sources possibles de

1. *Logique ou réflexions sur les forces de l'entendement humain, et sur leur légitime usage dans la connaissance de la vérité* [publiées en 1712, grand succès éditorial, rééditées 13 fois de 1719 à 1754. D'abord en allemand, une version latine est effectuée en 1730; la première traduction française est publiée à Berlin en 1736, par J. Deschamps], Hildesheim/Zürich/New York, Georg Olms, 2000. *Cf.* notamment le chapitre « De l'usage des mots ».

2. *Vernünftige Gedanken. Von den Kräften des menschlichen Verstandes und ihrem richtigen Gebrauche in Erkenntnis der Wahrheit*, Hildesheim, Olms, 1965, en particulier : « Von dem Gebrauche der Wörter », p. 151-156. Et *Vernünftige Gedanken. Von Gott, der Welt und der Seele des Menschen, auch alle Dingen überhaupt*, Hildesheim, Olms, 1983.

3. Réédité in *Sprachphilosophische Versuche*, Hambourg, Felix Meiner Verlag, 1971, p. 27-90.

4. *Traité de l'origine du langage*, *op. cit.*, p. 43 et p. 82.

5. *Ibid.*, p. 63.

l'interrogation kantienne[1]. Quant à Tetens, il soutient dans son texte que l'« on ne peut pas concevoir le premier pas de l'homme hors de l'état animal, sans penser qu'un langage ait été inventé auparavant ou au moins en même temps »[2]. Si l'homme possède avant l'usage des signes certains instincts, le pouvoir d'imiter et celui d'inventer, il a besoin de communiquer avec ses semblables, sans quoi il demeure même « semblable à une plante »[3]. La communication permet l'accumulation et la démultiplication des inventions, mais surtout, *seul* l'usage des signes permet de disposer de pensées et de perceptions distinctes[4]. Outre ces premières lectures possibles de Herder et Tetens, on peut expliquer la persistance des thèses kantiennes sur les signes linguistiques par la lecture de deux ouvrages clés : les *Philosophische Aphorismen nebst einigen Anleitungen zur philophischen Geschichte* de Ernst Platner en 1776[5] et les *Philosophische Versuche über die menschliche Natur und ihre Entwicklung* de Tetens en 1777[6]. Platner propose une présentation synthétique au § 579 de la plupart des positions contemporaines sur le langage (Condillac, Süssmilch, Herder, Tetens, Tiedemann, De Brosses, Monboddo), et il insiste – dans un style herdérien – sur le rôle de l'ouïe dans le développement des concepts. Dans le onzième essai des *Philosophische Versuche*, Tetens présente également de façon synthétique les théories du langage de Rousseau, Reimarus, Süssmilch, Herder, résume son texte de 1772, et insiste sur les raisons pragmatiques de la supériorité des sons sur les gestes.

1. Cette hypothèse est également faite par Charles Terence Williams dans *Kant's philosophy of language : Chomskyan linguistics and its Kantian roots*, Lewiston (N.Y.), E. Mellen, 1993, et dans *The Unity of Kant's Critique of Pure Reason. Experience, Language, and Knowledge*, Lewiston (N. Y.), E. Mellen, 1987. Cependant les ouvrages de Williams sont décevants, car de cette hypothèse ne découle aucune lecture précise des textes de Kant sur le langage – la plupart sont tout bonnement ignorés.

2. *Sprachphilosophische Versuche*, *op. cit.*, p. 29. Nous traduisons.

3. *Ibid.*, p. 41.

4. *Ibid.*, p. 43 et p. 49.

5. Le texte est présent dans la bibliothèque de Kant dans son édition originale (*cf.* Arthur Warda, *Immanuel Kants Bücher*, Berlin, Martin Breslaner Verlag, 1922, p. 53). Une lettre de Schütz à Kant lui demande s'il aurait le temps de recenser la seconde édition des *Aphorismes*, qu'il compte parmi « les meilleurs ouvrages philosophiques » (février 1785, Ak 10 : 399. *Correspondance*, p. 240). Kant s'excuse de ne pas pouvoir s'acquitter de la recension faute de temps, à une période où travaille à la *Métaphysique des mœurs* (13 septembre 1785, Ak 10 : 406. *Ibid.*, p. 245).

6. Le texte est présent dans la bibliothèque de Kant à partir de sa parution (*cf.* Arthur Warda, *Immanuel Kants Bücher, op. cit.*, p. 55). Kant en fait l'éloge dès une lettre de 1778 à Herz : « Tetens, dans sa longue œuvre sur la nature humaine, a dit bien des choses pénétrantes » (début avril 1778, Ak 10 : 232. *Correspondance*, p. 159).

Enfin, au cours des années 1770, Kant prend connaissance des expériences de Samuel Heinicke. Même si tout l'entourage de Kant n'est pas favorable à celles-ci[1], Kant semble leur témoigner un certain intérêt. L'*Anthropologie Menschenkunde* atteste qu'en 1781, Kant était conscient du travail de Heinicke à Leipzig : « il est difficile d'apprendre à parler pour les sourds de naissance, et ces derniers ne parviennent pas à des concepts semblables aux concepts de ceux qui sont capables d'entendre, bien qu'il existe des établissements d'instruction pour sourds et muets »[2]. Un des derniers manuscrits partiels retrouvés, daté (sans certitude) du milieu des années 1770 confirme qu'il s'agit bien de Heinicke :

> Le langage est bien une partie nécessaire et essentielle de l'usage de l'entendement. En effet, avec les signes du langage je me mets en état de distinguer les représentations de l'entendement. L'art d'enseigner à parler aux sourds et muets de naissance est largement cultivé depuis peu et nous avons en Saxe un professeur qui en a déjà instruit un grand nombre[3].

La centralité de la question du langage dans l'*Anthropologie*, ainsi que le rôle joué par la figure des sourds, n'auront pas échappé aux proches lecteurs de Kant de son vivant. En 1801 paraît, de la part des disciples de Kant, un complément pour la lecture de l'*Anthropologie*, intitulé : *Sur l'enseignement des sourds et muets. Remarques sur l'Anthropologie de* Kant[4]. Il est préfacé par Kiesewetter.

Deux objections

Deux objections peuvent être opposées à la lecture que nous proposons des § 18, 38 et 39 de l'*Anthropologie*. Cette lecture est en effet axée sur l'idée selon laquelle la connaissance conceptuelle est fondée sur un usage essentiellement non figuratif et non symbolique des signes linguistiques. Or :

d'une part, l'idée selon laquelle les signes linguistiques sont nécessaires à la possession des concepts paraît être contredite par le texte de la *Logique* où Kant rend compte de la formation des concepts, selon une

1. Schütz le nomme un « fanatique ». Il écrit à Kant à propos de Heinicke qu'il est « certes un grand admirateur de votre *Critique*, mais [il] l'applique à son petit commerce de syllabes [...] tout à fait gauchement et de travers » (lettre du 20 septembre 1785, Ak 10 : 409. *Correspondance*, p. 247).

2. *Anthropologie Menschenkunde*, Ak 25 : 916.

3. *Anthropologie Dingelstaedt*, Ak 25 : 1560.

4. Carl Gottfried Bauer, Ernst Adolf Eschke, Johann Gottfried Carl Christian Kiesewetter, *Ueber den Unterricht der Taubstummen. Anmerkungen zu Kant's Anthropologie*, Berlin, Braun, 1801.

formule d'inspiration lockéenne, par le triple mécanisme de la comparaison, de l'abstraction et de la réflexion[1]. Avant d'être accompagné par un « caractère » (*Charakter*), le concept est représenté sans signes comme représentation partielle de la chose ou « *Merkmal* » (terme également traduit par « caractère »)[2]. Kant se montre-t-il incohérent entre les textes qui appuient la nécessité des signes, et ceux qui au contraire semblent indiquer que les concepts peuvent naître par le moyen d'opérations mentales infra-sémiotiques ?

D'autre part, Kant déclare au § 59 de la *Critique de la faculté de juger* que :

> Notre langue est remplie de telles présentations indirectes d'après une analogie, où l'expression ne contient pas le schème propre pour le concept, mais seulement un symbole pour la réflexion. Ainsi en est-il des mots : fondement (appui, base), dépendre (être tenu d'en haut), d'où il découle (au lieu de suivre), substance (comme dit Locke : le support des accidents), et d'innombrables autres hypotyposes, qui ne sont pas schématiques, mais symboliques, et des expressions pour des concepts formés non par la médiation d'une intuition directe, mais seulement d'après une analogie avec celle-ci, c'est-à-dire d'après le transfert de la réflexion sur un objet de l'intuition à un tout autre concept, auquel peut-être une intuition ne peut jamais correspondre directement[3].

Ce texte paraît suggérer au minimum l'idée que les mots des langues se répartissent en deux catégories : les signes arbitraires et les signes symboliques. Ou plus radicalement, il pourrait sous-entendre que la plupart des mots n'expriment les concepts que symboliquement.

La réponse à la première objection ne doit pas consister à *choisir* entre le texte de l'*Anthropologie* et celui de la *Logique*, comme si l'on avait affaire à une alternative dont les membres seraient mutuellement exclusifs, mais au contraire à saisir leur unité. L'enjeu central consiste à bien voir que Kant ne disjoint pas la réflexion et les signes, puisqu'il déclare que « l'origine des concepts, quant à leur *simple forme*, se trouve dans la réflexion et dans l'abstraction [qu'on fait] de la différence entre les choses *désignées* [*bezeichnet*] par une certaine représentation »[4]. Cette précision nous rappelle que la réflexion et l'abstraction sont chez Kant médiatisées par le déploiement des concepts à même les signes linguistiques ; elle consonne avec la déclaration du § 30 selon laquelle « sans l'expression par les mots,

1. Ak 9 : 93-94. *Logique*, p. 102.
2. Ak 9 : 58. *Ibid.*, p. 64.
3. Ak 5 : 352-353. *CFJ*, p. 265.
4. Ak 9 : 93. *Logique*, p. 102. Nous soulignons « désignées ».

on ne pourrait pas juger du tout »[1]. (2) Le terme de « caractère » [*Merkmal*] qui sert dans la *Logique* à définir les concepts traduit d'ailleurs le terme latin « *nota* » (signe, marque), que Meier proposait lui-même de traduire en allemand par ou « *Kennzeichen* »[2]. Or, que l'on ne puisse pas connaître au moyen de caractères (*Merkmale*) sans fixer ceux-ci par des signes, c'est ce qu'atteste *La fausse subtilité des quatre figures du syllogisme*, texte dans lequel la notion de « *Merkmal* » est précisée pour la première fois :

> Juger, c'est comparer à une chose quelque chose pris comme un caractère. [...] La comparaison est *exprimée par la copule est ou sont* qui, lorsqu'elle est utilisée simplement, *désigne* le prédicat comme un caractère du sujet, mais qui, si elle est accompagnée *du signe de la négation*, fait connaître le prédicat comme un caractère opposé au sujet[3].

Lorsque Kant définit le *Merkmal* comme « ce qui, dans une chose, constitue une partie de la connaissance de cette chose »[4], il ne veut donc pas dire qu'un *Merkmal* est une partie d'intuition, mais qu'un caractère est la valence prise par un concept posé comme prédicat dans un jugement, le prédicat étant par définition une représentation partielle de la chose[5]. Certes, la notion de *Merkmal* ne s'identifie pas à celle de *Charakter* dans la mesure où « *Charakter* » renvoie à une espèce de signe, tandis que « *Merkmal* » renvoie à l'usage prédicatif des concepts, mais cette distinction ne veut pas dire que l'on peut posséder des concepts sans les lier dans des jugements au moyen de *Charaktere*. Sans *Charakter*, pas de

1. Ak 9 : 109. Trad. Guillermit modifiée. Si donc on souhaite comparer la théorie kantienne de l'abstraction et celle de Locke, on ne doit pas négliger les précisions données par Locke sur le fait que les signes soutiennent l'opération d'abstraction – ce qui explique qu'on ne puisse pas attribuer la faculté d'abstraction aux animaux qui n'ont pas « l'utilisation de signes généraux » (*Essai sur l'entendement humain*, II, 11, § 10, *op. cit.*, p. 260). À la limite, Kant est plus proche de Rousseau, pour qui « Les idées générales ne peuvent s'introduire dans l'esprit qu'à l'aide des mots, et l'entendement ne les saisit que par des propositions. » (*Discours sur l'origine et les fondements de l'inégalité parmi les hommes*, Paris, Folio, 1969, p. 79).

2. *Auszug aus der Vernunftlehre* [1752], *in* Ak 16 : 301, § 116.

3. Ak 2 : 47. *FS*, p. 177, nous soulignons « exprimée par la copule *est* ou *sont* », « désigne » et « du signe de la négation ». « Etwas als ein Merkmal mit einem Dinge vergleichen heisst urtheilen. [...] Die Vergleichung wird durch das *Verbindungszeichen ist oder sind ausgedrückt*, welches, wenn es schlechthin gebraucht wird, das Prädicat als ein Merkmal des Subjects *bezeichnet*, ist es aber *mit dem Zeichen der Verneinung* behaftet, das Prädicat als ein dem Subject entgegen gesetztes Merkmal zu erkennen giebt. »

4. Ak 9 : 58. *Logique*, p. 64.

5. L'équivalence entre « *nota* » et « *praedicatum* » est faite par Baumgarten à plusieurs reprises dans la *Metaphysica*, notamment dans la Préface de la Seconde édition et au § 36.

Merkmal. Comme l'indique l'*Anthropologie Pillau*: « les caractères [*Charaktere*] sont en fait les signes qui servent à faire des distinctions »[1].

La réponse à la seconde objection possible est fournie par le § 59 lui-même, au cours duquel Kant aborde les façons dont on peut présenter symboliquement un concept dans l'intuition. Dans la première partie de ce paragraphe, Kant prend en effet bien soin d'opérer une distinction identique à celle qu'il fera huit ans plus tard dans l'*Anthropologie*. Il souligne que les symboles ne sont pas « de simples *caractères*, c'est-à-dire des désignations des concepts au moyen de signes sensibles qui les accompagnent, ne contenant rien de ce qui appartient à l'intuition de l'objet, mais servant seulement à ceux-ci de moyen de reproduction »[2]. Toujours dans le même paragraphe, au premier rang parmi les caractères, Kant compte les mots, et une note précise que la connaissance symbolique s'oppose à la connaissance discursive[3]. Il convient donc de bien voir que si Kant attribue à la langue une dimension symbolique, il le fait *tout en comptant les mots parmi les caractères non symboliques – et tout en plaçant la discursivité du côté de l'usage non-symbolique des mots*. En conséquence, il faut interpréter la dimension symbolique de la langue non comme contredisant l'arbitraire des signes linguistiques, mais comme venant se *greffer* sur un fonctionnement préalablement non symbolique des mots, et comme présupposant ce fonctionnement. Qu'est-ce à dire ? 1) La thèse de la dimension symbolique de certains mots de la langue ne veut pas dire que les *sonorités* ou l'*orthographe* des mots auraient une dimension symbolique. Fondamentalement, c'est bien parce que les sons ne nous donnent aucune intuition de la forme des objets et ne possèdent pas de ressemblance avec ceux-ci qu'ils nous permettent de nous élever aux concepts. Soit l'un des exemples relevés par Kant: entre le mot « fondement » et les objets matériels servant d'appui ou de base (le sol, les tables, reposoirs, etc.), il n'existe pas de lien symbolique, si bien que le mot « fondement » n'exprime, dans son sens littéral, un concept qu'à titre de caractère. 2) Simultanément, sur la base de ce premier usage du mot, dans lequel « fondement » désigne des bases et des appuis matériels-spatiaux, un usage symbolique du terme peut s'édifier. Mais dans ce cas, ce qui fonctionne de façon symbolique, ce n'est pas *le son*, mais *la signification empirique première*. En langage contemporain, on peut dire que c'est seulement au niveau des morphèmes, et non au niveau des phonèmes ou des caractères écrits que le langage remplit selon Kant une fonction de présentation

1. Ak 25 : 772 (hiver 1777-1778).
2. Ak 5 : 352. *CFJ*, p. 264.
3. Ak 5 : 352, n. *Ibid*.

indirecte. Or, pour qu'il existe dans un langage le moindre morphème, c'est-à-dire la moindre unité conceptuelle, il faut au préalable que les signes utilisés soient bien arbitraires, comme le veut l'*Anthropologie*. Le texte de 1790 ne contredit pas celui de 1798.

En 1790 même, dans les brouillons de la *Réponse à Eberhard*, Kant écrit :

> La connaissance est intuitive ou discursive. La première est indirecte par analogie ou directe et c'est alors une connaissance strictement intuitive. [...] La connaissance unie à la langue n'est de ce fait pas symbolique [1].

On voit ainsi que chez Kant le premier rôle génétique du langage, à savoir le développement de la normativité conceptuelle, va de pair avec une attention portée aux spécificités des signes auditifs. La représentation des sourds et muets et sa place théorique ne cessent de paraître capitales à chaque étape de l'articulation produite entre langage et pensée. Si chez Descartes l'existence des signes gestuels est une *preuve* parmi d'autres de l'humanité de la pensée, chez les cartésiens ultérieurs l'attribution aux sourds de la pensée n'est plus qu'une *conséquence* de la détermination de la pensée comme interne, immatérielle et universelle – une simple suite du modèle expressif. Là contre, l'émergence du modèle corrélationnel, où les signes ne sont plus seulement expressifs mais partie prenante des opérations mentales, remet en jeu l'état des capacités des sourds comme un *problème*. Si les instituteurs des sourds s'accordent globalement à leur attribuer des idées pré-linguistiques et interprètent de concert (quoique diversement) les signes comme un facteur de développement et d'extension des idées, c'est parce que leurs « principes métaphysiques » sont post-cartésiens. Kant, lui, opère une volte-face. Et ce parce qu'il est le premier à pousser la critique du modèle de Port-Royal jusqu'à ancrer l'exercice de la cognition dans l'usage des *propriétés matérielles* du support phonique. Son erreur à propos des capacités des sourds est l'indice même du bouleversement qu'il opère. Avec lui s'ouvre le champ de l'étude des propriétés des supports sémiotiques. Dans cette optique, son tort aura été de privilégier les propriétés matérielles du support linguistique au détriment des propriétés globales des systèmes. Il faudra attendre un héritier direct de Kant, Humboldt, pour que l'étude empirique et philosophique des *langues* succède à l'analyse des *signes*, et pour que soit ainsi ouvert l'espace théorique approprié à la description des gestes des sourds.

1. *Vorbereiten zur Schrift gegen Eberhard*, Ak 20 : 362.

CHAPITRE III

GRAMMAIRE ET STRUCTURATION DE LA PENSÉE

Le second rôle génétique majeur rempli par le langage aux yeux de Kant concerne la grammaire. En effet, apprendre une langue n'est pas seulement apprendre à maîtriser des signes et apprendre des concepts, c'est également intégrer certaines structures permanentes liant les concepts, certaines règles de formation des énoncés qui traversent l'ensemble des discours. La dimension spécifique du langage qu'est la grammaire produit des effets cognitifs originaux. Or, Kant n'est pas sans le souligner à plusieurs reprises dans les textes où il traite de la nature de la grammaire et de son mode d'apprentissage.

Afin de saisir l'originalité des thèses de Kant sur ce point, il nous semble nécessaire de faire ressortir la spécificité du concept kantien de la grammaire.

Dans les œuvres publiées du vivant de Kant, le concept de grammaire trouve ses deux principales occurrences, de façon discrète, dans les *Prolégomènes* en 1783 et dans la *Logique* éditée par son élève Jäsche en 1800. Pourtant, dans les deux cas, le concept n'est pas le même et ne remplit pas exactement la même fonction. En 1783, Kant fait référence à la grammaire particulière d'une langue, aux règles contingentes de formation des énoncés; tandis qu'en 1800 il fait référence à l'idée de « grammaire générale » et à une forme du langage en général. La rareté des occurrences dans le corpus publié a eu pour conséquence une négligence, par les commentateurs, des enjeux que peut recouvrir l'idée de grammaire philosophique chez Kant[1]. Or, si l'on se reporte à de nombreux textes non publiés, notamment les *Leçons de logique* et les *Leçons de métaphysique*, ainsi qu'au *Progrès de la métaphysique en Allemagne depuis Leibniz et Wolff*, on découvre que la question de la grammaire a préoccupé Kant de façon continue à partir des années 1770. À l'inverse des commentateurs, certains des contemporains de Kant, imprégnés de ses leçons autant que de ses œuvres, ont perçu la grammaire philosophique comme un des lieux où perçaient les ruptures théoriques opérées par la *Critique*. Ainsi, August Friedrich Bernhardi publie du vivant de Kant, entre 1801 et 1803, une *Grammaire*[2] philosophique qui entend tirer pour la théorie de la langue les acquis de la philosophie transcendantale. Proche de Fichte, Bernhardi avait été chargé par les membres de l'Athenaeum de répondre à l'accusation formulée par Hamann et Herder dans leurs métacritiques, selon laquelle la philosophie de Kant serait aveugle à la question du langage[3]. Dans la réponse qu'il fait à Herder en 1799, Kiesewetter affirme également que la philosophie critique prend au sérieux le problème de la grammaire[4].

Notre objet au cours de ce chapitre ne consistera pas à nous demander si les thèses de Bernhardi s'harmonisent avec la philosophie de Kant. Nous nous attacherons plutôt à interroger directement le corpus kantien, afin de voir la modification de l'idée philosophique de la grammaire qui s'y produit, et d'analyser quels en sont les effets sur la théorie du développement des capacités. Nous verrons en quoi Kant s'efforce de tirer certaines conséquences de l'idée selon laquelle l'exercice des pouvoirs de l'esprit est indissociable de l'usage des signes linguistiques, et en quoi la

1. Même Robert Butts survole les occurrences dans « The Grammar of Reason: Hamman's Challenge to Kant » (*Synthese,* 75, 1988, p. 261-283). Font exception Michèle Cohen-Halimi dans « L'usage des pronoms personnels dans la réfutation kantienne du *cogito* » (*Lectures de Kant*, Paris, Ellipses, 2010, p. 73-94) et Denis Thouard dans « Une philosophie de la grammaire d'après Kant : la *Sprachlehre* d'A. F. Bernhardi » (*Archives de philosophie,* 55, 1992, p. 409-435).

2. *Sprachlehre* [1801-1803], Olms, Hildesheim, 1973.

3. *Cf.* Denis Thouard, « Une philosophie de la grammaire d'après Kant », art. cit., p. 410-411.

4. *Prüfung der Herderschen Metakritik zur Kritik der reinen Vernunft*, Berlin, Quien, 1799. *Cf.* p. 23 : « Personne ne niera que l'homme a besoin de signes sensibles (un langage) afin de lier ses représentations séparées, que sans langage notre entendement ne peut pas être cultivé, et que le langage exerce une grande influence sur nos connaissances ». Dans son *Essai sur la philosophie transcendantale* (trad. fr. J-B. Scherrer, Paris, Vrin, 1989, p. 186), Maïmon ne se sent pas infidèle à Kant lorsqu'il déclare : « la philosophie n'est à proprement parler rien d'autre qu'une grammaire universelle. [...] Elle ne possède donc pas de dictionnaire qui lui soit propre, mais se sert de chaque dictionnaire des langues comme matière pour y appliquer sa grammaire comme forme universelle ».

maîtrise implicite des règles grammaticales vaut comme condition préalable à la réflexion ultérieure sur les principes transcendantaux de l'entendement. Pour mener ce projet à bien, nous suivrons un parcours de la situation théorique de l'idée de grammaire philosophique à partir de Port-Royal, avant d'aborder la prise en charge kantienne de la notion dans un second temps.

L'IDÉE PHILOSOPHIQUE DE LA GRAMMAIRE, HISTOIRE D'UNE TRANSITION DE PORT-ROYAL À KÖNIGSBERG

Le projet d'une grammaire proprement philosophique fait son chemin dans la philosophie moderne à partir de Port-Royal. Notre objectif principal consiste à comprendre les liens systématiques qui lient ce projet à d'autres champs théoriques connexes, notamment l'ontologie, la logique et la psychologie. Ceci pourra nous permettre de comprendre quels enjeux l'idée de grammaire pouvait revêtir, spécifiquement, pour Kant.

La philosophie de la grammaire à Port-Royal

Les penseurs de Port-Royal ne sont pas, loin s'en faut, les inventeurs de l'analyse grammaticale des langues. Bien avant eux, on trouve déjà quantité d'enquêtes diligentées par les savants pour établir les règles des langues particulières : latin, grec, hébreu, français, italien, etc. Depuis le Vᵉ siècle, Campanella et Cassiodore ont achevé d'asseoir la grammaire parmi les arts libéraux, dans le premier *trivium* des savoirs à côté de la rhétorique et de la dialectique. La relecture des textes antiques pendant la Renaissance entraîne la rédaction de nouvelles grammaires grecques et latine. On peut en général affirmer avec Sylvain Auroux que l'on assiste à partir des XVᵉ et XVIᵉ siècles à un processus de « grammatisation » de la plupart des langues[1].

Pourtant, les messieurs de Port-Royal sont véritablement les premiers à établir le projet d'une approche philosophique de la grammaire. Dans le contexte de leur projet, le terme de « grammaire » change radicalement de sens, et cesse de désigner l'étude des règles régissant *une* langue donnée ; il sert au contraire à caractériser une entreprise surplombant les langues naturelles particulières. Cette entreprise se définit par une double exigence concernant la portée et le mode de validation des explications. 1) La grammaire philosophique veut être *générale*, c'est-à-dire que les explications

1. *Histoire des idées linguistiques*, t. 2, Liège, Mardaga, 1992, p. 28.

que l'on y trouve doivent porter sur les règles de tout langage plutôt que sur les règles d'une ou de certaines langues. 2) La grammaire philosophique prétend être *raisonnée*, ce qui signifie que les différentes catégories qu'elle relève ne doivent pas être seulement recueillies par elle depuis l'observation; leur diversité se voit proprement *déduite* à partir de principes dont la validité reste indépendante d'une ou plusieurs observations.

Si ces deux exigences, concernant la portée et le mode de probation des explications, peuvent pourtant bien être nommées « grammaire », c'est en tant que l'*explanandum* ne correspond pas à tous les aspects des phénomènes linguistiques. La richesse du vocabulaire et la formation du lexique ne sont pas abordées par la grammaire générale; certes, ces objets sont eux aussi justiciables d'une enquête philosophique, centrée pour sa part sur les dictionnaires des différentes langues. Mais la grammaire générale a pour seul objet la diversité des *règles grammaticales effectives* relevées au sein des langues naturelles. La gageure consiste à pouvoir rendre raison d'un champ de phénomènes précis : la formation des phrases et du discours, l'existence dans la plupart des langues de substantifs, adjectifs, verbes, prépositions, interjections, articles, pronoms, adverbes, etc.

Comment un tel projet peut-il alors être mené à bien? La thèse des jansénistes est double. 1) La grammaire peut être générale et raisonnée pour autant qu'elle trouve son fondement dans une analyse de la pensée, c'est-à-dire dans la logique elle-même : « la connaissance de ce qui se passe dans notre esprit est nécessaire pour comprendre les fondements de la grammaire; et [...] c'est de là que dépend la diversité des mots qui composent le discours »[1]. 2) Cette priorité de la logique dans l'explication est à son tour rendue possible par l'affirmation selon laquelle les opérations de l'esprit peuvent être considérées en elles-mêmes, indépendamment de tout usage des signes. Nos pensées possèdent en elles-mêmes une certaine diversité et une certaine structure; les « formes de signification »[2] des langues peuvent en conséquence être *dérivées* de celles-ci.

Dès lors, la puissance des explications proposées par les penseurs de Port-Royal est à la mesure de leur analyse générale de l'esprit. Cette analyse repose sur une opposition destinale entre l'objet et l'attitude de la pensée : « la plus grande distinction de ce qui se passe dans notre esprit est de dire qu'on peut y considérer l'objet de notre pensée, et la forme ou la manière de notre pensée, dont la principale est le jugement »[3]. Ainsi, les

1. Arnauld et Lancelot, *Grammaire générale et raisonnée* [1660], Paris, Allia, 2010, p. 47.

2. *Ibid.*, p. 45.

3. *Ibid.*, p. 49.

noms, adjectifs articles, pronoms, les participes, prépositions et adverbes peuvent être expliqués par la nécessité d'exprimer quel est l'*objet* de notre pensée, tandis que les verbes, conjonctions et interjections, ainsi que les différents modes des verbes (impératif, subjonctif, conditionnel) peuvent être expliqués par la nécessité d'exprimer quelle est la « forme » ou la « manière » de la pensée. Le premier ensemble établit, à l'intérieur de l'analyse, un pont entre la logique et l'ontologie. C'est parce que nous concevons des *choses* que nous employons des substantifs ; or, parce que la conception des attributs (accidents, modes, qualités) est une opération de l'esprit logiquement distincte de la conception des choses, elle requiert un type d'expression distinct, matérialisé par les adjectifs. De même, parce que nous concevons tantôt des choses singulières, tantôt plusieurs choses sous quelque caractère commun, l'expression de cette différence dans les idées appelle deux catégories d'expressions distinctes : le nom propre et les noms communs. Mais la pointe de la réflexion des Messieurs réside avant tout dans la théorie du verbe. On a évoqué dans le chapitre précédent la différence entre la simple conception d'une idée et le *jugement*, qui suppose que l'esprit se prononce sur la relation entre plusieurs idées. Cette prise de position de l'esprit est quelque chose de plus que la simple *juxtaposition* extérieure des idées en question : elle requiert donc un signifiant propre.

> Les hommes n'ont pas eu moins besoin d'inventer des mots qui marquassent l'affirmation, qui est la principale manière de notre pensée, que d'en inventer qui marquassent les objets de nos pensées[1].

La thèse d'Arnauld, Lancelot et Nicole est que le verbe a avant tout pour charge de signifier l'assentiment donné ou non par l'esprit à l'égard d'une certaine relation entre les idées. Il y a là un véritable coup de génie. Jusqu'alors, toutes les analyses de la fonction du verbe avaient étaient rapportées à la nécessité de signifier une certaine catégorie d'*objets de la pensée*, à savoir les actions et les passions. Les conjugaisons du verbe selon le temps et les personnes se voyaient chargées de déterminer plus précisément lesdites actions et passions[2]. Or, en faisant ressortir le fait que le verbe n'a pas seulement une fonction désignative eu égard à l'objet de la pensée, mais également et surtout une fonction d'expression à l'égard de

1. *La logique ou l'art de penser*, *op. cit.*, p. 101. Cf. *Grammaire générale et raisonnée*, *op. cit.*, p. 100-106.

2. Arnauld et Lancelot ont conscience d'introduire ici un élément d'une radicale nouveauté. Ils prennent en effet le temps de souligner, dans le chapitre consacré au verbe, les erreurs d'Aristote, Buxtorf et Jules-César Scaliger en la matière. Aristote considérait que le verbe avait avant tout pour charge de signifier le temps, Buxtorf le temps et les personnes, Scaliger les actions comprises comme changements (*ibid.*, p. 102-103).

l'attitude du penseur, les Messieurs justifient leur ambition initiale. On comprend à présent pourquoi la diversité des phénomènes grammaticaux ne pouvait pas simplement être déduite à partir de la variété des modes d'existence des choses, en d'autres termes à partir d'une ontologie. Ici prend véritablement sens l'idée selon laquelle c'est bien la *logique* comme étude de « l'art de penser » qui peut rendre pleinement justice aux formes de la signification.

Deux exemples achèvent de bien le marquer. Pour Arnauld, Nicole ou Lancelot, dans la proposition « Dieu est infini », le nom propre signifie l'idée de Dieu, l'adjectif signifie l'idée d'un attribut, et le verbe « être » signifie l'affirmation de l'esprit selon laquelle les deux idées entretiennent une relation de convenance. Dans la proposition « Pierre vit », le verbe vivre renferme une signification complexe : d'un côté il signifie la conception de l'attribut « vivant », de l'autre il signifie l'affirmation de l'esprit qui relie l'idée de cet attribut à l'idée de Pierre. Le verbe « être » signifie seul l'affirmation simple, tous les autres verbes sont l'expression abrégée de deux significations : l'idée de l'attribut et l'affirmation de l'esprit. Dans le cas des propositions négatives, la négation signifie que l'esprit qui compare plusieurs idées affirme leur séparation réelle ou leur incompatibilité. Par ailleurs, tout comme les verbes, les conjonctions et particules « ne signifient que l'opération même de notre esprit, qui joint ou disjoint les choses, qui les nie, qui les considère absolument, ou avec condition »[1]. La déduction de la grammaire à partir de la logique paraît donc accomplie.

Cependant, une nuance est apportée par les Messieurs à cette dérivation. Dès le moment où se trouve rompue l'exclusivité du rapport entre langage et ontologie, où l'analyse de l'*esprit* complète l'élucidation des formes du signifier, une difficulté apparaît. Car l'esprit ne se contente pas de concevoir, juger et raisonner. Même si l'analyse de l'esprit est accomplie principalement par la logique, force est de constater que les opérations intellectuelles coexistent avec les mouvements de la volonté, les désirs, les émotions diverses. L'honnêteté intellectuelle d'Arnauld et Lancelot les contraint donc, dès 1660, à introduire un versant plus psychologique que logique dans la grammaire générale. Ils puisent en quelque sorte dans le *Traité des passions de l'âme* de Descartes un complément à l'art de penser. À côté des actions intellectuelles, ils admettent qu'il faut faire droit aux « mouvements de notre âme, comme les désirs, le

1. *La logique ou l'art de penser, op. cit.*, p. 143.

commandement, l'interrogation »[1]. L'interrogation verbale dénote ainsi « ce mouvement de notre âme qui veut savoir une chose et qui demande d'en être instruite »[2]. Les interjections comme « ah, ô, heu, hélas », de même que les modes des verbes, se voient également rapportés aux « mouvements de notre âme » – surprise, admiration, perplexité, désespoir, etc. Au total, l'idée de grammaire générale telle qu'elle trouve son coup d'envoi avec Port-Royal apparaît comme conjoignant une théorie des opérations intellectuelles à deux niveaux et une prise en compte plus générale des états internes.

Derechef, de la pérennité de l'analyse cartésienne chez Locke

À nouveau, un constat d'importance est que l'idée philosophique de la grammaire n'est pas strictement dépendante des thèses cartésiennes sur le statut ontologique des idées. L'acte de naissance de la grammaire générale en contexte cartésien n'engage pas directement de théorie sur la présence ou non d'idées innées dans l'esprit, sur le statut des idées générales, etc. La condition initiale de possibilité de la grammaire semble plutôt résider dans 1) l'établissement de ce qu'on a nommé plus haut un modèle expressif et communicationnel pour l'approche du langage; 2) la division de l'analyse du langage entre termes signifiants les idées des choses et termes signifiants l'attitude de l'esprit à l'égard de l'objet de sa pensée.

Historiquement, la reprise des principales thèses de Port-Royal en contexte empiriste par Locke permet de comprendre en quoi, jusqu'à une certaine limite, les options philosophiques concernant le statut des signes linguistiques demeurent indépendantes des thèses sur l'origine des idées. De fait, dans le livre III de l'*Essai sur l'entendement humain*, même si le projet de Locke n'est pas de produire lui-même une grammaire philosophique, on retrouve la distinction pivot introduite par les Messieurs entre termes chargés de décrire l'objet de nos pensées, et termes chargés de signifier la disposition de l'esprit à l'égard de ses idées :

> outre les mots qui nomment les idées de l'esprit, il y en a un grand nombre d'autres, utilisées pour signifier la *liaison* qu'introduit l'esprit entre les idées ou propositions. Pour communiquer à d'autres sa pensée, l'esprit n'a pas besoin seulement de signes des idées qu'il a devant lui alors, mais aussi

1. *Ibid.*, p. 49.
2. *Ibid.*, p. 143.

> d'autres signes pour montrer ou suggérer une certaine action de sa part sur ses idées à ce moment[1].

Comme Arnauld, Nicole et Lancelot, Locke retient principalement dans la seconde catégorie, qu'il nomme celle des « particules » : le verbe être, la négation et les conjonctions. Il commente : « on doit avoir des mots pour *montrer quelle fonction de liaison, restriction, distinction, opposition, emphase, etc., on attribue à* chaque *partie* respective *du discours* »[2].

La modification de l'idée philosophique de la grammaire devait donc en passer, soit par la mise en question de la distinction janséniste entre les deux séries d'idées, soit par la mise en cause du paradigme expressif et communicationnel lui-même. La première possibilité est amorcée par Leibniz, tandis que la seconde ne commence véritablement qu'avec Condillac, et après lui avec Maupertuis ou Rousseau.

Du passage au second plan de l'idée de grammaire chez Leibniz

Le cas de Leibniz est complexe et passionnant. Au premier abord, on pourrait penser qu'il hérite en tous points de la conception de Port-Royal. En effet, il est remarquable que sur l'interprétation du verbe être et des conjonctions, il converge pour l'essentiel avec Locke dans les *Nouveaux essais*. Théophile va jusqu'à déplorer que Philalèthe n'ait pas développé davantage sa réflexion sur la structure du discours : « au reste je n'aurais point été fâché, Monsieur, que vous fussiez entré un peu plus avant dans le détail des tours de l'esprit, qui paraissent à merveille dans l'usage des particules »[3]. Plusieurs autres fragments de Leibniz consonnent avec cette filiation : « un verbe est composé d'un Nom ou terme et de la particule *est* »[4]. Cependant, alors même que Leibniz admet la valeur du projet d'une grammaire générale, son propre projet de Caractéristique universelle fait passer nettement la grammaire au second plan. En effet, la notion d'harmonie des langues ne repose nullement sur l'idée d'une harmonie des règles de composition du discours ou d'une harmonie des catégories de signification des langues ; elle concerne avant tout le lexique, c'est-à-dire l'expression des idées des *objets de la pensée*. C'est pourquoi Leibniz fait, selon Marc Crépon, « de la question des dictionnaires le pivot de son

1. *Essai sur l'entendement humain*, trad. fr. J-M. Vienne, Paris, Vrin, 2003, III, 7, § 1, p. 159.

2. *Ibid.*, p.160.

3. *Nouveaux essais sur l'entendement humain*, Paris, GF, 1990, III, VII, p. 261.

4. Leibniz, Fragment A VI, 4 A, 574-576, trad. fr. M. Fichant in « Autour du "Discours de métaphysique" », *Discours de métaphysique et Monadologie*, Paris, Gallimard, 2004, p. 291.

étude »[1]. La comparaison des langues est menée principalement sous l'angle de l'étymologie et de la composition du vocabulaire; le comparatisme exhibe l'universalité du côté des concepts des choses, non du côté des catégories grammaticales. Le point décisif est le suivant: si dans les langues naturelles, l'esprit introduit, entre les idées des choses, des liaisons au moyen des particules, c'est uniquement du fait que les idées qu'il possède des choses sont encore trop confuses. Si nos idées étaient parfaitement adéquates, toutes les tournures grammaticales exprimant la disposition de l'esprit à l'égard des idées n'auraient plus lieu d'être, et la simple conception des idées elles-mêmes coïnciderait avec la compréhension directe de la complexité que ces idées renferment. La nécessité de la grammaire n'est en quelque sorte que la contrepartie du caractère confus des connaissances humaines. C'est là la conséquence directe de l'affirmation selon laquelle la liaison des concepts, telle qu'elle se trouve exhibée par les propositions, est trompeuse au regard de la structure réelle d'inhérence des attributs aux substances: « le terme du sujet enferme toujours celui du prédicat, en sorte que celui qui entendrait parfaitement la notion du sujet jugerait aussi que le prédicat lui appartient »[2].

> Venons à un exemple; puisque Jules César deviendra dictateur perpétuel et maître de la république et renversa la liberté des Romains, cette action est comprise dans sa notion, car nous supposons que c'est la nature d'une telle notion parfaite d'un sujet de tout comprendre, afin que le prédicat y soit enfermé[3].

Si nous disposions d'une connaissance adéquate des substances, il ne serait plus nécessaire de se représenter le rapport entre différents attributs comme un rapport entre idées *distinctes*, reliées de l'extérieur par l'esprit. Le projet de Caractéristique reflète bien cet idéal directeur. En effet, le calcul que ce projet doit permettre, « indépendant de quelque langue que ce soit »[4], a pour charge de refléter la composition interne des substances, non la composition grammaticale, fût-elle universelle, des énoncés. C'est en ce sens seulement qu'elle fournit un miroir de l'entendement. On peut donc dire que l'horizon de la Caractéristique est celui d'une dissolution de la grammaire dans l'écriture du lexique : en tant qu'expression de la connaissance adéquate, la Caractéristique devrait n'avoir affaire qu'aux notions

1. Marc Crépon, Présentation des textes réunis sous le titre *L'harmonie des langues*, Paris, Seuil, 2000, p. 17.

2. Leibniz, *Discours de métaphysique* [1686], éd. Michel Fichant, *op. cit.*, VIII, p. 160.

3. *Ibid.*, XIII, p. 168.

4. Leibniz, Lettre au Père Verjus du 2 décembre 1697, citée par Crépon in *L'harmonie des langues*, *op. cit.*, p. 32.

primitives dont les définitions suffiraient à la connaissance directe des choses. En nous permettant de nous mouvoir uniquement parmi les rapports réels des notions, la Caractéristique aurait pour effet d'éliminer la diversité des attitudes de l'esprit à l'égard de ses propres idées. En tant que notation de notions complètement analysées, elle ouvrirait à une manipulation « aveugle » et « suppositive » au cours de laquelle l'esprit n'a plus à se *prononcer*; elle ferait ainsi disparaître la nécessité de la grammaire. La conséquence est bonne, de la métaphysique de l'inhérence des prédicats à la substance, à la Caractéristique comme pure écriture des notions d'objets : « le subsistant n'est rien d'autre qu'un Terme complet, autrement dit un terme dans lequel est compris tout ce qui peut lui être attribué ou peut l'être à ce qui lui est identique » [1]. On comprend dès lors pourquoi dans un texte sur la langue allemande, Leibniz distingue le cœur de la langue, à savoir son lexique, et ses structures secondaires : « la base et le terrain d'une langue sont les mots, sur lesquels croissent ensuite les modalités du discours comme des fruits » [2].

Ce qui entraîne donc chez Leibniz une réévaluation de l'importance ou du contenu de l'idée de grammaire philosophique, ce sont bien des thèses survenant dans des champs adjacents à la théorie du langage : ontologie et théorie des idées. Ce déplacement achève de s'accomplir chez Spinoza et Hume. Chez ces deux auteurs, l'absence frappante d'un projet de grammaire générale provient également de la métaphysique ou de la théorie des idées. Respectivement : du refus de distinguer entre entendement et volonté chez Spinoza, de la réduction des opérations de l'esprit à la diversité de types d'impressions chez Hume.

De la disparition de la grammaire générale chez Spinoza et Hume

La philosophie de la grammaire a été rendue possible par le fait que la diversité des catégories grammaticales s'est vue prise en charge par une analyse différenciée des actes de l'esprit. C'est en distinguant entre idées des choses et idées d'états de l'âme qu'Arnauld et Nicole estiment les formes de signification justiciables d'une explication rationnelle. Or, Spinoza opère à l'égard de ce dispositif une série de déplacements décisifs.

1. Leibniz, Fragment A, VI, 4 A, 306-307, trad. fr. M. Fichant in « Autour du "Discours de métaphysique" », art. cit., p. 285.

2. Leibniz, « Considérations inattendues sur l'usage et l'amélioration de la langue allemande », trad. fr. M. Crépon in *L'harmonie des langues*, *op. cit.*, p. 59.

Tout d'abord, les « idées » de Spinoza ne sont plus comme chez Arnauld et Nicole de simples représentations d'une chose; les idées possèdent déjà une structure telle qu'elles enveloppent directement une affirmation ou une négation. Tandis les Messieurs prennent avant tout des substances comme exemples d'idées – le soleil, un arbre, un rond, un carré –, Spinoza illustre ce que peuvent être les idées en donnant des notions complexes ou ce que d'autres nommeraient des *jugements complets* – par exemple : « que Pierre, que je connais, va à la maison, vient me voir »[1], « que les trois angles du triangle égalent deux droits »[2]. De ce fait, chez Spinoza, par le seul fait d'être conçue, l'idée que nous formons d'une chose entraîne directement une disposition de l'esprit à son égard : « Ce n'est pas nous qui affirmons ou nions jamais rien d'une chose, mais c'est elle-même qui en nous affirme ou nie quelque chose »[3]. Déjà présente dans le *Court traité*, cette thèse reste directrice dans l'*Ethique* : « l'idée, en tant qu'elle est idée, enveloppe une affirmation ou une négation »[4]. Il serait donc erroné de se représenter comme des moments séparés la simple conception des idées d'un côté, et l'acte de la volonté par lequel l'esprit assentirait à leur liaison ou à leur séparation de l'autre :

> qui a une idée vraie sait en même temps qu'il a une idée vraie et ne peut douter de la vérité de sa connaissance[5].

> il n'y a dans l'âme aucune volition, c'est-à-dire aucune affirmation et aucune négation, en dehors de celle qu'enveloppe l'idée en tant qu'elle est idée[6].

Spinoza donne comme exemple la conception d'un théorème mathématique élémentaire : le comprendre jusqu'au bout, c'est par là même connaître sa nécessaire vérité. Par conséquent, lorsque l'esprit se trompe ou doute, ce n'est pas qu'il donne ou réserve son assentiment à l'égard d'une idée clairement conçue en amont; c'est plutôt qu'il ne conçoit pas véritablement l'idée, ou, ce qui est pour Spinoza la même chose, qu'il ne la conçoit pas. Le corollaire est tranchant : « la volonté et l'entendement sont une seule et même chose »[7]. Ici se trouve le pivot expliquant la stricte

1. *Traité de la réforme de l'entendement* [1661], trad. fr. C. Appuhn, Paris, GF, 1964, (34), p. 196.

2. *Éthique*, trad. fr. C. Appuhn, Paris, GF, 1965, II, P. XLIX, Démonstration, p. 125.

3. *Court traité*, in *Œuvres* t. I, trad. fr. C. Appuhn, Paris, GF, 1964, II, XVI, 5, p. 125.

4. *Ibid.*, Scolie, p. 127.

5. *Éthique*, *op. cit.*, II, P. XLIII, p. 117.

6. *Ibid.*, II, P. XLIX, p. 125.

7. *Ibid.*, Corollaire.

impossibilité d'une grammaire générale spinoziste. La structure de la proposition prédicative simple n'est élucidable depuis Port-Royal qu'à distinguer précisément l'entendement qui conçoit les idées, et la volonté qui les lie ou qui prononce[1]. Or pour Spinoza, ce que la grammaire sépare n'est pas réellement distingué dans l'unité de l'idée. C'est seulement à partir de là que l'on peut comprendre pourquoi Spinoza relègue le langage au sein du premier genre de la connaissance, et ce dès 1661 :

> Comme les mots sont une partie de l'imagination, c'est-à-dire comme nous forgeons beaucoup de concepts suivant que, par une disposition quelconque du corps, les mots s'assemblent sans ordre déterminé dans la mémoire, il ne faut pas douter qu'ils ne puissent, autant que l'imagination, être cause de nombreuses et grandes erreurs [...]. Beaucoup d'affirmations et de négations prennent naissance parce que la nature des mots s'y prête, et non la nature des choses[2].

Mais ce n'est pas tout. Si à Port-Royal, la grammaire s'accommodait volontiers d'un complément psychologique, chez Spinoza les passions de l'âme ne peuvent être mobilisées comme un principe d'explication *supplémentaire*, puisque tous les mouvements de l'âme sont les effets directs de la façon dont nous concevons les idées du bien et du mal : « les actions de l'âme naissent des seules idées adéquates; les passions dépendent des seules idées inadéquates »[3]. Le caractère discret des parties des énoncés ne peut plus être qu'une scorie de l'imagination, et non le signe des liaisons intellectuelles ou des inflexions du sentiment : « la forme de la pensée vraie doit être contenue dans cette pensée même sans relation à d'autres »[4].

De même chez Hume, bien que cela soit démontré par de tout autres voies, l'affirmation ou la croyance ne sont pas conçues comme des actes spéciaux de l'esprit, pas plus que l'approbation ou le blâme, la tristesse ou la joie. L'analyse de l'esprit se trouve en grande partie réduite à une stratification d'événements mentaux d'un genre unique – les impressions. L'écart entre Hume et Locke au sujet de la grammaire se loge ici; le différend majeur ne concerne pas l'existence des idées générales. Tandis que Locke pose, dans la formation des connaissances, des actes spéciaux de l'esprit,

1. C'est ce qu'ont bien mis en lumière O. Ducrot et J.-M. Schaeffer dans le *Nouveau dictionnaire encyclopédique des sciences du langage* [1972], Paris, Seuil, 1995, article « Grammaires générales », p. 17-22 : « l'acte intellectuel fondamental était le jugement, où la volonté décide d'attribuer une propriété à une chose » (p. 19).

2. *Traité de la réforme de l'entendement*, *op. cit.*, (47), p. 211.

3. *Éthique*, *op. cit.*, III, P. III, p. 141.

4. *Traité de la réforme de l'entendement*, *op. cit.*, (41), p. 204.

Hume n'admet pas de tels actes et internalise aux impressions l'affirmation, la croyance, et les relations entre idées. Locke écrit au livre IV de l'*Essai :* « la *connaissance* [...] n'est rien d'autre, me semble-t-il, que *la perception de la liaison et de la concordance, ou de la discordance et de la contradiction, de telle ou telle de nos idées* »[1]. Le point décisif est que cette perception pour Locke ne se confond pas avec la simple présence des idées dans l'esprit. Au contraire, pour Hume, la simple impression entraîne immédiatement une certaine attitude de l'esprit. On peut suivre cette rupture tout au long du *Traité de la nature humaine*. À ce sujet, l'étape capitale concerne le thème de l'existence. Penser qu'une chose existe n'implique jamais pour Hume un acte spécial de décision de l'esprit, une opération isolable :

> L'idée d'existence est [...] la même que l'idée de ce que nous concevons comme existant. Réfléchir simplement à une chose et y réfléchir comme à une chose existante ne diffèrent en rien. Cette idée, associée à l'idée d'un objet quelconque, ne lui ajoute rien[2].

> Lorsqu'après avoir conçu une chose, nous voulons la concevoir comme existante, nous ne faisons, en réalité, pas d'addition ni n'apportons de modification à notre première idée[3].

La thèse de Hume présente une difficulté évidente. Si, à chaque fois que nous avions en tête une certaine idée, nous accordions toujours l'existence à son objet, nous ne pourrions plus faire de différence entre « croire et ne pas croire à une proposition »[4]. La solution de Hume à ce problème consiste à rapporter notre croyance en l'existence d'une chose à un aspect de l'idée elle-même, à savoir « une force et une vivacité additionnelles. Une opinion de croyance peut donc être très précisément définie comme UNE IDÉE VIVE RELIÉE OU ASSOCIÉE À UNE IMPRESSION PRÉSENTE »[5] ; « Ce sont purement et simplement la force et la vivacité de la perception qui constituent l'acte initial du jugement »[6]. Chose remarquable, Hume a la conscience aiguë du fait que cette thèse rompt frontalement avec les analyses de Port-Royal. Une longue note vient en prendre acte. Hume y remarque ce qu'il juge être une erreur, à savoir :

1. *Essai sur l'entendement humain* [1690], trad. fr. J.-M. Vienne, Paris, Vrin, 2002, IV, I, § 2, p. 33.
2. *Traité de la nature humaine* [1735], trad. fr. P. Baranger et P. Saltel, Paris, GF, 1995, I, II, VI, p. 123.
3. *Ibid.*, I, III, VII, p. 158.
4. *Ibid.*, p. 159.
5. *Ibid.*, p. 161.
6. *Ibid.*, I, III, V, p. 148.

> la division grossière des actes de l'entendement en *conception, jugement et raisonnement* [...]. On définit la conception comme le simple examen d'une ou plusieurs idées, le raisonnement comme la séparation ou l'union de différentes idées par l'entremise d'autres idées [...]. Premièrement, il est loin d'être vrai que, dans tous les jugements que nous formons, nous unissons deux idées très différentes, puisque dans la proposition *Dieu est*, ou, en vérité, dans toute autre proposition ayant trait à l'existence, l'idée d'existence n'est pas une idée distincte que nous unissons à celle de l'objet [...] [1].

De toute évidence, la critique vise directement les premières pages de la *Logique ou l'art de penser* et la définition des « principales opérations de l'esprit » [2]. Or Hume ne s'arrête pas là. Après avoir rapporté la croyance à la vivacité de l'impression, il subordonne également aux impressions la plupart des idées de relation, le raisonnement et la conviction morale [3]. Dès lors, il devenait inévitable que la théorie philosophique de la grammaire disparaisse purement et simplement du champ des analyses humiennes.

Géographie et histoire de la grammaire après Condillac

Nous avons indiqué plus haut que la modification de l'idée philosophique de la grammaire devait passer soit par la mise en question de la distinction janséniste entre les deux séries d'idées, soit par la mise en cause du paradigme expressif et communicationnel lui-même. Nous avons montré comment le premier type de modification trouvait à s'illustrer chez Leibniz, Spinoza et Hume. À présent, nous pouvons brièvement aborder la seconde modification de la philosophie de la grammaire à partir de la révolution condillacienne. Nous seront plus bref sur ce point, car il affecte moins directement le projet kantien.

Dans le chapitre précédent, nous avons vu comment en philosophie du langage, la révolution introduite par Condillac consiste à substituer un paradigme corrélationnel aux paradigmes expressif-communicationnel et

1. *Traité de la nature humaine*, *op. cit.*, I, III, V, p. 148.

2. *La logique ou l'art de penser*, *op. cit.*, p. 30.

3. Le début du livre III sur la morale récapitule cette unification de l'analyse de l'esprit sous un genre supérieur commun : « nous avons observé que rien n'est jamais présent à l'esprit que ses perceptions et que toutes les actions, voir, entendre, juger, aimer, haïr et penser entrent sous cette dénomination. Il n'est pas une action de l'esprit que nous ne puissions comprendre sous le terme de *perception* et, par conséquent, ce terme n'en est pas moins applicable à ces jugements par lesquels nous distinguons le bien et le mal en morale qu'il ne l'est à toutes les autres opérations de l'esprit » (*Traité de la nature humaine*, t. 3, trad. fr. P. Saltel, Paris, GF, 1993, III, I, I, p. 50).

ampliatif-extensionnel qui prévalaient jusqu'alors. Pour l'auteur de l'*Essai sur l'origine des connaissances humaines*, les signes ne valent plus seulement comme les vêtements et véhicules des pensées, ou comme des appendices étendant le pouvoir de l'esprit, ils sont la condition *sine qua non* de la mémoire volontaire, de la réflexion et du jugement. Les pensées et les signes ne se confondent pas, mais ils s'avèrent indissociables. Il s'ensuit des problèmes et des conséquences remarquables pour la philosophie de la grammaire.

Si la pensée est rendue dépendante des signes, alors la diversité des systèmes sémiotiques ne sera pas sans conséquence sur les activités théoriques. S'il existe des différences grammaticales notoires d'une langue à l'autre, on pourra interroger les effets de ces différences sur les modes de conception du monde adjacents. Dans une telle perspective, la possibilité même de la grammaire générale ne sera plus de droit. Les « géographies de l'esprit » vont progressivement prendre la place des « grammaires générales »[1].

En outre, si l'on adopte le paradigme corrélationnel, l'apparition des systèmes sémiotiques structurés devient elle-même un problème, puisque l'invention des langues ne peut plus être mise sur le compte d'une pensée antécédente en pleine possession de ses pouvoirs. Le problème de l'origine des langues passe en conséquence au premier plan, et avec lui celui de l'origine historique des formes grammaticales.

Désormais, les philosophes n'écriront plus de grammaires générales, sauf à adopter, en sus du modèle corrélationnel, une thèse universaliste sur les lois de la pensée et leur déploiement dans les langues[2]. L'importance accrue des projets d'études comparatistes (Adelung, Bopp, Schlegel, Humboldt, Schleicher, etc.) et la naissance de la linguistique historique au XIXe siècle[3] sont une suite directe du rôle désormais constitutif rempli par les signes.

Ainsi, dans la seconde partie de l'*Essai* de 1748, Condillac reprend les grandes catégories de la grammaire générale de Port-Royal, mais dans une perspective entièrement historique, en essayant de dégager l'ordre de leur apparition. Selon lui, parce que les intérêts et les besoins des premiers hommes attiraient leur attention sur des choses, les langues ont d'abord été

1. *Cf.* Marc Crépon, *Les géographies de l'esprit*, Paris, Payot, 1995.

2. C'est en raison de cette thèse additionnelle que l'on peut comprendre la persistance du projet de grammaire générale chez Condillac ou chez Kant, alors même que chacun d'eux fait sienne une théorie corrélationnelle.

3. *Cf.* « Linguistique historique », in O. Ducrot et J-M. Schaeffer, *Nouveau dictionnaire encyclopédique des sciences du lanage*, *op. cit.*, p. 23-33.

constituées de substantifs. « On distingua ensuite, mais peu-à-peu, les différentes qualités sensibles des objets ; on remarqua les circonstances où ils pouvaient se trouver, et l'on fit des mots pour exprimer toutes ces choses : ce furent les adjectifs et les adverbes »[1]. Les verbes exprimant les dispositions de l'âme ne vinrent que tardivement, quand l'esprit fut peu à peu devenu capable de faire réflexion sur ses propres états. Les conjugaisons elles-mêmes furent longues à se développer, de même que les articles, le nombre des mots, les cas et les désinences, etc.[2]

La voie d'exploration historique et géographique de la grammaire va prendre une importance grandissante en Europe, et particulièrement en Allemagne. Avant les grands comparatistes évoqués plus haut, on perçoit déjà des traces d'une requalification du sens de l'enquête chez Herder et Platner. Dans son *Traité* de 1772, Herder cherche à dériver historiquement les noms à partir des verbes, prenant le contre-pied de Condillac, et plusieurs sections de l'ouvrage sont consacrées à produire « une carte de la marche de l'esprit humain, une histoire de son développement »[3].

Dans les *Philosophische Aphorismen* (présents dans la bibliothèque de Kant), Platner propose également un ordre d'apparition historique des catégories grammaticales, proche de l'ordre avancé par Herder :

> § 599. Les premiers mots prononcés ont vraisemblablement été des signes de ce que l'on entendait, percevait ou faisait, c'est-à-dire des signes de choses passées. Pour la désignation des choses présentes, le langage des gestes a pu longtemps suffire. § 600. Les tout premiers mots ont été des

1. *Essai sur l'origine des connaissances humaines*, *op. cit.*, IIe partie, chap. IX, § 82, p. 253.

2. La seconde partie de l'*Essai* propose un inventaire détaillé de l'ordre d'invention des catégories grammaticales, et de la fixation par ce biais des idées de l'esprit. L'invention du verbe être est selon Condillac fort tardive, et manifeste une puissance d'abstraction déjà conquise par la manipulation antérieure d'autres signes (§ 94, p. 257). Les derniers mots inventés sont les pronoms, « parce qu'ils furent les derniers [mots] dont on sentit la nécessité » (§ 107, p. 264). Notre propos n'est pas ici de commenter dans le détail les thèses de Condillac. Néanmoins on se doit d'indiquer que le lieu majeur de l'*invention* condillacienne à l'égard de la grammaire est bien l'*Essai*, et non la *Grammaire* écrite pour les besoins de l'instruction du Prince de Parme, dans laquelle Condillac demeure beaucoup moins audacieux et plus proche des thèses d'Arnauld, Beauzée ou Dubos.

3. *Traité sur l'origine du langage*, trad. fr. D. Modigliani, Paris, P.U.F., 1992, p. 73. La différence du masculin et du féminin est précoce, en tant qu'elle traduit un des intérêts fondamentaux de l'humanité (p. 76). La complexité grammaticale d'une langue manifeste dès lors son degré de développement, selon le principe qui veut que « plus une langue est ancienne, et moins il y a en elle de grammaire » (p. 101). Une histoire de l'art de parler fournirait une « carte » des déplacements de l'humanité en même temps qu'une carte de l'esprit (p. 104).

> verbes, et la troisième personne du temps du passé a été leur racine originaire. Il est facile de faire la transition des verbes aux gérondifs, et de ceux-ci aux substantifs[1].

Les adjectifs ne sont pour Platner qu'un produit tardif de l'observation et de l'abstraction, la différence du masculin et du féminin a sa source dans la nature des choses, et les particules, qui servent à désigner « le lieu, le temps, le nombre, la ressemblance ou la diversité, l'interrogation, l'affirmation, la négation, le doute, ou la liaison de ce qui est en rapport dans les propositions relatives, etc., ont pu longtemps être remplacées par des gestes, par des sons non verbaux [*Wortlose Töne*] »[2]. La grammaire tout entière n'est donc plus vue comme « l'effet d'un art pensé par les hommes »[3], mais au contraire comme l'effet d'un « enrichissement progressif du discours [...] par une mise en ordre également progressive et inaperçue »[4].

On comprend donc comment l'élaboration du paradigme corrélationnel ouvre de nouveaux champs de réflexion pour la philosophie de la grammaire. Mais parce que la philosophie transcendantale adopte une thèse universaliste quant aux formes de la pensée, elle ne s'engagera pas dans l'approfondissement de ces champs.

De la réception par Kant des dispositifs théoriques décrits : quelles médiations ?

Nous avons indiqué dans le chapitre précédent comment les principales postures en philosophie du langage sont parvenues à Kant, sur la question spécifique du rôle des signes. Sur la question de la grammaire, il est absolument capital de mener une telle reconstitution pour être en mesure de déterminer le sens et l'originalité des remarques synthétiques kantiennes.

On sait que Locke, Leibniz, Spinoza, Hume, Herder et Platner ont été lus par Kant[5]. Seul Condillac n'est problablement connu de Kant que par

1. *Philosophische Aphorismen* [1776], Frankfurt und Leipzig, Schwidertschen Verlage, 1790, p. 189. Nous traduisons.

2. *Ibid.*, § 604, p. 191.

3. *Ibid.*, § 606, p. 192.

4. *Ibid.*

5. Kant n'a pas lu directement le *Traité de la nature humaine* de Hume, seulement l'*Enquête sur l'entendement humain*. Il a néanmoins eu connaissance de plusieurs passages du *Traité* par l'intermédiaire d'une traduction allemande de James Beattie, ce dernier citant extensivement Hume dans son *Essay on the Nature and Immutability of Truth; cf.* Robert Paul Wolff, « Kant's Debt to Hume via Beattie », *Journal of the History of Ideas*, 21, 1960, p. 117-123. Quant à Leibniz, on s'accorde généralement à penser que Kant aurait lu les

des voies indirectes (*cf.* chap. II de ce travail). Kant a en outre pu lire l'article de Beauzée consacré à la grammaire dans l'*Encyclopédie* de Diderot et d'Alembert, qui constitue à quelques détails près une reprise en bonne et due forme des acquis de Port-Royal. Il reste simplement à indiquer, sur le chapitre de la grammaire, deux médiations qui ont vraisemblablement joué un rôle dans la formation intellectuelle de Kant. Il s'agit de Wolff et Lambert.

Les *Vernünftige Gedanken. Von Gott, der Welt und der Seele des Menschen, auch alle Dingen überhaupt* de Wolff sont rédigées en 1719, alors que Wolff enseigne à Halle et fréquente le disciple de Port-Royal Johannes Sperlette. La marque de cette influence se traduit par l'insertion, au coeur de l'ouvrage, d'une longue digression en forme de petit traité de grammaire générale. Wolff est alors le premier philosophe prussien à proposer une nomenclature en langue allemande permettant d'acclimater les distinctions grammaticales traditionnelles[1]. Ses thèses ne possèdent pas d'originalité marquante, et valent avant tout comme document pour le transfert culturel de la grammaire générale en Allemagne. Cependant, une différence majeure sépare l'exposé de Wolff et la *Logique* de Port-Royal. Elle tient à ce que Wolff donne à la grammaire un ancrage plus ontologique que logique. Les substantifs (*Wesentlichen Nahmen*) servent à nommer les choses pour elles-mêmes, comme « existant en elles-mêmes »[2]. Les adjectifs (*zufällige Nahmen*) sont introduits à partir de la distinction ontologique entre les choses qui existent en elles-mêmes et celles qui existent en autre chose, non à partir d'une différence entre types d'idées. Le pluriel vaut comme signe de la quantité, et s'avère nécessaire pour savoir « si on pense une chose ou plusieurs du genre ou de l'espèce en question »[3]. Cette

Nouveaux essais en 1769, soit quatre ans après la parution posthume de l'ouvrage en 1765; *cf.* P. Kitcher, *Kant's Transcendantal Psychology*, New York, Oxford University Press, 1990, p. 42.

1. À la fin de l'ouvrage, Wolff propose en effet ce qu'il nomme « das Erste Register, darinnen einige Kunstwörter Lateinisch gegeben werden », c'est-à-dire « le première registre offrant quelques néologismes pour des termes latins » (*Vernünftige Gedanken. Von Gott, der Welt und der Seele des Menschen, auch alle Dingen überhaupt*, Hildesheim, Olms, 1983, p. 673 *sq.*, nous traduisons). Les mots allemands retenus par Wolff pour traduire les catégories grammaticales latines ne seront pas tous conservés, et pour cette raison la lecture de son texte n'est pas intelligible sans ledit lexique. On constate le caractère flottant de la terminologie allemande en philosophie du langage lorsque l'on compare le lexique de Wolff avec les choix faits par Lambert dans sa *Sémiotik* (*Neues Organon. Semiotik, oder Lehre von der Bezeichnung der Gedanken und Ding* [1764], in *Philosophische Schriften*, Hans-Werner Arndt (ed.), Hildesheim, Olms, 1965).

2. *Vernünftige Gedanken*, *op. cit.*, § 301, p. 165. Nous traduisons.

3. *Ibid.*, § 304, p. 167.

différence vis-à-vis de Port-Royal doit être rapportée au leibnizianisme de Wolff. Même si les mots ont également pour lui la charge de communiquer les idées, ce sont toujours des différences dans l'être des choses qui commandent les différents types d'idées, et donc indirectement les catégories de mots. Aussi Wolff préfère-t-il rapporter les adverbes (*Beiwörter*) et articles au fait que « toutes les choses sont liées les unes aux autres de certaines manières »[1]. Au sujet des verbes (*Hauptwörter*) et de la copule (*Verbindungswort*), son compte-rendu possède également un accent ontologique. En bon disciple de Leibniz, Wolff donne au verbe la charge de signifier une relation d'inhérence plutôt que l'attitude d'affirmation ou de négation de la part de l'esprit :

> Tout ce que nous trouvons dans la chose en dehors de son essence, ce sont ou ses attributs, ou ses modifications, ou bien sa disposition par rapport à d'autres choses. Aussi ce qui compte pour tous les jugements, c'est que telle chose ait tel ou tel attribut, qu'il se produise pour elle telle ou telle modification [...][2].

> Afin d'indiquer les jugements par des mots, on a eu également besoin de mots particuliers pour indiquer, à la voix active ou passive, la liaison de l'essence de la chose avec ses attributs comme avec ses modifications. [...] Nous pouvons par la suite [...] les nommer « verbes ou mots principaux » (*Haupwörter*)[3].

Le mot « être » signifie pour Wolff la liaison *de la chose et de ses propriétés* dans le jugement, plutôt que la « manière de nos pensées » vis-à-vis des idées. En accord avec Port-Royal, Wolff estime certes que le verbe « être » se trouve « caché » (*verstecket*) à l'intérieur des verbes[4]. Par exemple, dire « le fer brûle » équivaudra à dire « le fer est brûlant ». Mais les prépositions signifient pour Wolff moins les circonstances de l'affirmation que les circonstances des choses[5].

Lambert revêt à son tour une importance médiatrice, du fait de l'admiration que lui voue Kant dans la période pré-critique. Après la lecture du *Neues organon* en 1765, Kant déclare à Lambert : « je vous tiens pour le premier *génie* de l'Allemagne »[6]. Dans les années 1770, Kant est en contact épistolaire avec Lambert, et au début de cette décennie, il estime

1. *Ibid.*, § 305, p. 168.
2. *Ibid.*, § 307, p. 169.
3. *Ibid.*, p. 170.
4. *Ibid.*, § 309, p. 171.
5. *Ibid.*, § 312, p. 172.
6. Lettre à Lambert du 31 décembre 1765, Ak 10 : 54. *Correspondance*, p. 44.

même devoir faire précéder la métaphysique d'une *Phénoménologie* dans le style de Lambert[1]. Or, le *Neues Organon* contient une longue section intitulée « Sémiotique », au cours de laquelle Lambert expose, entre autres questions abordées, ses propres vues en matière de grammaire générale. Lambert estime que le langage, ainsi que toute la « connaissance symbolique », vaut comme « adjuvant indispensable » (*unentbehrliches Hülfsmittel*) de la pensée[2].

Dans ces pages lues par Kant, Lambert donne lui aussi une tournure ontologique à l'analyse des catégories de langue. L'inspiration de l'ouvrage est multiple, leibnizienne et wolffienne d'une part, aristotélicienne d'autre part. Lambert retrouve tout d'abord plusieurs thèses wolffiennes. Il rapporte les noms aux choses subsistant par elles-mêmes, les adjectifs aux propriétés des choses[3], les comparatifs et les superlatifs aux relations des choses et à leurs déterminations graduelles[4], les suffixes abstraits (« *heit*, *keit*, *niß*, *sal*, *schaft*, *thum*, *ung* »)[5] aux concepts métaphysiques. Mais d'autre part, c'est bien chez Aristote que Lambert puise le geste de ses analyses, en cherchant les raisons « métaphysiques »[6] des formes linguistiques dans la sériation des modes d'être. Ainsi, lorsqu'il fait des verbes (*Zeitwörter*) la principale classe de mots, il caractérise ceux-ci comme ayant la charge d'exprimer les actions et les passions[7] selon les variables que sont le genre, le temps, le nombre. La filiation avec Aristote, Buxtorf et Scaliger est directe. Contre la quasi totalité des grammaires générales au XVIIIe siècle, Lambert n'accorde nullement un rôle central au verbe « être »[8], pas plus qu'il ne confère de portée directrice à la structure sujet/verbe/attribut.

1. Lettre à Lambert du 2 septembre 1770, Ak 10 : 98. *Ibid.*, p. 70. *Cf.* également Lettre à Marcus Herz du 21 février 1772, Ak 10 : 129. *Ibid.*, p. 94.

2. *Neues Organon. Semiotik, oder Lehre von der Bezeichnung der Gedanken und Ding* [1764], in *Philosophische Schriften*, Hans-Werner Arndt (ed.), Hilesheim, Olms, 1965, § 12, p. 11. Le discours de Lambert est double. D'un côté, Lambert s'efforce de dégager les propriétés idéales d'une langue simplement possible, langue universelle inspirée du projet leibnizien, et qui conviendrait parfaitement à l'expression des vérités. D'un autre côté, il s'attache au projet d'une « grammaire générale » (*allgemeine Sprachelehre*), exposant les principes de ce qui est « naturel et nécessaire » dans la langue (§ 71, p. 44).

3. *Ibid.*, § 175, p. 102, et § 176, p. 103.

4. *Ibid.*, § 190, p. 110-111.

5. *Ibid.*, § 201, p. 118.

6. *Ibid.*, § 146, p. 86, § 176, p. 103, § 207, p. 122.

7. *Ibid.*, § 145, p. 86.

8. Celui-ci n'est abordé qu'incidemment, parmi les auxiliaires (*Hülfswörter*) chargés de donner un renseignement modal sur l'objet (*ibid.*, § 151-152, p. 89).

Son exposé compte parmi les plus détaillés en langue allemande : il réfère principalement les adverbes et les prépositions aux circonstances spatio-temporelles[1], les interjections à « l'état d'esprit du locuteur »[2] (joie, (joie, tristesse, étonnement, indignation, mépris, etc.), les conjonctions aux relations rationnelles (de cause, de conséquence, de condition, etc.) qui unissent les propositions[3]. Au terme du parcours de la grammaire générale qu'il propose, Lambert définit la syntaxe (*Wortfügung*) comme ce qui détermine « l'ordre et la construction » des mots et des discours[4]. L'intérêt de la réflexion lambertienne tient donc avant tout à son caractère extensif. Quant à sa méthode, elle puise classiquement, et dans des proportions qui lui sont propres : à la logique, à l'ontologie et à la psychologie[5].

KANT : LA GRAMMAIRE ET SON APPRENTISSAGE

Au terme de ce parcours, nous pouvons à présent mesurer la situation spécifique de l'idée de grammaire philosophique chez Kant, ainsi que le rôle génétique qui en découle. En relisant les textes kantiens à la lumière des constructions théoriques antérieures, ils acquièrent, à l'instar des réflexions sur les sourds, une clarté inattendue.

De la contingence partielle des règles linguistiques

Le premier élément marquant de la philosophie kantienne de la grammaire réside dans le refus de confondre la grammaire générale et la grammaire des langues. Kant reconnaît l'existence et la légitimité de la grammaire générale, autrement dit il estime que toutes les langues sont formellement structurées selon des principes communs, mais il ne prétend pas pour autant que les règles grammaticales des langues particulières

1. *Ibid.*, § 203-205, p. 119-120 pour les adverbes, § 211-215, p. 124-126 pour les prépositions.

2. *Ibid.*, § 218, p. 128.

3. *Ibid.*, § 229-240, p. 136-144.

4. *Ibid.*, § 274-276, et tout le chapitre VIII de la *Semiotik*, p. 165 *sq*.

5. Dans l'ensemble du *Neues Organon*, la logique correspond à ce que Lambert nomme « Dianoiologie », définie comme « *Lehre von den Gesetzen des Denkens* ». Le premier livre du *Neues Organon* lui est consacré. L'ontologie est étudiée dans le second livre, intitulé « Aléthiologie », qui aborde les concepts simples : conscience, existence, unité, durée, succession, vouloir, solidité, étendue, mouvement, force. Mais la *Sémiotik* ne possède pas de rapport fondationnel simple à la Dianoiologie et à l'Aléthiologie. Souvent, de nouvelles analyses à caractère ontologique ou logique sont mobilisées *ad hoc*, pour les besoins de l'élucidation d'une catégorie grammaticale donnée.

puissent être parfaitement réduites à ces principes communs, ou déduites à partir d'eux. Il affirme la présence en toutes langues de catégories universelles et nécessaires, mais pour autant il n'élimine pas les spécificités des grammaires vernaculaires.

Le thème de l'irréductibilité du grammatical aux structures logiques universelles apparaît dès le début des années 1770. D'après les notes manuscrites des leçons de logique dispensées par Kant à cette date (*Logik Blomberg*), il semble même que Kant ne souscrive pas d'emblée à l'idée qu'une grammaire générale est possible. Au départ, Kant insiste plutôt unilatéralement sur l'impossibilité de superposer les règles grammaticales des langues naturelles d'un côté, les règles logiques de l'autre. Les règles de la grammaire d'une langue peuvent présenter des singularités liées aux circonstances de leur développement; la portée de ces règles ne peut dès lors être que relative et circonstanciée – elle ne relève pas automatiquement d'une élucidation rationnelle :

> La grammaire possède toujours une source pour la correction de ses règles, mais la preuve se situe pour elle dans l'expérience [1].
>
> On dit que la logique est une science parce que ses règles peuvent être établies en elles-mêmes indépendamment de tout usage, *a priori*. De ce point de vue, ni la grammaire ni l'esthétique ne sont des sciences [2].

Si l'on compare la position de Kant à celle de Beauzée, exposée dans l'article « Grammaire » de l'*Encyclopédie*, on peut dire qu'à cette date, Kant pense comme Beauzée que la grammaire d'une langue particulière a en quelque sorte le statut d'un art (recueil empirique de règles sans universalité), mais à la différence de Beauzée il n'affirme pas encore la possibilité de la grammaire générale, et *donc* de la grammaire comme science. Cette première position de Kant sera de courte durée. Très vite, il revient sur cette relégation unilatérale de la grammaire hors du domaine de la science, en même temps qu'il ménage un espace théorique pour le projet de grammaire générale. Cela signifie-t-il que le thème de la contingence des règles grammaticales n'a plus de place dans la plupart des textes de Kant consacrés à la grammaire ? En aucun cas.

1. Ak 24 : 24. *Logik Blomberg*. Nous traduisons.

2. Ak 24 : 25, *ibid.* Cette contingence des formes linguistiques d'expression est également appuyée par Kant dans *L'unique argument possible pour une démonstration de l'existence de Dieu* : « Toute langue humaine tient, des contingences de son origine, quelques inexactitudes qu'on ne saurait changer » (Ak 2 : 73 ; *UA*, p. 99).

À partir du moment où Kant affirme la légitimité du programme de la grammaire générale, il affine son jugement concernant la contingence des règles vernaculaires mais ne l'abandonne pas. Dans la *Logik Dohna-Wundlacken* (années 1790), il continue en effet d'affirmer que « toute langue est liée à certaines règles particulières »[1].

Le point est que désormais, cette particularité n'affecte plus la *totalité* des règles d'une langue naturelle donnée. Contingence et particularité sont le propre de certaines règles tandis que d'autres peuvent faire l'objet d'une élucidation rationnelle. Ainsi, d'une part, on trouve toujours des textes au sein desquels la grammaire des langues particulières se voit déniée tout statut scientifique :

> Les règles logiques ne sont pas des règles selon lesquelles nous pensons, mais aussi d'après lesquelles nous devrions penser. La logique contient [...] seulement la forme de la pensée. C'est pourquoi la logique est une science et la grammaire ne l'est pas, parce que ses règles sont contingentes[2].

Mais d'autre part, cette démarcation entre la scientificité de la logique et l'empiricité de la grammaire ne vise plus l'ensemble des règles grammaticales. De même que Lambert séparait les règles grammaticales contingentes et les règles fondées sur des raisons métaphysiques[3], Kant fait passer désormais une ligne de partage à l'intérieur de l'ensemble des règles grammaticales. À côté des règles contingentes, il admet l'existence de règles grammaticales exprimant les formes universelles de la pensée, qui pourront être abordées au sein de la grammaire générale; elles coexistent avec les règles relevées au terme d'une démarche d'observation recollectant les idiomatismes nationaux ou régionaux.

Un manuscrit récemment retrouvé des *Leçons de logique* (*Logik Mrongovius*) montre que Kant tient désormais ensemble la singularité des langues et la convergence des structures linguistiques :

> toutes les langues du monde s'accordent mutuellement dans leur structure universelle [*alle Sprachen in der Welt in der allgemein Structur mit*

1. Ak 24 : 693. *LogikDohna-Wundlacken*.

2. Ak 24 : 694. *Ibid.*

3. Par exemple, Lambert reconnaît d'un côté la nécessité pour toute langue de disposer de verbes, mais d'un autre côté il dénie toute nécessité aux groupement des verbes par types de conjugaison : « la diversité des conjugaisons ou les espèces de variation des verbes, comme en Latin et dans les langues latines, paraît n'avoir aucun fondement métaphysique » (*Semiotik*, *op. cit.*, § 156, p. 90).

> *einander übereinstimmen*], adjectif, substantif, verbe, etc. La grammaire est la forme d'une langue en général[1].

On doit donc retenir au départ deux points : 1) Les formes grammaticales ne peuvent pas être épuisées par l'enquête rationnelle, et par conséquent leur apprentissage n'est pas *sous tous rapports* une formation de l'entendement. 2) Le destin théorique que Kant réserve à la grammaire ne se confond pas avec celui qu'il assigne aux règles grammaticales *particulières* des langues naturelles. En tant qu'il est possible de développer une grammaire *générale*, la grammaire exhibe des règles proprement universelles et nécessaires, et peut prétendre par ce biais faire partie des recherches revêtant une dignité transcendantale.

La corrélation langage-pensée comme source de l'assomption kantienne de l'idée de grammaire générale

Comment peut-on expliquer l'acceptation par Kant de l'idée de grammaire générale ? Quels sont les facteurs philosophiques déterminant cette acceptation, et en quoi la date de son apparition dans le *corpus* kantien peut-elle nous aider à identifier ces facteurs ?

On peut proposer deux niveaux d'explication pour l'adoption kantienne de l'idée de grammaire générale, un niveau historique et un niveau conceptuel, fondamentalement consonnants.

1) Sur un plan purement historique, les premières assomptions de l'idée de grammaire générale par Kant que nous possédons se trouvent dans les *Vorlesungen über die philosophische Enzyklopädie*, traduites en français sous le titre *Abrégé de philosophie*. La date exacte de ces leçons n'est pas connue, mais il est avéré qu'elles ont dû être prononcées avant 1780 et après 1774[2]. En dehors de ce manuscrit, la première occurrence du concept de « grammaire générale », citée ci-dessus, est datée du début des années 1780 : on la trouve dans la *Logik Mrongovius*. Quant au Nachlass, la première occurrence du concept de « grammaire générale » y apparaît au début des années 1780, dans la *Reflexion* 1620. Comme on ne dispose pas de manuscrits correspondant aux leçons de logique ou aux leçons de métaphysique données à la fin des années 1770, seules les *Vorlesungen über die philosophische Enzyklopädie* attestent donc de la présence

1. Ak 29 : 1045. *Logik Mrongovius*, datée du début des années 1780 par les éditeurs de l'Akademie Ausgabe (1782-1784).

2. *Cf.* les indications éditoriales données par Arnaud Pelletier dans sa « Présentation », *Abr.*, p. 27-28.

potentielle de la grammaire générale dans la pensée de Kant dès le milieu des années 1770. Comment expliquer la date d'une telle inflexion ?

Il nous semble que la date n'est pas fortuite. Il est possible que l'attention de Kant ait été dirigée vers la question de la grammaire par la lecture de Herder (1772), Platner (les *Philosophische Aphorismen* sont présents dans la bibliothèque de Kant à partir de 1776), ou Tetens (1772 ou 1777). La lecture de ces auteurs a pu susciter chez Kant le souci de faire le lien entre l'idée de la corrélation de la pensée au langage et le thème de la grammaire. Cette lecture a pu également amener Kant à s'intéresser de plus près aux passages du *Neues Organon* de Lambert consacrés à la grammaire.

Mais surtout, les leçons sur l'encyclopédie sont chronologiquement très proches des leçons d'anthropologie de l'hiver 1775-1776. Or, nous avons vu qu'à cette date, Kant adopte explicitement une théorie corrélationnelle du rapport entre pensée et langage. Dès lors, en raison de l'impossibilité de séparer l'exercice des pouvoirs de l'esprit et l'usage des signes, Kant ne *devait*-il pas reconnaître des connexions et articulations réelles entre la grammaire et les conditions *a priori* de la pensée ?

2) Sur un plan théorique, l'importance accrue de la grammaire dans les réflexions de Kant a pour fondement la substance même du paradigme corrélationnel. Si, en effet, on ne peut juger et posséder de concepts qu'au sein de nos usages des signes linguistiques, cela signifie que l'universalité des formes de la pensée doit nécessairement posséder une existence grammaticale identifiable.

De facto, cette connexion entre le paradigme corrélationnel et l'idée de grammaire générale revient comme la principale raison de l'assomption kantienne. Dans l'*Abrégé de philosophie* Kant déclare :

> De même qu'il y a une grammaire générale des langues, on cherche également à inventer une grammaire de la pensée, qui doive contenir certaines règles générales de la pensée. Une grammaire générale contient des règles générales des langues, sans se rapporter à ce qu'il y a de particulier en elles, par exemple les mots, etc.
> […] *Puisque la forme de la langue et la forme de la pensée sont parallèles et semblables l'une à l'autre* – puisque c'est bien *dans* les mots que nous pensons, et que nous communiquons nos pensées aux autres au moyen de la langue –, il existe bien également une grammaire de la pensée[1].

Le thème du parallélisme est marqué dès la première phrase (« *so wie* man eine allgemeine Grammatik der Sprachen hat, sucht man auch eine des

1. Ak 29 : 31. *Abr.*, p. 107. Nous soulignons.

Denkens zu erfinden »). Son ordre est d'ailleurs remarquable. Ici, Kant ne part pas de l'universalité des formes de la pensée pour en déduire une présomption favorable à l'idée des traits universels des langues. Il paraît au contraire *faire fond* sur l'existence de la discipline théorique qu'est la grammaire générale pour arguer du bien-fondé d'une enquête visant à rassembler les lois de l'esprit. Ce mode de raisonnement fait donc implicitement référence à des travaux communément connus de Kant et de ses auditeurs (peut-être Port-Royal, Beauzée, Wolff, Lambert).

On ne peut qu'être frappé à cet égard par l'analogie qui se dessine à cet endroit avec le raisonnement que soutiendra Kant dans la *Critique de la raison pure*. Dans la Préface de 1787, Kant commence en effet par rappeler les succès de la logique, de la physique et de la mathématique, pour présumer positivement de la possibilité de dégager des conditions *a priori* de la connaissance. Ici, dans les *Leçons sur l'encyclopédie*, Kant procède à un mouvement similaire en s'appuyant sur la régularité de certaines constructions grammaticales d'une langue à une autre. Les mathématiques ou la physique ne sont pas *rendues possibles* par la philosophie qui examine leurs conditions de possibilité, au contraire elles se construisent *avant* que la philosophie puisse interroger leurs conditions[1], et leur *réalité* constitue la matière sur laquelle s'exerce l'enquête transcendantale. De même, la grammaire générale n'est pas d'abord rendue possible par la connaissance philosophique des lois de l'esprit; au contraire elle se construit avant que la philosophie puisse en interroger les conditions, et sa *réalité* constitue de même la matière sur la base de laquelle on peut s'efforcer de dégager une « grammaire de la pensée ».

Même si nous ne disposons pas d'éléments textuels suffisants pour l'affirmer avec certitude, il est tentant de supposer que Kant considère l'étude des langues comme une *ratio cognoscendi* (parmi d'autres) des lois de l'esprit, et les lois de l'esprit comme la *ratio essendi* des convergences grammaticales entre les langues. La solution concorde théoriquement avec la majorité des textes de Kant, même si nous ne pouvons l'imputer avec assurance à l'auteur. Reste que l'on trouve chez Kant aussi bien des textes qui font de l'existence de la grammaire générale un *argument* en faveur de l'universalité des formes de la pensée, que des textes qui *expliquent* la possibilité de la grammaire générale par cette universalité. On assiste à une réversibilité apparente de l'ordre d'explication. Le cercle n'est pas vicieux : les convergences grammaticales des langues peuvent offrir un *fil directeur* pour la mise au jour des lois de la pensée, mais dans le même

1. *Cf.* Ak 3 : 101, 4 : 70; A 87/B 119. *CRP*, p. 171.

temps nous avons besoin d'une description abstraite de ces lois pour développer et parfaire la grammaire générale elle-même.

Une page de la *Wiener Logik* insiste sur le second versant du dispositif, en partant cette fois-ci des règles de pensée comme principe d'élucidation des catégories grammaticales :

> la grammaire est une doctrine de l'entendement, de toute évidence. Car les mots doivent être également combinés à la façon dont notre âme combine des concepts. La chose est trop abstraite pour être enseignée à l'école. Prenons seulement les règles abstraites du *genre substantif*, etc. Interrogeons de plus près ces règles selon lesquelles fonctionnent nos pouvoirs [1].

La description de la grammaire comme « doctrine de l'entendement » montre bien que les règles grammaticales sont tenues pour universelles *en raison du fait que la pensée n'existe que dans l'usage des mots*. Que les mots doivent être « combinés à la façon dont notre âme combine des concepts » n'implique pas que les mots et les concepts soient deux séries séparées. L'image du parallélisme doit être employée avec une extrême précaution, puisque, selon la formule de l'*Abrégé de philosophie*, « c'est bien dans les mots que nous pensons ». Kant évite deux écueils : il ne réduit pas les pensées à leur signe et ne dissout pas l'esprit dans la langue, pas plus qu'il ne place les capacités de connaissance en dehors de l'usage des signes linguistiques. Kant soutient une thèse d'indissociation sans identité des pensées et de leurs signes, et c'est sur la base de cette thèse que peut se comprendre son concept de la grammaire générale.

En conséquence, cette dernière, en tant que discipline théorique, a pour tâche de dégager et d'ordonner des règles valant pour toute langue particulière, sans lesquelles il ne serait possible ni de parler ni de penser. Le statut de ces règles peut donc être envisagé aussi bien de façon logique que de façon grammaticale. Cette dualité de compréhension possible des règles grammaticales se retrouve à plusieurs reprises dans les leçons de logique :

> Dans une grammaire, on considère les règles universelles sans lesquelles aucun langage n'existe [2].

> Parmi les règles de la pensée il y en a des universelles, qui s'appliquent aux objets particuliers sans distinction. Ainsi il y a également des règles universelles du langage [3].

1. Ak 24 : 790.
2. Ak 24 : 792. *Wiener Logik*.
3. Ak 24 : 693. *Logik Dohna-Wundlacken*.

Dans la première citation extraite de la *Wiener Logik*, les règles universelles de la grammaire ne sont envisagées qu'au point de vue de la langue ; dans la seconde citation extraite de la *Logik Dohna-Wundlacken*, ces règles sont directement rapportées aux formes logiques de la pensée.

L'ensemble de ces thèses, formées au gré des leçons dispensées par Kant, se retrouve condensé dans la *Logique* éditée par Jäsche et publiée durant les dernières années de la vie de Kant. La thèse de corrélation du langage et de la pensée demeure comme l'arrière-plan permettant seul de comprendre les déclarations de Kant.

La distinction forme/matière, clé de la conception kantienne de la grammaire

Dès lors, en quoi peut consister le *contenu* de la grammaire générale selon Kant ? Se contente-t-il de réactiver des conceptions antérieures, ou fait-il preuve d'originalité ?

Le premier constat concernant la « grammaire générale » chez Kant est qu'elle n'est approfondie nulle part. Pourtant, on dispose d'une d'indication directrice permettant de nous représenter de façon relativement précise les différents volets qu'elle aurait pu revêtir si Kant lui avait consacré de plus longs développements.

La clé de l'élaboration kantienne de la grammaire générale repose en effet sur les concepts de « matière » et de « forme ». Kant définit de façon répétée la grammaire comme l'élément formel de la langue, par opposition aux mots qui en sont l'élément matériel :

> Les mots sont la matière du langage, la grammaire sa forme [1].
>
> La logique est une science rationnelle, un canon pour l'entendement. Tout comme la grammaire l'est pour former un jugement sur le langage quant à la forme. Les mots sont la matière [2].
>
> Parmi les règles de la pensée il y en a des universelles, qui s'appliquent aux objets particuliers sans distinction. Ainsi il y a également des règles universelles du langage. Une telle grammaire ne contient pas des mots, une *copia vocabularum*, mais plutôt la seule forme du langage. Nous serons capables de nous représenter une doctrine universelle de la pensée [3].

1. Ak 24 : 790. *Wiener Logik*.
2. Ak 24 : 792. *Ibid*.
3. Ak 24 : 693. *Logik Dohna-Wundlacken*.

> Une grammaire générale [...] ne contient rien de plus que la simple forme de la langue en général, sans les mots qui appartiennent à la matière de la langue[1].

Or, on sait précisément que les concepts de « matière » et de « forme » sont également mobilisés par Kant pour décrire l'acte du jugement. Ces concepts fonctionnent comme les opérateurs permettant à Kant de distinguer les concepts, qui sont la matière des jugements, des liaisons logiques qui produisent la synthèse des concepts au sein des jugements. Or, si l'on admet qu'on ne peut pas juger « sans les mots », ou que c'est « dans les mots » que nous pensons, alors il faut en conclure que la distinction entre la matière et la forme du jugement doit au moins recouper partiellement celle de la distinction du lexique et de la grammaire. On doit faire l'hypothèse selon laquelle la forme logique des jugements, qui opère la synthèse des concepts, possède, en même temps qu'un statut logique, une existence grammaticale repérable.

On objectera peut-être que la distinction matière/forme joue chez Kant à plusieurs niveaux (forme/matière de la sensibilité, forme/matière des concepts, forme/matière des raisonnements, etc...), et qu'il n'est pas évident d'éclairer la grammaire en partant de la forme logique des jugements. À cela, on peut répondre naturellement que ce qui justifie l'élection du plan des jugements réside dans le recoupement entre le niveau des mots et le niveau des concepts. Si la forme grammaticale a pour matière *les mots*, il est nécessaire de l'éclairer par la forme logique des jugements *en tant que la matière des jugements – les concepts – se déploie linguistiquement au niveau des mots*.

Si l'opposition matière/forme constitue bien la clé de la conception kantienne de la grammaire; et si le passage kantien entre logique et grammaire peut se faire au niveau du rapport entre mots et concepts d'une part, entre forme logique des jugements et partages grammaticaux d'autre part, alors cela signifie que c'est vers la logique *transcendantale* et non vers la logique *formelle* que l'on devra se tourner pour discerner le contenu de la grammaire générale. Non seulement, comme le dit très bien Béatrice Longuenesse, « la notion kantienne de forme logique n'est pas celle des calculs logiques contemporains, où la forme désignerait les opérateurs syntaxiques adoptés dans un calcul donné »[2]; mais en outre, dans son commentaire de la « Table des jugements », Kant explique que certaines

1. Ak 9 : 12. *Logique*, p. 11.

2. *Kant et le pouvoir de juger*, Paris, P.U.F., 1993, p. XII. Béatrice Longuenesse remarque à cette occasion la filiation entre la conception kantienne de la logique et Port-Royal.

des distinctions qu'il propose (entre jugements universels et singuliers, négatifs et infinis) n'ont de sens qu'au point de vue de la logique transcendantale, non de la logique formelle.

Il nous reste donc à parcourir les passages au cours desquels Kant esquisse des remarques ayant trait à la grammaire générale telle qu'il la conçoit.

L'analyse de la copule

Rien n'éclaire mieux le point de jonction possible entre le logique et le grammatical que la forme logique du jugement catégorique (affirmatif ou négatif), lieu de passage par excellence des thèses issues de Port-Royal :

> Deux concepts comparés l'un avec l'autre [...] constituent la matière du jugement. [...] Le signe qui indique [*anzeiget*] la relation, ou la forme, est la copule *est*, et parce que toute relation est ou affirmative ou négative, la copule est accompagnée par *oui* (*id est*, ou *est* reste sans ajout), si elle est négative de *id est non*[1].

> Dans tout jugement se trouve : 1. La matière du jugement, à savoir le sujet et le prédicat. On dit que cette matière du jugement, ce sont les *termini* du jugement. [...] Le deuxième élément du jugement est sa forme. La copule *est* l'exprime toujours. Cette copule est posée *simpliciter*, si elle indique la relation de deux concepts en connexion; mais si elle exprime la relation d'opposition entre les concepts, alors elle est accompagnée avec le mot *non*[2].

Nous sommes habitués à accorder peu d'attention aux textes de Kant consacrés à la « copule ». Suivant Heidegger dans « La thèse de Kant sur l'être », souvent on passe trop souvent incidemment sur l'usage du verbe « être » comme copule pour mieux faire ressortir en général le second usage du verbe être comme « position »[3]. Ce faisant, on manque le fait que la copule possède aux yeux de Kant un rôle capital : celui de produire la synthèse des représentations, de lier les concepts et de fournir ainsi aux représentations leur sens objectif. Le point est de bien voir que si on ne peut pas juger sans les mots, cela signifie que la liaison opérée entre les concepts a pour support l'usage du *verbe* être. L'usage de ce verbe n'est pas

1. Ak 24 : 274. *Logik Blomberg*.

2. *Ibid.*

3. Ce double usage du verbe « être » comme du mot « existence » apparaît dès *L'unique fondement* en 1763. Il est repris dans la critique de l'argument ontologique en 1781. *Cf.* M. Heidegger, « La thèse de Kant sur l'être », in *Questions II*, trad. fr. K. Axelos, J. Beaufret *et alii.*, Paris, Gallimard, 1968, p. 69-116.

simplement pour Kant l'expression d'un acte de l'esprit préalable, unissant des concepts extra-linguistiques; la liaison linguistique au cœur du jugement est au contraire le seul lieu où les concepts peuvent acquérir quelque détermination. Pour Kant en effet, l'entendement ne peut « faire aucun autre usage [des concepts] que celui qui consiste à juger par leur moyen »[1], si bien que les concepts se voient redéfinis comme « prédicats de jugements possibles »[2]: la liaison des concepts est opérée au moyen de signes. L'usage du verbe être et les diverses formes logiques des jugements sont donc *ce par quoi* les concepts se trouvent développés et déterminés dans les jugements.

Les thèses issues de Port-Royal prennent donc ici un sens nouveau. Pour les Messieurs, le verbe marque la « manière de notre pensée » par opposition aux mots qui en marquent l'objet, et le verbe être a pour principal objet de signifier *l'affirmation*; cette thèse est passée à Kant par l'Encyclopédie, Wolff et Rousseau. Le Vicaire situe le pouvoir de juger dans la capacité à faire usage du verbe être :

> Juger et sentir ne sont pas la même chose. Par la sensation, les objets s'offrent à moi, séparés, isolés, tels qu'ils sont dans la nature. Par la comparaison, je me prononce sur leur différence ou leur similitude. Selon moi, la faculté distinctive de l'être actif ou intelligent et de pouvoir donner un sens à ce mot *est*. Je cherche en vain dans l'être sensitif cette force intelligente qui superpose et puis qui prononce[3].

On a vu que dans ses *Pensées rationnelles*, Wolff nomme la copule *Verbindungswort*, et affirme que le mot être signifie la liaison de la chose et de ses propriétés dans le jugement. L'*Encyclopédie* définit ainsi la copule :

> c'est, dans un jugement, le terme ou le signe qui marque la comparaison ou liaison que l'esprit fait de l'attribut et du sujet. [...] C'est sur la *copule* que tombe toujours la négation ou l'affirmation qui fait la qualité de la proposition; les autres affirmations ou négations modifient le sujet ou l'attribut, mais ne déterminent point la proposition à être affirmative ou négative[4].

Chez Kant, la fonction de la copule a changé. La copule ne marque pas seulement comme à Port-Royal un acte de comparaison accompli par l'esprit indépendamment des signes; elle ne signifie pas comme chez

1. Ak 3 : 85, 4 : 58; A 68/B 93. *CRP*, p. 155.

2. Ak 3 : 86, 4 : 59; A 69/B 94. *Ibid.*, p. 156.

3. *Émile ou de l'éducation*, Paris, Gallimard, 1969, IV, p. 407.

4. *Encyclopédie ou dictionnaire raisonné des sciences, des arts et des métiers* [1751-1780], Stuttgart-Bad Cannstatt, Friedrich Frommann Verlag, 1966, p. 177 (article de Beauzée).

Wolff et Leibniz la reconnaissance par l'esprit d'un lien ontologique d'inhérence. Kant est plus proche de Rousseau et le radicalise. Au cœur de la « Déduction transcendantale », il signale la façon dont pour lui, la copule *accomplit* l'acte de liaison entre des concepts. Que Kant ait conscience d'innover sur ce point, sa redéfinition du jugement le signale haut et fort au § 19 :

> Je n'ai jamais pu être satisfait par la définition que les logiciens donnent d'un jugement en général : il s'agit là, à ce qu'ils disent, de la *représentation* d'un rapport entre deux concepts. Un jugement n'est pas autre chose que la *manière de rapporter des connaissances données à l'unité objective de l'aperception. À quoi vise la copule est dans ces jugements*, afin de distinguer l'unité objective de représentations données et leur unité subjective. Car elle *désigne* la relation de ces représentations à l'aperception originaire et leur *unité nécessaire*, bien que le jugement lui-même soit empirique et par conséquent contingent, par exemple celui qui énonce : les corps sont pesants[1].

Les « logiciens » dont parle Kant dans le § 19 sont aussi bien les héritiers de Port-Royal que les héritiers de Leibniz. Pour les premiers, le jugement est l'acte mental de comparaison des concepts, et la proposition n'est que la représentation linguistique de cette comparaison mentale. Pour les seconds, la proposition représente un rapport réel d'inhérence ou d'inclusion en l'exprimant linguistiquement. Or pour Kant, le rôle du jugement n'est pas de *représenter* un rapport entre des concepts, puisque le jugement (au moyen de mots) comme site de la synthèse des concepts est *ce dans quoi* les concepts revêtent leur déterminations et leurs liaisons rationnelles. Le jugement (ou n'importe quelle liaison telle que la copule) « rapporte des connaissances données à l'unité objective de l'aperception » : cela signifie que la formulation de liaisons rationnelles entre les concepts nous engage vis-à-vis de nos contenus de pensées et vis-à-vis de nos expériences perceptives. En mentionnant le rôle de la copule dans la production de l'unité aperceptive, Kant nous permet donc de comprendre que c'est uniquement par nos actes expressifs, par l'usage des signes et les liaisons qu'ils assurent entre les concepts que nous donnons corps à l'unité de l'aperception[2].

1. Ak 3 : 113-114; B 140-142. *CRP*, p. 203-204. Nous soulignons (« unité nécessaire » est souligné par Kant).

2. On pourra faire l'objection suivante à cette lecture du § 19 : « Si on rend l'unité de l'aperception solidaire de l'usage des signes assurant la liaison des concepts (la copule; mais aussi la négation, les quantificateurs, conditionnels, les signes de la conjonction, de la disjonction, etc.), est-ce qu'on n'aboutit pas à une position insoutenable et impossible à attribuer à Kant ? La perception ne suppose pas le langage, nous n'avons pas besoin de faire usage

Le verbe être ou les expressions linguistiques des actes prédicatifs sont donc au premier chef pour Kant le cœur de toute grammaire générale. Cependant, chez lui, la forme grammaticale n'est pas donnée, comme à Port-Royal, uniquement dans le verbe être, car la copule n'est qu'une forme logique du jugement parmi d'autres.

Les indices supplémentaires

Dans la mesure où il existe autant de modes de liaison entre concepts que de formes logiques du jugement, la grammaire générale doit pouvoir repérer dans toutes langues des moyens d'expression de chacune des formes logiques.

En correspondance avec la table logique des jugements, on peut vraisemblablement affirmer que selon Kant, toute langue possédera des moyens d'expression de l'affirmation et de la négation à la fois à propos de la copule du jugement et à propos des prédicats; des moyens d'expression de l'unité, de la pluralité et de la totalité (quantificateurs, nombres, adjectifs quantitatifs et adverbes); des moyens d'expression des propriétés (adjectifs, verbes) et des dispositifs référentiels à l'égard des objets (noms, descriptions), ainsi que des expressions de la condition propre aux jugements hypothétiques, de la conjonction et de la disjonction propres aux jugements disjonctifs (particules, conjonctions de coordination et de subordination, etc.). Trouve-t-on dans les textes de Kant des pistes allant dans ce sens ? La réponse est positive, même si les indices sont rares et peu développés :

1) Dans la Réflexion 3033, en marge des passages où Meier traite de la négation, Kant ajoute en marge que ce dont il est question est « le signe non », « *das Zeichen non* »[1], et pas simplement un acte mental. Toujours dans les réflexions qui accompagnent l'*Auszug der Vernunftlehre* de Meier, il évoque également les grammaires latines de la Renaissance et leurs catégories fondamentales :

de signes pour voir un objet, le suivre des yeux, etc. ! Kant fait d'ailleurs justement référence à des expériences en apparence purement perceptives lorsqu'il s'agit de faire valoir l'unité de l'aperception : par exemple la congélation (Ak 3 : 126; B 162) ». A cette objection, on peut faire la réponse suivante. Il est vrai que l'on peut voir, percevoir, être attentif, sans avoir besoin de faire usage de signes, sans formuler de jugements. Cependant il n'est pas vrai que l'on puisse amener nos perceptions à l'*unité* de l'aperception ou posséder *une* expérience sans formuler des jugements, c'est-à-dire sans introduire des liaisons rationnelles entre les concepts par lesquels nous prenons en charge la perception. Nous reviendrons plus étroitement sur ce point dans la suite du présent travail (*cf.* p. 163-167).

1. Ak 16 : 626.

> Josse Bade. Huit parties. Nom, pronom, verbe, participe, ~~prépos~~, adverbe, préposition, conjonction, interjection[1].

2) Dans les réflexions rassemblées par François-Xavier Chenet sous le titre *Manuscrit de Duisbourg*, datées des années 1774-1775 et donc contemporaines de la première élaboration kantienne du concept de « grammaire générale », on trouve également des indications sur la portée transcendantale de certaines particules :

> Les mots « uniquement, simplement, seulement, ne...que » [*lediglich*, *bloss*, *allein*, *nur*] par opposition aux mots « en général, tout simplement, absolument » [*überhaupt*, *schlechthin*, *schlechterdings*]. Les premiers [...] sont [...] l'acte qui borne [*Actus der Einschränkung*]. Les mots « dans, par, pour » [*an*, *durch*, *zu* » sont des fonctions catégoriales[2].

François-Xavier Chénet commente cette réflexion en suggérant que les « fonctions catégoriales » exprimées par les mots « *an*, *durch*, *zu* » seraient l'inhérence, la causalité et la réciprocité. L'important est en tout cas de remarquer le champ théorique dégagé par Kant – à savoir la recherche de l'expression linguistique des fonctions de l'unité des concepts – et la façon dont ce champ est ouvert : les fonctions catégoriales peuvent se traduire aussi bien dans des catégories grammaticales que dans des particules spécifiques. En cela, Kant emprunte autant à Port-Royal qu'à Locke et Leibniz.

3) Un hapax de la *Metaphysik L2* suggère la possibilité de fournir une analyse des formes grammaticales en puisant non pas seulement à la logique transcendantale, mais également à l'esthétique transcendantale :

> Si nous décomposons de la sorte les concepts transcendantaux, nous aurions une *grammaire transcendantale* contenant le principe du langage humain, et qui dirait par exemple comment le présent, le parfait, le plus-que-parfait se situent dans l'entendement, ce que sont les adverbes, etc. Si on s'y appliquait, on aurait une grammaire transcendantale. La logique renfermerait l'usage formel de l'entendement. Alors, la philosophie transcendantale, théorie des concepts généraux *a priori*, pourrait en découler[3].

Ce texte date des années 1790. Il constitue l'unique lieu où Kant parle de « grammaire transcendantale » plutôt que de « grammaire générale ». La nuance tient peut-être à la prise en compte possible des formes de la

1. Ak 16 : 50. R 1629. Josse Bade est un humaniste de la Renaissance, notamment connu pour avoir édité et annoté la grammaire latine de Jean Sulpicius.

2. R 5107, Ak 18 : 90. *Duis.*, p. 161.

3. Ak 28 : 576. *LM*, p. 192.

sensibilité (et non seulement des formes logique du jugement) pour édifier les convergences des grammaires de toutes les langues.

Si Kant ne précise pas le détail résiduel de la grammaire générale, c'est probablement parce qu'il pense que ce détail peut être trouvé chez plusieurs auteurs ayant déjà traité de ces matières. Au final, une certaine prudence s'impose à nous dans l'exercice auquel nous nous livrons, Kant ayant cantonné ses réflexions sur la grammaire à l'état de très simples ébauches.

De l'originalité du concept kantien : la grammaire sans l'ontologie

Nous disposons cependant bel et bien d'un aperçu concernant le contenu de la grammaire générale, bâti sur l'opposition du matériel et du formel dans la langue. Les conséquences sont directes sur le statut philosophique qui revient à la grammaire. On l'a déjà vu à propos de la copule : l'idée de grammaire générale solidaire de l'édifice kantien n'a plus rien de commun avec celle qui la liait à la logique comme « art de penser » chez les Messieurs ou à « l'ontologie » chez Wolff et Lambert. Chez Kant, la dépendance de la grammaire philosophique à l'ontologie au sens traditionnel est définitivement rompue. Ce ne sont pas les genres supérieurs des différents types d'entités qui permettent d'expliquer les formes de la signification ; ce ne sont pas non plus les lois de la logique générale, puisque celle-ci ne prend pas en compte le rapport de la pensée aux objets. La grammaire philosophique prend principalement son sens en relation avec l'étude, par la logique transcendantale, des formes de l'unité dans les jugements. Sa connexion principale se trouve être avec la table des formes logiques du jugement dans l'Analytique Transcendantale de la *Critique de la raison pure*. Ainsi, le renversement kantien tient au fait que la forme logique des jugements n'a pas, comme à Port-Royal, la charge de signifier l'unité subjective de nos pensées, mais bien de rendre possible leur portée objective et déployant l'unité aperceptive.

Puisque les concepts n'existent que comme prédicats pour des jugements, et se déterminent suivant leurs modes de liaisons dans ces jugements, cela signifie que le lexique ne possède pas une existence indépendante de la grammaire. La dépendance de la grammaire philosophique à l'égard de la logique transcendantale signifie que *les catégories grammaticales, loin d'être secondes à l'égard du lexique, donnent au contraire les relations d'ordre par lesquels le lexique des langues en général peut revêtir un sens objectif.*

Tandis qu'à Port-Royal, signifier l'objet de la pensée ou signifier la manière de l'esprit sont en quelque sorte deux aspects d'égale importance dans l'étude des phénomènes de signification, c'est principalement en tant qu'étude des formes de liaison entre les concepts que la grammaire acquiert pour Kant une dignité philosophique. On peut à partir de là comprendre la secondarité de l'étude du vocabulaire pour Kant, alors même que cette étude possédait la première place dans la métaphysique leibnizienne. Ces conclusions sont tirées par Kant – et ce n'est pas là un hasard – au cœur même de ses *Vorlesungen* de métaphysique :

> la métaphysique ne peut espérer découvrir la nature des choses, c'est au contraire la raison qui doit tout enseigner; je peux ainsi établir quels concepts se trouvent dans la raison indépendamment de l'expérience – il en est ici comme avec une grammaire, qui peut être complète, à l'inverse d'un lexique[1].

Apprentissage linguistique et réflexion grammaticale

À présent, en partant de la conception de la grammaire comme déploiement des divers modes de détermination et de liaison des concepts, on peut comprendre le rôle génétique majeur qui lui revient dans le développement individuel. En apprenant à maîtriser la grammaire d'une langue, l'affirmation, la négation, les particules, les substantifs et adjectifs, etc., l'individu n'apprend pas seulement à exprimer ou exposer sa pensée (Port-Royal), à analyser plus clairement ce qu'il pense confusément (Leibniz), il apprend à lier et déterminer des pensées, *c'est-à-dire qu'il apprend à maîtriser les fonctions de l'unité qui sont l'entendement même*[2]. Cet apprentissage possède d'ailleurs une structure remarquable : car il ne suppose pas initialement la capacité de se représenter les règles grammaticales. Mais dans le même temps, il peut rendre possible une telle représentation. Par le biais de l'apprentissage grammatical, l'individu intègre et applique les diverses formes logiques des jugements, les modes de synthèse des concepts, sans avoir besoin de représenter ces formes et ces modes, et dispose en même temps d'un point d'appui pour les réfléchir.

On comprend dès lors pourquoi Kant témoigne une attention tout à fait remarquable à la façon dont nous suivons les règles grammaticales et au mode d'apprentissage de la grammaire.

1. Ak 29 : 785. *Metaphysik Mrongovius*.
2. Il faut bien préciser qu'il n'apprend pas les fonctions de l'unité, il apprend la *maîtrise* de ces fonctions. Ces fonctions sont en effet déjà opérantes dans la perception elle-même.

Avant toutes choses, Kant souligne le fait que les règles grammaticales ne sont pas enseignées pour elles-mêmes, elles sont apprises de façon non thétique, en même temps que l'ensemble de la langue, par la simple pratique. Kant formule ce point à de nombreuses reprises dans ses *Vorlesungen* de logique, en affirmant que les règles grammaticales, de même d'ailleurs que les règles logiques dans un premier temps, ne sont pas *l'objet de la conscience*.

> L'homme agit selon des règles et fait en particulier usage de son entendement selon certaines règles et principes. Combien de fois les hommes agissent-ils également selon des règles sans en être conscients ? Par exemple ils parlent leur langue maternelle. L'usage de leurs pouvoirs a souvent lieu sans qu'ils en soient conscients [1].

> Ainsi nous parlons selon des règles sans en être au départ conscients [2].

Que les langues soient apprises simplement par l'usage, et que la grammaire ne doive pas d'abord être une discipline, la moindre observation du développement des enfants le montre. En effet, les enfants sont capables de parler et témoignent d'une forme de suivi des règles grammaticales bien avant qu'on leur enseigne celles-ci en les représentant de façon abstraite, pour elles-mêmes. Ce point avait été bien relevé par l'éducateur Johann Bernard Basedow, qui représente avec Rousseau la principale source de la pensée kantienne de l'éducation :

> Il faut, suivant les principes du bon sens, ne donner des leçons de grammaire à un enfant que lorsqu'il a acquis la facilité d'écrire et de parler la langue dont on veut qu'il connaisse les règles. Ce n'est qu'alors qu'il pourra saisir les principes de la grammaire [3].

Dans son *Elementarwerke*, Basedow fait de l'apprentissage explicite de la grammaire la dernière étape de l'éducation des enfants. Le livre consacré à la grammaire vient clore le tome IV, alors que l'enfant a déjà dû auparavant apprendre à s'exprimer correctement par la pratique. Kant rejoint Basedow et justifie cet ordre de l'instruction en signalant que les règles de la grammaire doivent être d'abord possédées de façon strictement implicite, par la simple pratique du discours :

> C'est un grand défaut des écoles que de faire de la grammaire le premier fondement [de l'apprentissage] de la langue ; en effet on doit d'abord

1. Ak 24 : 20. *Logik Blomberg*.

2. Ak 29 : 1045. *Logik Mrongovius*.

3. *Manuel élémentaire d'éducation*, trad. fr. M. Huber, Leipzig, Crusius, 1774, t. 4, p. 160.

> apprendre la langue et ensuite tirer la règle à partir de l'emploi des mots, afin de la saisir plus facilement[1].

> Les langues ont existé avant leurs grammaires, les locuteurs avant la rhétorique, les poètes avant la poésie[2].

Dans la *Logik Philippi*, Kant va jusqu'à considérer que l'usage non-conscient des règles est particulièrement propre aux enfants, qui doivent parler en observant des règles sans savoir quelles sont les règles qu'ils observent[3].

Or, bien que les règles grammaticales ne soient pas enseignées mais soient possédées par le simple effet de la pratique, elles ne sont pourtant pas assimilables à une autre série de règles déterminant également les actions des hommes sans être consciemment représentées, à savoir les lois de la nature. Les règles de la langue sont en effet *suivies*, et déterminent si des énoncés sont ou non *corrects* : « on parle [...] sans connaître la grammaire ; mais celui qui parle sans la connaître a en réalité une grammaire et parle selon des règles, dont, simplement, il n'a pas conscience »[4]. En revanche, les lois de la nature, d'après lesquelles tout se produit dans le monde inanimé, n'ont pas le statut de règles normatives, déterminant ce qui est ou non correct, elles ne sont pas les règles implicites d'une pratique mais simplement les lois décrivant la nécessité de succession des phénomènes, les lois de ce qui a lieu. Les lois de la nature déterminent les événements, mais ne sont pas suivies par eux.

La normativité des règles grammaticales n'est pas contredite par le fait que nous n'ayons pas conscience de ces règles. En effet, même si nous ne sommes pas capables de les formuler dans leur généralité, nous sommes susceptibles de remarquer par nous-mêmes que certaines tournures sont justes, ou mal formées :

> Toute langue est liée à certaines règles particulières. [...] On peut également faire usage des règles sans pour autant leur donner de noms. On apprend progressivement ces règles par tentatives. Les premières tentatives échouent ; finalement on acquiert une compétence[5].

Ainsi, l'apprentissage des règles grammaticales jette une lumière sur la façon dont nous en venons à maîtriser les principes de la logique formelle et de la logique transcendantale puisque : (a) leur statut est analogue à celui

1. Ak 29 : 1046. *Logik Mrongovius*.
2. Ak 24 : 23. *Logik Blomberg*.
3. Ak 24 : 311-312. *Logik Philippi*.
4. Ak 9 : 12. *Logique*, p. 9.
5. Ak 24 : 693. *Logik Dohna-Wundlacken*.

des règles grammaticales. Les principes logiques ont en effet un sens normatif, c'est-à-dire qu'ils déterminent le caractère valide ou non, objectif ou non des pensées, sans pour autant que ce sens normatif dépende de la capacité des individus à les connaître ou à les formuler; (b) ces principes se déploient partiellement au niveau des règles grammaticales.

Or, l'apprentissage de la grammaire ne sert pas seulement à établir comment peut se développer la maîtrise de règles normatives non explicites. En deuxième lieu, l'existence de la grammaire des langues naturelles comme discipline atteste également de la *possibilité d'expliciter réflexivement des règles normatives d'abord implicites dans l'usage* :

> L'exercice de nos facultés s'effectue selon certaines règles que nous suivons, d'abord *sans en avoir conscience*; nous parvenons peu à peu à les connaître à la suite d'essais répétés et d'un usage prolongé de nos facultés [1].

> Il existe deux sortes de règles : les premières sont nécessairement dérivées de l'usage [...]; les autres le précèdent nécessairement [...] Nous n'aurions pas appris la logique sans la pratique et ainsi et nous la connaîtrions aussi peu que nous connaîtrions la langue sans la pratique. La logique est l'art linguistique de nos représentations. Ainsi elle ne précède pas l'usage [2].

Les règles d'abord implicites peuvent être explicitées, moyennant des ratés et des efforts spécifiques, pour autant qu'elles se soient d'abord sédimentées dans l'usage. Afin de décrire ce processus et ses effets, Kant se sert encore de la grammaire comme fil directeur. Il remarque que l'explicitation des normes de l'usage ne constitue pas seulement un gain de connaissance théorique, elle garantit en outre la possibilité d'une meilleure détermination des usages ultérieurs : « [La logique] améliore l'entendement et la raison [...] tout comme celui qui comprend un langage d'après des règles ne peut pas se tromper aussi aisément que celui qui ne l'a appris qu'*ex usu*. [...] »[3]. Les fonctions de l'unité des concepts, qui opèrent dans la perception et dans la liaison linguistique des concepts, seront d'autant mieux appliquées et maîtrisées qu'elles auront pu être rendues explicites par réflexion sur nos usages linguistiques[4]. Le rôle génétique de la

1. Ak 9 : 12. *Logique*, *ibid.*
2. Ak 16 : 32. R 1602.
3. Ak 24 : 40. *Logik Bomberg*.
4. On perçoit ici à quel point les réflexions consacrées par Kant à l'apprentissage linguistique possèdent des affinités avec la pragmatique normative de Robert Brandom. Paradoxalement, parce que ces réflexions de Kant sont peu connues et se trouvent principalement dans les *Vorlesungen* et le *Nachlass* (si l'on excepte la *Logique*), Brandom attribue à Kant une position éloignée de la sienne. Il lui attribue en effet l'idée selon laquelle la normativité ne peut exister que sous la forme de règles *explicites* (il nomme cette position « régulisme » dans *Rendre explicite*,

grammaire réside tout entier dans cette possibilité de réflexion sur les règles implicites. La langue déploie déjà toutes les fonctions de l'unité propres à l'entendement, elle les rend familières et les inscrit en nous par la longueur de temps de l'usage. La possession réfléchie des principes de l'entendement trouve donc dans la langue un de ses points d'appuis les plus décisifs. Kant offre une belle esquisse de cette articulation dans la *Metaphysik Mrongovius*, juste après l'exposé de la table des catégories :

> Les catégories sont les pré-conditions des phénomènes, desquelles résultent les concepts de l'expérience, bien qu'elles ne soient pas elles-mêmes des concepts d'expérience. – *Notre langage commun contient déjà tout ce que la philosophie transcendantale obtient avec peine*. – [...] par exemple : Que la neige est tombée. Cela implique que la neige est substance ; tombée signifie [*bedeutet*] un accident, sur la terre signifie une influence, c'est-à-dire une action, et appartient donc à la [catégorie de] cause. Aujourd'hui renvoie [*bezieht*] au temps, tombée à l'espace. [...] Postulons que nous n'ayons pas de tels concepts purs de l'entendement, alors nous ne pourrions absolument ni penser ni parler[1].

À cet endroit, Kant se livre bien à une esquisse d'exhibition de ce qu'une phrase du « langage commun » peut déjà véhiculer de modes de liaisons et de fonctions catégoriales. Or, en même temps qu'il indique l'inséparabilité du langage et des fonctions d'entendement, il montre bien que ces fonctions ne sont pas directement exprimées ou explicitement posées par l'énoncé « la neige est tombée » et par le complément « sur la terre ».

Cet énoncé procède des modes d'organisation de l'expérience qu'expriment les catégories, sans directement supposer que nous nous représentions les catégories. À rebours, la réflexion sur l'organisation grammaticale de l'énoncé (nom, adjectif, conjugaison, complément circonstanciel) peut reconduire aux conditions *a priori* des phénomènes, alors mêmes que ces conditions ne constituent pas le contenu de l'énoncé. On peut dès lors comprendre deux formules isolées du *Nachlass*, qui sans cela pouvaient paraître énigmatiques :

> Les grammairiens ont été les premiers logiciens [...][2].

> (L'édifice de l'usage commun de la raison : grammaire réelle)[3].

trad. fr. I. Thomas-Fogiel (dir.), Paris, Cerf, 2010, t. 1, p. 82*sq.*), et préfère chercher chez Wittgenstein l'idée que les règles existent avant tout de façon implicite dans les pratiques.

1. Ak 29 : 804. *Metaphysik Mrongovius*. Nous soulignons. « Unsre gemeine Sprache enthält schon alles das, was die transcendantale Philosophie mit Mühe herauszieht ».

2. Ak 16 : 42. R 1622.

3. Ak 16 : 58. R 1635.

Remarque sur une occurrence du concept de « grammaire » dans le corpus publié

La première occurrence du concept de grammaire dans le corpus publié du vivant de Kant se trouve dans les *Prolégomènes à toute métaphysique future qui pourra se présenter comme science*, au § 39 :

> Dégager de la connaissance commune les concepts qui ne sont fondés dans aucune expérience particulière et qui interviennent néanmoins dans toute connaissance d'expérience, dont ils constituent en quelque sorte la simple forme de connexion, voilà qui ne supposait pas plus de réflexion ou de pénétration que pour dégager à partir d'une langue les règles de l'emploi réel des mots en général et rassembler ainsi les éléments pour une grammaire (aussi bien les deux entreprises sont-elles en fait très proches parentes), sans qu'on puisse cependant indiquer la raison précise pour laquelle chaque langue possède très précisément telle constitution formelle et non telle autre, encore moins pourquoi on peut y trouver de façon générale tel nombre de ces déterminations formelles, ni plus, ni moins [1].

Dans ce passage, il faut bien prendre garde au fait que Kant ne renvoie pas à la grammaire générale, ou à la part rationnelle des langues, mais uniquement aux particularités grammaticales des langues naturelles, et à l'étude empirique des catégories de mots et des constructions d'énoncés. L'analogie avec la grammaire possède *de ce fait* une portée péjorative et critique. C'est dans cette optique que la démarche d'Aristote dans les *Catégories*, jugée hasardeuse et sans fil conducteur, est comparée à celle des grammairiens s'efforçant de repérer par l'observation les règles d'une langue. Cette comparaison a lieu sous un angle précis. Kant insiste sur la *facilité* qu'il y a à établir la grammaire d'une langue, c'est-à-dire à rassembler en un agrégat les règles repérées dans l'usage; la facilité de cette démarche peut s'expliquer par la nature de la méthode, réflexive et tâtonnante. C'est pourquoi Aristote a lui aussi *aisément* pu proposer une liste de concepts élémentaires purs.

En revanche, cette facilité contraste avec la démarche adoptée par Kant: s'appuyer sur un unique principe pour obtenir un système des concepts élémentaires purs, complet et unifié. Quel est le principe en question ? Il consiste à partir de l'unité du jugement, et à dégager les catégories en s'appuyant sur les diverses fonctions de l'unité dans le jugement. Or, en traçant ce principe, Kant ne propose pas de seconde comparaison, propre à éclairer le sens de sa démarche propre. Pourtant, à la lumière de l'examen que nous venons de mener, de même que la grammaire empirique

1. Ak 4 : 322-323. *Prol.*, p. 95.

d'une langue pouvait être comparée à la démarche rhapsodique d'Aristote, il semble que c'est bien la grammaire *générale* qui correspond implicitement à l'originalité de la démarche de dérivation des catégories à partir des fonctions logiques du jugement. Car, comme on l'a vu, la grammaire générale étudie pour Kant l'élément formel de la langue, par lequel les termes infra-judicatifs du lexique se trouvent unifiés dans des énoncés [1].

1. La comparaison de l'analytique de l'entendement avec la recherche grammaticale est donc toujours susceptible d'être biface. Lorsque, dans *Les progrès de la métaphysique en Allemagne depuis Leibniz et Wolff*, Kant propose à nouveau cette comparaison, deux choix interprétatifs se présentent. Kant déclare : « À la façon dont une grammaire est l'analyse d'une forme linguistique en ses règles élémentaires ou la logique une résolution comparable de la forme de la pensée, [la philosophie transcendantale] est une résolution de la connaissance dans les concepts qui résident *a priori* dans l'entendement » (Ak 20 : 260. *Progrès*, p. 11). 1) Ou bien il s'agit du recueil empirique des règles spécifiques à un idiome, et l'analogie ne vaudra que partiellement. 2) Ou bien la grammaire en question est la grammaire générale, et dans ce cas on a affaire à plus qu'à une simple analogie (puisque l'objet de la grammaire générale est justement le déploiement des fonctions *a priori* de l'entendement au niveau des formes linguistiques).

CHAPITRE IV

DISCOURS EN PREMIÈRE PERSONNE ET PERSONNALITÉ

Dans le chapitre précédent, nous avons vu comment l'apprentissage de la structure grammaticale d'une langue soutient le développement de l'entendement en assurant au sujet la maîtrise des différents modes de liaison des concepts. Nous avons montré à cette occasion comment le rôle génétique dévolu à la grammaire repose sur la reprise et la transformation par Kant des théories philosophiques de la grammaire depuis Port-Royal.

Or, au cours du chapitre précédent, nous avons sciemment laissé de côté le fait que l'ensemble des langues, parmi leurs traits communs, distingue entre la première, la seconde et la troisième personne. La raison de cette omission volontaire tient au fait que Kant réserve un traitement spécial à la présence, dans toutes les langues, de moyens d'expression de la première personne – il ne l'aborde pas dans les passages de ses *Vorlesungen* consacrées à la grammaire, mais dans la section de l'*Anthropologie* consacrée à la « connaissance de soi-même ». En outre, le rôle de la première personne dans la langue (permettre de se penser soi-même, développer la réflexivité) se distingue du rôle de l'organisation grammaticale (opérer la détermination et la liaison des concepts). Par conséquent, il nous faut étudier pour lui-même le rôle génétique de l'apprentissage du discours en première personne et voir quels sont les effets de l'usage du pronom personnel « je » sur l'extension des pouvoirs de l'esprit.

Dans le § 1 de l'*Anthropologie du point de vue pragmatique*, la thèse de Kant est double. (a) L'usage du pronom personnel « je » (ou tout autre moyen linguistique d'expression de la première personne) fait de l'homme une *personne*, de sorte que pour l'enfant qui apprend enfin à parler de lui à la première personne et non plus à la troisième personne, une lumière nouvelle se lève; la raison en est que (b) faire usage du pronom personnel « je » permet de se *penser* soi-même.

Afin d'élucider cette thèse et de bien saisir la connexion entre la personnalité et les marques de l'énonciation, il nous faut soulever la question des *capacités* qui nous permettent de dire « je ». La difficulté principale, à ce niveau est la suivante. Est-ce que les énoncés en première personne sont simplement l'expression et la manifestation d'une conscience de soi infra-discursive, d'un rapport à soi pré-linguistique ? Y a-t-il une équivalence de contenu entre ce que nous *apercevons* de nous-mêmes d'une part et ce que nos *disons* de nous-mêmes lorsque nous parlons en première personne d'autre part ? Ou au contraire faut-il soutenir que ce que nous disons de nous-mêmes *rend possible* une certaine forme particulière du rapport à soi humain ?

Nous soutiendrons au cours de ce chapitre que la seconde position est la plus juste à deux niveaux : d'une part elle est philologiquement la plus satisfaisante lorsque l'on se reporte à l'ensemble des textes de Kant, d'autre part elle est aussi philosophiquement la réponse la meilleure. C'est bien l'aptitude à nous servir des tournures linguistiques de la première personne qui fait de nous des personnes capables de nous rapporter à nous-mêmes d'une façon originale.

Comme au cours des chapitres précédents de cette partie, la confrontation avec le cartésianisme et la mise en perspective historique des thèses nous paraissent les meilleurs moyens de préciser le sens des textes kantiens. En effet, la thèse de Kant s'oppose diamétralement à la perspective cartésienne qui se sédimente à Port-Royal. Pour Arnauld, Nicole et Lancelot, on verra que l'usage de la première personne est tout entier adossé aux propriétés infra-linguistiques de la conscience. Tandis que chez Kant, à notre connaissance pour la première fois dans l'histoire de la pensée, c'est bien le discours en première personne qui rend possible le retour de la conscience sur elle-même. On verra que ce renversement kantien n'est intelligible qu'à la lumière des critiques empiristes de la conscience – critiques adressées à l'idée qu'une base informationnelle (observation, introspection) pourrait garantir le fait de dire « je ».

DISCOURS EN PREMIÈRE PERSONNE ET PERSONNALITÉ DE DESCARTES À KANT

L'enquête poursuivie ici s'ouvre donc avec Descartes, souvent considéré (en partie à tort) comme le modèle initial à partir duquel les théories de la première personne se sont édifiées.

Le cogito *et la première personne*

Il faut bien prendre garde à ceci que l'objectif théorique de Descartes dans les *Méditations* n'est pas directement de construire une philosophie de la subjectivité ou une philosophie de l'esprit. La problématique centrale est celle de la certitude, l'enjeu est de discerner les opinions douteuses du savoir véritable, afin d'« établir quelque chose de forme et de constant dans les sciences »[1]. Le rapport ordinaire à soi est ici mis hors jeu, ou passé au crible. Ceci étant, le propos de Descartes aura exercé, sur toutes les discussions au sujet de la connaissance de soi, une influence sans pareille. On fera donc comme si les *Méditations* recelaient une philosophie de l'esprit indépendante et isolable de l'ordre – sachant bien qu'il n'en est rien – pour prendre la mesure de ce que nombre de ses successeurs ont puisé en lui.

Une des thèses les plus célèbres de Descartes est que la nature de l'esprit humain [*mens humana*] est plus facile à connaître que celle du corps[2]. Cette thèse s'étage en deux strates. À un premier niveau, je découvre la certitude que je suis « quelque chose » [*aliquid*][3], un certain être (dont la nature reste encore indéterminée) en dépit de l'ensemble des doutes que j'ai pu porter sur la nature qui est la mienne. J'ai douté d'avoir un corps et des sens, mais je suis au moins certain « que je suis » [*ego sum*][4]. Ce premier niveau conduit à l'idée que le pronom « je » possède une certaine signification, antérieure aux qualifications prédicatives de « ce que » je suis ou de « qui » je suis. À un second niveau, la certitude porte sur « ce que » je suis [*quisnam sum*][5]. Ce second niveau ne se confond pas avec le précédent, puisqu'il s'agit désormais de voir quelles propriétés sont telles que je peux les affirmer de moi-même, de quelle sorte de prédicats

1. *Méditations métaphysiques. Objections et Réponses*, présentation Michelle et Jean-Marie Beyssade, Paris, GF, 1979, p. 57, AT IX, 13.

2. *Ibid.*, p. 70-71, AT VII 23, IX, 18.

3. *Ibid.*, p. 72-73, AT VII 24, IX 19.

4. *Ibid.*

5. *Ibid.*, AT VII 25, IX 19.

l'ego est primairement le support[1]. Or si je ne suis certain ni d'être un corps, ni même d'être un homme, je suis au moins certain que « la pensée est un attribut qui m'appartient »[2]. « Je ne suis donc, précisément parlant, qu'une chose qui pense, c'est-à-dire un esprit, un entendement ou une raison »[3]. Puisque j'ai douté de l'existence des choses corporelles, aucune des choses que je me représente être par les sens ou l'imagination ne peut être dite m'appartenir avec certitude. En revanche, tout ce qui se passe en mon esprit ne peut être détaché de moi-même :

> Qu'est-ce qu'une chose qui pense ? C'est-à-dire une chose qui doute, qui conçoit, qui affirme, qui nie, qui veut, qui ne veut pas, qui imagine aussi, et qui sent. [...] Y a-t-il aussi aucun de ces attributs qui puisse être distingué de ma pensée, ou qu'on puisse dire être séparé de moi-même ? Car il est de soi si évident que c'est moi qui doute, qui entends, et qui désire, qu'il n'est pas ici besoin de rien ajouter pour l'expliquer[4].

Au final il semble pouvoir être conclu des analyses de Descartes que :

a) L'aptitude à dire « je » ne dépend en rien de la référence aux états du corps.

b) Le « je » possède même initialement une signification indépendante de toute détermination prédicative de la nature de l'ego.

c) Faire référence à soi et dire « je », c'est avant tout se viser soi-même selon les modifications qui sont celles de notre pensée (sachant que chez Descartes, il ne faut pas entendre par « pensée » les attitudes mentales cognitives à l'exclusion des autres, mais « tout ce qui se fait en nous de telle sorte que nous l'apercevons immédiatement par nous-mêmes »)[5].

La réponse à notre question directrice, qui est celle de savoir si les formulations linguistiques ont seulement le rôle d'exprimer un rapport à soi antédiscursif, ou si au contraire l'usage de la première personne est constitutive de la capacité même de se penser, cette réponse est plus délicate. Sans entrer dans les détails, on peut dire que d'un côté, des raisons fortes penchent dans le sens d'une détermination purement non-

1. *Méditations métaphysiques*, *op. cit.*, p. 76-77, AT VII 27, IX 21.

2. *Ibid.*

3. *Ibid.*

4. *Ibid.*, p. 80-81, AT VII, 28-29, IX 22-23.

5. *Les principes de la philosophie* [1644], in *Œuvres philosophiques III*, Paris, Garnier, 1998, p. 95, I, § 9. Les Réponses aux Quatrièmes objections reprennent la même idée : « Par le nom de *pensée*, je comprends tout ce qui est tellement en nous, que nous en sommes immédiatement connaissants » (*Méditations métaphysiques*, *op. cit.*, p. 285, AT IX 124).

linguistique et pré-sémiotique de la pensée, puisque cette dernière est ce que nous « apercevons immédiatement par nous-mêmes ». D'un autre côté, il est vrai que Descartes se montre réservé quant à la possibilité d'isoler la pensée de son expression[1], au point que l'énoncé du « cogito » se donne typographiquement comme une citation, ou comme la mention d'un énoncé : « cette proposition : *Je suis, j'existe*, est nécessairement vraie, toutes les fois que je la prononce, ou que je la conçois en mon esprit »[2]. Au final, les lecteurs de Descartes retiendront plutôt dans leur ensemble l'idée que c'est la pure aperception de l'esprit par lui-même qui explique et conditionne la capacité à dire « je ». Ceci d'autant plus que l'aperception cartésienne n'est pas à concevoir comme un acte supplémentaire de l'esprit, une pensée de second ordre s'ajoutant aux croyances, désirs, volontés qui sont aperçues (comme si celles-ci subsistaient par elles-mêmes au sein de l'esprit, en attente d'être repérées). L'aperception cartésienne n'est pas une introspection. Mais parce que justement l'aperception coïncide avec l'évidence des divers états de la pensée (croyance, volonté, etc.), elle semble ne pas pouvoir être rendue dépendante d'une articulation linguistique de ceux-ci. La connaissance de ce qui est en nous est *immédiate*, et Descartes refuse que pour qu'elle sache qu'elle pense, la pensée doive « par un acte réfléchi, pense[r] qu'elle pense, ou qu'elle ait la conscience de sa pensée »[3].

En résumé, 1) dire « je » c'est se désigner soi-même, spécifiquement 2) comme attributaire de pensées, et 3) c'est le faire sur la base d'un rapport à soi pré-linguistique, quoique non introspectif.

Là encore, il faut prendre garde au fait que cette reconstruction d'une « posture » de Descartes envers les questions que nous posons est assez largement factice, puisque Descartes n'endosse pas directement le format de ces questions[4], et qu'en outre nous faisons un usage maximal de la

1. « Au reste, parce que nous attachons nos conceptions à certaines paroles afin de les exprimer de bouche, et que nous nous souvenons plutôt des paroles que des choses, à peine saurions-nous concevoir aucune chose si distinctement que nous séparions entièrement ce que nous concevons d'avec les paroles qui avaient été choisies pour l'exprimer » (*Les principes de la philosophie*, *op. cit.*, I, § 74, p. 143). Il est vrai que l'idée d'attachement suggère une préexistence de la pensée sur son expression, l'impossibilité d'une séparation résultant seulement du poids des habitudes. Néanmoins une certaine ambiguïté persiste.

2. *Méditations métaphysiques*, *op. cit.*, p. 72-73, AT VII 25, IX 19. En latin : « *hoc pronuntiatum : Ego sum, ego existo, quoties a me profertur, vel mente concipitur, necessario esse verum* ».

3. Septièmes Réponses, *Méditations métaphysiques*, *op. cit.*, p. 519, AT VII 559.

4. Le « je pense » chez Descartes n'est pas étudié en vue d'éclaircissements sémantiques, mais bien comme l'objet d'une découverte métaphysique. Cela dit, les enjeux sémantiques et

seconde des *Méditations* au détriment de la sixième et de textes comme le *Traité des passions de l'âme*.

L'analyse du pronom personnel « je » à Port-Royal

C'est sous la conduite des messieurs de Port-Royal que l'exigence de clarifier les significations des formules linguistiques et celle d'ancrer ces formules dans des capacités cognitives préalables va se clarifier. Quoique nous ayons déjà exposé la position des Messieurs, il vaut la peine d'attirer l'attention sur les remarques de détail portant sur les pronoms personnels, qui ne reconduisent pas purement et simplement la thèse générale de dépendance du langage à l'égard des contenus des « opérations de l'esprit »[1].

Pour Arnauld et Nicole, on l'a vu, le discours est essentiellement l'expression des jugements portés par l'esprit. Tout jugement peut être analysé selon trois niveaux, a) l'idée de la chose, b) l'idée de l'attribut, c) la « manière de la pensée » ou la position de la pensée liant la chose et l'attribut (par affirmation ou négation). C'est pourquoi, quand on passe du plan des pensées à celui de l'expression, tout énoncé linguistique chargé d'exprimer un jugement doit posséder en droit trois termes : un terme chargé d'exprimer l'idée de la chose (le terme-sujet, la plupart du temps un nom), un terme chargé d'exprimer l'idée de l'attribut (le terme-prédicat, la plupart du temps un adjectif), et un terme chargé d'exprimer la façon dont la pensée affirme ou nie le rapport entre les idées (le verbe, « mot dont le principal usage est de signifier l'affirmation »)[2]. En conséquence, dans toute phrase où le locuteur dit « je », l'usage de ce terme sera conçu comme opérant une désignation assimilable à toute autre désignation d'objet. L'usage du « je » est référentiel, et dire « je », c'est se traiter soi-même comme l'*objet* de ses propres pensées. Tout comme on peut parler de Socrate ou de Rome, on peut parler de soi, c'est-à-dire comparer l'idée qu'on a de soi avec l'idée de certains attributs. Le discours en première

pragmatiques du *cogito* ont été au cœur des interprétations des *Méditations* dans les dernières décennies. *Cf.* notamment F. Récanati, *La transparence et l'énonciation*, Paris, Seuil, 1979, p. 19-20 et p. 198 *sq.* J. Hintikka, « "*Cogito, ergo sum*" : Inference or Perfomance ? », *Philosophical Review*, 71, 1962, p. 3-32 et « "*Cogito, ergo sum*" as an Inference *and* a Performance », 72, 1963, p. 487-496. J-C. Pariente, « Problèmes logiques du "Cogito" », *in* N. Grimaldi et J-L. Marion (éd.), *Le discours de la méthode*, Paris, P.U.F., 1987, p. 229-269. S. Bourgeois-Gironde, *Reconstruction analytique du cogito*, Paris, Vrin, 2001.

1. Antoine Arnauld et Pierre Nicole, *La logique ou l'art de penser*, *op. cit.*, p. 30.

2. *Ibid.*, p. 101.

personne semble ne possède dans cette mesure aucune spécificité par rapport au fait de parler d'un tiers ou de choses à la troisième personne.

La différence notoire avec Descartes réside dans la grande latitude ouverte à ce stade. Si du point de vue logique, dire « je », c'est toujours se traiter soi-même comme la « chose » à laquelle on pense et dont on dit ceci ou cela; cependant cette analyse logique du discours ne préjuge en rien de *ce que* l'on peut dire ou penser de soi-même. En d'autres termes, le fait de faire usage du « je » ne prédétermine pas le type des prédicats qui pourront ou non intervenir à bon droit dans des énoncés en première personne. La question du contenu de « l'idée que chacun a de soi-même »[1] reste indépendante. Même si pour Arnauld et Nicole, l'homme est avant tout un être pensant, la détermination de la signification du « je » ne fait peser aucune hypothèque sur le fait que l'on puisse avoir une idée de soi compatible avec une diversité indéfinie de prédicats.

Au final, puisque le langage a pour fonction d'exprimer des idées préexistantes que nous formons en nous-mêmes sans le secours d'aucun signe, et puisque se servir du « je » suppose simplement que l'on puisse former une certaine idée de soi, il est naturel de penser que ce sont des capacités cognitives purement mentales qui nous donnent l'occasion d'utiliser ce pronom. C'est simplement parce que nous sommes des êtres qui nous pensons nous-mêmes et nous représentons nous-mêmes que nous pouvons en général parler de nous-mêmes. On dit « je » comme on prononcerait un nom propre ou n'importe quelle expression complexe chargée de représenter une idée singulière ou individuelle. La solution d'Arnauld et Nicole est que ce sont des capacités de part en part pré-linguistiques qui suffisent à expliquer le discours en première personne.

Pourtant, dire « je » n'est pas tout à fait assimilable au fait d'employer toute autre façon de se désigner. L'une des thèses d'Arnauld et Nicole est que certaines locutions servent non seulement à exprimer des idées et jugements, mais également à « abréger le discours »[2], à des fins d'économie et d'élégance. Or, il est notoire que les pronoms personnels font l'objet d'une explication pragmatique et esthétique de cette sorte : « l'usage des pronoms est de tenir la place des noms, et de donner le moyen d'en éviter la répétition, qui est ennuyeuse »[3]. Au lieu de se nommer soi-même tout le temps, il est plus bref et plus gracieux de dire « je ». Arnauld remarque que cette abréviation n'est pas sans conséquences :

1. *Ibid.*, p. 50.
2. *Ibid.*, p. 82.
3. *Ibid.*, p. 97.

> mais il ne faut pas s'imaginer qu'en tenant la place des noms, ils fassent entièrement le même effet sur l'esprit; cela n'est nullement vrai; au contraire, ils ne remédient au dégoût de la répétition que parce qu'ils nous représentent les noms d'une manière confuse. Les noms découvrent en quelque sorte les choses à l'esprit, et les pronoms les présentent comme voilées[1].

Par cette indication, Arnauld et Nicole signalent que le pronom personnel n'opère pas une identification aussi claire, ou du même type, que celle produite par l'usage d'un nom ou d'une description. Certes, ils assimilent la fonction du nom et celle du pronom (exprimer une idée singulière, et référer à un objet singulier); cependant, ils ne peuvent que reconnaître le fait que le pronom ne possède pas la même charge identifiante, dans la mesure justement où il peut passer de bouche en bouche, à la différence du nom propre, qui idéalement ne s'applique qu'à un seul être: «c'est pourquoi il n'y a point d'inconvénient que le nom et le pronom soient joints ensemble: […] Ecce ego Joannes»[2]. Comment comprendre dès lors que le «je» puisse désigner *un seul individu*, alors même qu'il est d'usage généralisé parmi l'ensemble des locuteurs? La réponse est que le pronom produit une identification qui suppose qu'on se rapporte à son énonciation: «les hommes […] ont introduit le pronom de la première personne pour mettre en la place de celui qui parle, *ego*, *moi*, *je*»[3]. Par ce déplacement, Arnauld et Nicole repèrent, sans lui conférer de titre technique, ce que nos contemporains nomment la sui-référentialité et la token-réflexivité[4]. Le «je» chez les Messieurs est directement caractérisé par le fait que le référent de «je», c'est celui qui dit «je». C'est pourquoi il n'est pas entièrement sûr que la signification du pronom soit strictement équivalente à *l'idée que j'ai de moi*, puisqu'une idée consiste en une certaine représentation indépendante de notre pratique linguistique, tandis que le sens de «je» inclut la prise en compte de la locution présente. Arnauld et Nicole ouvrent ainsi au sein du cartésianisme une brèche permettant de voir que c'est ici non en vertu d'une simple idée, mais bien en vertu d'une *règle linguistique* que l'on peut saisir le référent du pronom[5].

1. *La logique ou l'art de penser*, *op. cit.*, p. 97.
2. *Ibid.*
3. *Ibid.*
4. *Cf.* par exemple F. Récanati, *La transparence et l'énonciation*, *op. cit.*, p. 158 *sq*.
5. De ce point de vue on peut rapprocher de loin la percée d'Arnauld et Nicole dans ce texte avec la position contemporaine de David Kaplan et John Perry, selon lesquels c'est une simple règle d'usage qui permet de déterminer le sens de l'expression «je», et non une visée articulée de façon pré-linguistique.

Cependant ils n'en tirent encore guère les conséquences, et ne concluent pas que le rapport à soi puisse dépendre de l'usage linguistique, ou s'en trouver modifié. Au contraire, la personnalité préexiste à toutes ses expressions. C'est pourquoi persiste un net contraste entre l'expression décisive de la personnalité par les verbes, qui *manifestent* la personnalité sans avoir besoin de la *dire* (les verbes étant le lieu de l'affirmation ou de la prise de position du sujet à l'égard de ses contenus de pensée), tandis que le pronom « je »[1] qui désigne la personne humaine n'en manifeste pas clairement la nature pensante. Le fait que je sois un être pensant et capable de lier des contenus de pensée dans des jugements se donne à voir dans les articulations logiques du discours (verbes, liaisons logiques, conjonctions, copules), non dans le système de l'énonciation.

L'éloge de la première personne chez Condillac

Cette détermination du rôle des pronoms par Port-Royal aura une influence considérable sur l'ensemble des grammaires raisonnées au XVIIIe siècle, et on la trouve encore chez Condillac, alors même que celui-ci accorde par ailleurs un rôle déterminant aux signes dans la constitution des opérations cognitives.

Dans la *Grammaire* destinée au prince de Parme[2], le pronom est au départ conçu comme désignant un certain objet au sein d'une proposition prédicative, à l'instar des noms et autres expressions en position de sujet au sein des phrases[3]. Comme chez Arnauld[1], ce sont avant tout les différentes

1. On trouve d'ailleurs chez Arnauld une opposition frappante entre la pensée en acte, telle qu'elle se trouve exprimée dans les verbes, et la pensée *objectivée*, devenue à elle-même son propre objet, lorsque l'on se sert d'expressions servant à désigner les mouvements de l'esprit. Arnauld écrit ainsi dans la *Grammaire :* « on peut remarquer en passant, que l'affirmation, en tant que conçue, pouvant être aussi l'attribut du verbe, comme dans le verbe *affirmo*, ce verbe signifie deux affirmations, dont l'une regarde la personne qui parle, et l'autre la personne de qui l'on parle, soit que ce soit de soi-même, soit que ce soit d'une autre. Car quand je dis : *Petrus affirmat*, *affirmat* est la même chose que *est affirmans;* et alors *est* marque mon affirmation, ou le jugement que je fais touchant Pierre, et *affirmans* l'affirmation que je conçois, et que j'attribue à Pierre » (Arnauld et Lancelot, *Grammaire générale et raisonnée*, Paris, Allia, 2010, p. 106).

2. *Grammaire* [1775], in *Œuvres complètes*, t. VI, Genève, Slatkine Reprints, 1970.

3. Lorsqu'il imagine le langage des premiers hommes, Condillac suppose que les pronoms servent à rapporter une même idée à plusieurs sujets : « Il est évident que chaque homme en disant, par exemple, *fruit manger*, pouvait montrer, par le langage d'action, s'il parlait de lui, ou de celui à qui il adressait la parole, ou de tout autre ; et il n'est pas moins évident qu'alors ses gestes étaient l'équivalent de ces mots *moi*, *vous*, *il*, il avait donc des idées distinctes de ce que nous appelons la première, la seconde et la troisième personne ; et celui qui comprenait sa pensée, se faisait de ces personnes les mêmes idées que lui » (*ibid.*, p. 410). On

formes du verbe (indépendamment des modifications selon la personne) qui sont « le signe de l'opération de l'esprit, lorsque nous jugeons du rapport de [...] deux idées »[2], en particulier le verbe être, qui dans sa pureté constitue directement « le signe de [l']esprit, qui juge du rapport »[3]. L'analyse faite de la proposition « je parle » est à cet égard tout à fait remarquable : dans cette proposition ce n'est pas la première personne qui est le lieu d'expression de la personnalité pensante, c'est le verbe en tant qu'il manifeste la liaison opérée par l'esprit entre deux idées (« je » et « parlant »)[4].

Pourtant, et plus encore qu'Arnauld, Condillac remarque que les pronoms ne renferment pas d'identification nette du sujet, et ne caractérisent celui-ci ni comme porteur d'un nom propre, ni comme répondant à une description : les pronoms identifient le sujet comme celui-là même qui parle et prononce l'occurrence actuelle du « je ». À la différence d'Arnauld, Condillac considère que c'est là une supériorité du pronom sur le nom propre, puisque le pronom introduit une manière originale de se rapporter à soi :

> Vous remarquerez que les noms de la première et de la seconde personne expriment bien mieux les vues de l'esprit, que ne feraient les noms propres. Ils expliquent parfaitement, l'un la personne qui parle, l'autre la personne à qui l'on parle. Vous ne vous feriez plus entendre, si vous vous nommiez au lieu de dire je[5].

Quoiqu'il ne justifie pas clairement la supériorité en jeu, il indique ici le fait que la substituabilité apparente entre le nom propre et le pronom n'est pas réelle. Il existe bien une différence cognitive entre le fait de parler en première personne et le fait de tenir des énoncés comme « Condillac est... », « Condillac fait... ». Le caractère inintelligible du discours qui résulterait d'une substitution systématique constitue un point essentiel : de la sorte, Condillac souligne que les pronoms ne sont pas des signes

retrouve ici l'idée d'une homologie entre la référence à un objet externe et la référence à soi, tout comme l'idée d'une symétrie entre la compréhension qu'a le locuteur du pronom « je » et celle que développe l'auditeur à l'audition du pronom. Dans les deux cas il s'agit d'une idée objectivante et représentative, comme toutes les autres idées.

1. Les messieurs de Port-Royal sont d'ailleurs cités par Condillac, qui témoigne explicitement sa dette à leur égard (*ibid.*, p. 351).

2. *Ibid.*, p. 433.

3. *Ibid.*, p. 434.

4. *Ibid.*

5. *Ibid.*, p. 481.

manifestant une représentation absolument pré-linguistique de soi; car si tel était le cas, il n'y aurait pas de dommage à se servir d'une telle sorte de signe (le nom) plutôt que de telle autre (le pronom) afin d'exprimer cette représentation. Pour Condillac, le pronom détermine *une certaine optique dans le rapport à soi*. Cette optique n'est pas interrogée davantage par Condillac, mais l'espace ouvert rend désormais plausible l'idée selon laquelle les marques de l'énonciation ont un rôle positif pour *constituer* un certain niveau d'aperception. Si ce n'est pas simplement parce que je m'aperçois moi-même d'une certaine façon que je peux dire « je », n'est-ce pas parce que parler en première personne transforme le rapport à soi ?

La critique de l'assise conscientielle du discours en première personne, chez Locke et Hume

En disant « je », nous ne faisons pas que traduire une conscience pré-linguistique de nous-mêmes. La découverte de ce point bouleverse l'ensemble des problèmes posés initialement. Plus précisément, c'est la combinaison de a) cette attention accrue portée à la singularité de la prise sur soi ouverte par la première personne, avec b) l'idée empiriste selon laquelle les informations délivrées par le sens interne ne suffisent pas à constituer une idée stable de soi, qui va introduire en philosophie la thèse inédite selon laquelle la personnalité n'est peut-être que le *produit* des discours tenus sur soi-même par le biais de la première personne.

Afin de saisir le renversement kantien en la matière, il nous faut donc encore opérer un détour par la critique humienne de l'identité personnelle, dans la lecture qu'il fait de Locke.

Chez Locke, l'identité personnelle se trouve distinguée de l'identité des substances. On peut en effet très bien imaginer que la substance de notre âme perdure, sans que pour autant nous ayons le moindre souvenir de qui nous étions auparavant, et en cela l'identité de notre personne serait réduite à néant; réciproquement, on peut concevoir une conservation de l'identité personnelle, alors même que des modifications de la substance du corps ou de l'âme interviennent en nous :

> Il faut examiner ce dont tient lieu le mot personne. Je crois [que le mot tient lieu de l'expression] un être pensant, intelligent, qui a raison et réflexion et qui peut se regarder soi-même comme soi-même, comme la même chose qui pense en différents temps et lieux [1].

1. *Essai sur l'entendement humain* [1690], trad. fr. J-M. Vienne, Paris, Vrin, 2001, II, 27, § 9, p. 521.

Ainsi, l'idée que nous avons de nous-mêmes n'est pas pour Locke l'idée d'une « chose », si par là on entend l'idée d'un objet matériel subsistant, l'idée d'une certaine forme corporelle ou l'idée d'une âme. C'est une idée qui se fait par la conscience, et surtout par la continuité entre les états de conscience. L'identité personnelle se trouve subordonnée à la capacité de réactiver des états de conscience antérieurs : « Aussi loin que peut remonter la conscience dans ses pensées et ses actes passés, aussi loin s'étend l'identité de cette *personne* »[1]. Locke indexe donc la capacité à dire « je » et parler de « soi » non aux contenus immédiats de l'aperception, mais à la capacité de lier la conscience de mon état présent à celle de mes états passés. Le contenu de ma pensée présente de moi-même ne me fournit pas par lui-même une idée de ma personne ; il faut faire intervenir la continuité de ce contenu avec mes états passés et leur liaison par le biais du rappel à soi mémoriel.

Cependant, parallèlement à cette inflexion, Locke maintient la dépendance univoque des performances linguistiques à l'égard des opérations mentales. La conscience soutenue par la mémoire est « ce qui fait de chacun ce qu'il appelle *soi* »[2]. D'un côté, la capacité de se rapporter à soi déborde le simple contenu de l'aperception dans l'instant. Mais de l'autre, la capacité de parler de soi reste simplement seconde et expressive par rapport aux propriétés mentales. Ainsi, sur le plan juridique et moral, la possibilité que nous avons de nous imputer des mérites et des torts ne coïncide pas avec notre capacité à nous les attribuer explicitement ; il suffit de dire que nous sommes concernés par nos actes « grâce à la conscience seule »[3]. En résumé, chez Locke, nous pouvons parler à la première personne à partir des idées de réflexions que nous formons de nous-mêmes et conservons par la mémoire, de sorte que c'est sur la base d'un rapport à soi (conscient et mémoriel) purement pré-discursif que nous nous élevons aux formules en première personne.

Locke semble donc, sur les questions qui nous intéressent, rester un cartésien quasi-orthodoxe. Pourtant à partir de ses analyses, les coordonnées du problème ont basculé.

Parce qu'il montre la nécessité de ne pas se contenter des contenus actuels de la conscience pour constituer l'idée du moi, Locke force chacun à admettre qu'une telle idée n'est pas un élément permanent de nos expériences, et ne peut se comparer avec les idées que nous formons des choses (arbres, animaux, et mêmes autres hommes). C'est pourquoi nous pouvons

1. *Essai sur l'entendement humain, op. cit.*, p. 522-523.
2. *Ibid.*, p. 522.
3. *Ibid.*, II, 27, § 26, p. 539.

dire que Locke ouvre la brèche dans laquelle s'engouffrera Hume : la thèse de ce dernier correspond en effet à l'idée selon laquelle *aucune base, ni informationnelle ni mémorielle ne nous permet de constituer une idée de nous-mêmes*. Toutes nos idées consistent dans l'accumulation et l'addition de nos perceptions. Or, aucune de nos perceptions n'abrite en elle-même un noyau constant ou saillant que nous pourrions identifier comme notre « moi », et qui pourrait ainsi fournir la source de nos énoncés en première personne. On peut bien expliquer les attributs de nos jugements en première personne par les sensations (je dis « je lève mon bras » sur la base d'un certain nombre de sensations, aussi bien visuelles qu'internes), en revanche rien de spécifique dans nos perceptions ne correspond au pronom lui-même, ou à ce que nous nommons par ailleurs « nous-mêmes » :

> Si une impression donne naissance à l'idée du moi, cette impression doit nécessairement demeurer la même, invariablement, pendant toute la durée de notre vie, puisque c'est ainsi que le moi est supposé exister. Mais il n'y a pas d'impression constante et invariable [...][1].

La ré-occurrence du « je » dans de multiples énoncés semble envelopper la prétention d'une visée d'un moi unitaire ; or, en raison de cela même, elle nous masque l'absence radicale d'un élément constant dans nos perceptions qui pourrait justifier l'emploi itératif du pronom. Si l'on cherche à expliquer l'emploi de la première personne, force est de constater que les assises de cet emploi sont introuvables :

> quand je pénètre le plus intimement dans ce que j'appelle moi-même, je tombe toujours sur une perception particulière ou sur une autre, de chaleur ou de froid, de lumière ou d'ombre, d'amour ou de haine, de douleur ou de plaisir. Je ne parviens jamais, à aucun moment, à me saisir *moi-même* [...][2].

Ainsi, l'idée lockéenne d'une subsistance ou d'une continuité du moi par la mémoire s'évanouit, dans la mesure où elle ne trouve pour Hume à se traduire ultimement dans aucun contenu de conscience, dans aucune impression spécifique. L'unité suggérée par les locutions du langage commun peut donc être comptée comme une « fiction »[3]. L'usage du « je » ne peut plus être tenu pour référentiel puisqu'il n'y a à proprement parler rien qui corresponde à ce que nous appelons « nous-mêmes » ou notre

1. *Traité de la nature humaine* [1739-1740], trad. fr. P. Baranger et P. Saltel, Paris, GF, 1993-1995, I, IV, VI, « De l'identité personnelle », p. 343.
2. *Ibid.*
3. *Ibid.*, p. 346 et p. 351.

« moi ». En disant « je », je fais comme si mes sensations et sentiments me permettaient de me rapporter à « moi-même », alors qu'il n'en est rien.

En général pour Hume, l'usage du « je » masque tendanciellement, plutôt qu'il ne révèle, ce que nous pouvons nous représenter. Une fois tombé le voile de l'itération pronominale, l'esprit « n'est qu'un amas, ou une collection de différentes perceptions, réunies par certaines relations, et supposé, encore qu'à tort, doté d'une simplicité et d'une identité parfaite »[1].

L'usage du « je » ne peut donc être fondé sur aucune base pré-linguistique. Par là, Hume se tient à la croisée des chemins entre la critique de la grammaire comme source d'illusions métaphysiques (Nietzsche), et le renversement qui voit dans l'usage du « je » une source positive de l'organisation subjective (Kant).

Selon le premier chemin ouvert, on doit expliquer la tendance à s'attribuer un moi par l'enquête sur les racines psychologiques de nos croyances illusoires, et on obtient ainsi une critique des discours et de leur grammaire. La croyance au moi est alors interprétée comme provenant de la grammaire, mais à la manière d'une superstition. Si ni les perceptions, ni aucune forme de prétendu « rapport » introspectif à soi ne peuvent offrir de base infra-linguistique au pouvoir de dire « je », en revanche le discours en première personne possède un pouvoir déformant qui nous fait croire à l'unité du moi. Dans ce cas, doit-on recommander comme Pascal de se passer de la première personne dans nos discours ? La dissolution de toute assise aperceptive doit-elle entraîner la dissolution de la sémantique et des usages de la première personne ?

Selon la seconde voie, la critique conduite par Hume des bases informationnelles de nos énoncés en première personne n'est pas contraignante quant à la conclusion qu'elle propose. Arnauld a bien remarqué que ce n'est pas sur la base d'une idée purement pré-linguistique que nous pouvons dire « je », et Condillac souligne la non équivalence des identifications nominales avec les pronoms[2]. Aussi, lorsque Hume dément à juste titre l'idée selon laquelle l'unité personnelle pourrait être elle-même aperçue, ne peut-on pas aussi bien en conclure que l'usage du « je » possède en réalité une *productivité cognitive*, qu'il n'est pas ce qui reflète et traduit la

1. *Traité de la nature humaine*, *op. cit.*, I, IV, II, p. 291-292, trad. modifiée.

2. En ce sens, on peut se demander si la critique du moi axée sur l'analyse de la superstition grammaticale ne demeure pas l'otage des approches fondationnelles de nos usages linguistiques. Sur ce point, *cf.* V. Descombes, *Le complément de sujet*, Paris, Gallimard, 2004, « Deuxième partie », IV, « La superstition du sujet ».

personnalité, mais bien ce qui *contribue à la former*? Cette seconde voie sera celle de Kant.

KANT ET LA PREMIÈRE PERSONNE

Où doit-on chercher dans l'œuvre de Kant les éléments susceptibles d'éclairer le rapport entre personnalité et usage linguistique des marques de la première personne ? Deux lieux principaux se présentent : d'une part le § 1 de l'*Anthropologie* (au cours duquel Kant déclare que l'enfant ne devient une personne qui se pense qu'en apprenant à dire « je »), comme nous l'avons évoqué au début de ce chapitre, d'autre part l'Analytique Transcendantale de la *Critique de la raison pure* (notamment le § 16 où Kant relie l'unité de l'aperception à la possibilité que le « je pense » accompagne toutes mes représentations ; et les Paralogismes, qui reviennent sur les limites de l'usage légitime du « je pense »). Toute interprétation satisfaisante de l'œuvre de Kant devra s'efforcer de confronter et d'accorder ces lieux.

Un problème de cohérence interne

Une difficulté majeure se présente lorsqu'il s'agit d'expliciter la thèse de Kant vis-à-vis de la première personne. Cette difficulté réside dans le fait que la première *Critique* semble soutenir l'antériorité de la conscience de soi sur l'usage des marqueurs linguistiques de la première personne, tandis que l'*Anthropologie* dérive la personnalité et la capacité à se penser de l'usage du « je ». En effet, le § 16 de la première *Critique* soutient que « c'est seulement parce que je peux saisir le divers [des] représentations en une conscience que je les nomme *mes* représentations »[1], et semble donc faire de l'unité de l'esprit le principe d'explication des modes d'expression de la première personne. Tandis que l'*Anthropologie*, parlant de l'enfant, fait dériver la capacité de se penser de l'usage du pronom « je ». Comment accorder ces deux niveaux ?

Nous soutenons que *l'unité du sujet pensant*, étudiée dans la *Critique de la raison pure*, ne se confond pas avec la *personnalité* thématisée par l'*Anthropologie*. On peut lever la contradiction entre les deux ouvrages si l'on ne tient pas les deux notions pour synonymes ; or Kant nous donne des indications permettant de les distinguer. La différence entre unité du sujet et personnalité réside dans le fait que la personnalité suppose une

1. Ak 3 : 110 ; B 135. *CRP*, p. 200.

réflexivité à l'égard de l'unité du sujet pensant, tandis que cette unité peut être en partie tenue pour *pré-réflexive*. À partir de là, on peut comprendre le décalage entre la première *Critique*, qui envisage le discours en première personne comme un mode d'expression simplement possible de l'unité du sujet, et l'*Anthropologie* qui fait intervenir l'usage du « je » à un stade ultérieur, alors que l'unité de l'expérience et du sujet sont déjà effectives, et cette fois-ci comme facteur de constitution de la réflexivité personnelle.

Cet étagement, décisif pour comprendre le texte de l'*Anthropologie*, apparaît implicitement dans le § 1 :

> Il faut remarquer que l'enfant, qui sait déjà parler assez correctement ne commence qu'assez tard (peut-être un an après) à dire *Je*; avant, il parle de soi à la troisième personne (Charles veut manger, marcher, etc.); et il semble que pour lui une lumière vienne de se lever quand il commence à dire *Je*; à partir de ce jour, il ne revient jamais à l'autre manière de parler. Auparavant, il ne faisait que se sentir; maintenant il se *pense*. – L'explication de ce phénomène serait assez difficile pour l'anthropologue. Remarquons qu'un enfant, dans les trois premiers mois de sa vie, n'extériorise ni pleurs ni rires; ce qui paraît dépendre aussi du développement de certaines représentations d'offense et d'injustice qui se réfèrent à la raison. – Il se met, dans cette période, à suivre des yeux les objets brillants qui lui sont présentés; c'est là le fruste commencement du progrès des perceptions (appréhension de la représentation sensible); elles se développeront jusqu'à une reconnaissance des objets des sens, c'est-à-dire jusqu'à l'expérience[1].

Que l'unité de l'expérience et l'unité du moi précèdent la capacité à dire « je », c'est ce qu'atteste dans ce texte le fait que l'enfant sait déjà s'exprimer (« il parle déjà de soi ») et reconnaît déjà des objets (il suit des yeux les objets lumineux, etc.), lorsqu'il apprend à parler à la première personne. Il maîtrise donc déjà globalement la langue, formule déjà des jugements et mobilise déjà des concepts. Qu'un changement survienne lorsque l'enfant parvient enfin à « se penser » (en disant « je ») ne veut pas dire qu'auparavant, l'expérience enfantine ne possédait ni unité ni structure.

Mais alors, que signifie exactement la thèse selon laquelle l'emploi du « je » fait que l'homme « est une personne »[2] ? En quoi consiste exactement cette modification du rapport à soi introduite par le discours pronominal ? L'interprète du texte de l'*Anthropologie*, et plus largement du rôle génétique accordé par Kant à la première personne, doit identifier la nature de la

1. Ak 7 : 127. *APP*, p. 17.
2. Ak 7 : 127. *Ibid.*

révolution qui s'introduit dans la manière de penser de l'individu lorsque celui-ci s'approprie le pronom « je », mais sans surévaluer cette révolution en lui accordant plus de poids qu'il ne convient. La thèse du lien entre personnalité et première personne ne prend sens que si on ne la confond pas avec la thèse de l'unité du mental, interrogée par un autre biais dans la première *Critique*.

Afin d'expliquer précisément la position de Kant, il nous faudra tout d'abord voir en quoi la question du rapport entre la personnalité et son expression linguistique lui parvient telle qu'elle a été façonnée par Hume. Ce dernier n'a pas simplement réveillé Kant de son sommeil dogmatique sur le terrain de la théorie de la connaissance : il a également attiré son attention sur l'absence de toute base informationnelle permettant de garantir l'usage du « je ». Puis, à partir d'une relecture de certains points de la Déduction Transcendantale, nous verrons en quoi l'unité de l'expérience et celle du moi (dans leur solidarité) précèdent logiquement l'usage de la première personne, et en quoi par conséquent il est inévitable que l'apprentissage de la langue et de sa grammaire précèdent l'usage du pronom « je ». Enfin, nous apprécierons la modification du rapport à soi induite par le « je » en comprenant ce pronom comme le principal opérateur de la réflexion sur soi, et partant de la responsabilité du sujet vis-à-vis de ses attitudes et assertions.

La reprise kantienne de la thèse de Hume

Le point de départ de la réflexion kantienne sur les rapports entre la personnalité et le discours pronominal n'est pas cartésiano-leibnizien. La conjonction décisive pour la thèse de Kant sur la première personne réside a) dans l'affirmation de la nécessaire unité du sujet pensant et b) dans l'impossibilité de gager cette unité sur un fondement métaphysique. Dès lors, Kant devait inévitablement se demander en quoi consiste l'unité subjective, et la critique humienne de la possibilité de rapporter cette unité aux contenus de l'expérience constituait le pivot forçant Kant à accorder une attention grandissante au rôle génétique du pronom « je ».

En effet, à quoi puis-je jamais parvenir par le biais du « sens interne » ? À rien qui puisse jamais être de l'ordre de l'unité d'un « moi ». Kant prend acte de la thèse de Hume : aucun contenu empirique ne peut nous fournir de référent constant pour le terme « je ». Y a-t-il là un paradoxe, étant donné la définition donnée par Kant du sens interne comme « l'intuition que nous avons de nous-mêmes et de notre état intérieur »[1] ? Pour comprendre en

1. Ak 3 : 59, 4 : 37 ; A 33/B 49. *CRP*, § 6, p. 128.

quoi ce n'est en rien le cas, nous devons rappeler brièvement quelle notion Kant possède du « sens interne ». Pour cela, il faut partir du « sens externe », qui consiste dans l'ensemble des perceptions obtenues par les différents canaux sensibles (vision, toucher, ouïe, tact, odorat), perceptions par lesquelles nous sommes affectés par les objets spatiaux, y compris notre propre corps. En quoi consiste le sens interne ? Peut-il être décrit comme l'intuition de notre « moi », comme nous faisant apercevoir notre propre état par contraste avec celui des choses externes ? Cette voie consisterait à soutenir une lecture du « sens interne » comme une forme d'introspection ; la voie est tentante en raison même du syntagme choisi par Kant, qui suggère à la fois une disjonction et un parallélisme entre sens externe et sens interne. Deux raisons s'opposent à une telle lecture du sens interne, puisées dans l'*Anthropologie* :

1) L'introspection ne peut découvrir notre état intérieur sans le modifier voire l'occulter : « [l'homme] veut-il s'examiner lui-même ? Sa situation devient critique, surtout pour ses émotions [...] ; s'il s'observe, les mobiles sont hors d'action »[1]. En outre, l'observation de soi demande un effort spécifique, elle est difficile et ne peut être que de courte durée[2]. Elle consiste à procéder comme si on produisait un journal intime, et Kant la condamne comme pouvant mener à une forme de folie. Or, par contraste, le sens interne est décrit comme un flux continu, consubstantiel avec notre vie elle-même, puisque « d'où que viennent nos représentations [...] elles appartiennent néanmoins, en tant que modifications de l'esprit, au sens interne »[3].

2) Le sens interne kantien ne peut donc être assimilé à une introspection, et en ce sens il ne peut être assimilé à une réécriture de la réflexion lockéenne sur les opérations de l'esprit. En réalité, il n'est au départ rien d'autre que le caractère conscient *des représentations externes elles-mêmes*. L'erreur généralement commise consiste à se le représenter comme une deuxième série de perceptions, doublant les perceptions des choses. Mais en réalité, « l'état intérieur » dont parle Kant n'est *rien d'autre* que le fait de percevoir les choses externes, et d'éprouver à cette occasion certains sentiments. Le sens interne ne consiste pas à nous représenter *nous-mêmes*, il n'est rien que le caractère conscient de nos perceptions et de nos sentiments. Kant le clarifie à l'occasion de la réécriture de la « Réfutation de l'idéalisme » dans la seconde Préface de la

1. Ak 7 : 121. *APP*, p. 12.
2. Ak 7 : 132-133. *Ibid.*, § 4, « De l'observation de soi-même ».
3. Ak 4 : 77 ; A 98-99. *CRP*, p. 179.

Critique de la raison pure. Dans ce texte, il affirme que les choses hors de nous sont ce dont « nous tenons [...] toute la matière de nos connaissances, même pour notre sens interne »[1]. Par cette affirmation, Kant ne veut pas dire que mon état soit quelque chose de perceptible hors de moi, mais que mon état n'est rien d'autre que le fait de percevoir les choses externes ou d'en être affecté d'une certaine façon. La « conscience de mon existence dans le temps est donc associée à la conscience, à laquelle ainsi elle s'identifie, d'un rapport à quelque chose qui se trouve hors de moi »[2].

De la sorte, la possibilité pour moi-même de m'être donné comme une personne identique par le sens interne se trouve clairement interdite. Si le sens interne consiste dans le défilé de mes perceptions de ce qui s'y trouve associé (sentiments, intentions, passions, etc.), alors en tant qu'objet du sens interne je suis bien proche de ce que Hume décrit : un amas ou unc collection de différentes perceptions. Kant souscrit explicitement à un tel diagnostic, et plusieurs commentateurs pensent voir là l'influence directe de Hume[3] :

> la conscience de soi qui se forge d'après les déterminations de notre état pour la perception interne est simplement empirique, toujours changeante, il ne peut y avoir dans ce flux de phénomènes internes un Moi stable ou permanent, et c'est là ce qu'on appelle communément le sens interne ou l'aperception empirique[4].

Comme Hume, Kant considère la perception ne peut jamais garantir l'unité de notre moi, nous en fournir la moindre notion, et donc fonder l'usage du « je » en le référant à la conscience que le sujet a de lui-même.

Le sens interne ne livre pas l'unité du moi. Pourtant, si nous ne pouvions pas rapporter l'ensemble de nos représentations à ce que Kant nomme « l'unité de l'aperception » (et qui n'a donc plus rien à voir avec une constante introspective), alors nous perdrions de vue la possibilité de considérer notre expérience comme *une seule* expérience. En quoi consiste dès lors l'unité de l'aperception ? C'est à partir d'une relecture de la Déduction Transcentandale que l'on pourra saisir le sens précis du texte de l'*Anthropologie*.

1. Ak 3 : 23 ; B XXXIX. *Ibid.*, p. 89.
2. Ak 3 : 24 ; B XL. *Ibid.*, p. 90.
3. *Cf.* P. Kitcher, *Kant's transcendantal psychology*, *op. cit.*, p. 98-102.
4. Ak 4 : 81 ; A 107. *CRP*, p. 183.

La question de la première personne dans la « Déduction transcendantale »

L'unité de l'aperception comme condition transcendantale de l'expérience

L'établissement de l'unité de l'aperception comme condition de l'expérience, dans la « Déduction transcendantale », peut être formulé brièvement de la façon suivante : si, comme l'affirme Hume, nos différentes perceptions et représentations étaient sans rapport à l'unité d'un sujet, si elles étaient autant de fragments absolus sans liaisons, alors on ne pourrait pas disposer de la *moindre* expérience, y compris la forme minimale de l'expérience que Hume est prêt à admettre, à savoir l'expérience de la succession temporelle des perceptions elles-mêmes. Or, nous disposons effectivement de connaissances et d'expériences (temporellement ordonnées) ; en conséquence, nos perceptions et représentations sont toutes susceptibles d'être rapportées à l'unité du sujet pensant :

> si chaque représentation singulière était totalement étrangère à l'autre, si elle était pour ainsi dire isolée et séparée d'elle, jamais ne se formerait quelque chose comme une connaissance, laquelle est un ensemble de représentations comparées et connectées [1].

Si l'on accorde la capacité de connaître quelque objet que ce soit (ou au minimum le fait d'avoir une expérience temporellement ordonnée), alors on doit accorder l'unité du sujet. Cette équivalence correspond à ce que Kant nomme l'unité *analytique* de l'aperception.

On doit bien remarquer que ce mode d'argumentation régressif et apagogique ne part pas directement du sujet compris comme une *chose* dont la connaissance serait plus robuste ou plus évidente que celle des autres choses. Au contraire, l'argument fonctionne *y compris si l'on commence par supposer qu'on n'a aucune connaissance directe de soi* ; à supposer même qu'il n'y ait *a minima* qu'une succession de perceptions, pour peu qu'on veuille que celles-ci se succèdent dans un même temps, alors on doit pouvoir les lier dans l'unité d'une conscience. Ainsi l'unité du « je » n'est pas l'unité objective d'un certain être connu empiriquement ; en revanche, elle est toujours supposée par toute expérience objective et tout usage que nous pouvons faire du moindre concept d'objet – quand bien même le concept dont nous ferions un usage objectif ne serait en rien un concept de nous-mêmes. Car l'usage de la moindre expérience et le moindre concept

1. Ak 4 : 76 ; A 97. *CRP*, p. 178.

supposent toujours « cette conscience une qui réunit en une représentation le divers intuitionné peu à peu et ensuite le reproduit »[1].

Interpréter la thèse de l'unité synthétique de l'aperception

Pourtant, l'affirmation de l'unité de l'aperception comme condition transcendantale de l'unité de l'expérience ne contient pas directement d'explication de ce en quoi l'unité de l'aperception consiste. C'est pourquoi Kant note que la connexion entre l'unité de l'expérience et l'unité de l'aperception est *analytique :* c'est dire que cette thèse de connexion n'indique pas quels constituants interviennent dans l'effectivité de ladite unité de l'aperception. Or, pour trancher la question de savoir si le discours en première personne ne fait que *traduire* une conscience de soi prédiscursive, ou si au contraire il *contribue à enrichir* le rapport conscient à soi, l'enjeu devient de savoir si l'usage du « je » fait partie des opérations synthétiques nécessaires à la position de l'unité de conscience[2].

Chez les lecteurs de la Déduction Transcendantale, l'enjeu consiste donc à affronter la question : « en quoi l'unité de l'aperception consiste-t-elle ? ». Dans la littérature kantienne, on constate que cette question est abondamment débattue (par contraste, la thèse qui fait de l'unité de l'aperception une condition capitale de l'expérience objective est généralement jugée non-problématique). Les deux principales réponses susceptibles d'être apportées se révèlent avoir un impact direct sur le rôle que l'on entend faire jouer au pronom personnel de la première personne. On peut notamment distinguer 1) l'assimilation de l'unité de l'aperception avec la possibilité de *s'attribuer à soi-même des états mentaux*, 2) l'identification de l'unité de l'aperception avec l'ensemble des *connexions liant les contenus de nos divers états mentaux*. Schématiquement, l'option (1) semble placer la première personne au centre de l'unité de l'aperception – puisque cette unité s'identifierait à la capacité de faire usage de la première personne en vue de se poser comme attributaire d'une représentation ; tandis que l'option (2) paraît reléguer l'usage de la première personne au rang de simple manifestation de l'unité du mental. Faut-il choisir entre ces options ? Posent-elles correctement le problème de la première personne chez Kant ?

1. Ak 4 : 79 ; A 103. *Ibid.*, p. 182.

2. En d'autres termes, l'affirmation de « l'unité analytique de l'aperception » ne suffit pas à constituer une théorie de la première personne. Pour disposer d'une théorie de la première personne, il faut en outre demander si la première personne est partie prenante du fait que l'unité analytique de l'aperception « n'est possible que sous la supposition de quelque unité *synthétique* » (Ak 3 : 109 ; B 133. *Ibid.*, p. 199).

Strawson est le représentant le plus influent de l'option (1). Dans *The bounds of sense*, il fait de la possibilité de l'attribution à soi des états mentaux (*self-ascription of mental states*) ce sur quoi *repose* l'unité de l'aperception. Selon lui, « pour que des expériences puissent appartenir à une conscience unique, il faut que le sujet de ces expériences puisse avoir conscience *de lui-même* »[1]; or ce qui garantit une telle conscience de soi, c'est l'auto-attribution par le sujet de tel ou tel état mental comme étant le sien propre : « l'unité de la conscience à laquelle appartient une série d'expériences implique ainsi la *possibilité* de l'auto-attribution »[2]. La lecture de Strawson demeure aujourd'hui largement dominante[3].

La représentante la plus fameuse de la seconde option est Patricia Kitcher. Elle soutient en effet que « l'unité de l'aperception renvoie au fait que les état cognitifs sont mutuellement connectés »[4]. Voici ses deux principaux arguments : i) l'interprétation qui assimile l'unité de l'aperception et la possibilité d'auto-attribution des états mentaux projette l'entente leibnizienne et wolffienne du concept d'« aperception » sur Kant. Pour Wolff et Leibniz, l'aperception signifie en effet la conscience *de soi*. Or, par contraste, pour Kant, l'unité de l'aperception signifie avant tout l'unité de *l'esprit*, l'appartenance de tous les états cognitifs à une seule conscience – n'impliquant pas systématiquement une conscience actuelle ou virtuelle de soi-même[5]. ii) Que chaque état mental pris à part puisse faire l'objet d'une auto-attribution est sans rapport à ce qui préoccupe Kant, à savoir la capacité des états mentaux à représenter des objets ; au regard de cette préoccupation, la propriété pertinente des états mentaux

1. *The bounds of sense*, *op. cit.*, p. 93.

2. *Ibid.*

3. Dans sa lecture du § 16 de la *Critique de la raison pure*, Michèle Cohen-Halimi déclare : « la conscience se découvre être ainsi un pouvoir d'auto-attribution des représentations » (« L'usage des pronoms personnels dans la réfutation kantienne du *cogito* », in *Lectures de Kant*, *op. cit.*, p. 82). Jocelyn Benoist fait référence au § 16 comme à « la thèse de l'auto-attribution » (*Kant et les limites de la synthèse*, Paris, P.U.F., 1996, p. 153). P. Kitcher recense un large éventail de chercheurs anglo-saxons souscrivant au diagnostic de Strawson dans *Kant's Transcendantal Psychology* (*op. cit.*, p. 92).

4. *Kant's Transcendantal Psychology*, *op. cit.*, p. 105.

5. Leibniz fait valoir « la distinction entre la *Perception* qui est l'état intérieur de la Monade représentant les choses externes, et l'*Aperception* qui est la *Conscience*, ou la connaissance réflexive de cet état intérieur » (*Principes de la nature et de la grâce fondés en raison*, in *Œuvres de Leibniz*, A. Jacques (éd.), Paris, Charpentier, 1842, t. II, § 4, p. 407). Wolff juge que toute conscience humaine est intrinsèquement réflexive (§ 25 de sa *Psychologia empirica*), et pour Baumgarten la conscience de soi est ce qui définit l'âme en général : « Si quid in ente est, quod sibi alicuius potest esse conscium, illud est anima » (*Metaphysica*, Hildesheim/New York, Olms, 1982, § 504, p. 174).

(examinée dans la Déduction transcendantale) est le fait qu'aucun état mental ne puisse exister à l'état séparé, et que le contenu de chaque état mental dépende du contenu de certains autres états avec lesquels il est connecté[1]. On comprend dès lors que l'unité de l'aperception ne puisse être générée que par des séries de synthèses. La capacité de formuler des jugements d'auto-attribution passe au second plan, et P. Kitcher peut ainsi à juste titre qualifier la théorie kantienne de « théorie cognitive » de l'unité de l'esprit (par opposition aux théories corporelles, morales ou légales)[2] : les esprits « ne sont rien de plus que des systèmes d'états cognitifs interconnectés quant à leurs contenus [*contentually interconnected systems of cognitive states*] »[3].

Doit-on choisir entre ces deux interprétations dominantes pour décider du statut de la première personne chez Kant ? Il nous semble que non ; si l'on s'en tient à l'alternative figurée par ces deux interprétations, on aboutit même à deux écueils.

Quelles conséquences résultent en effet de la première position (faire dépendre l'unité de l'esprit de la capacité à s'attribuer des états mentaux en première personne) ?

Si on adopte (1), on suppose tendanciellement que chaque état mental possède un contenu conceptuel dont l'appartenance à la conscience répond à la possibilité de former un énoncé où on lui préfixe le « je pense » – ou, à tout le moins, le « je » assorti d'un prédicat mental. Par exemple, dans cette perspective, une perception de table n'appartient à l'unité de ma vie mentale que si je peux m'attribuer son contenu via des énoncés du type : I) « je pense qu'il y a une table », « je pense que la table est en bois », etc., ou : II) « je vois une table », « je vois qu'il y a une table », « je vois que la table est en bois », etc.[4] On dispose donc en apparence d'une explication

1. *Kant's Transcendental Psychology*, *op. cit.*, p. 109-117.

2. *Ibid.*, p. 120.

3. *Ibid.*, p. 122. P. Kitcher ajoute que le penseur n'est pas à comprendre comme *celui qui* connecte ses divers états mentaux ; les processus de synthèse ne sont pas *accomplis* par des agents, ce sont des activités inconscientes à l'intérieur des agents, des processus « sub-personnels » (*ibid.*).

4. La préférence que l'on peut donner aux énoncés de type (I) ou de type (II) est fonction de l'interprétation, forte ou faible, que l'on souhaite donner de l'affirmation du § 16 : « le *Je pense* doit nécessairement *pouvoir* accompagner toutes mes représentations ». Mais on doit remarquer que si l'on comprend *littéralement* la possibilité que le « je pense » accompagne les représentations, on risque de confondre l'attribution à soi des états mentaux avec l'assomption de contenus de jugements possibles. En effet, dire que tout état mental doit pouvoir faire l'objet d'une auto-attribution par un énoncé de la forme « je pense que X » (énoncés de type (I)), c'est réduire tout état mental à un contenu de croyance assertible. La possibilité de préfixer *stricto sensu* à tout état mental la locution « je pense » reviendrait à

portant sur le lien entre l'unité de la conscience et l'usage de la première personne. Pourtant, aussi séduisante soit-elle, cette option possède un défaut rédhibitoire, qui est sa vulnérabilité à l'égard de l'argument (ii) de Kitcher. On ne voit pas pourquoi le fait de s'attribuer un état mental considéré comme *isolé* des autres états mentaux quant à son contenu pourrait permettre de fournir un fondement synthétique à l'unité de l'esprit. C'est donc bien du côté des connexions entre les différentes représentations qu'il faut chercher l'unité de l'aperception.

Est-ce à dire que l'interprétation de Kitcher est la bonne? Quelles conséquences résultent de cette seconde position (faire reposer l'unité de l'esprit sur les synthèses pré-discursives liant nos représentations)? Il faut l'évaluer en deux temps. D'une part, il est vrai que la théorie de l'unité de l'aperception n'est pas une théorie de l'auto-attribution des états mentaux mais une théorie de la connexion synthétique des représentations; en ce sens, le versant critique de la position de Kitcher nous semble un acquis. Mais d'autre part, ce résultat n'implique pas que l'unité synthétique de l'aperception soit, comme le veut Kitcher, accomplie uniquement par des processus subpersonnels pré-discursifs. Au contraire, il est essentiel, pour l'argument de la Déduction transcendantale, que l'unité synthétique de l'aperception épouse les fonctions *judicatives* de l'unité entre nos représentations. Chaque représentation ne peut être amenée à l'unité de l'aperception qu'en référence à la possibilité d'être liée à d'autres représentations *au sein d'un jugement*. C'est là le point essentiel d'une affirmation célèbre du § 10 déjà citée :

> la même fonction qui fournit de l'unité aux diverses représentations *dans un jugement* donne aussi à la simple synthèse de diverses représentations *dans une intuition* une unité [...][1].

Robert Brandom repère là la thèse directrice selon laquelle « les *jugements* sont la forme fondamentale de la conscience »[2]. En commentant le passage que nous venons de citer, il salue ici la véritablement révolution kantienne : « une des innovations cardinales [de Kant] consiste à affirme que l'unité

assimiler tout état mental à un contenu propositionnel susceptible d'être *affirmé*. Par contraste, les énoncés des types (II) ont l'avantage de pouvoir épouser l'éventail des états mentaux dans toute leur diversité (« je vois... », « je veux... », « je désire... », etc. »); il paraît donc préférable, au sein de l'interprétation par l'auto-attribution des états mentaux, de comprendre le « pense » du « je pense » comme un terme générique tenant lieu de tout prédicat mental pertinent, suivant le contenu de la représentation qu'il s'agit d'amener à l'unité de l'aperception.

1. Ak 3 : 92, 4 : 65; A 79/B 104-105. *CRP*, § 10, p. 162.

2. *Rendre explicite*, *op. cit.*, t. II, « Conclusion », p. 1079.

fondamentale de la conscience ou de la connaissance, le minimum saisissable, est le *jugement*. [...] Ainsi, pour Kant, toute discussion du contenu doit commencer par les contenus des jugements, car une autre chose ne peut avoir de contenu que pour autant qu'elle contribue au contenu des jugements. C'est pourquoi sa logique transcendantale peut enquêter sur les présuppositions du contenu dans les termes des catégories, c'est-à-dire des fonctions de l'unité dans le jugement »[1]. Notre expérience est unifiée du fait que nous jugeons. La clé de cette thèse réside dans le fait qu'au sein des jugements, toutes nos représentations se trouvent articulées conceptuellement de sorte que chacune ne possède de contenu que par les relations rationnelles qu'elle entretient (ou qu'elle est susceptible d'entretenir) avec les autres. L'activité de juger révèle le fait qu'on ne peut avoir *un* concept sans en avoir plusieurs. Juger, c'est engager toutes ses représentations dans une perspective holiste, si bien qu'aucune représentation n'a de contenu sans les liens effectifs ou présomptifs qu'elle développe avec d'autres représentations au sein des jugements[2]. Pour reprendre l'exemple évoqué ci-dessus, s'il n'est pas décisif que je puisse m'attribuer une perception de table dans des énoncés du type (I) et (II), il est en revanche capital que le concept de « table » n'existe que comme prédicat pour des jugements possibles. C'est parce que je peux formuler une multiplicité d'énoncés (« la table est... » ; « ceci est une table », « si X est une table, alors ... », « je veux une nouvelle table », etc.) dont les contenus entretiennent des relations rationnelles, que la perception que j'ai de la table peut être amenée à l'unité de l'aperception.

La première personne dans la « Déduction transcendantale »

On peut dès lors relire les § 16 et suivants de la « Déduction Transcendantale » et préciser le statut de la première personne en ce lieu. Le résultat obtenu est net : l'usage du pronom « je » *n'est pas* ce qui produit l'unité de l'aperception, il en est seulement une expression possible. L'unité de l'aperception tient à la possibilité de formuler en général *des jugements*, que ces jugements fassent intervenir ou non le pronom « je ». Sur ce point, Kant se montre extrêmement proche des thèses d'Arnauld et Nicole. Pour ces derniers, l'unité de l'action de l'esprit est avant tout signifiée par

1. *Ibid.*, t. I, I, II, II, « Kant sur le jugement comme forme de conscience », p. 187. Brandom fait en conséquence de Kant le point de départ d'une tradition que l'on arrime généralement à Frege.

2. Par contraste, la thèse qui assimile l'unité de l'aperception au pouvoir de s'attribuer des états mentaux considérés au départ comme isolés, cette thèse implique une forme d'atomisme des représentations au lieu de fournir un moyen satisfaisant de la désactiver.

l'auxiliaire « être » et les verbes; on a vu dans le chapitre précédent que Kant hérite de cette thèse et l'enrichit, au cœur du paradigme corrélationnel, en affirmant que l'unité de l'action de l'esprit se trouve marquée par la liaison grammaticale des concepts au sein des jugements. Si les fonctions de l'unité des concepts dans les jugements sont bien la clé de l'unité de l'aperception, alors, quoique le déploiement linguistique des concepts en soit partie prenante, en revanche l'usage des marqueurs linguistiques de la première personne et l'auto-attribution des états mentaux ne remplissent aucun rôle privilégié. L'unité du sujet pensant a pour lieu les énoncés en général, non les énoncés d'auto-attribution en particulier.

Comment comprendre alors que le « je pense » doive pouvoir accompagner toutes mes représentations? Avant tout, on doit en finir avec la tentation de comprendre le « je pense » comme un énoncé insaturé, à compléter par un contenu propositionnel qui capturerait le contenu de la représentation. Pour des raisons indiquées plus haut dans ce chapitre (p. 165), cette décision interprétative revient à traiter toute représentation comme un contenu assertible, alors même qu'aucun argument ou appui textuel ne peuvent rendre acceptable un tel parti pris[1]. Comme l'affirment les Paralogismes, le « je pense » n'est pas une partie d'un jugement ou une partie de proposition, mais bien *un jugement complet*, une *proposition complète*[2]. La possibilité qu'il accompagne toutes mes représentations ne peut dès lors que signifier la possibilité qu'a le sujet d'exprimer analytiquement l'unité de son activité pensante. La suite du § 16 conforte directement cette lecture, puisqu'elle fait de l'usage des adjectifs possessifs non pas ce sur quoi repose l'unité de l'aperception, mais bien ce qui en résulte :

> c'est seulement parce que je peux saisir le divers des représentations en une conscience que je les nomme toutes *mes* représentations[3].

L'ordre d'explication est net : l'attribution en première personne des représentations, ou l'usage des marqueurs de la première personne, ne sont que

1. Le genre « représentation » est bien plus large : Kant le décline en Ak 3 : 249-250, 4 : 203; A320/B 376-377. *CRP*, p. 346. En plusieurs lieux, le terme « représentation » se trouve même élargi jusqu'à inclure tout élément de la vie mentale – par exemple, dans la *Critique de la faculté de juger*, le plaisir est lui-même inclus parmi les représentations (Ak 5 : 9) !

2. À titre d'exemple, le « je pense » est décrit comme un jugement en Ak 4 : 216; A 341. *CRP*, p. 360, et comme une proposition en Ak 4 : 216; A 342. *Ibid.*, p. 361.

3. Ak 3 : 110; B 134. *Ibid.*, p. 200.

des *suites* de l'unité de l'aperception[1]. Le § 17 va également dans ce sens, puisqu'il affirme que « l'expression générale : *je pense* » me permet de « rassembler [toutes mes représentations] »[2]. Cette image du rassemblement signifie que le « je pense » n'est pas mobilisé par occurrences discrètes comme le préfixe pour des représentations *x*, *y*, *z*, etc. ; comme jugement, le « je pense » manifeste l'activité unifiante de la pensée exercée continûment à l'égard de *toutes* les représentations.

La révolution de la première personne

Dans son dernier *Preisschrift*, Kant loue « un pouvoir à ce point élevé au-dessus de toute intuition sensible qu'il entraîne [...] la complète distinction d'avec tout animal », à savoir le « pouvoir de se dire : Je à soi-même »[3]. L'*Opus postumum* y insiste spécialement : « que l'homme non seulement pense, mais aussi peut se dire à lui-même je pense, fait de lui une personne »[4].

Nonobstant, on a vu en quoi il est vain de vouloir lire, dans la théorie de l'unité mentale déployée par la première *Critique*, une fondation de la conscience de soi sur l'usage du pronom « je ». L'unité de l'esprit se constitue *via* les formes de la synthèse entre les représentations, en-deça du marquage linguistique de la première personne. Dès lors, comment comprendre le rôle de l'adresse à soi-même en première personne ? Quelle détermination distingue la « personnalité » de la simple « unité de l'aperception » ? Et comment comprendre que l'*Anthropologie* fasse de la

1. À cet égard, la traduction d'Alain Renaut est fautive concernant la fin du § 16 (Ak 3 : 110, B 135). L'allemand dit « Ich bin mir also des identischen Selbst bewusst in Ansehung des Mannigfaltigen der mir in einer Anschauung gegebenen Vorstellungen, weil ich sie insgesammt meine Vorstellungen nenne, die eine ausmachen » ; or, si l'on traduit comme Renaut : « je suis conscient du moi identique, vis-à-vis du divers des représentations qui me sont données dans une intuition, parce que je les appelle toutes *mes* représentations » (*CRP*, p. 200), on donne le sentiment que la nomination auto-attributive est la *cause* de la conscience de soi, ce qui contredit la déclaration faite quelques lignes plus haut (citation précédente, également Ak 3 : 110). Il faut ici préférer la traduction d'A. J-L. Delamarre et F. Marty : « Je suis conscient du moi identique, par rapport au divers des représentations qui me sont données dans une intuition, puisque je les nomme toutes *mes* représentations, qui n'en forment qu'*une*. » (*Œuvres philosophiques*, *op. cit.*, t. I, p. 855). Dans la phrase allemande, « *weil* » n'exprime pas l'explication d'un fait par un autre, mais introduit une raison de tenir pour vraie l'affirmation « je suis conscient du moi identique » (cette conscience étant *présupposée* par l'énoncé auto-attributif).

2. Ak 3 : 112 ; B 138. *CRP*, p. 202.

3. Ak 20 : 270. *Progrès*, p. 23.

4. Ak 21 : 103. *OP*, p. 242.

maîtrise du « je » la condition *sine qua non* permettant à l'enfant de « se penser » ?

Le pronom « je » comme auxiliaire de la réflexion sur soi dans la décennie 1770

L'usage du pronom « je » ne fonde pas l'unité de l'esprit. Pourtant, il fait de nous des personnes. Le point de passage entre les deux niveaux tient au fait que le pronom « je » réfléchit l'unité de l'esprit qui le précède, et développe ainsi la *conscience* de cette unité et notre responsabilité vis-à-vis de nos pensées et de nos actes. Ce rôle génétique extrêmement précis se dégage progressivement des passages au cours desquels Kant, dans les *Vorlesungen* sur l'anthropologie, revient année après année sur la première personne.

Dès le semestre d'hiver 1772-73, qui est la première année au cours de laquelle Kant dispense ces leçons, le cours s'ouvre sur l'examen du « petit mot Je »[1] (*das Wörtchen Ich*). Dans ce moment inaugural, la réflexion de Kant sur la première personne n'est pas encore aussi radicale que dans l'*Anthropologie du point de vue pragmatique*. En effet, à cette date, Kant ne distingue pas le fait que chacun puisse se faire « soi-même l'objet de ses pensées par la conscience »[2] et la démarche où « je m'observe et me contemple moi-même, tout comme ce qui se passe en moi »[3], par le sens interne. Kant n'a pas encore tiré les leçons de la critique humienne. Ainsi, là où l'on trouve déjà les rudiments d'une analyse du « je » comme vecteur privilégié de la réflexion sur soi :

> Le Je est le fondement de l'entendement et de la faculté de raison, et de tout le pouvoir supérieur de connaître[4].
>
> Chaque être qui peut dire Je, et qui peut ainsi se faire lui-même l'objet de son examen, possède une valeur immédiate, tandis que tous les autres êtres n'ont qu'une valeur médiate[5],

le « je » est présenté uniquement comme prothèse du sens interne, utile en vertu de la pénibilité de l'introspection :

> car tous ces pouvoirs reposent sur le fait que je m'observe et me contemple moi-même, tout comme ce qui se passe en moi. Il est difficile de se faire soi-

1. Ak 25 : 10. *Anthropologie Collins*. Nous traduisons.
2. *Ibid.*
3. *Ibid.*
4. *Ibid.*
5. *Ibid.*

> même l'objet de ses *pensées*, c'est pourquoi on s'en abstient aussi souvent [...][1].

Dans les lignes où Kant esquisse la première version d'une théorie de l'évolution linguistique de l'enfant, il réfère cette évolution à la même pénibilité du retour sur soi introspectif plutôt qu'à la nécessité de recourir au « je » pour mener à bien une auto-réflexion non introspective :

> L'attention et l'intuition de nous-mêmes ne sont certainement pas chose facile, c'est pourquoi un enfant jusqu'à sa troisième année ne parvient assurément pas à ce concept de lui-même [le *Je*], et sitôt qu'il parvient à ces pensées, alors il semble que c'est là la pointe du développement de ses capacités[2].

L'usage du « Je » nous permet ainsi de nous penser nous-mêmes plus clairement et plus longtemps qu'on ne le pourrait sans son appui, mais il n'est pas encore identifié comme l'opérateur insubstituable de la réflexion. L'*Anthropologie Parow* rejoint Collins : « la première pensée qui naît en l'homme, *dans l'usage de son sens interne*, est le Je »[3].

Pourtant, dès le semestre d'hiver 1772-73, de puissants motifs préparent le revirement ultérieur de Kant, lorsqu'il choisira de placer la réflexion sur soi et la personnalité uniquement dans l'usage du pronom après les avoir détachées du sens interne. Ces motifs apparaissent lorsque Kant explique quelles sont les raisons proprement linguistiques qui font du pronom l'auxiliaire privilégié de la réflexion sur soi. À l'instar d'Arnauld ou de Condillac, Kant relève des propriétés grammaticales spécifiques du pronom de la première personne.

1) Par contraste avec les concepts généraux, susceptibles d'être employés au singulier ou au pluriel, « je » ne s'emploie pas au pluriel. Les notes prises par Parow le soulignent : « le Je exprime seulement le singulier »[4]. Comme à cette date, Kant souscrit encore à une doctrine de l'âme inspirée par la psychologie rationnelle de Wolff et Baumgarten, il tire argument de ce fait grammatical pour conclure à la simplicité de l'âme ; mais parce que c'est bien dans l'usage linguistique du « Je » qu'il trouve l'indication de cette simplicité, il prépare l'idée que la conscience de l'unité mentale (comprise à partir de 1781 en un sens non-substantiel) reposera de façon privilégiée sur le pronom : « si l'âme était composée et que

1. *Ibid.*
2. *Ibid.*
3. Ak 25 : 244. Nous soulignons.
4. Ak 25 : 244.

chaque partie devait avoir la pensée, alors il faudrait dire Nous pensons »[1]. L'*Anthropologie Friedländer* insiste à nouveau sur ce point : « le Je est une unité entendue de la façon la plus stricte, et ne possède pas de pluriel, il ne peut être dispersé, et plusieurs ne peuvent constituer un Je »[2].

2) La seconde propriété remarquable du pronom « je » est qu'à l'inverse des concepts sortaux, le « je » ne peut avoir d'occurrence, au sein des tournures prédicatives, qu'à la place de sujet. Selon l'*Anthropologie Parow :*

> le je n'est le prédicat d'aucune autre chose, mais au contraire de nombreux prédicats *peuvent* lui être joints en tant que sujet. En effet, par exemple, lorsque je dis « *je* veux ceci, je pense cela », je sépare assurément tous ces prédicats du Je, et je me considère comme le sujet de tout ce qui est prédiqué[3].

La référence à soi à l'aide de tournures descriptives ou à l'aide de noms propres (« Kant », « l'auteur de la *Critique* ») peut par contraste fonctionner aussi bien à la place du sujet d'un énoncé et à la place de son prédicat. On peut par exemple dire : « Kant (l'auteur de la *Critique*) habitait à Königsberg ». Mais Kant pouvait également dire« je suis Kant », « je suis l'auteur de la *Critique* ». Tandis que tous les énoncés comprenant le pronom personnel « je » le placent nécessairement en position de sujet d'une proposition[4].

3) La troisième propriété du pronom « je » est qu'il renvoie à celui qui en énonce l'occurrence actuelle. Ce trait conduit à en faire un auxiliaire privilégié du retour sur soi *via* un acte locutoire. Les notes de *Parow* le formulent en affirmant que « dans la mesure où je pense le Je, je sens que je peux me faire l'objet de mes propres pensées »[5]. Les notes *Pillau* prises en 1777-1778 reviennent sur ce point en assimilant « l'expression Je » et « le pouvoir de se représenter soi-même à soi-même »[6].

1. Ak 25 : 244.
2. Ak 25 : 473.
3. Ak 25 : 245. *Anthropologie Parow*. On sait que cette particularité grammaticale de l'emploi de la première personne est l'une des sources du « Paralogisme de la substantialité ». La prémisse de ce paralogisme est en effet : « ce dont la représentation est le *sujet absolu* de nos jugements, et par conséquent ne peut être utilisé comme détermination d'une autre chose, est *substance* », Ak 4 : 220, A 348. *CRP*, p. 364).
4. Cette propriété fait l'objet des réflexions contemporaines de John Perry sur l'indexicalité essentielle.
5. Ak 25 : 245.
6. Ak 25 : 736. *Anthropologie Pillau*. « Dieser Ausdruck Ich, oder das Vermögen Sich Selbst sich vorzustellen ».

4) Enfin, l'usage de la première personne se définit par opposition à la désignation des choses, qui se fait toujours à la troisième personne. Parler de soi à la première personne, ce n'est pas simplement se placer à côté des autres objets, sur un plan d'équivalence, c'est développer un rapport au reste du monde organisé selon la relation centre-périphérie. En effet, par le pronom, « chaque homme, chaque créature qui se fait elle-même l'objet de ses pensées, ne peut se considérer comme une partie du monde [...], mais comme le centre de celui-ci et comme sa fin »[1]. Dire « je », c'est *polariser* son rapport aux autres et aux objets environnant. Par contraste, les dénominations que l'on peut faire de soi en troisième personne, que ce soit à l'aide de descriptions ou par l'usage de noms propres, nous identifient *comme on identifierait toute autre chose*[2]. Ce caractère est essentiel à l'usage du je :

> dans le petit mot, Je on trouve donc bien le concept de la liberté, la conscience de l'activité propre ; car le Je n'est pas une chose extérieure[3].

> si je pense le Je : alors je me distingue de *toute* autre chose, et je me pense indépendamment de toutes choses extérieures. [...] lorsque l'on nomme le Je, on se fait soi-même en même temps le centre ou le cœur de toutes choses, et par là toute chose trouve son sens [*Beziehung*][4].

Résumons l'ensemble de ces propriétés du pronom : le « je » est toujours employé au singulier, il ne peut être placé en position de prédicat dans une affirmation, il représente à lui-même celui qui le pense ou le prononce, et il polarise le rapport au reste des choses. Ces propriétés expliquent que la réflexion de l'esprit sur lui-même ait pour auxiliaire privilégié la ressource expressive qu'est la première personne. Dans la première moitié des années 1770, Kant est même tenté à plusieurs reprises de fonder des démonstrations *a priori* de la nature de l'âme à partir de la seule analyse du « Je ». Les leçons d'anthropologie de cette décennie nous offrent ainsi un document irremplaçable pour comprendre la genèse des « Paralogismes de la raison pure », dans lesquels Kant n'aura de cesse de lutter contre la tentation de tirer des conclusions ontologiques des traits d'usage de l'expression « je »[5]. Or, après 1781, une fois cette tentation écartée, l'usage

1. Ak 25 : 10. *Anthropologie Collins*.

2. Émile Benveniste souligne cette polarité intrinsèque à l'usage du pronom de la première personne dans « De la subjectivité dans la langue », in *Problèmes de linguistique générale*, Paris, Gallimard, 1966, t. I, p. 258-266. *Cf.* également « La nature des pronoms » (*ibid.*, p. 251-257).

3. Ak 25 : 10.

4. Ak 25 : 245. *Anthropologie Parow*.

5. Bien entendu, les Paralogismes ne sont pas primairement une illusion linguistique, mais bien une illusion transcendantale, une des figures de l'exigence d'inconditionné. Mais il

l'usage du pronom « je » pourra bien être reconnu comme principal support de la réflexion sur soi – pour un être disposant déjà d'une expérience unifiée et d'une aptitude au discours étendue.

Le pronom comme opérateur de la réflexion sur soi, à partir de 1781

Les leçons d'anthropologie *Menschenkunde*, datées dans l'*Akademie Ausgabe* du semestre d'hiver 1781-1782, attestent de l'importance génétique grandissante prise par le pronom « je » une fois reconnues par Kant 1) l'impossibilité d'appuyer son usage sur les données du sens interne, 2) la vanité de vouloir se servir du « je » pour bâtir des démonstrations *a priori* en psychologie rationnelle. L'ordre qui sera repris dans l'*Anthropologie* publiée de 1798 est désormais fixé. L'usage du pronom n'est plus un simple auxiliaire de la réflexion sur soi, il est ce qui permet le développement plein de celle-ci. C'est pour cette raison, à partir de cette inflexion destinale, que Kant fait reposer la personnalité sur le pronom « je ». Car être une personne, ce n'est pas simplement posséder une vie mentale unifiée, c'est être capable de faire retour sur soi, et développer en conséquence une responsabilité réflexive à l'égard de nos jugements et de nos actions :

> Le Je contient ce qui distingue l'homme de tous les animaux. Si un cheval pouvait saisir la pensée Je, alors je devrais me lever sur le champ et entrer en société avec lui. Le Je fait de l'homme une personne [...]. Ce Je

est capital que chaque paralogisme soit *motivé* par les particularités linguistiques de l'usage du « Je ». Dans la continuité de l'interprétation que nous avons proposée de la « Déduction Transcendantale », il est intéressant de noter que les « Paralogismes » sont plus attentifs que la « Déduction » à la nature linguistique du « je pense ». En voici la raison : la « Déduction » a pour objet *l'unité de l'esprit*, tandis que les « Paralogismes » s'intéressent à la *connaissance de soi* que l'esprit aspire à obtenir, en s'appuyant dès lors nécessairement sur le jugement « je pense » comme opérateur de réflexion. Voilà pourquoi on retrouve dans les « Paralogismes » des remarques grammaticales et caractérisations linguistiques axées sur la première personne. Le « je » est alors décrit comme « expression entièrement vide de contenu » (Ak4 : 224; A 355. *CRP*, p. 368), « représentation qui, simplement, oriente le verbe en direction d'une personne » (*ibid.*), « la formule de notre conscience » (Ak 4 : 223; A 354. *Ibid.*, p. 368), et le « je pense » est envisagé comme « le texte unique de la psychologie rationnelle » (Ak 4 : 217; A 343. *Ibid.*, p. 361), etc. Le § 1 de l'*Anthropologie* ne peut être bien compris que si l'on a à l'esprit le fait que les leçons d'anthropologie s'ouvraient, dans les années 1770, avec l'examen des propriétés linguistique du pronom, afin d'en tirer des conclusions sur la nature de l'âme. Une fois le pronom évidé de toute fonction démonstrative pour la psychologie rationnelle, il ne restait plus qu'à le fixer comme facteur génétique du développement intellectuel.

accompagne toutes nos pensées et nos actions, et constitue la plus grande part de nous-mêmes[1].

> Les enfants dans les premières années ne peuvent pas encore parler à la première personne, mais seulement à la troisième personne, par exemple « Guillaume veut manger, boire », etc. Parce qu'on a nommé [Guillaume] avec ce nom, il pense que c'est là son signe distinctif, du fait qu'il n'a pas encore appris à réfléchir à lui-même ; la première personne lui vient seulement ensuite, lorsque le langage et les concepts commencent à s'étendre[2].

Comme en 1798, Kant souligne le fait que l'emploi de la troisième personne par l'enfant marque encore un défaut dans la façon qu'il a de se saisir lui-même. Se désigner par le « signe distinctif » qu'emploient les autres pour le nommer, ce n'est pas encore reconnaître la spécificité du rapport qu'il entretient à lui-même, à ses pensées et actions. Or, pour qu'il prenne conscience de cette spécificité et accède à l'usage du « je », il est particulièrement frappant qu'il faille d'abord que « le langage et les concepts commencent à s'étendre ». Cette priorité de la majorité des ressources expressives de la langue sur la première personne, et la nécessité de formuler d'abord des jugements en mobilisant et articulant des concepts, tout ceci concorde avec l'interprétation que nous avons donnée de la « Déduction ». L'enfant est déjà un *esprit* pensant puisqu'il parle de toutes choses, dispose de concepts qui opèrent des liaisons rationnelles entre les multiples pans de son expérience. L'unité de l'aperception est bien solidaire de ce premier niveau, infra-pronominal mais non infra-linguistique. En revanche il ne devient pleinement une *personne* que lorsque sa rationalité devient pleinement réflexive, à la faveur de la maîtrise du pronom.

Il nous semble que c'est d'ailleurs là le sens de deux remarques de 1798, sur la capacité de l'enfant à suivre des yeux une lumière et sur son savoir déjà correct de la langue[3]. Tout d'abord, les perceptions de l'enfant qui peut accomplir le geste de suivi d'une lumière possèdent un séquençage

1. Ak 25 : 859. *Anthropologie Menschenkunde*.

2. Ak 25 : 860.

3. Cette observation est probablement empruntée à Buffon. Dans *De l'homme*, ce dernier remarque en effet que « si l'on examine les yeux d'un enfant quelques heures ou quelques jours après sa naissance, on reconnaît aisément qu'il n'en fait encore aucun usage [...]. Au bout d'un mois, les yeux des enfants ne s'arrêtent encore sur rien ; ils les remuent et les tournent indifféremment, sans qu'on puisse remarquer si quelques objets les affectent réellement : mais bientôt, c'est-à-dire à six ou sept semaines, ils commencent à arrêter leurs regards sur les choses les plus brillantes, à tourner souvent les yeux et à les fixer du côté du jour, des lumières ou des fenêtres » (Paris, L'Harmattan, 2006, p. 173).

synthétique qui atteste la disponibilité de ces perceptions pour des concepts. Un tel progrès, lié probablement à la formation toute corporelle de la rétine, est un premier pas soutenant l'apparition du langage. Mais le point essentiel est que l'enfant doit séjourner longuement dans la langue (« peut-être un an », dit Kant en 1798) avant de pouvoir exprimer, dans l'usage du pronom, la conscience progressive qu'il aura prise de l'unité de sa propre activité de pensée. Auparavant, ses propos étaient solidaires de la conscience qu'il avait du monde environnant; désormais ils sont inséparables de sa personnalité. Capable de dire « je », l'enfant peut désormais produire des énoncés d'auto-attribution de différents états, et assumer en première personne des jugements ou des décisions : « la personnalité fait que je peux être le sujet d'une imputation, et la personnalité découle de la pensée Je »[1].

À la lumière de ce parcours, on comprend que la formule initiale du § 1 de l'*Anthropologie* citée ci-dessus, qui affirme que c'est le fait de posséder le je « dans sa représentation »[2] qui nous élève au-dessus des animaux, ne constitue pas un argument pour nier la nature linguistique du « je » kantien. Car si Kant parle de la représentation « je », ce n'est pas au sens où le « je » est à renvoyer à des épisodes mentaux dépourvus d'articulation linguistique-conceptuelle, c'est vraisemblablement parce qu'il considère que la forme allemande du pronom *Ich* n'épuise pas les ressources dont disposent *d'autres langues* pour signifier la première personne. Mais il est essentiel que les langues possèdent toutes des opérateurs explicites de marquage de la première personne, comme les désinences des verbes en latin par exemple; simplement ces opérateurs n'ont pas toujours le format pronominal, le format d'une unité lexicale. « Toutes les langues, lorsqu'elles parlent à la première personne, doivent penser ce Je, même si elles ne l'expriment pas par un mot particulier »[3]. Qu'est-ce qu'avoir le « je » dans sa « représentation » ? Rien d'autre qu'être capable de « parler à la première personne », *d'une façon ou d'une autre*. Un latin a ainsi le « je » dans sa représentation, non parce qu'il l'aurait en amont de ce qu'il articulerait, de façon purement mentale sans marqueur linguistique, mais parce qu'il possède une manière grammaticale (non lexicale) de penser la première personne. Un latin représente le « je » quand bien même il ne prononce pas le mot « *ego* », mais il le fait parce qu'il peut *parler en première personne*. Il n'y a donc pas de contradiction avec la suite du texte, selon laquelle c'est seulement à partir du moment où « il commence à dire

1. Ak 25 : 11. *Anthropologie Collins*.
2. Ak 7 : 127. *APP*, p. 17.
3. Ak 7 : 127. *Ibid*.

Je » que l'enfant possède la capacité qu'il fait qu'il « se pense ». On se situe dans un registre où le linguistique est envisagé comme le support inéliminable des opérations cognitives[1].

1. M. Cohen-Halimi le montre dans de belles pages consacrées au § 1, in « L'usage des pronoms personnels dans la réfutation kantienne du cogito », *Lectures de Kant, op. cit.* Par ailleurs, à partir des conclusions qui sont les nôtres, on comprend à présent pourquoi Benveniste, dans « De la subjectivité dans le langage » (*Problèmes de linguistique générale, op. cit.*), se permet une variation libre sur les thèses du § 1 de l'*Anthropologie* : « La "subjectivité" dont nous traitons ici [...] se définit, non par le sentiment que chacun éprouve d'être lui-même [...]. Est "ego" qui *dit* "ego". Nous trouvons là le fondement de la "subjectivité", qui se détermine par le statut linguistique de la "personne" » (p. 259-260). Stéphane Chauvier a raison de souligner la proximité de Kant et Benveniste dans *Dire Je. Essai sur la subjectivité* (Paris, Vrin, 2001). Bien que Chauvier estime se détacher lui-même de Kant, il est peut-être plus proche du penseur de Königsberg qu'il ne le croit, puisqu'il entend soutenir que « l'usage du pronom de la première personne est une condition de la subjectivité de notre expérience » (*ibid.*, p. 14). L'audace de *Dire Je* est plus fidèle à Kant que ne l'est l'interprétation mentaliste de Kant par Chauvier dans « Kant et l'égologie » (*Archives de philosophie*, 65/2, 2002, p. 647-667).

CHAPITRE V

INJONCTION, DESCRIPTION ET DIALOGUE : DU LANGAGE DANS L'ÉDUCATION MORALE

La plus grande difficulté et importante de l'humaine science semble être en cet endroit où il se traite de la nourriture et institution des enfants.

Montaigne

Nous avons vu jusqu'ici comment différentes strates de l'apprentissage linguistique (les concepts, l'articulation grammaticale, l'énonciation en première personne) soutiennent le plein déploiement des capacités théoriques chez l'individu. Par là même, ces strates s'avèrent inextricablement liées à l'apparition des capacités pratiques. La corrélation entre le jugement et les signes linguistiques vaut autant pour l'articulation des divers impératifs (hypothétiques et catégoriques) que pour les affirmations théoriques; l'unité introduite par la grammaire entre les divers concepts se rencontre également dans les règles d'action et les jugements moraux; enfin la capacité de faire réflexion sur soi-même induite par le faire de dire « je » permet de se considérer soi-même comme moralement responsable – elle se trouve autant inscrite dans l'auto-attribution des désirs et des devoirs que dans celle des perceptions et des pensées. Les effets de la maîtrise linguistique abordés dans les chapitres II, III et IV de cette thèse ont une incidence pratique aussi bien qu'une valeur théorique.

Cependant, l'immersion de l'enfant dans l'univers de la parole enclenche des processus de développement dont les effets sont *spécifiquement* moraux, ou dont l'importance se mesure par excellence dans le champ de la raison pratique. L'objet de ce chapitre est de les aborder de façon synthétique. Il nous faut donc exposer les raisons qui, dans l'optique du déploiement des dispositions morales, rendent si aigu le besoin de savoir parler. Alors nous pourrons comprendre pourquoi, selon les *Conjectures sur les débuts de l'histoire humaine*, « parler, je dis même s'exprimer, c'est-à-dire parler en enchaînant des concepts »[1] est une « aptitude »[2] (*Geschicklichkeit*) requise par la conduite humaine : « le développement de l'élément moral [...] suppose nécessairement cette aptitude »[3].

Les points les plus généraux pour comprendre l'importance génétique du langage dans l'éducation pratique sont les suivants : 1) la loi morale ne s'impose pas directement aux enfants en raison du faible développement de leurs capacités, et 2) ils ne reconnaissent pas d'emblée de devoirs particuliers (par exemple qu'il ne faille pas blesser, mentir, voler, etc.). Le caractère factuel de ces deux points, tout au moins pour les premières années de l'enfance, conduit Kant à les présenter sous le sceau de l'incontestable : « Evidemment l'enfant ne possède encore aucun concept des mœurs »[4]. Dans les *Réflexions sur l'éducation*, éditées par Rink à la demande de Kant, cette affirmation apparaît dans la section consacrée à « L'éducation du corps » : le parallèle est ainsi fait par Kant entre le fait que l'enfant ne maîtrise pas ses mouvements et le fait qu'il ne maîtrise pas les principales distinctions morales. Mais c'est surtout dans la troisième section, consacrée à la « La culture », et plus particulièrement à la culture morale, que Kant souligne la nécessité d'élever l'enfant jusqu'à la pleine conscience des principes moraux : « dans la culture morale, on doit chercher de bonne heure à procurer [*beizubringen*] aux enfants des concepts de ce qui est bon ou mauvais »[5]. Procurer, c'est apporter ce qui n'est pas encore possédé. Les *Réflexions sur l'éducation* situent donc les premières années de la vie humaine à la lisière de la vie morale. Il vaut la peine de noter que Kant est constant sur ce point. Dès le milieu des années 1770, il proclamait : « l'homme brut est [...] négativement bon. Il n'a pas de devoirs, car il n'a pas la notion de ceux-ci, il ne connaît pas la loi »[6]. L'importance de l'apprentissage linguistique découle de cette innocence morale de l'homme qui n'a pas été éduqué.

1. Ak 8 : 110. *Conj.*, p. 155.
2. Ak 8 : 111. *Ibid.*
3. *Ibid.*
4. Ak 9 : 460. *Éduc.*, p. 96.
5. Ak 9 : 481. *Ibid.*, p. 124.
6. Ak 25 : 687. *Sur la différence des sexes. Sur le caractère de l'humanité en général et autres essais*, trad. fr. P. Ivernel, Paris, Payot et Rivages, 2006, p. 57-58. Ivernel a choisi de traduire des extraits du manuscrit Friedländer, daté de 1775-76 par W. Stark et R. Brandt.

Toutefois, il ne suffit pas d'admettre que l'enfant n'entend pas encore la loi morale ou ne connaît pas encore ses obligations pour faire spécifiquement du langage un tenant de la rationalité pratique. Plusieurs philosophies jumelles de la philosophie kantienne sur le premier point accordent plus volontiers au sentiment (Rousseau) ou à l'imitation d'exemples (Locke) un rôle génétique qui relativise l'importance du discours. En conséquence, le refus de l'innéisme n'explique pas à lui seul la place du langage dans l'éducation morale kantienne. Cette place lui est plutôt ménagée par conjonction de la perspective génétique avec le refus de la théorie du sentiment moral et la critique des exemples. Mieux : elle n'est conquise qu'au prix d'une détermination précise de la manière dont il convient d'user d'injonctions, de descriptions et de dialogues avec l'enfant. Car pour Kant, à introduire le lexique moral trop tôt, ou à tenir des propos inadéquats en la matière, on rate tout le gain de l'étude.

L'ÉNONCIATION DES COMMANDEMENTS CONTRE L'IMMÉDIATETÉ DU SENTIMENT

Les théories du sentiment moral et le statut du discours

La mise en lumière de la nécessité du discours dans l'éducation pratique signe une conception originale de la morale, par laquelle Kant se démarque des théories du sens moral après avoir écarté l'innéisme des métaphysiques rationalistes.

Pour les philosophies du sens moral, nos capacités morales et l'appréhension axiologique que nous avons des situations et des conduites humaines dépendent principalement voire exclusivement de ce que nous ressentons. On peut noter qu'une telle option est encore compatible avec un certain innéisme du sentiment moral[1], autant qu'avec des théories génétiques de l'acquisition ou de la culture du sentiment. Elle entretient cependant une affinité avérée avec l'empirisme et a fleuri sur ce terreau philosophique (chez Hutcheson, Shaftesbury et Hume), car les sentiments

1. On peut par exemple rattacher à cette étiquette, dans une certaine mesure, le statut de la pitié chez Rousseau, ou la revendication d'une naturalité de la sympathie, comprise comme un instinct, chez Hume. Hume déclare d'ailleurs : « je sortirais complètement de mon dessein présent si j'entrais dans la controverse qui a tant piqué la curiosité du public ces dernières années sur le point de savoir *si les distinctions morales sont fondées sur des principes naturels et originels ou si elles proviennent de l'intérêt et de l'éducation* » (*Traité de la nature humaine*, livre II, trad. fr. J-P. Cléro, Paris, GF, 1991, I, VII, p. 131).

moraux doivent être éprouvés dans le temps pour que les individus puissent faire par la suite certaines distinctions morales.

Le point essentiel est que, dans tous les cas, aucune formulation des devoirs ne se trouve absolument requise, et l'instruction parénétique ne remplit plus qu'un rôle accessoire. Le passage au second plan de la raison dans la conduite morale induit une relégation du linguistique hors de ses constituants. On peut le percevoir parfaitement chez Hume et Hutcheson.

Chez Hume, l'opposition initiale est celle du sentiment à la raison. La proclamation liminaire du livre III du *Traité de la nature humaine* est que « les distinctions morales ne proviennent pas de la raison »[1]. L'argument principal est fondé, comme chez Hutcheson, sur l'idée que la compréhension d'une vérité ne constitue pas à elle seule une motivation pour agir. Sont appelés à remplir ce rôle les sentiments du plaisir et de la peine, et plus spécifiquement les variétés de ces sentiments qui produisent l'approbation et le blâme : « Une action, un sentiment ou un caractère sont vertueux ou vicieux : pourquoi ? Parce que leur spectacle cause un plaisir ou un désagrément particulier »[2]; « Avoir le sens de la vertu n'est rien d'autre qu'*éprouver* une satisfaction d'un genre particulier à considérer un caractère. L'*impression* même constitue notre éloge ou notre admiration »[3]. Or, puisque les impressions morales fondamentales sont simples, non seulement il n'est pas nécessaire de formuler des jugements, mais il est même impossible de donner une définition de ces impressions[4]. À la limite, on pourra faire valoir l'utilité des signes linguistiques pour produire certaines conventions *générales*, par lesquelles naissent les idées générales « de *propriété*, de *droit* et d'*obligation* »[5] (en même temps que l'« usage des mots de *propriété*, de *droit* ou d'*obligation* »)[6]. Mais la primauté des sentiments immédiats cantonne les énoncés moraux au rang de simples suppléments contingents.

Déjà chez Hutcheson, la mise en lumière de l'affectivité morale avait pour corrélat la relativisation du discours. Selon les *Illustrations sur le sens moral*, des dispositions éthiques peuvent être exercées par un homme même lorsque celui-ci est incapable de faire un juste usage du lexique

1. *Traité de la nature humaine,* livre III. *La morale*, trad. fr. P. Saltel, Paris, GF, 1993, p. 49.
2. *Ibid.*, p. 67.
3. *Ibid.*
4. *Cf.* par exemple *Traité de la nature humaine*, livre II, *op. cit.*, I, II, p. 111.
5. *Traité de la nature humaine*, livre III, *op. cit.*, II, II, p. 91.
6. *Ibid.*

moral[1]. L'antériorité du sentiment sur les expressions verbales contraint d'ailleurs à adopter un certain ordre dans l'explication : pour expliquer ce que « signifie "le mieux" »[2] au plan moral, « il nous faut recourir à un sens ou aux affections généreuses »[3] :

> Que l'on explique ces mots, "devoir", "obligation", "dette", et le sens de ce gérondif ou participe "doit être préféré", et nous nous trouverons toujours perplexes quant aux raisons incitatives préalables aux affections, ou à une raison justificative sans recours au sens moral[4].
>
> Que signifie le mot "juste"? Signifie-t-il ce que nous approuvons? Ceci nous le savons par la conscience de notre sens[5].

Le réductionnisme de Hutcheson en matière de sémantique des concepts moraux, rabattant les énoncés moraux sur les sentiments qui leurs sont préalables et indépendants, vaut quasiment comme paradigme pour l'empirisme du XVIIIe siècle. C'est parce qu'il s'oppose à la fondation des concepts moraux sur le sens moral que Kant va découvrir l'importance du discours dans l'éducation pratique.

Kant et les théories du sentiment moral

Pour comprendre la réfutation kantienne des théories du sentiment moral, il faut d'abord bien percevoir le fait que Kant a lui-même souscrit, à une nuance près, à une version de ces théories jusque dans les années 1770, à la croisée des influences de Hutcheson et Rousseau. Dans le *Preisschrift* de 1763, Kant rend hommage à Hutcheson[6]; dans l'*Annonce du programme des leçons de M.E. Kant durant le semestre d'hiver 1765-1766*, Kant promet que « les essais de Shaftesbury, Hutcheson et Hume, qui, quoiqu'inachevés et incomplets, sont néanmoins parvenus au plus loin dans les recherches des premiers principes de la moralité, recevront toute la

1. Francis Hutcheson, *Epistémologie de la morale*, trad. fr. O. Abiteboul, Paris, L'Harmattan, 2010, p. 40. Cette thèse est destinée à répondre à Hobbes. Comme Hobbes, Hutcheson est prêt à accorder que le lexique moral n'est pas stable, qu'il varie selon les personnes et les époques. Mais contre Hobbes, Hutcheson maintient que les dispositions morales sont les mêmes chez tous les hommes.

2. *Ibid.*, p. 64.

3. *Ibid.*, p. 65.

4. *Ibid.*

5. *Ibid.*, p. 99.

6. Celui-ci est mentionné en Ak 2 : 300. Dans la page précédente, Kant a livré une profession de foi fidèle au philosophe irlandais : « c'est seulement de nos jours qu'on a commencé à reconnaître que la faculté de représenter le *Vrai* est la *Connaissance*, mais que celle d'éprouver le *Bien* est le *Sentiment* » (Ak 2 : 299. *RE*, p. 61).

précision et l'extension qui leur font défaut »[1]. Après la lecture de l'*Émile* en 1762, Kant présente Rousseau comme le Newton du monde moral[2], celui qui l'a « remis sur le droit chemin »[3] en matière de philosophie pratique.

Les *Leçons d'éthique* représentent un moment de transition. Dispensées dans la seconde moitié de la décennie 1770, elles portent témoignage de l'empreinte des philosophies du sentiment, en même temps que les premières inflexions et prises de distance de Kant. À cette date, pour Kant :

> Le principe suprême de tout jugement moral repose sur l'entendement, tandis que le principe suprême de l'incitation se trouve dans le cœur. Ce mobile est le sentiment moral, et il faut se garder de le confondre avec le principe du jugement[4].

> La conscience est l'instinct qui nous amène à nous juger nous-même d'après les lois morales[5].

L'idée que seul le sentiment (et non la raison) peut constituer un mobile est directement héritée de Hutcheson et Hume ; la définition de la conscience comme « instinct » fait écho à la « Profession de foi du vicaire savoyard » où Rousseau déclare que la conscience est « à l'âme ce que l'instinct est au corps »[6]. Dans le même temps, que le sentiment ne soit pas lui-même un acte de jugement, qu'il ne puisse pas tenir lieu d'un principe pratique, d'une approbation ou d'un blâme, cette nuance tranche avec Hutcheson et Hume. Kant a déjà renversé l'ordre de priorité admis par ces derniers : pour lui, « le sentiment moral est la capacité d'être affecté par un jugement moral »[7]. Le jugement moral, fruit de la raison elle-même, se trouve donc isolé comme étant antérieur aux déterminations du sentiment. En d'autres termes, bien que Kant continue à emprunter le lexique de l'immédiateté (« instinct ») et de l'affectivité (« sentiment »), il a déjà réévalué la capacité de la raison à être pratique : *via* un sentiment qui découle de ses représentations, la raison peut *elle-même* déterminer la volonté[8]. Le sentiment

1. Ak 2 : 311. *Ibid.*, p. 74.
2. Ak 20 : 58-59. *Rem.*, p. 140.
3. Ak 20 : 44. *Ibid.*, p. 127.
4. Ak 27 : 274. *LE*, p. 119.
5. Ak 27 : 351. *Ibid.*, p. 243.
6. *Émile*, Paris, Gallimard, 1969, IV, p. 431.
7. Ak 27 : 428. *LE*, p. 131.
8. Ainsi, Kant s'approche déjà fortement de la position qui sera la sienne dans la *Critique Critique de la raison pratique* à propos du sentiment moral : « le concept du devoir ne peut en être dérivé, sinon il nous faudrait penser le sentiment d'une loi comme telle et transformer en

moral est signe ou indice du caractère pratique de la raison, et ne peut lui être substitué. Hume, lui, posait une équivalence analytique entre sentiment et jugement : « approuver un caractère, c'est éprouver une jouissance lorsqu'il nous apparaît. Le désapprouver, c'est ressentir un malaise »[1]. Pour Kant, l'universalité et la nécessité des obligations seraient perdues si on les indexait au seul sentiment. L'affectivité ne peut revêtir un caractère *a priori* que si l'on conçoit la possibilité de la dériver des jugements de la raison elle-même[2].

Du caractère formulaire de la rationalité pratique

Le rationalisme leibnizien, qui devait bien reconnaître que moralement, « ce qui est naturel ne nous est pas connu pour cela dès le berceau »[3], avait occulté l'importance du discours dans l'éducation pratique, parce qu'il faisait de la croissance naturelle un facteur suffisant pour l'actualisation des principes inscrits dans la monade[4]. L'empirisme de Hume et Hutcheson plaçait la vie morale en-deçà des performances discursives. Au contraire, parce que Kant a refusé l'innéisme des principes pratiques, tout en répudiant la fondation sentimentaliste de la morale, il est conduit à percevoir l'importance de l'enseignement discursif. La mise en lumière kantienne de la secondarité du sentiment vis-à-vis des jugements de la raison, dès les *Leçons d'éthique*, fait surgir sur le devant de la scène la nécessité d'une formulation des principes pratiques.

Les tournures impératives

Tout d'abord, parce que l'apprentissage des devoirs n'est pas la simple représentation intellectuelle de certaines manières d'agir, mais l'assomption de certaines *obligations*, la formulation des règles pratiques comme des *commandements* revêt un caractère crucial. Ce caractère inévitable de la présentation des règles pratiques par les ressources linguistiques correspondantes se reflète dans l'ensemble de la conceptualité kantienne.

objet de sentiment ce qui ne peut être que pensé par la raison » (Ak 5 : 38-39. *CRPrat.*, p. 138-139). La seconde *Critique* ne nie pas l'existence du sentiment moral (pas plus que la *Doctrine de la vertu*) : simplement elle dénie à ce sentiment tout rôle fondationnel : il suit la représentation rationnelle de la loi morale et ne la précède pas.

1. *Traité de la nature humaine*, livre II, *op. cit.*, p. 133.

2. Sur cette question, on peut se reporter à François Calori, « L'arraisonnement (Rationalité pratique et sensibilité chez Kant) », *in* M. Cohen-Halimi (dir.), *Kant, la rationalité pratique*, Paris, P.U.F., 2003, p. 119-172.

3. Leibniz, *Nouveaux essais sur l'entendement humain*, Paris, GF, 2010, I, III, § 4, p. 80.

4. *Ibid.*, I, III, § 20, p. 82.

De fait, l'ensemble des principes pratiques qui amènent à la découverte de l'impératif catégorique, tels qu'ils sont définis au § 1 de la *Critique de la raison pratique*, sont présentés comme un ensemble de règles que l'on peut *énoncer* pour conduire son action, ou dont *l'énoncé* s'impose à nous. Pour bien le percevoir, il convient de nous défaire de notre trop grande familiarité avec l'œuvre kantienne pour tenter de nous mettre à la place de l'auteur, au point précis où celui-ci puise dans les ressources du langage ordinaire pour préciser ses propres conceptions.

La distinction liminaire sur laquelle toute la suite du propos se construit, à savoir la distinction entre « maximes » et « lois », est une distinction qui a déjà pour sol commun l'espace linguistique de l'interpellation.

Dans le langage ordinaire, une maxime est une formule brève destinée à régler la conduite, que l'on s'adresse à soi-même ou que l'on recueille comme un conseil, dans un texte ou auprès d'un proche. Le dictionnaire d'Adelung, paru en 1793, indique la dérivation du concept allemand de maxime depuis le français et l'anglais, où « maxime » désigne avant tout un genre littéraire ou une forme de discours : « Maxime : règle générale du comportement, ou en un sens plus étroit et habituel, du comportement moral; principe. Du français "maxime", en anglais "*maxim*", en latin médiéval "*maxima*" »[1]. Chez La Rochefoucauld ou Chamfort, les « maximes » sont généralement de courtes sentences écrites, des vérités générales concises exprimées dans un style resserré. L'invention kantienne ne consiste pas à mentaliser le concept de maxime en lui ôtant sa détermination linguistique, mais plutôt à restreindre la notion au champ pratique, en insistant sur sa nature nécessairement impérative[2].

1. Johann Christoph Adelung, *Grammatisch-kritisches Wörterbuch der hochdeutschen Mundart* [1793], 2e édition, Leipzig, Breitkopf und Härtel, 1798, t. III, p. 127.

2. La nuance est que chez La Rochefoucauld (*Maximes*, Paris, GF, 1966), les « maximes » ne sont pas comme chez Kant des prescriptions ou des interdictions, mais plutôt des « réflexions morales » (*ibid.* p. 45), telles que « l'hypocrisie est un hommage que le vice rend à la vertu » (M. 218, *ibid.*, p. 64). Chez Chamfort (*Maximes*, Paris, Tchou, 1965), les maximes ne sont pas uniquement du domaine de la morale, on trouve des « maximes politiques » (*ibid.*, p. 7), des maximes sur la société (« les gens du monde ne se sont pas plutôt attroupés, qu'ils se croient en société », *ibid.*, p. 39), sur le style (« l'art de la parenthèse est un des grands secrets de l'éloquence dans la société », *ibid.*, p. 59), sur la « dignité du caractère » (*ibid.*, p. 71 *sq.*). Même si toute une section est constituée de « pensées morales » (p. 81 *sq.*), ce ne sont pas forcément des préceptes, mais des réflexions de quelques lignes, qui peuvent inclure un court dialogue avec soi-même (questions, affirmations, raisonnements lapidaires) : « Jouis et fais jouir, sans faire de mal ni à toi ni à personne, voilà, je crois, toute la morale » (*ibid.*, p. 88).

Quant au concept de loi, s'il peut, dans le domaine de la connaissance de la nature, être – éventuellement – dissocié de l'idée d'énonciation (une loi est alors seulement un enchaînement comportant une validité universelle), il n'y aurait pas sens à le faire pour la raison pratique. Comme principe pour la détermination de la volonté, une loi pratique est intrinsèquement une déclaration et un ordre. Et dans la mesure où une loi pratique se définit comme s'imposant à la volonté de tout être rationnel, on doit la déterminer d'emblée par la capacité à être entendue de tout être humain. De façon extrêmement significative, tous les exemples donnés par Kant sont introduits au cours de saynètes orales ou sont insérés comme des citations au sein du texte philosophique – un discours fait irruption dans le discours :

> *Dites* à quelqu'un, par exemple, qu'il lui faut, dans sa jeunesse, travailler et économiser pour, dans la vieillesse, ne pas être dans le besoin [1].
>
> *Dites maintenant* à quelqu'un qu'il ne doit pas faire de promesses mensongères [2].

On ne peut manquer de revenir sur la phrase qui ouvre la seconde *Critique* en la tronquant volontairement pour souligner le point : « *Praktische Grundsätze sind* Sätze [...] » [3]. Ainsi le fait premier de toute la raison pratique, ce que Kant appelle « *Faktum der Vernunft* », de par son caractère de loi, se donne originairement dans une formule de commandement. La façon dont Kant rédige sa première occurrence au § 7 est significative. Kant choisit à dessein la seconde personne du singulier, la loi étant indissociable d'une dimension d'adresse. L'injonction verbale qui nous est livrée *est* la loi elle-même [4] : « agis de telle sorte que la maxime de ta volonté puisse toujours valoir en même temps comme principe d'une législation universelle » [5]. Les moments diffus de prosopopée qui habitent ces pages accentuent le lien de la loi morale elle-même à l'injonction verbale : « *La règle dit* : on doit absolument agir d'une certaine manière » [6] ; Kant ne peut faire mieux pour décrire la loi morale que d'agir comme s'il lui cédait

1. Ak 5 : 20. *CRPrat.*, p. 111. Nous soulignons.
2. Ak 5 : 21. *Ibid.*, p. 111-112. Nous soulignons.
3. Ak 5 : 19. *Ibid.*, p. 109. Nous soulignons « *Sätze* ».
4. Cette affirmation ne nous engage pas à soutenir que la loi morale ne pourrait pas se donner et se préciser dans d'autres formules.
5. Ak 5 : 30. *Ibid.*, p. 126.
6. Ak 5 : 31. *Ibid.*, p. 127. Nous soulignons.

la parole. La célèbre fin du scolie (« *sic volo*, *sic jubeo* ») entérine le mode de donnée de la conscience comme parole adressée[1].

La genèse de ces décisions remonte aux *Leçons d'éthique*, au sein desquelles Kant a commencé à se détacher des théories du sens moral. En effet, dès ce moment, la notion d'impératif, qui s'impose à Kant pour décrire l'imposition d'une règle d'action à un être sensible, implique *l'explicitation* du caractère obligatoire et conceptuellement articulé de la règle (contre l'immédiateté du sentiment). Ainsi, Kant enseigne que « tous les impératifs sont des formules de nécessitation pratique »[2]. Kant songe tout autant aux impératifs hypothétiques qu'aux impératifs catégoriques, et prend d'ailleurs pour exemple un impératif hypothétique subordonné au désir ponctuel de l'individu. Le point remarquable est que la représentation de la nécessité pratique est estimée indissociable de la *formulation* impérative :

> Tous les impératifs expriment la nécessitation objective d'actions qui sont subjectivement contingentes. Si je dis par exemple : "Tu dois manger lorsque tu as faim et que tu as quelque chose à manger", la nécessité est en ce cas à la fois objective et subjective [...][3].

L'apprentissage de la nécessité conditionnelle ou absolue dans l'action passe en ce sens par l'audition puis la maîtrise des tournures impératives (« tu dois », « il faut », « fais en sorte que... », etc.) :

> les lois morales s'expriment à travers la formule : « Tu dois faire ceci »[4].

> On *doit* faire ceci ou cela, et s'abstenir d'autre chose : telle est la formule sous laquelle toute obligation est énoncée[5].

Adelung nous donne des fortes raisons de penser que le terme kantien d'« impératif » a été directement dérivé du concept grammatical d'impératif. Selon le *Grammatisch-kritisches Wörterbuch*, en 1793, le terme allemand « *Imperativ* » a encore une signification fondamentalement linguistique :

> Der Imperativ : du latin « *imperativus* », en grammaire, espèce (*Modus*) des verbes, par le moyen duquel on ordonne, on demande, on autorise, on exhorte, etc. C'est pourquoi l'impératif, en raison de l'emploi très fréquent

1. Sur ce point, *cf.* Michèle Cohen-Halimi, « *Sic volo sic jubeo*, méthodiquement », in *Kant. La rationalité pratique*, *op. cit.*, p. 93-118.

2. Ak 27 : 255. *LE*, p. 89.

3. Ak 27 : 256. *Ibid.*, p. 91.

4. Ak 27 : 277. *Ibid.*, p. 123.

5. Ak 2 : 298. *RE*, C. IV, § 2, p. 59.

qui en est fait pour donner des ordres, est appelé en allemand «*die befehlende oder gebiethende Art, die Befehlsweise*»[1].

On a tendance à l'occulter, car on s'empresse généralement de ne commenter, dans la *Critique de la raison pratique* ou la *Fondation de la métaphysique des mœurs*, que la différence entre les prédicats «hypothétique» et «catégorique», en laissant de côté le fait que l'unité commune aux deux formes de règles pratiques réside précisément dans leur caractère formulaire. On néglige ainsi le fait qu'un impératif ne peut se donner dans son caractère d'ordre qu'au sein d'un acte locutoire. Or, parce que la conduite en général suppose des principes *ordonnés*, la formulation linguistique des règles de l'action revêt un caractère crucial. Un impératif, pour Kant, est une proposition ayant valeur de commandement. Il le manifeste dans la seconde *Critique* en définissant l'impératif par son caractère de *prescription* (*vorschreiben*)[2]. Voilà pourquoi, selon les *Réflexions sur l'éducation*, lorsque l'on veut fonder chez les enfants un caractère moral, «il faut les instruire des devoirs dont ils doivent s'acquitter autant que possible par [...] des directives»[3] (*Anordnungen*). L'enfant doit entendre ses devoirs comme des devoirs dès qu'il est en âge de le faire, et il ne suffit pas qu'il se conforme extérieurement aux actions que l'on attend de lui. Aussi Kant refuse-t-il l'idée que dans la didactique éthique, l'ascétique (c'est-à-dire l'exercice concernant la mise en œuvre des devoirs) prenne le pas sur la méthode catéchétique et doctrinale, qui procède en énonçant ce qu'il faut faire ou ne pas faire.

Les compléments des tournures impératives

L'énonciation des devoirs se trouve donc requise, contre l'immédiateté et la contingence du sentiment, afin que le caractère d'obligation des devoirs soit représenté comme tel. Cette énonciation se cristallise autour de certaines tournures de langue (le mode impératif du verbe, l'adresse, le présent de vérité générale de la troisième personne, l'usage des semi-auxiliaires de mode «devoir» et «falloir», etc.), indiquant le fait que l'on a

1. Johann Christoph Adelung, *Grammatisch-kritisches Wörterbuch der hochdeutschen Mundart*, *op. cit.*, t. II, p. 1366.

2. Ak 5 : 20. *CRPrat.*, § 1, p. 110. Même les lecteurs de Kant intéressés par le statut du langage, par exemple A. Schnell («Figures du langage dans la philosophie pratique de Kant», in *Kant*, Jean-Marie Vaysse (dir.), Paris, Cerf, 2008, p. 213-234), restent aveugles à la formulation linguistique des impératifs. Schnell s'intéresse aux formulations de l'impératif catégorique *par Kant* (*ibid.*, p. 224), et sous-détermine le fait que *tous les hommes* se représentent linguistiquement leurs obligations.

3. Ak 9 : 488. *Éduc.*, p. 136.

affaire à des principes injonctifs et non à de simples descriptions de manières d'agir possibles ou réelles. Cependant, l'énonciation des devoirs se voit également appelée pour une autre raison, également décisive pour la vie morale et l'éducation pratique. Il importe de formuler une *multiplicité* de devoirs : des règles pratiques *particulières*, *plusieurs* maximes s'accordant avec la loi morale, afin que l'enfant comprenne que l'attitude générale commandée par la loi morale (la résolution de faire son devoir parce que c'est notre devoir) prend son sens à même une multiplicité de champs d'actions particuliers. Ainsi, chaque directive donnée n'est pas un simple « il faut » ou « tu dois » vides, sans complément, mais bien un « il faut *faire X* », « tu dois *agir de telle ou telle manière* », etc. À ce niveau, la formulation remplit à nouveau un rôle que la simple émotion ne peut assurer : elle précise, à même son articulation conceptuelle, les types d'actions qui relèvent ou non de la loi morale. Ainsi se développe « l'idée commune du devoir et des lois morales »[1], sur laquelle la *Fondation de la métaphysique des moeurs* et la seconde *Critique* opèrent leur réflexion jusqu'à s'élever à la loi morale unique.

Dans la « Doctrine de la méthode de la raison pratique pure » de la *Critique de la raison pratique*, tout comme dans la « Didactique éthique » de la *Doctrine de la vertu* ou dans la section des *Réflexions sur l'éducation* consacrée à l'éducation pratique, Kant ne constitue pas une liste close des devoirs particuliers qu'il s'agit d'enseigner[2]. Cependant, toutes les divisions des devoirs qu'il fournit par ailleurs peuvent nous donner une claire idée des concepts principaux intervenant au sein de ce que nous nommons ici « le complément des tournures impératives ». Les *Leçons d'éthique* détaillent ainsi des « devoirs envers le corps »[3], que ce soit relativement à la vie, aux soins, aux occupations du corps ; ils présentent les « devoirs envers soi-même » relativement aux « richesses »[4], les « devoirs envers les autres hommes »[5] qui touchent à « l'amitié »[6], les devoirs qui

1. Ak 4 : 389. *FMM*, p. 53.

2. Deux raisons de ce choix, que nous n'approfondissons pas ici, tiennent 1) au fait que l'éducation pratique est aussi une éducation du jugement, afin que l'enfant détermine lui-même quels sont ses devoirs (cf. *infra*), 2) au fait qu'il n'existe pas de motif suffisant pour penser que les devoirs humains particuliers sont en nombre fini. *Cf.* R. Ehrsam, « Les intentions morales au croisement de l'universel et du singulier : relire Kant », *Philosophie*, 121, 2014, p. 50-75.

3. *LE*, p. 268-289.

4. *Ibid.*, p. 301-320.

5. *Ibid.*, p. 328-340.

6. *Ibid.*, p. 340 *sq.*

regardent « l'équité »[1], « l'innocence »[2], etc. La *Doctrine de la vertu* présente une division systématique des devoirs dans la section XVIII de l'introduction : elle distingue « les devoirs de l'homme envers l'homme »[3] (subdivisés en devoirs envers soi-même et devoirs envers d'autres hommes) et les « devoirs de l'homme envers les êtres qui ne sont pas humains »[4] (subdivisés en devoirs envers les êtres inférieurs aux hommes et les devoirs envers les êtres supérieurs). Ainsi, il devient possible de se figurer les contenus principaux de la catéchétique pratique, au sein de laquelle les devoirs sont enseignés au enfants – non à la manière de vérités objectives, mais comme des maximes obligatoires pour leurs actions.

FORMULATION DES RÈGLES ET JUGEMENT SUR LES CAS : CONTRE L'IMITATION DES EXEMPLES ET LA RESTRICTION DE LA MORALITÉ AUX ACTIONS EXTERNES

Jusqu'ici, nous avons vu comment la place du langage dans l'éducation pratique découle du refus d'une fondation de la conduite morale sur les vécus du sentiment. Or, une série de raisons tout aussi décisives, avec son lot de difficultés propres, provient du refus kantien de rapporter les progrès moraux individuels à l'imitation des conduites, à l'adoption extérieure de certaines manières d'agir, ou à la simple soumission passive aux impératifs reçus. Ce refus repose sur plusieurs contrastes directeurs. 1) Le premier contraste dressé par Kant opère entre la stricte rectitude des impératifs et des commandements et l'incomplétude voire l'imperfection indépassable des exemples et images. 2) Le second contraste opère entre le choix de situer la moralité dans la simple conduite externe et le fait d'apprendre à exercer son jugement sur des exemples afin de placer les principes pratiques en position de motif. 3) Le dernier contraste oppose d'une part l'autonomie de la conduite morale, d'autre part le caractère hétéronome de tout apprentissage moral fondé sur la simple répétition.

L'importance accordée par Kant au langage dans l'éducation pratique est donc, cette fois-ci, triple. 1) Au principe de l'acquisition des notions morales par la *perception* des exemples, Kant substitue l'exigence d'une *énonciation* rigoureuse des règles. 2) Au principe d'une coïncidence sans reste entre la moralité et l'action, il substitue un modèle à deux niveaux

1. *Ibid.*, p. 355 *sq.*
2. *Ibid.*
3. Ak 6 : 413. *DV*, p. 261.
4. Ak 6 : 413. *Ibid.*

(action et résolution) reposant sur la *conscience explicite* des règles et l'*évaluation* des exemples. (3) Au principe de la simple répétition de principes reçus, il substitue le principe d'une *discussion* visant à rendre possible l'affirmation personnelle des principes moraux.

L'énonciation des principes contre l'insuffisance des exemples

Locke : les exemples observés, sources des idées morales

L'idée selon laquelle l'éducation pratique se trouve fondée sur la présentation d'exemples (narrés, représentés ou incarnés) trouve son expression emblématique chez Locke, prudemment dans l'*Essai sur l'entendement humain*, puis plus radicalement dans les *Quelques pensées sur l'éducation*.

Le point de départ de Locke est, comme nous l'avons vu, son refus d'accepter que les idées pratiques soient innées. Il en est de la morale comme de la théorie : les éducateurs « distillent dans l'entendement jusque-là sans prévention ni préjugés ces doctrines qu'ils voudraient voir mémorisées et appliquées (n'importe quel caractère se marque sur du papier blanc) »[1]. L'esprit humain est radicalement vierge, et l'on pourra donc y introduire les idées morales que l'on voudra.

Quels sont les moyens privilégiés de leur acquisition ? Locke (qui écrit alors que ne sont pas encore apparues les premières théories du sens moral), retient d'abord, dans l'*Essai*, aussi bien les paroles que les images. Donner à *voir* certaines actions que l'on présente comme des modèles permet le développement moral, tout comme *formuler* les principes permet de promouvoir les idées pratiques[2]. Or, dès l'*Essai*, Locke reconnaît (suivant en cela Hobbes et Hutcheson) un inconvénient aux formules verbales en matière de morale : le sens des mots qui désignent les principes reste souvent trop incertain[3]. En conséquence, les recommandations des *Quelques pensées sur l'éducation*, plus tranchées, accordent une préférence nette à l'observation des exemples. Certes, Locke recommande encore de raisonner avec les enfants (« c'est la vraie manière de se comporter avec eux. Ils entendent raison dès qu'ils savent parler et, si je ne me trompe, ils aiment à être traités en créatures raisonnables plus tôt qu'on ne se l'imagine »)[4], mais il ne formule pas spécifiquement cette

1. *Essai sur l'entendement humain*, *op. cit.*, I, 3, § 22, p. 114.
2. *Ibid.*, I, 3, § 3, p. 93.
3. *Ibid.*, I, 3, § 19, p. 111.
4. *Quelques pensées sur l'éducation* [1693], trad. fr. G. Compayré, Paris, Vrin, 2007, § 81, p. 151.

recommandation à propos de l'apprentissage du bien et du mal. Au contraire, les exemples lui paraissent nettement plus propices à l'apprentissage moral que les discours :

> mais de tous les moyens à employer pour instruire les enfants, pour former leurs mœurs, le plus simple, le plus aisé et le plus efficace, c'est de leur mettre devant les yeux les exemples des choses que vous voulez leur faire pratiquer ou éviter[1].

L'utilisation des exemples reçoit la préférence de Locke en raison de sa facilité et de ses résultats incitatifs sur l'enfant. Corrélativement, l'énoncé verbal des principes pratiques, plus difficile et moins frappant pour l'esprit de l'enfant, revêt désormais pour Locke un statut accessoire :

> Il n'y a pas besoin de mots, si forts qu'ils soient, qui leur donnent l'idée des vertus et des vices aussi bien que le feront les actions des autres hommes qui leur en présentent l'image[2].

La déclaration est claire : on peut à la limite se dispenser des mots pour former la conscience des enfants et leur jugement sur les mœurs. La vue remplit le rôle de sens dominant dans l'éducation pratique, du fait qu'elle nous permet d'assister, comme spectateurs, aux conduites des hommes qui nous précèdent, afin d'en mémoriser l'allure. L'enfant abstrait la règle depuis une action valant modèle à ses yeux, et ce d'autant mieux que cette action lui est proche, d'autant plus qu'elle le frappe. La primauté du caractère intuitif et mobilisant du modèle conduit Locke à concéder, au sein des modes de l'instruction pratique verbale, une place à part aux fables, en raison de leur proximité avec l'image visuelle[3].

La critique épistémique des exemples et le discours comme site de la clarté et permanence des principes : de Locke à Condillac

Au sein de l'empirisme, et possiblement à l'instigation de Locke lui-même, une difficulté allait conduire Condillac à réévaluer le statut épistémique des exemples imagés et du discours dans l'éducation morale. Dans

1. *Ibid.*, § 82, p. 153.

2. *Ibid.*

3. *Ibid.*, § 156, p. 278. La lecture d'Esope trouve grâce aux yeux de Locke du fait que les « morales » n'y sont jamais introduites sans un support illustratif. Or, l'idée correspondant à la morale, « ce ne sont pas les mots qui peuvent la donner [aux enfants], ce sont les choses elles-mêmes ou les images des choses » (*ibid.*). En Allemagne, suivant Locke, Wolff et Lessing estimeront que les fables doivent être partie prenante de l'éducation morale. *Cf.* M. Cohen-Halimi, *Entendre raison*, Paris, Vrin, 2004, p. 178-179.

l'*Essai sur l'entendement humain*, Locke concède, au cours du livre III consacré au langage, le fait que certaines notions morales ne subsistent parfaitement que par le discours, en raison du trop petit nombre de cas qui leur correspondent dans l'expérience. Quand l'expérience fait défaut, certains noms ont pour fonction d'unir des idées disparates, de former « le “nœud” qui les unit fermement »[1] :

> Quelle immense variété d'idées différentes associe le mot Triomphe, et nous présente-t-il comme une seule espèce ! Si ce nom n'avait jamais été fabriqué, s'il avait été totalement oublié, nous aurions pu sans doute avoir des descriptions de ce qui se passait lors de cette cérémonie, mais ce qui maintient ensemble ces différents éléments dans l'unité d'une idée complexe, c'est, je pense, le mot même attaché à cette idée ; sans lui on ne penserait pas que ses différents éléments forment une seule chose [...][2].

Condillac, dans l'*Essai sur l'origine des connaissances humaines*, va nettement radicaliser les deux points, jusqu'à faire du langage ce qui seul peut nous représenter parfaitement et durablement les idées morales, en raison de la trop grande instabilité des cas de comportement donnés à l'observation :

> Souvent il est important de [...] former [les notions] avant d'en avoir vu des exemples ; et d'ailleurs ces exemples n'auraient ordinairement rien d'assez fixe pour nous servir de règle. Une notion de la vertu ou de la justice, formée de la sorte, varierait selon que les cas particuliers admettraient ou rejetteraient certaines circonstances ; et la confusion irait à un tel point qu'on ne discernerait plus le juste de l'injuste [...]. Telles sont les idées attachées à ces mots : *gloire*, *honneur*, *courage*. Je les appellerai *idées archétypes* [...][3].

La notion d'archétype vient de Platon, elle signifie la source à partir de laquelle sont produites des copies plus ou moins ressemblantes, nommées ectypes. La différence entre Condillac et Platon consiste dans la tournure épistémique de l'argument de Condillac : tandis que pour Platon, la différence entre ectypes et archétypes est avant tout ontologique (les ectypes sont multiples, l'archétype est unique, etc.), Condillac affirme le fait que les cas rencontrés dans l'expérience se ressemblent souvent trop partiellement, ou donnent une image trop peu claire de la moralité, pour fournir un modèle *à l'esprit humain*. Par contraste, les idées établies dans le discours possèdent une stabilité et une clarté supérieure, qui les placent au-dessus de

1. *Essai sur l'entendement humain*, *op. cit.*, III, 5, § 10, p. 95.
2. *Ibid.*
3. Condillac, *Essai sur l'origine des connaissances humaines*, *op. cit.*, I, III, § 5, p. 142.

la variation et des confusions de l'expérience. Seul le langage se trouve ainsi entièrement propre à nous offrir des modèles sur lesquels nous régler. Locke a manqué l'enjeu central du discours moral lorsqu'il a loué la facilité et la force des images : le prix du discours se situe sur un autre plan, il tient à sa capacité d'établir en paroles ce que les exemples laissent dans une vacillante opacité : « si vous croyez que les noms vous sont inutiles, arrachez-les de votre mémoire, et essayez de réfléchir sur les lois civiles et morales, sur les vertus et les vices, enfin sur toutes les actions humaines, vous reconnaîtrez votre erreur »[1].

Parce que la conception kantienne des idées morales s'appuie sur une critique du statut des exemples, sa pensée de l'éducation morale ne pouvait que propulser la formulation des obligations au-devant de la scène.

Kant, de la critique épistémique à la critique pratique des exemples – le discours comme site de la pureté des principes

La première réflexion majeure de Kant sur le rapport des exemples aux idées morales se situe dans la « Dialectique transcendantale » de la première *Critique*. Au moment de préciser ce qu'il entend lui-même par « Idée », Kant remarque que « les Idées sont, chez Platon, des archétypes, des modèles originaux des choses elles-mêmes »[2]. Contre les interprétations ontologiques possibles de cette notion d'archétype, Kant la rattache (tout comme Condillac) à « tout ce qui est d'ordre pratique »[3]. Une idée-archétype est ce sur quoi la volonté se règle en vue d'agir. Or, à cette occasion, Kant se livre à une critique de toute tentative de dériver les idées-archétypes des exemples de comportements humains disponibles dans l'histoire :

> Celui qui voudrait puiser les concepts de la vertu dans l'expérience ou (comme effectivement beaucoup l'ont fait) ériger en modèle, pour la source de la connaissance, ce qui ne peut servir tout au plus que d'exemple pour un éclaircissement incomplet, celui-là ferait de la vertu une réalité fantomatique, équivoque, variant avec le temps et avec le contexte, incapable de fournir la moindre règle[4].

Kant reprend ici les grands traits de la critique épistémique – les exemples en morale sont globalement trop confus et variés. Que Kant ait eu ou non connaissance de l'*Essai sur l'origine des connaissances humaines*, les

1. *Ibid.*, I, IV, 1, § 8, p. 153.
2. Ak 3 : 246, 4 : 200 ; A 313/B 370. *CRP*, p. 342.
3. Ak 3 : 246, 4 : 200 ; A 314/B 371. *Ibid.*, p. 342-343.
4. Ak 3 : 247, 4 : 200-201 ; A 315/B 371. *Ibid.*, p. 343.

principaux arguments de la *Critique* possèdent ainsi une affinité avec la réévaluation de l'importance du discours par Condillac. Le pivot commun à leurs analyses tient à l'inspiration platonicienne commune. Kant et Condillac ont pu tous deux trouver le thème de la supériorité du discours sur les images sensibles – pour l'expression des archétypes – chez Platon. Dans la *République*, Socrate interroge Glaucon : « – Est-il possible que quelque chose soit mis en pratique tel que formulé en paroles, ou alors est-ce par nature que l'action concrète atteint moins la vérité que l'expression orale [...] ? »[1]. Glaucon et Socrate s'accordent tous deux pour placer la cité « en paroles » au dessus des cités sensibles, en raison des contradictions et imperfections des secondes. Dans sa reprise de Platon, Kant confère à sa critique, par contraste avec Condillac, une portée plus proprement morale. Le problème pour Kant n'est pas simplement que les Idées ne peuvent pas être dérivées des exemples : il est plutôt qu'elles ne doivent surtout pas l'être. Les comportements empiriques des hommes présentent en effet toujours de trop grandes imperfections, ils sont toujours susceptibles d'être amendés et ne pourraient ainsi fournir que de bien piètres étalons de vertu. Une idée de la vertu tirée de l'expérience serait « fantomatique » non pas uniquement parce qu'elle serait floue (Condillac), mais avant tout parce qu'elle serait impure (Platon-Kant). Les Idées morales pour Kant ne consignent pas la vie des hommes, elles ne sont pas l'abrégé des gestes humains – mêmes illustres. Incommensurables avec les comportements empiriques, leur fonction consiste essentiellement à guider ces comportements : elles doivent être prises comme fondement de l'action en vue de poursuivre une amélioration indéfinie.

Précisons que pour Kant, l'irréductibilité des Idées aux exemples empiriques dont les hommes peuvent disposer n'est pas statique. L'écart demeure toujours, mais dans le même temps il doit être reconnu comme mouvant et insituable. Ce paradoxe constitue la marque d'une philosophie du progrès :

> Car quel doit être le degré le plus élevé auquel l'humanité doit s'arrêter, et corrélativement quelle ampleur doit avoir la distance qui demeure nécessairement entre l'Idée et sa mise en œuvre, personne ne peut ni ne doit le déterminer, précisément parce qu'il s'agit de la liberté et que celle-ci peut dépasser toute limite qui lui est assignée[2].

Au regard du problème qui nous intéresse (la place du langage dans la formation morale de l'individu), la question est de savoir de quelle façon

1. Platon, *La république*, trad. fr. G. Leroux, Paris, GF, 2002, livre V, 473 a, p. 300.
2. Ak 3 : 248, 4 : 202 ; A 317/B 374. *CRP*, p. 344.

nous en venons à posséder les idées, comment nous pouvons nous les représenter adéquatement. Dans la « Dialectique transcendantale », Kant ne le précise pas. Sa leçon en cet endroit est seulement négative : les Idées ne sont pas puisées dans les enseignements de l'expérience, elles sont au contraire immanentes à l'esprit humain et fournissent aux hommes la puissance de transformer leurs situations et leurs cœurs. À propos de la vertu,

> chacun comprend que, si quelqu'un lui est représenté comme modèle de la vertu, il possède néanmoins toujours uniquement dans son propre esprit le véritable original, auquel il compare ce prétendu modèle et d'après lequel il porte sur celui-ci une appréciation [1].

L'opposition entre l'externalité des comportements empiriques et le caractère interne des Idées, possédées par l'homme « dans son propre esprit », laisse ici non résolue la question de savoir *sous quelle forme* les Idées sont possédées. Pourtant, la position de Kant ne fait pas de doute. On sait que l'Idée n'est pas une image, puisque l'image n'est pour Kant qu'une présentation sensible de concepts. À l'instar de toutes les notions, les Idées n'existent pour Kant que par le moyen du jugement (au moyen de mots). Suivant l'arrière-plan platonicien du texte, l'hypothèse la plus vraisemblable est que toute Idée existe « en paroles », dans « l'expression orale » [2]. Kant a d'ailleurs, de façon frappante, ouvert la section « Des Idées en général » par cette déclaration :

> le sujet pensant se trouve souvent embarrassé par la recherche de l'expression s'adaptant exactement à son concept, et en l'absence de cette expression, il ne peut se rendre vraiment compréhensible ni aux autres ni même à soi [3].

1. Ak 3 : 247, 4 : 201 ; A 315/B 372. *Ibid.*, p. 343.

2. Kant fournit, à la fin de la section « Des Idées en général », un petit lexique des termes de la *Critique*. Il y définit les Idées comme des concepts issus de notions pures (ayant elles-mêmes leur source dans l'entendement), et dépassant toute expérience possible (Ak 3 : 250, 4 : 203 ; A 320/B 377. *Ibid.*, p. 346). Il ne faut cependant pas se méprendre. Un concept qui a « sa source dans l'entendement » ou « sa source dans la raison » chez Kant n'est pas une entité mentale pré-sémiotique. Tous les concepts, rappelons-le, n'existent pour Kant que comme prédicats pour des jugements possibles (Ak 3 : 86 ; 4 : 59), et sans les mots, on ne saurait nullement juger (Ak 9 : 109). Avoir sa source dans l'entendement ou la raison, c'est simplement posséder un certain type de validité.

3. Ak 3 : 245, 4 : 199 ; A 311/B 368. *Ibid.*, p. 341.

La *Fondation de la métaphysique des mœurs* dira qu'« on ne pourrait [...] servir plus mal la moralité qu'en voulant la dégager à partir d'exemples »[1]. Cela signifie donc qu'on ne peut la servir adéquatement que par le discours et la formulation rigoureuse des règles. Le caractère *a priori* des Idées et l'impossibilité de les dériver du contenu d'aucune expérience sensible convergent pour faire du langage le site exclusif d'établissement des principes moraux.

Apprendre à agir, apprendre à juger l'action

Pour de nombreux auteurs, l'éducation morale comprend un tout autre versant. L'acquisition des idées morales (distinctions, principes, etc.) est une chose; l'apprentissage de la conduite droite en est une autre. Bien sûr, la séparation des deux niveaux ne va pas de soi, et elle est rarement avancée de façon tranchée et schématique. Cependant, elle nous intéresse dans la mesure où le rôle du langage dans l'éducation pratique se trouve souvent minoré à la faveur de cette distinction. En effet, si l'on suppose que la rectitude de la conduite est avant tout externe, on est enclin à fonder le fait de bien agir sur l'habitude ou sur l'imitation. Les exemples, dans cette perspective, ne remplissent plus un rôle cognitif, comme supports des idées morales que l'enfant peut obtenir. Ils se voient attribuer un rôle formateur vis-à-vis du caractère, en contribuant à l'affermir par le biais de l'imitation. Cette seconde promotion des exemples dans l'éducation morale se fait, tout autant que la première, au détriment de la place du langage. Au contraire, parce que Kant possède une conception du devoir biface (le devoir porte à la fois 1) sur ce que nous devons faire et 2) sur la détermination de la volonté qui doit déterminer ce faire), il est amené à rappeler l'importance de l'aptitude à formuler de façon juste les principes guidant ou devant guider les actions. Contre la pédagogie de l'habitude et de l'imitation, Kant recommande d'apprendre une forme originale du discours : l'évaluation des exemples et des actions à la lumière des principes.

Apprendre à agir par l'imitation et l'habitude

Plusieurs philosophes avant Kant postulent que la conduite bonne peut être théoriquement capturée en décrivant de façon externe les actions qu'il s'agit de faire ou de ne pas faire (aider, donner, ne pas mentir, ne pas voler, etc.). En conséquence, apprendre à bien agir serait avant tout apprendre à faire et à ne pas faire les actions en question, plutôt qu'apprendre à *savoir*

1. Ak 4 : 408. *FMM*, p. 80.

ce qu'il faut faire et ne pas faire. Même les éthiques de la vertu, centrées sur les dispositions du caractère, décrivent parfois ces dispositions en référence univoque aux actions : une disposition vertueuse est une tendance à *faire* les actions X et à *ne pas faire* les actions Y, plutôt qu'une tendance à *juger* qu'il faut faire X et ne pas faire Y. Au contraire, parce que Kant estime qu'il n'existe rien d'absolument bon que la volonté (Ak 4 : 393), il tient à inscrire l'apprentissage du jugement sur les actions particulières au cœur de l'éducation morale.

À vrai dire, la tradition est ancienne, selon laquelle l'imitation d'actions-paradigmes (ou l'évitement de contre-modèles) constitue l'une des clés de la formation du caractère. Dans l'Antiquité latine et dans le Christianisme (notamment dans les sermons à partir du XIIe siècle), l'usage des *exempla* constitue un enjeu massif en ce sens. Un *exemplum* désigne une action ou le récit d'une action par lesquels on ne met pas seulement en lumière, à des fins didactiques, ce qu'il convient de faire ou de ne pas faire, mais par lesquels on cherche à former le caractère. L'*exemplum* ne sert pas uniquement à faire connaître la règle, il a tout autant pour but de soutenir sa mise en œuvre, en suscitant l'imitation. En ce sens, le recours aux *exempla* s'inscrit dans une conception aristotélicienne de l'éducation pratique. En effet, pour Aristote, « la vertu morale [...] est le produit de l'habitude »[1], et l'habitude est elle-même contractée par la pratique imitative, avant même que nous puissions avoir la connaissance de la droite règle : « c'est en pratiquant les actions justes que nous devenons justes, les actions modérées que nous devenons modérés »[2], « les dispositions morales proviennent d'actes qui leurs sont semblables »[3]. Chez Aristote, la valeur cathartique de la tragédie découle de cet arrière-plan théorique, suivant lequel les hommes tendent à reproduire ou à rejeter les actions qui leur sont représentées comme modèles ou contre-modèles.

Dans les *Quelques réflexions sur l'éducation*, Locke insiste également sur le rôle de l'habitude :

1. *Éthique à Nicomaque*, trad. fr. J. Tricot, Paris, Vrin, 1990, II, 1, 1103 a 15, p. 87.

2. *Ibid.*, 1103 b 1, p. 89.

3. *Ibid.*, 1103 b 20, p. 90. Bien sûr, il faut ajouter que la vertu n'est complète pour Aristote que lorsque les vertus éthiques, ou vertus du caractère, sont liées aux vertus intellectuelles et en particulier à la prudence (par laquelle est représentée la droite règle). Mais il n'est pas anodin que la droite règle elle-même, chez Aristote, ne puisse être connue qu'en référence à un jugement modèle – celui de l'homme déjà prudent (*cf.* 1106 b 36).

> s'il s'agit d'une action que vous voulez qu'il fasse, ou qu'il fasse autrement : toutes les fois qu'il oubliera de la faire ou qu'il la fera mal, forcez-le à la refaire, à la répéter jusqu'à ce qu'il y réussisse parfaitement [1].

Implicitement, l'importance des exemples va, à nouveau, de paire avec la relativisation du besoin qu'aurait l'enfant de connaître la formule des règles. Et ce, d'autant plus que l'habitude est contractée par l'enfant avant tout parce que celui-ci est spectateur de certains exemples. L'exigence pesant sur les éducateurs est donc moins la clarté et la justesse dans l'énoncé des règles que le fait de placer devant les yeux de l'enfant une image vivante, propre à être *reproduite* (cf. *supra*). À cet égard, Locke souligne que les comportements des parents ont plus de poids que leurs discours :

> pour obtenir de votre fils qu'il vous respecte et qu'il respecte vos ordres, il faut commencer par le respecter lui-même. [...] Ne faites point devant lui ce que vous ne voudriez pas qu'il fît par imitation [2].

Wolff affirme qu'une action peut posséder une valeur morale même lorsqu'elle est accomplie sans la connaissance claire de la règle, et soutient que les enfants doivent d'abord commencer par imiter des actes exemplaires [3]. Tetens ne manque pas de reprendre ce point dans ses *Philosophische Versuche über die menschliche Natur und ihre Entwicklung*. La faculté d'imitation compte parmi les pouvoirs fondamentaux de l'homme, et sans elle on ne pourrait comprendre les incessants progrès réalisés par l'espèce, intellectuels comme moraux [4].

1. *Éthique à Nicomaque*, § 64, p. 112.

2. *Ibid.*, § 71, p. 136.

3. *Vernünftige Gedanken von der Menschen Thun und Lassen, zur Beförderung ihrer Glückseligkeit* [1733], New York/Hildesheim, Olms, 1976, § 238. Wolff doit par ailleurs batailler pour concilier cette vision de l'éducation avec une théorie de l'évidence des principes moraux chez l'adulte.

4. Cf. *Philosophische Versuche über die menschliche Natur und ihre Entwicklung*, Leipzig, M. G. Weidmanns Erben und Reich, 1777, t. I, p. 672 et p. 741. Tetens avait déjà mis en avant l'importance du pouvoir d'imitation chez l'homme dans son essai de 1772 sur l'origine du langage (cf. *Sprachphilosophische Versuche*, *op. cit.*, p. 34-36). Rousseau se montre plus mesuré quant à l'usage de l'imitation, mais il la recommande néanmoins : « Je sais que toutes ces vertus par imitation sont des vertus de singe, et que nulle bonne action n'est moralement bonne que quand on la fait comme telle et non parce que d'autres la font. Mais dans un âge où le cœur ne sent rien encore, il faut bien imiter aux enfants les actes dont on veut leur donner l'habitude en attendant qu'ils les puissent faire par discernement et par amour du bien. L'homme est imitateur [...] » (*Émile*, *op. cit.*, p. 175-176). Or, chez Rousseau, la promotion de l'imitation dans l'éducation morale ne va pas sans une défiance remarquable vis-à-vis du discours moral. A l'instar de Locke (même s'il le critique par ailleurs en de

L'exercice du jugement contre l'imitation et l'habitude chez Kant

De son côté, Kant reconnaît qu'il est impossible de ne pas accorder une certaine place à l'imitation et à l'habitude dans l'éducation *en général*, mais cette concession est associée à une critique sans partage de l'habitude dans l'éducation proprement morale.

Certes, Kant admet que les enfants doivent imiter leurs parents pour développer leurs dispositions naturelles[1], et il avoue que « des parents, qui eux-mêmes ont été éduqués, sont déjà des exemples, d'après lesquels les enfants se forment, et d'après lesquels ils se guident »[2]. Lorsque l'enfant ne dispose pas encore de concepts des mœurs, il faut bien l'amener à se conduire d'une certaine façon; l'enfant sera donc d'abord « habitué à être sincère »[3] avant qu'on lui enseigne les commandements pratiques sur la bonne foi et le mensonge. Dans l'*Anthropologie du point de vue pragmatique*, Kant va même jusqu'à envisager que l'habitude extérieure de la conduite convenable puisse *préparer* la moralité, et il propose de ce fait un éloge de l'apparence extérieure en morale[4].

Pourtant, la perspective dominante sur l'imitation et l'habitude dans l'éducation morale, contre Aristote et Locke, s'avère nettement critique. Dès la *Critique de la raison pratique*, en raison de la thèse selon laquelle la raison doit être en elle-même pratique, c'est-à-dire déterminer la volonté par la seule représentation de la loi, Kant refuse d'appuyer la conduite morale sur l'habitude. Toute action morale « demande à être représentée comme un devoir »[5], tandis que l'habitude (à l'instar du plaisir) produit un rapport à la loi dénué de respect, « en quelque sorte par un accord, devenu pour nous nature et ne pouvant jamais être altéré »[6]. Or, la liberté de la conduite exclut que le principe de l'agir tende, à la limite, au pur

nombreux endroits de l'*Émile*), Rousseau oppose les actes et les paroles, l'image du bien et la formulation des devoirs : « les mots d'obéir et de commandement seront proscrits d[u] dictionnaire [d'Émile], encore plus ceux de devoir et d'obligation [...]. Avant l'âge de raison l'on ne saurait avoir aucune idée des êtres moraux ni des relations sociales ; il faut donc éviter autant qu'il se peut d'employer des mots qui les expriment, de peur que l'enfant n'attache d'abord à ces mots de fausses idées » (*ibid.*, II, p. 152).

1. Ak 9 : 445. *Éduc.*, p. 76.
2. Ak 9 : 447. *Ibid.*, p. 79.
3. Ak 9 : 464. *Ibid.*, p. 102.
4. Ak 7 : 153. *APP*, p. 36. *Cf.* également Ak 7 : 244. *Ibid.*, p. 103 : « Rendre un homme *policé* pour la situation qu'il occupe dans la société n'a pas un sens aussi fort que le rendre *éthiquement bon* (du point de vue moral) ; mais cela l'y prépare ».
5. Ak 5 : 81. *CRPrat.*, p. 193.
6. Ak 5 : 82. *Ibid.*, p. 193.

automatisme. L'habitude ne peut donc être admise comme le principal vecteur de l'éducation morale. L'*Anthropologie du point de vue pragmatique* va dans le même sens. En définissant l'habitude comme « une certaine contrainte physique et interne, qui incline à se conduire de la même façon que par le passé »[1], elle indique d'emblée que la conduite habituelle se situe en porte-à-faux avec la détermination de la volonté par des principes pratiques. La conclusion de Kant ne peut dès lors surprendre :

> Elle [l'habitude] enlève même aux bonnes actions leur valeur morale, parce qu'elle porte préjudice à la liberté de l'esprit, et provoque de plus une répétition du même acte dépourvue de toute pensée (monotonie) : elle devient ainsi ridicule. [...] En règle générale, toute habitude est condamnable[2].

Enfin, les *Réflexions sur l'éducation*, qui admettaient un rôle inéliminable de l'imitation dans les débuts de la vie, refusent rigoureusement que la conduite morale puisse être produite simplement par ce biais. L'imitation est en effet caractéristique d'une attitude de « soumission positive »[3], qui maintient l'enfant dans l'hétéronomie. Lorsque l'enfant est encore très jeune, certes, « il doit faire ce qui lui est prescrit, parce qu'il ne peut pas juger par lui-même et que la simple faculté d'imitation persiste encore en lui »[4]. Mais précisément, le début de la culture morale véritable coïncide avec le rejet de l'imitation, remplacée par l'intrication de la conduite extérieure avec la formulation de directives pour l'agir : « dès qu'il [l'enfant] grandit, le concept du devoir doit intervenir »[5]. La culture morale ne peut donc pas être fondée sur le fait de contraindre l'enfant à se comporter extérieurement d'une certaine manière. « Elle ne repose pas alors sur la discipline, mais sur des maximes. Veut-on la fonder sur l'exemple, les menaces, les punitions, que sais-je encore ? Tout est perdu »[6]. Tandis que l'habitude ôte toute valeur morale aux actions, l'évaluation des actions au moyen de maximes rend cette valeur saillante – car « toute la valeur morale des actions consiste dans les maximes du bien »[7]. La formation du caractère, qui est l'essentiel de la culture pratique, et qui rejoint le point de vue de « l'ascétique » dans la *Doctrine de la vertu*, repose ainsi de façon remarquable non sur la seule action, mais sur l'apprentissage simultané des conduites et des maximes permettant d'évaluer l'action : « Il faut

1. Ak 7 : 149. *APP*, p. 33.
2. Ak 7 : 149. *Ibid.*, p. 33-34.
3. Ak 9 : 453. *Éduc.*, p. 87.
4. Ak 9 : 453. *Ibid.*, p. 87.
5. Ak 9 : 483. *Ibid.*, p. 129.
6. Ak 9 : 475. *Ibid.*, p. 117.
7. Ak 9 : 475. *Ibid.*, p. 117.

cependant aussi prescrire [aux enfants] beaucoup de choses en tant que devoir [*Pflicht*]. [...] Même si l'on suppose que l'enfant n'aperçoit pas le devoir, les choses seront mieux ainsi [...] »[1]. On ne doit pas séparer l'ascétique, c'est-à-dire le fait d'entraîner l'enfant à agir d'une certaine manière, et l'enseignement des maximes qui doivent gouverner son action. De la sorte, l'enfant peut comprendre la nature double du devoir, qui consiste à la fois à devoir *accomplir* certains actes et à devoir les accomplir *suivant une certaine intention*. Le fait de toujours rapporter ce qui est accompli à l'explicitation des règles de ce que l'on doit faire garantit ainsi la complétude de l'éducation morale, conformément à l'analyse du devoir dans la *Critique de la raison pratique :* « le concept du devoir exige donc *objectivement* de l'action qu'elle soit en accord avec la loi, mais il exige de la maxime de l'action, *subjectivement*, le respect pour la loi, en tant qu'unique mode de détermination de la volonté »[2].

Du point de vue de la formation du caractère, les exemples remplissent donc chez Kant deux fonctions qui rompent radicalement avec la promotion lockienne de l'imitation et de l'habitude. Les exemples sont pour Kant 1) un prétexte pour *exercer* le jugement moral, et ils servent 2) à représenter le caractère réalisable d'une maxime[3]. Relativement à ces deux fonctions, le langage joue un rôle décisif, sous forme de l'évaluation des exemples.

On trouve ainsi dans la philosophie pratique de Kant un grand nombre d'analyses d'exemples (*Beispiele*) correspondant à la fonction (1). Quelle

1. Ak 9 : 482. *Ibid.*, p. 126.

2. Ak 5 : 81. *CRPrat.*, p. 192.

3. Cette dualité des fonctions de l'exemple chez Kant recouvre une différence terminologique, exposée dans une note célèbre de la *Doctrine de la vertu* : « Le mot allemand *Beispiel* (exemple), que l'on utilise communément comme équivalent de *Exempel*, n'a pourtant pas la même signification. Se faire de quelque chose un *exemple* (*Exempel*) et prendre un *exemple* (*Beispiel*) pour faciliter la compréhension d'une expression renvoient à des concepts totalement différents. L'exemple (*Exempel*) est un cas particulier d'une règle *pratique*, dans la mesure où cette règle représente la praticabilité ou l'impraticabilité d'une action. Par opposition, un exemple (*Beispiel*) est simplement le *particulier* (*concretum*) représenté comme compris sous l'universel d'après des concepts (*abstractum*), et ce n'est là que la présentation théorique d'un concept » (Ak 6 : 479-480. *DV*, § 52, p. 356-357). Dans l'éducation morale, on parle d'*Exempel* lorsque l'on fait d'une conduite le signe de la possibilité d'agir selon une maxime déterminée (fonction (ii)). On parle de *Beispiel* lorsqu'on étudie dans quelle mesure une action particulière instancie correctement ou non une règle (fonction (i)). Cette différence de « signification » entre deux concepts n'implique pas qu'un certain cas pratique ne puisse être abordé successivement selon *les deux* perspectives, à la fois comme *Beispiel* et comme *Exempel*. C'est pourquoi nous préférons distinguer deux *fonctions* des exemples, plutôt que deux catégories étanches.

tournure privilégiée doit donc revêtir l'exercice du jugement moral à propos de ces exemples ? La réponse kantienne est que cet exercice doit être centré sur la description adéquate de l'intention guidant l'action. L'objectif peut être, ce faisant, ou de faire ressortir le contraste entre l'action et la loi morale, ou de « rendre perceptible, dans la présentation vivante de la résolution morale à l'aide d'exemples, la pureté de la volonté »[1]. De nombreux passages jalonnant son œuvre témoignent de cette perspective :

> Nous allons donc montrer quel est le signe distinctif de la pure vertu à partir d'un exemple, et, en nous imaginant qu'il a été proposé au jugement, disons, d'un enfant de dix ans [...]. Qu'on raconte l'histoire d'un homme honnête que l'on veut pousser à se joindre aux diffamateurs d'une personne innocente et par ailleurs démunie (comme par exemple Anne Boleyn, accusée par Henri VIII, roi d'Angleterre). On lui offre des avantages, c'est-à-dire de riches cadeaux ou un rang élevé ; il les refuse. Cette attitude provoquera simplement de l'assentiment et de l'approbation dans l'âme de l'auditeur, parce qu'il ne s'agit que d'avantages. On commence alors à le menacer de lui faire subir des préjudices [...][2].

> *Juvénal* présente un [...] exemple dans une gradation qui fait vivement sentir au lecteur la force du ressort que renferme la loi pure du devoir en tant que devoir :
> Sois bon soldat, bon tuteur, sois arbitre incorruptible ; si jamais on t'appelle en témoignage dans un cas incertain et douteux, quand même Phalaris t'ordonnerait de mentir et ferait avancer son taureau pour te dicter le parjure, regarde comme l'infamie suprême de préférer l'existence à l'honneur et de perdre, pour sauver ta vie, ce qui est la raison de vivre[3].

> Soit par exemple le cas suivant : quelqu'un détient un bien qu'autrui lui a confié (*depositum*) ; son propriétaire est mort et ses héritiers ne savent ni ne peuvent jamais rien savoir de tout cela. Qu'on soumette ce cas même à un enfant de huit ou neuf ans [...] et qu'on demande alors si dans ces conditions on peut tenir pour permis le détournement de ce dépôt à son profit personnel. Il n'est pas douteux que l'enfant interrogé répondra : non ! et pour toutes raisons ne pourra que dire : *c'est injuste*[4].

1. Ak 5 : 160. *CRPrat.*, p. 293.

2. Ak 5 : 155-156. *Ibid.*, p. 287.

3. Ak 5 : 158-159. *Ibid.*, p. 291. Nous donnons dans cette citation non le texte latin présent dans le texte de Kant, mais la traduction de ce passage de Juvénal par P. de Labriolle et F. Villeneuve (*Satires*, Paris, Les Belles Lettres, 1957, VIII, 79-84, p. 105, citées par Füssler, *CRPrat.*, n. 496, p. 423).

4. Ak 8 : 286. *Th. et prat.*, p. 25.

Chacun de ces exemples présente la particularité d'être soumis au jugement d'un enfant. En quoi s'agit-il ici de favoriser le développement de la *résolution* (*Gesinnung*) chez l'enfant, et ce faisant de former son caractère ? L'idée de Kant est que l'évaluation des exemples – que ce soit par la critique des intentions (les diffamateurs d'Anne Boleyn) ou par l'approbation des motifs moraux (refus du faux témoignage dans le texte de Juvénal, et restitution du bien confié dans *Théorie et pratique*) – en faisant ressortir la pureté de la loi morale, contribue à donner à celle-ci de l'influence sur la volonté de l'enfant. Tandis que les empiristes séparent la représentation des principes moraux et la formation du caractère, Kant considère que la représentation adéquate des principes moraux est l'unique moyen de former le caractère lui-même. L'exercice du jugement moral à propos des exemples n'est pas un enjeu intellectuel pour Kant, *car la raison représentant les principes dans leur pureté est elle-même pratique*. En abordant les exemples selon l'Idée que la raison peut elle-même être pratique, on conduit les enfants à vouloir eux-mêmes agir de la sorte[1]. Selon *Théorie et pratique* : « Si on rendait plus souvent l'homme attentif, si on l'accoutumait à dépouiller entièrement la vertu de toute la richesse de son butin d'avantages [...]; si en user constamment ainsi devenait un principe dans l'enseignement privé et public (méthode pour inculquer les devoirs qui a presque toujours été négligée), nécessairement la moralité des hommes ne tarderait pas à s'améliorer »[2].

Quant aux exemples chargés de remplir la fonction (ii), nommés par Kant « *Exempeln* », il faut prendre garde de ne pas confondre leur examen avec la promotion traditionnelle de *modèles* qu'il s'agirait de reproduire. Selon le commentaire avisé de Michèle Cohen-Halimi, « l'*Exempel* n'illustre rien, ne donne aucun modèle auquel se conformer, il est

1. Comme le note à juste titre Michèle Cohen-Halimi, « la conversion s'accomplit, le regard est retourné sur lui-même », et celui qui examine les exemples « est renvoyé à son for intérieur et au questionnement de sa propre conscience » (*Entendre raison, op. cit.*, « L'usage pratique de l'exemple », p. 280). Cohen-Halimi met l'accent sur le fait que la plupart des exemples abordés par Kant dans la perspective (i) sont des contre-exemples, manifestant les imperfections de la volonté dans les actions représentées : « l'usage négatif et inversé du *Beispiel* a vivifié l'esprit de la conscience commune en même temps qu'il a servi à l'arracher au culte des images-idoles pour l'élever aux jugements *in abstracto* » (*ibid.*, p. 283). On ne doit pas oublier cependant que Kant refuse que les *Beispiele* soient *systématiquement* abordés dans une perspective négative. Selon les *Leçons d'éthique*, « on ne doit pas persister à chercher les taches et les faiblesses chez les hommes, ou dans la vie d'un Socrate par exemple, car cela n'est d'aucune utilité, plus encore, c'est là une pratique nuisible. En accumulant ainsi les exemples d'imperfection morale, on finit par se flatter soi-même de sa propre imperfection » (Ak 27 : 294. *LE*, p. 159). *Cf.* également Ak 5 : 154. *CRPrat.*, p. 284-285.

2. Ak 8 : 286. *Th. et prat.*, p. 25.

l'attestation d'une possibilité, d'une faisabilité : *Tunlichkeit.* [...] Cette redéfinition kantienne de la fonction parénétique de l'exemple vient prolonger tout le travail de conversion du regard accompli jusqu'ici »[1]. Or, comme la différence entre les concepts kantiens de *Beispiel* et d'*Exempel* tient à la *fonction* que l'on accorde à l'examen d'une action particulière, les actions évaluées positivement comme *Beispiele* d'un principe moral s'avèrent par là même susceptibles d'être reconnues comme *Exempeln* incarnant la réalisabibilité du principe. La fiction de Juvénal dans la *Critique de la raison pratique*, la restitution de la dette dans *Théorie et pratique*, ou encore la vie du Christ dans *La religion dans les limites de la simple raison*[2], sont pour Kant autant d'occasions de nous représenter la réalisabilité de l'exigence morale. Dans tous les cas, comme le précisaient déjà les *Leçons d'éthique :* « Les exemples servent d'encouragement et d'émulation, mais ils ne doivent pas être utilisés comme des modèles »[3], « un exemple n'a pas pour fin d'être imité, mais de susciter l'émulation »[4].

À ce second niveau, à savoir celui de la comparaison des exemples avec le principe de l'agir, le rôle du discours apparaît à nouveau décisif chez Kant, par contraste avec l'ensemble de ses prédécesseurs. Il s'agit donc « de faire du jugement d'après des lois morales une activité naturelle accompagnant toutes nos propres actions ainsi que l'observation des actions libres d'autrui »[5].

L'apprentissage des formules du devoir est-elle mécanisante ?

La double nécessité de la formulation des impératifs (représenter le caractère d'obligation, spécifier conceptuellement la nature de certains devoirs particuliers), rencontre cependant une difficulté. Si les enfants n'ont pas d'emblée la conscience des lois pratiques, et si celles-ci leurs sont d'abord ordonnées de l'extérieur, ne court-on pas le risque de produire une obéissance aux lois qui soit seulement le produit de la soumission irrationnelle, notamment par la crainte ? Dans les opuscules des années 1780,

1. *Entendre raison*, *op. cit.*, « L'*Exempel* », p. 289.

2. Ak 6 : 60-66. *Rel.*, p. 133-141. Ce statut de la vie du Christ apparaît déjà dans les *Leçons d'éthique*, lors d'une mise au point sur le statut des exemples : « Il y a pourtant des exemples de droiture et de vertu, et même de sainteté, comme celui que nous présente l'Evangile. Mais cet exemple temporel ne doit pas être pris pour le fondement de la morale : il faut plutôt le juger lui-même d'après la loi sainte » (Ak 27 : 333. *LE*, p. 217-218).

3. Ak 27 : 333. *LE*, p. 218.

4. Ak 27 : 334. *Ibid.*, p. 219.

5. Ak 5 : 159. *CRPrat.*, p. 291.

Kant relie la minorité à la simple répétition des « formules de foi dictées »[1], abolissant la liberté individuelle; l'imposition autoritaire des « formules, ces instruments mécaniques d'un usage de la raison »[2], conduit inévitablement à l'étouffement de l'esprit. Comment concilier le but suprême de l'éducation pratique – élever une liberté – et la présentation des impératifs comme des ordres ? Ce problème est présenté par Kant, dans les *Réflexions sur l'éducation*, comme la difficulté cardinale de tout le développement moral : « Un des plus grands problèmes de l'éducation est le suivant : comment unir la soumission sous une contrainte légale avec la faculté de se servir de sa liberté ? »[3]. Comment Kant concilie-t-il exactement le fait que les commandements moraux soient d'abord imposés aux enfants et l'exigence d'éveiller la liberté individuelle ? Et en quoi le dialogue constitue-t-il le dernier pivot de sa réponse ?

La vocalité de la conscience morale, de l'extériorité à l'intériorité

Le premier élément de réponse réside dans la compatibilité affirmée par Kant entre le fait que les commandements moraux doivent être appris et le fait que ces commandements possèdent une validité universelle et nécessaire. L'existence de l'éducation pratique ne contredit en rien la définition d'une loi pratique comme principe « valable pour la volonté de tout être raisonnable »[4]. Le fait que tout être raisonnable *doive* vouloir une certaine loi pratique X constitue la validité objective de la loi; cela n'implique pas directement que tout être raisonnable fini, dès le début de son existence, *ait conscience* de devoir agir selon X. Positivement, la distinction entre le problème de la validité et celui de la possession des représentations, déjà mise en valeur dans le premier chapitre de ce travail, permet d'attribuer à l'enfant la capacité de *reconnaître* les impératifs catégoriques universels et nécessaires dont il ne possède pas de représentation dans ses premières années. Selon la *Doctrine du droit*, eu égard à ses capacités à venir (ou considéré comme « chose en soi »), l'enfant est bien une « personne » et un « citoyen du monde » dès sa naissance[5], mais dans les premières années de sa vie il ne peut faire « un usage personnel de ses membres, ni un usage de son entendement »[6]. Kant, on l'a vu plus haut dans le premier chapitre de ce

1. Ak 8 : 145. *QSOP*, p. 69.
2. Ak 8 : 36. *QQL*, p. 44.
3. Ak 9 : 453. *Éduc.*, p. 87.
4. Ak 5 : 19. *CRPrat.*, § 1, p. 109.
5. Ak 6 : 280-281. *DD*, § 28, p. 82-83.
6. Ak 6 : 281. *Ibid.*, § 29, p. 83.

travail, décrit le développement des facultés humaines par analogie avec la croissance épigénétique des organismes. Il paraît dès lors cohérent que, sur le plan des capacités morales, Kant conjoigne deux idées : 1) tout individu de l'espèce humaine possède dès la naissance une disposition à reconnaître les devoirs rationnels objectifs, 2) cette disposition se développe temporellement, lorsque des facteurs externes sollicitent la raison de l'enfant[1]. L'enseignement des impératifs pratiques doit donc être décrit comme une *sollicitation* progressive de la raison de l'enfant, et non comme une imposition de règles inintelligibles à un être non-rationnel.

On peut exposer ce dispositif à partir d'une attention à la façon dont Kant représente la conscience morale comme une *voix* à l'intérieur de l'individu. Selon la seconde *Critique*, la raison pratique elle-même et la loi morale nous adviennent comme une « voix »[2], et dans la *Doctrine de la vertu*, la voix est omniprésente lorsqu'il s'agit de décrire notre réceptivité au commandement moral[3]. Cette dimension « vocale » du *Gewissen* provient de l'impression selon laquelle nous entendrions en nous des formules impératives, presque sur le mode de l'*irruption*, comme si nous n'étions pas nous-mêmes l'origine des commandements moraux[4]. Doit-on interpréter ce phénomène comme le signe que les impératifs pratiques sont toujours reçus de façon hétéronome ? Kant réfute les réponses positives à cette question en refusant de comprendre la vocalité du *Gewissen* d'un côté comme écho ou présence intérieure de la loi divine, de l'autre comme simple intériorisation et répétition inconsciente d'un discours qui nous a précédé (normes sociales ou discours des éducateurs).

L'explication du caractère vocal de la conscience morale par la référence à Dieu provient largement du monothéisme, où le rapport de Dieu aux hommes est essentiellement un rapport de parole et d'adresse – Dieu transmet aux hommes les règles de leur conduite par le biais du langage. Ce thème traverse toute la Tora depuis la Genèse jusqu'au

1. Dans les *Vorlesungen über Anthropologie*, manuscrit Pillau, Kant écrit : « Les dispositions à la moralité qui résident dans la nature humaine, se découvrent à nous par l'éducation » (Ak 25 : 858).

2. Ak 5 : 35. *CRPrat.*, § 8, scolie II, p. 133.

3. Ak 6 : 400-401. *DV*, p. 244-246.

4. « La conscience morale parle, sans intervention de l'arbitre et de manière inévitable » (Ak 6 : 401. *Ibid.*, p. 245). La « voix de la raison » est « impossible à couvrir par aucune clameur » (Ak 5 : 35. *CRPrat.*, p. 133), elle est une « voix qui fait trembler même le scélérat le plus déterminé » (Ak 5 : 80. *Ibid.*, p. 190). « La voix de la raison (*dictamen rationis*) […] parle clairement à chacun » (Ak 8 : 402. *Ton*, p. 104). « Chaque homme trouve en sa raison l'Idée du devoir et tremble lorsqu'il entend sa voix d'airain » (Ak 8 : 402. *Ibid.*, p. 105).

Deutéronome (notamment avec le Décalogue)[1]. Dieu offre aux hommes une série d'injonctions irremplaçables qu'ils ont à faire leurs. Pour Saint Paul, la voix de la conscience atteste que Dieu est présent aux hommes. Le « témoignage de la conscience » montre la « réalité de la loi inscrite en leur cœur »[2]. Le lien entre conscience morale et voix divine achève d'être noué par Calvin et Luther au moment de la Réforme. Luther proclame devant la diète de Worms en 1521, au moment où il est sommé d'énoncer les raisons qui l'empêchent de se rétracter devant Rome : « ma conscience est captive des paroles de Dieu »[3]. Or, si en plaçant en Dieu l'origine de la voix du devoir, on préserve la dimension fréquente d'*irruption* qui accompagne les jugements moraux en nous et qui fait que nous ne pouvons pas nous soustraire à eux, cependant selon Kant, on supprime alors totalement l'autonomie de la raison pratique. Il faut plutôt dire que « la tentation de déduire la moralité à partir du critère de la volonté divine vient du fait que les lois morales s'expriment à travers la formule : "tu dois faire ceci". On pense alors qu'il doit y avoir un être qui a promulgué ce commandement. [...] [Pourtant] si Dieu ordonne ceci ou cela, c'est parce que ce sont là des lois morales »[4]. L'autorité de la loi morale doit apparaître absolument par la seule représentation de cette loi, et ne pas être déduite d'un autre principe, sans quoi la loi perdrait irrémédiablement son caractère d'obligation catégorique.

Quant à l'explication réductionniste du caractère vocal de la conscience morale, en référence aux rapports de parole réels que nous entretenons avec les autres hommes, Kant la refuse tout autant dès les *Leçons d'éthique*. Il l'expose tout d'abord :

> Les systèmes empiriques de la moralité admettent [...] des fondements externes. Ceux qui voient les choses ainsi affirment que la moralité repose sur deux éléments : l'éducation et le gouvernement. Toute moralité serait selon eux une affaire de coutume : nous jugeons toutes nos actions d'après la coutume, selon les règles transmises par notre éducation ou les lois

1. Dont on trouve deux versions, en Exode 20, 2-14, et Deutéronome 5, 6-18.

2. *Épîtres aux Romains*, 2, 15. La théologie médiévale a brodé divers motifs sur cette structure fondamentale, distinguant par exemple entre conscience antécédente (qui précède l'accomplissement de l'acte) et conscience conséquente (qui vient juger l'acte accompli, en particulier dans l'expérience de la faute et du remords), ou entre la présence des règles *universelles* dans l'âme humaine (aspect baptisé « syndérèse » à la suite de Saint Jérôme) et la présence dans l'âme de jugements évaluatifs concernant les actions casuelles (aspect pour lequel plusieurs théologiens réservent proprement le terme *conscientia*).

3. Cité par Philippe Büttgen, *in* B. Cassin dir., *Vocabulaire européen des philosophes*, Paris, Seuil, 2004, art. « Conscience », p. 264-265.

4. Ak 27 : 277. *LE*, p. 123.

> édictées par l'autorité. Le jugement moral aurait ainsi sa source dans l'exemple ou dans la prescription de la loi. [...] Suivant ces auteurs donc, ce n'est pas la raison qui juge les actions, mais l'exemple de la coutume et le commandement de l'autorité [...] [1].

Kant vise explicitement, dans ces pages, Montaigne et Hobbes. Dans cette perspective, la voix n'est plus une simple image permettant de décrire le déploiement intérieur de la conscience morale, elle devient le fondement concret de la formation de la conscience. Le problème est que des commandements reçus sans que la raison ne soit jamais sollicitée se trouvent dépourvus de toute universalité et de toute valeur morale. L'approche génétique mentionnée ici par Kant, qui s'oppose frontalement à la finesse de son dispositif épigénétique, fragilise toute possibilité de penser que la conscience morale nous livrerait des commandements ou interdits absolus et de *valeur* universelle, et par là elle ôte la possibilité de faire la différence entre une obligation véritable et ce qui en prend l'apparence. Or, si l'on adopte une perspective épigénétique sur la raison pratique, les difficultés se dissolvent.

Selon cette perspective, il est certes vrai que la conscience morale ne peut pas se déployer en chacun de nous sans la sollicitation par l'environnement humain (c'est-à-dire sans nos contacts avec les autres hommes, famille et société); seulement on ne saurait entièrement la constituer de l'extérieur. De même que pour la raison théorique, ne peut avoir conscience de la catégorie de causalité qu'un entendement expérimenté (quoique cette catégorie ne dérive pas de l'expérience), de même nous ne pouvons prendre conscience de nos devoirs que parce que nous avons au départ entendu des règles dans la bouche de ceux qui nous ont précédés (bien que leurs voix ne puissent *suffire* à faire s'élever en nous la voix de la conscience morale). Deux textes cruciaux de Kant vont dans ce sens. Dans la *Doctrine de la vertu*, Kant remarque que la conscience morale m'apparaît souvent comme jugement rendu par un autre que moi; or, l'identité de cette personne est en réalité sans importance, ce qui compte est que la représentation de cette altérité à soi coïncide avec la possibilité de se juger soi-même. C'est pourquoi « cet autre peut aussi bien être une personne réelle qu'une personne simplement idéale que la raison se donne à elle-même »[2]. Que les commandements moraux me soient adressés par un parent, un ami, un maître ou un inconnu, il s'agit là avant tout d'une *médiation* par laquelle se trouve éveillée ma capacité à m'opposer à moi-

1. Ak 27 : 153. *Ibid.*, p. 86.
2. Ak 6 : 439. *DV*, p. 296.

même. La voix de ma conscience peut donc emprunter ses accents à d'autres, cela n'empêche pas qu'elle puisse devenir ma voix : « moi qui suis l'accusateur, mais aussi l'accusé, je suis un seul et même homme »[1]. La conscience morale peut être pleinement pensée comme voix, et ce sans contradiction, si on conçoit cette voix non comme *écho* d'une autre voix, simple répétition ou résonance d'un dehors, mais comme voix signant son acte de naissance – au terme d'une écoute de voix préalables – dans la possibilité conjointe de la reprise et de la critique. C'est parce que nous avons la capacité de prendre des distances par rapport à ce qui nous est dit, de nous opposer ou au contraire d'assentir, d'approuver ou non, et en général d'examiner, que les voix de nos semblables suscitent notre voix propre. Ainsi, il devient possible de comprendre pourquoi la voix de la conscience semble dans le même temps être nôtre et nous arriver de l'extérieur. En un sens, elle commence toujours par nous arriver de l'extérieur, mais dans le même temps elle peut devenir proprement conscience du devoir dans un acte de ré-assomption où nous nous faisons sa source. On peut rattacher à ce point un trait grammatical singulier de la conscience morale, à savoir que les formules qu'elle présente peuvent successivement se donner à la première, la deuxième ou la troisième personne (« Je ne dois pas… », « tu ne dois pas… », « il faut… »). La non-fixité des modes d'énonciation n'est pas accidentelle, elle exprime le fait que la conscience morale naît sur fond de la capacité à opérer la transition de l'un à l'autre de ces modes. La voix des autres hommes précède la mienne et conditionne la possibilité que j'ai de me donner à moi-même une voix; réciproquement la voix intérieure ne naît que de la possibilité de valoir en même temps pour d'autres hommes, d'être reprise à son tour par eux[2]. Reste à préciser comment s'opère, chez Kant, le passage de l'extériorité de l'éducation pratique à la libre reconnaissance intérieure de la nécessité des principes moraux.

La mécanisation résulte seulement d'un usage trop précoce du discours moral

Le second élément de réponse kantien, en vue de comprendre comment la transmission des impératifs moraux ne produit pas une situation

1. Ak 6 : 439. *Ibid.*, note.

2. Se dessine ainsi la possibilité, envisagée par Cavell de « réconcilier la nécessité de l'universalité kantienne avec la contingence absolue du fait que [la voix] n'est qu'une voix, parmi toutes les autres qui existent […], une voix dans un corps donné, qui invoque le domaine, disons, de l'universelle compatibilité, le règne kantien des fins » (*Un ton pour la philosophie*, trad. fr. S. Laugier et E. Domenach, Paris, Bayard, 2003, p. 209).

d'hétéronomie, insiste sur les précautions qu'il faut prendre lorsque l'on entreprend d'enseigner aux enfants leur devoir. La principale précaution est de n'exhorter les jeunes enfants, de ne leur livrer des injonctions, qu'à un âge où leur raison est déjà suffisamment développée. C'est ce qui ressort de plusieurs mises en garde de Kant contre la hâte de ceux qui veulent précipiter trop tôt les enfants dans le discours moral. En effet, Kant ne juge pas pertinent d'apprendre aux *très* jeunes enfants à bien se conduire en leur présentant les devoirs comme des devoirs: « c'est peine perdue que de parler de devoir aux enfants »[1].

Si l'on prête une conscience morale achevée au tout petit, on pervertit le rapport que celui-ci sera susceptible d'entretenir avec ses obligations. Si l'on se sert des tournures impératives catégoriques trop tôt, si l'on emploie avant l'heure le « grand nom sublime »[2] du devoir, les enfants « le considèrent comme quelque chose dont la transgression est suivie par le fouet »[3]. Brandir la majesté des exigences morales, alors que l'enfant n'obéit jusque-là qu'à la force, c'est susciter plus tard la confusion de la crainte et du respect.

Ainsi, l'idée selon laquelle l'apprentissage moral ne convient pas à la prime jeunesse repose sur deux raisons. D'une part il ne serait *pas pertinent* de mener un tel apprentissage, en raison de l'inintelligibilité des notions morales à cet âge. D'autre part, il serait *préjudiciable* de tenir des discours sur la moralité alors même que ceux-ci ne peuvent être compris – cela ruine la possibilité pour l'enfant de comprendre ultérieurement ces discours. Kant, sur ce point, emprunte à Rousseau et à Locke tout en les renvoyant implicitement dos à dos.

Rousseau soutient dans le livre I de l'*Émile* que le très jeune enfant ne peut comprendre l'opposition du bien et du mal; selon livre II, « connaître le bien et le mal, sentir la raison des devoirs de l'homme n'est pas l'affaire d'un enfant »[4]. Kant consonne à cet égard avec lui. Tous deux se séparent ainsi de Locke, selon qui les principes moraux doivent être enseignés aux enfants par le raisonnement dès qu'ils ont deux ou trois ans[5]. Pourtant, Kant se sépare également de Rousseau dans la mesure où ce dernier situe à l'horizon de l'adolescence le moment propice à l'éducation morale. Même

1. Ak 9 : 483. *Éduc.*, p. 129.

2. Ak 5 : 154. *CRPrat.*, p. 199.

3. Ak 9 : 483. *Éduc.*, p. 129.

4. *Émile ou de l'éducation*, *op. cit.*, p. 154.

5. *Quelques pensées sur l'éducation*, *op. cit.*, § 81, p. 151 : « c'est la vraie manière de se comporter avec eux. Ils entendent raison dès qu'ils savent parler et, si je ne me trompe, ils aiment à être traités en créatures raisonnables plus tôt qu'on ne se l'imagine ».

lorsqu'Émile atteint ses douze ans, il ne fait que *s'approcher* « par degré des notions morales qui distinguent le bien et le mal »[1]. C'est au livre IV, passés les quinze ans d'Émile, que « nous entrons enfin dans l'ordre moral »[2]. Contre cette détermination rousseauiste des étapes de l'éducation, Kant se montre plus proche de Locke. À propos de l'âge auquel on peut « assurer aux lois de la raison pratique pure un *accès* à l'esprit humain »[3], il est probable qu'il pense à des élèves de six ou sept ans, puisqu'il estime que dès huit ans, l'enfant connaît tous ses devoirs fondamentaux[4].

Méthode érotématique et autonomie

L'acmé de la solution proposée par Kant pour concilier l'éducation pratique avec le développement de l'autonomie consiste à montrer comment la formulation des impératifs par les adultes, les précepteurs ou les maîtres, doit être associée à des pratiques spécifiques de *dialogue*, afin que les enfants reconnaissent la source des impératifs moraux *dans leur propre raison*. Tout l'enjeu du dialogue, dans l'éducation morale, consiste donc à montrer à l'enfant « qu'on exerce sur lui une contrainte qui le conduit à l'usage de sa propre liberté, qu'on le cultive afin qu'un jour il puisse être libre [...] »[5]. Les principes pratiques, qui sont inévitablement reçus par l'enfant de l'extérieur comme des commandements, doivent ainsi pouvoir être réfléchis comme des obligations rationnelles dont chacun peut se dire le législateur. De la sorte, l'obéissance, qui est certes dans un premier temps « obéissance à la volonté *absolue* du guide »[6], doit pouvoir se muer en « obéissance à la volonté de celui-ci *reconnue* comme *raisonnable* et *bonne*. [...] Cette obéissance *volontaire* est très importante »[7].

1. *Émile ou de l'éducation*, *op. cit.*, p. 265. Quand Émile se trouve sujet à son premier mouvement de vanité, Rousseau proclame : « je n'aime point les explications en discours; les jeunes gens y font peu d'attention et ne les retiennent guère. Les choses, les choses ! Je ne répèterai jamais assez que nous donnons trop de pouvoir aux mots : avec notre éducation babillarde nous ne faisons que des babillards » (*ibid.*, p. 283).

2. *Ibid.*, p. 358.

3. Ak 5 : 151. *CRPrat.*, p. 281.

4. Dans la *Critique de la raison pratique*, l'enfant dont il est question dans la « Doctrine de la méthode » a « dix ans » (Ak 5 : 155. *Ibid.*, p. 287). Dans *Théorie et pratique*, Kant estime qu'« un enfant de huit ou neuf ans » (Ak 8 : 286) possède la représentation claire de ses devoirs.

5. Ak 9 : 454. *Éduc.*, p. 88.

6. Ak 9 : 481-481. *Éduc.*, p. 125.

7. Ak 9 : 481-481. *Ibid.*, p. 125.

Le premier enseignement des lois pratiques est catéchétique : « le premier et plus nécessaire instrument *doctrinal* de la doctrine de la vertu réside, pour l'élève encore inculte, dans un *catéchisme* moral »[1]. La notion kantienne de catéchisme ne comprend aucune connotation religieuse : elle signifie une instruction des élèves qui « s'adresse simplement à leur mémoire »[2] plutôt qu'à leur raison. On énonce alors une somme de devoirs, afin que le jeune enfant retienne ce qu'il convient de faire et de ne pas faire. En quel sens s'adresse-t-on à sa mémoire plutôt qu'à sa raison en procédant de la sorte ? Le contraste pertinent est celui dessiné avec la méthode dialogique, où l'élève est invité à formuler lui-même des principes moraux à partir d'une réflexion sur un cas particulier, guidé par son maître. Dans le catéchisme, la mémoire signifie l'intériorisation par le jeune enfant de formules du devoir. Cette priorité temporaire de la mémoire dans la didactique kantienne ne signifie pas que l'enfant n'a aucune intelligence des préceptes qui lui sont présentés. Au contraire, l'aisance avec laquelle les enfants mémorisent généralement les maximes reflète plutôt le fait que leur raison s'éveille à ses principes propres, à un moment où elle ne se reconnaît pas encore comme leur source. Kant le remarque à l'occasion d'un contraste entre catéchisme moral et catéchisme religieux. Tandis que dans le catéchisme religieux, l'enseignant (le théologien) est seul dépositaire du savoir qu'il confie à la mémoire de ses auditeurs, « un catéchisme moral, en tant que doctrine fondamentale des devoirs de vertu, ne donne lieu [...] à aucune difficulté de ce type, parce qu'il peut être développé (quant à son contenu) à partir de la raison humaine commune »[3].

Cependant, le catéchisme moral doit progressivement céder le pas à « un mode d'enseignement *dialogique* quand l'interrogation s'adresse à la *raison* des élèves »[4]. S'en tenir au catéchisme[5] serait à terme

1. Ak 6 : 478. *DV*, § 51, p. 355.
2. Ak 6 : 478. *Ibid.*, § 50, p. 354.
3. Ak 6 : 479. *Ibid.*, p. 355.
4. Ak 6 : 478. *Ibid.*, p. 354.
5. Kant s'oppose en cela à Basedow, qui concevait une éducation moralement purement axée sur le catéchisme moral. Dans son *Manuel élémentaire*, le livre Cinq recueille, à l'usage des maîtres et des familles, des discours tout faits à tenir aux enfants afin de les introduire dans l'univers moral : des proverbes, des contes moraux représentant les vices, des fables, des maximes prescriptives et des articles de droit (*cf.* le sommaire détaillé donné par Basedow, in *Manuel élémentaire*, trad. fr. M. Huber, Leipzig, Crusius, 1774, t. I, p. XXXIII-XXXIV). Nous nous permettons de reproduire quelques passages pour en donner un aperçu :

« *Mademoiselle du Fausset* non seulement mentait souvent, elle le faisait encore dans le dessein de nuire; elle calomniait. C'est un vice abominable. On la connut bientôt, on la crut rarement, elle ne faisait donc du mal qu'à elle-même. [...] » (*ibid.*, t. II, p. 228).

ruineux. Le « Fragment d'un catéchisme moral »[1] nous donne une idée précise de la transition du catéchétique au dialogique, puisqu'il densifie en un seul dialogue non seulement les éléments essentiels du catéchisme moral lui-même, mais également le passage de l'érotématique catéchétique à l'érotématique dialogique. Le « Fragment » présente la particularité remarquable de ne pas soumettre à la raison de l'élève une évaluation de cas (un exemple). Le maître y pose à l'élève des questions *le concernant directement*. Suivant une méthode proprement « socratique »[2], le dialogue soutient l'assomption des concepts et principes moraux : « le maître, par des questions, oriente le cours des pensées de son disciple en faisant en sorte de développer simplement en lui la disposition à certains concepts par l'intermédiaire des cas qu'il lui propose (il est l'accoucheur de ses pensées) ; l'élève [...] prend ainsi conscience qu'il est lui-même capable de penser »[3]. Nous nous permettons de reproduire ici la majeure partie du « Fragment », afin de faire ressortir la logique de sa progression :

> *Fragment d'un catéchisme moral*
> Le maître demande à la raison de son élève ce qu'il veut lui enseigner, et si par hasard l'élève ne sait pas répondre à la question, il lui suggère la réponse (en guidant sa raison).
> 1. *Le maître* : Quel est ton plus grand, et même ton unique désir dans la *vie*.
> – *L'élève* (il se tait)
> – *Le maître* : Que tu réussisses *en tout* et *toujours* selon ton désir et ta volonté.
> 2. *Le maître* : Comment nomme-t-on un tel état ?
> – *L'élève* (il se tait).
> – *Le maître* : On le nomme *bonheur* (une prospérité constante, une vie satisfaite, un parfait contentement de son état).
> 3. *Le maître* : Si tu tenais entre tes mains tout le bonheur (qui est possible dans le monde), le conserverais-tu tout entier pour toi ou le partagerais-tu avec tes semblables ?

« *L'ours vindicatif.* Un Ours piqué par une abeille en devint si furieux qu'il alla droit à la ruche et la renversa. Que lui valut sa colère extravagante ? Les abeilles se jetèrent toutes sur lui et le piquèrent tellement qu'il perdit presque les yeux. / Tel est presque toujours le sort de ceux qui pour la moindre offense s'abandonnent à la colère et cherchent à se venger. » (*ibid.*, t. II, p. 233).

« *Maximes générales.* [...] *Réprimez le désir* d'être dans cette vie et dans la vie à venir plus heureux [...]. *Occupez-vous souvent de la pensée de la mort*, mais que ce soit sans frayeur. La mort est nécessaire au bien général du monde. [...] Remplissez les engagements que vous avez contractés avec serment [...] » (*ibid.*, t. II, p. 257-259).

1. Ak 6 : 480-482. *DV*, p. 357 *sq.*
2. Ak 6 : 479. *Ibid.*, p. 356.
3. Ak 6 : 478. *Ibid.*, p. 354.

–*L'élève* : Je voudrais le partager, je rendrais les autres aussi heureux et contents.

4. *Le maître* : Cela prouve donc bien que tu as un assez bon *cœur* ; fais voir si tu possèdes aussi en ceci un bon *entendement*. – Donnerais-tu bien au paresseux de moelleux coussins, afin qu'il puisse passer sa vie dans une douce inactivité, ou bien à l'ivrogne du vin et tout ce qui contribue à l'ivresse à satiété [...] ?

L'élève : Non, certes non.

5. *Le maître* : Tu vois donc que si tu tenais tout le bonheur entre tes mains et que tu avais en outre la meilleure volonté, tu ne l'abandonnerais pas à chacun selon ce qu'il désire, mais que tu commencerais d'abord par rechercher dans quelle mesure chacun est *digne* du bonheur. – Mais pour toi-même, n'aurais-tu aucun scrupule à commencer par t'assurer de tout ce que tu juges appartenir au bonheur ?

L'élève : Si.

Le maître : Mais ne te viendrait-il pas à l'idée de te demander si tu es toi-même aussi digne du bonheur ?

L'élève : Assurément.

Le maître : Ce qui en toi tend au bonheur, c'est le *penchant* ; mais ce qui restreint ce penchant à la condition d'être préalablement digne de ce bonheur, c'est ta *raison*, et que tu puisses limiter et dominer ton penchant par ta raison, c'est là la liberté de ta volonté.

6. *Le maître* : Afin de savoir comment tu dois t'y prendre pour participer au bonheur et aussi pour ne pas t'en rendre indigne, c'est dans ta *raison* seulement que tu trouveras la règle et l'initiation ; ce qui signifie qu'il ne t'est pas *nécessaire* de dégager cette règle de ta conduite de l'expérience, ou de l'apprendre par l'enseignement des autres ; ta propre raison t'enseigne et t'ordonne exactement ce que tu as à faire. Par exemple si un cas survient en lequel tu peux te procurer à toi ou à un de tes amis un grand avantage grâce à un mensonge finement médité, qui même ne t'oblige pas à faire tort à qui que ce soit, que te dit ta raison ?

–*L'élève* : Je ne dois pas mentir, si grand que puisse être l'avantage qui peut être le mien ou celui de mon ami. Mentir est *avilissant* et rend l'homme *indigne* d'être heureux. –Il y a là une contrainte inconditionnée par un commandement de la raison (ou une défense) auquel je dois obéir et devant laquelle tous mes penchants doivent se taire.

– *Le maître* : Comment nomme-t-on cette nécessité immédiate imposée à l'homme par la raison d'agir en accord avec la loi de celle-ci ?

–*L'élève* : on l'appelle *devoir*[1].

1. Ak 6 : 480-482. Ici, trad. fr. A. Philonenko, *Doctrine de la vertu*, Paris, Vrin, 1985, p. 158-160.

On remarque que dans les parties 1 et 2 du « Fragment », l'élève commence par ne pas répondre. Le maître explicite pour l'élève, et à la place de l'élève, le contenu du concept de bonheur, sans que l'élève ne témoigne de connaissance claire de ce concept. Le maître fait implicitement usage du silence de son interlocuteur pour lui indiquer que le bonheur n'est qu'un concept indéterminé, simple idéal de l'imagination. Les premières prises de parole de l'élève dans les parties 3 à 5 sont encore brèves, et manifestent une étape de préparation de sa raison. Dans la partie 3, en révélant à l'élève qu'il se soucie autant du bonheur des autres que de son bonheur propre, le maître s'adresse à ton tempérament. La partie 4 remplit un rôle essentiellement critique, pour faire percevoir à l'élève que les mouvements généreux du cœur, s'ils ne sont pas soumis à des principes, ne possèdent pas de valeur intrinsèque ; surtout, en faisant remarquer à l'élève qu'il désapprouve certaines formes de conduite, alors même qu'elles visent au bonheur, le maître indique à l'élève qu'il possède *en lui-même* un critère implicite de discernement axiologique. La partie 5 redevient catéchétique : alors que l'élève s'est montré lucide sur la différence entre « être heureux » et « se montrer digne du bonheur » à propos des autres hommes, il éprouve davantage de difficultés à se l'appliquer à lui-même. Ce blocage momentané de sa réflexion manifeste, aux yeux de Kant, l'importance de la présence du maître, chargé d'inciter l'élève à s'opposer à ses propres penchants. Selon le paradigme maïeutique platonicien omniprésent dans ces pages, le dialogue a autant pour fonction de conduire l'élève à prendre conscience de ses confusions que de l'aider à affirmer sa propre raison comme l'auteur de la loi morale[1]. L'éducation morale, à cet égard, consiste moins à construire de toutes pièces des idées pour l'élève (on se souvient de la métaphore de la page blanche chez Locke), qu'à lui offrir une méthode pour qu'il purifie en lui-même la représentation des principes. À la fin de la partie 5, le maître nomme le principe du discernement dont il reconnaît la présence chez son élève, et l'invite donc à en prendre pleinement possession : « ce qui restreint [ton] penchant [...], c'est ta *raison*, et que tu puisses limiter et dominer ton penchant par ta raison, c'est là la liberté de ta volonté ». On atteint ici l'un des deux sommets du « Fragment », le point où le principe de l'autonomie est nommé *par le maître* avant que celui-ci laisse progressivement l'élève entrer dans la discussion et énoncer lui-même ses premières conclusions

1. Chez Platon, dans le *Théétète*, la maïeutique est même tout d'abord l'art de délivrer de l'ignorance. *Cf.* Monique Dixsaut, *Métamorphoses de la dialectique dans les dialogues de Platon*, Paris, Vrin, 2001, p. 146-147. Par après, elle conduit à la dialectique, « recherche d'un savoir que l'âme puisse intérioriser » (*ibid.*, p. 147).

morales. Dans la partie 6, tout comme le précepteur d'Émile finit par le louer et lui donner son congé, la dernière leçon du maître kantien est faite de confiance. Le maître s'efface comme source des commandements pour inviter l'élève à venir occuper cette place : « ta propre raison t'enseigne et t'ordonne exactement ce que tu as à faire ». La seconde acmé du « Fragment » épouse un bouleversement dans l'équilibre du dialogue. L'élève prend enfin pleinement la parole, et tire de son propre esprit l'énoncé de la loi : « je ne dois pas mentir, si grand que puisse être l'avantage qui peut être le mien ou celui de mon ami ». L'élève, au terme du dialogue, conquiert en s'exprimant à la première personne la conscience de sa propre autonomie. C'est par sa bouche qu'est finalement prononcé le « nom sublime »[1] de la nécessité morale : « on l'appelle devoir ».

1. Ak 5 : 154. *CRPrat.*, p. 199.

CHAPITRE VI

ACQUISITION INDIVIDUELLE DE LA LANGUE ET APPARITION DU LANGAGE DANS L'ESPÈCE

Comment puis-je questionner l'origine d'une chose qui est elle-même à l'origine de toute question ?

Bruno Liebrucks

Au cours des chapitres II et IV, nous avons apprécié les principaux effets de l'apprentissage linguistique sur les capacités humaines. La maîtrise des signes, l'appui pris sur leur caractère arbitraire et leur liaison dans des énoncés permettent l'articulation logique des propositions et la détermination des concepts. Les ressources de l'énonciation assurent le développement de la personnalité. La formulation des impératifs, la description des actions et la pratique du dialogue soutiennent aussi bien le développement de la conscience morale que l'assomption de l'autonomie. Dans chaque cas, l'esprit franchit des paliers cruciaux et croît grâce aux ressources supplémentaires qui lui sont fournies par les divers aspects de la langue. Cependant, un ensemble de difficultés a jusqu'ici été laissé de côté.

Accordons qu'il faut savoir parler pour être capable de juger et vouloir, pour s'engager rationnellement dans des activités théoriques et pratiques. Comment faire, dans ce cas, pour rendre raison de l'apprentissage linguistique lui-même ? Si l'esprit progresse grâce à la langue, comment apprendra-t-il la langue ? Ne doit-on pas réintroduire une forme de priorité du mental sur le linguistique, et interroger les capacités préalables aux premières performances locutoires ? Jusqu'ici nous avons suivi « l'explication de la possession » de certains pouvoirs et de certaines connaissances, en faisant de l'apprentissage linguistique le principe de l'explication. Ne faut-il pas demander à présent comment on peut expliquer l'apprentissage linguistique lui-même, en faisant cette fois-ci du langage l'*explanandum* et non plus l'*explanans*? Ces questions dessinent la façon originale dont la question de l'origine du langage (*Ursprung der Sprache*)[1] s'impose à Kant. Recueillant cette question au terme de la transformation qu'elle connaît de Paris à Berlin dans le courant du XVIIIe siècle, Kant l'explore selon les coordonnées générales de la philosophie transcendantale. Nous parlons à dessein « d'exploration », car les textes de Kant à ce sujet s'avèrent la plupart du temps lapidaires et suggestifs, marquant l'intérêt du philosophe aussi bien que ses hésitations.

Le langage, effectivement supposé par toutes les capacités propres à l'homme, fait l'objet d'une double acquisition. Individuellement par chacun, au moment de l'apprentissage de la parole dans l'enfance. Historiquement par les premières sociétés d'hommes, au moment conjecturé des débuts de l'histoire de l'humanité[2]. Nous verrons que chez Kant, chaque niveau d'acquisition (le moment individuel et le moment historique) ne soulève pas exactement les mêmes problèmes.

COMMENT L'INDIVIDU APPREND UNE LANGUE

Individuellement, l'existence d'un stade où le nourrisson et l'enfant (étymologiquement l'*in-fans*, celui qui ne parle pas) ne dominent aucune langue articulée est absolument indéniable. Personne ne songe à nier qu'à chaque génération, parler s'apprend. Pour Locke par exemple, « il est évident que les hommes ont appris les termes et leur signification, aucun

1. En français, on distingue à la suite de Rousseau la question de l'origine des *langues* et la question de l'origine du langage lui-même (Condillac, Maupertuis). Cette différence ne revêt pas d'importance stratégique en allemand au moment où écrit Kant, en raison du fait que les concepts de « langue » et de « langage » sont tous deux signifiés par le terme « *Sprache* ».

2. Notons d'entrée de jeu que Kant ne reconduit pas l'assimilation que l'on trouve chez Condillac (dans l'*Essai sur l'origine des connaissances humaines*, *op. cit.*, p. 193, ce dernier dépeint les premiers hommes en la figure de « deux enfants [...] égarés dans des déserts, avant qu'ils connussent l'usage d'aucun signe ») et chez Herder (qui attribue des capacités semblables à l' « enfant » et au « premier homme », dans le *Traité de l'origine du langage*, trad. fr. D. Modigliani, Paris, P.U.F., 1992, p. 55 et p. 121). Cordula Neis souligne le caractère topique de cette assimilation pour une grande partie du XVIIIe siècle allemand (*Anthropologie im Sprachdenken des 18. Jadhrhunderts. Die Berliner Preisfrage nach dem Ursprung der Sprache* (*1771*), Berlin/New York, Walter de Gruyter, 2003, p. 68).

des deux n'est congénital »[1]. Kant prend acte de cette évidence en de nombreux lieux. Il remarque que la langue doit être acquise à chaque génération[2] et qu'elle ne saurait être comptée au rang des traits héréditaires[3].

Kant doit donc affronter une difficulté. D'un côté, il a montré que l'enfant doit savoir parler *avant* de pouvoir juger et d'être capable de se représenter ses devoirs. Cependant les étapes de l'apprentissage du langage semblent aussi bien devoir être comprises en référence à l'évolution cognitive extra-linguistique de l'enfant : celui-ci n'apprend-il pas à parler au moment précis où il est parvenu à un développement mental suffisant ?

Les théories de l'apprentissage linguistique avant Kant

Le paradigme de l'apprentissage linguistique des XVIIe et XVIIIe siècles est issu d'Augustin. On sait en effet que, dans le premier livre des *Confessions*, celui-ci décrit l'apprentissage de la langue comme un processus d'association entre les pensées, les choses et les mots, chaque niveau existant indépendamment des deux autres :

> quand les gens nommaient un objet en accompagnant ce son d'un geste vers une chose, je regardais, et je retenais que cette chose s'appelait du son qu'ils faisaient résonner lorsqu'ils voulaient la désigner [...] Et c'est ainsi que, les mots mis à leur place dans diverses phrases et souvent entendus, j'arrivais peu à peu à conclure de quels objets ils étaient les signes; dès lors, j'énonçais mes volontés par ces signes à l'apprentissage desquels ma bouche s'était soumise[4].

Dans ce récit célèbre proposé par Augustin, l'enfant qui apprend à parler possède déjà des pensées et des idées claires des choses. Apprendre à parler n'est pas apprendre à penser, mais simplement apprendre à exprimer et à déchiffrer correctement, c'est-à-dire suivant l'usage courant des sons, ce qui se trouve pensé par soi ou par d'autres. Pour maîtriser une langue spécifique, l'enfant n'aurait qu'à *raccorder* les pensées et les choses à des sons

1. *Essai sur l'entendement humain*, trad. fr. J-M. Vienne, Paris, Vrin, 2001, I, 2, § 23, p. 84.

2. Ak 8 : 110-111. *Conj.*, p. 155.

3. *Ibid.* Dans « Définition du concept de race humaine », texte de 1785, Kant ne retient parmi les traits héréditaires justifiant une distinction à l'intérieur de l'espèce humaine que la couleur de la peau et la morphologie (Ak 8 : 93).

4. Augustin, *Les Confessions*, trad. fr. P. Cambronne, « Bibliothèque de la Pléiade », Paris, Gallimard, 1998, I, 8, p. 790-791. Ce passage est resté célèbre par la critique qu'en propose Wittgenstein au § 1 des *Recherches philosophiques*.

arbitrairement distribués, selon les régularités perceptibles lors de l'audition des parents et éducateurs.

Au XVIIe siècle, l'image augustinienne de l'apprentissage est encore largement dominante. La raison de cet état de fait tient à la fixation (étudiée dans le chapitre II, « L'auditif et le conceptuel ») de ce que nous avons désigné comme le modèle expressif et communicationnel en philosophie du langage. En effet, les tenants de ce modèle font dériver l'usage des signes de pensées pré-sémiotiques suffisamment formées ; par conséquent, l'apprentissage d'une langue ne constitue pas à leurs yeux une difficulté, elle n'est que l'ajointement d'un savoir-faire corporel avec des contenus de sens préexistants. Descartes affirme ainsi que « lorsqu'on apprend une langue, on joint les lettres ou la prononciation de certains mots, qui sont des choses matérielles, avec leurs significations, qui sont des pensées »[1]. Tout comme Augustin dissocie la contraction des habitudes du corps (« une fois ma bouche habituée à former ces signes… ») et la formation des pensées, Descartes représente l'acquisition individuelle de la langue comme un processus double, impliquant la liaison d'une aptitude technique (écrire, prononcer) avec l'activité de l'âme. La conséquence de cette décision est qu'il n'existe pas de différence de nature entre l'apprentissage de langues déjà existantes et la formation ou l'invention de langues inédites. Dans le chapitre V du *Discours de la méthode*, déjà cité, Descartes considère ainsi que les sourds « ont coutume d'inventer d'eux-mêmes quelques signes »[2], quand bien même ils ne peuvent percevoir les sons proférés par les locuteurs des langues orales. Chez Arnauld et Nicole, l'apprentissage des langues déjà existantes est une entreprise de *jonction* entre les « actions de l'esprit » et les mots. Or, comme lesdites actions se développent en amont des signes, « chacun a le droit de faire un dictionnaire pour soi »[3] ; ce droit proclamé par les Messieurs manifeste le caractère irréductible de la capacité individuelle à inventer une langue de toutes pièces.

Contre ces théories unilatérales de l'apprentissage, caractérisées par la scission entre contenus de sens et techniques d'expression, les partisans du modèle que nous avons nommé ampliatif-extensionnel insistent sur la nature dialectique de l'apprentissage de la langue. Pour Leibniz, Sulzer, Michaelis et Tetens, l'apprentissage individuel de la langue est fondé sur des capacités préalables, mais la maîtrise achevée de la langue rejaillit sur ces capacités, les affine et les aiguise. Les signes doivent être mémorisés,

1. Lettre à Chanut, 1er février 1647, in *Lettres*, « Les Grands Textes », Paris, P.U.F., 1954, p. 165.

2. AT VI, 57-58. *Œuvres philosophiques I*, Paris, Garnier, 1963, p. 629.

3. *La logique ou l'art de penser*, Paris, Gallimard, 1992, p. 86.

mais ils étendent la portée de la mémoire (Leibniz); on doit distinguer entre les sons, mais par suite, les distinctions que l'on fait entre les choses gagnent en acuité (Tetens); il faut percevoir et penser pour s'exprimer, mais celui qui domine les formes d'expression sédimentées d'une tradition dispose de ressources de pensées plus puissantes et vastes (Michaelis, Sulzer)[1]. Dans l'ensemble, on peut donc accorder une série plus ou moins détaillée de capacités préalables à l'apprentissage linguistique. Mais qu'on ne conclue pas que ces capacités sont pleinement développées lorsque l'enfant prononce ses premières paroles! Mérian déclare ainsi que l'esprit humain et la langue agissent l'un sur l'autre par « action » et « réaction »[2], suivant un mouvement de « flux et reflux »[3].

Tandis que Descartes, Arnauld et Nicole accordent à quiconque la capacité de forger une langue, Michaelis insiste sur la longueur de temps nécessaire à la formation des langues, « au fil des siècles »[4]. Chaque langue a été influencée par le peuple, les savants, les poètes, les philosophes, au point de receler plus qu'aucun esprit ne le peut par ses seules forces. Le trésor des pensées déposées dans une langue dépasse le pouvoir d'invention de tout homme. Pour des raisons similaires, Tetens avoue que « jamais un enfant n'a inventé à lui seul un langage, et il ne profère à lui seul que des sons indistincts »[5]. Dans les *Philosophische Versuche*, il est prêt à concéder à de rares génies la capacité d'inventer une langue[6], mais le génie est la figure de l'exceptionnel et du rarissime.

1. Pour Michaelis, « les langues sont l'amas de la sagesse et du génie des nations, où chacun a mis du sien » (in *De l'influence des opinions sur le langage, et du langage sur les opinions. Dissertation qui a remporté le prix de l'Académie Royale des sciences et belles lettres de Prusse en 1759*, trad. fr. Mérian, Brême, George Louis Förster, 1762, p. 27); « le langage est donc une sorte d'archive où les découvertes humaines sont à l'abri des plus fâcheux accidents » (*ibid.*, p. 29).

2. « Discours de l'Académie à propos des Dissertations », in *De l'influence des opinions sur le langage, et du langage sur les opinions*, *op. cit.*, p. 177.

3. *Ibid.*

4. *Ibid.*, p. 28.

5. « Über den Ursprung der Sprachen und der Schrift », in *Sprachphilosophische Versuche*, Hambourg, Felix Meiner Verlag, 1971, p. 30-31.

6. *Philosophische Versuche über die menschliche Natur und ihre Entwicklung*, *op. cit.*, t. I, p. 779 : « *ist jedes ein mächtig reges Genie, so wird und muß er die Sprache erfinden* ». Dans cette section, la thèse de Tetens est que « l'aptitude à la parole n'est pas la même chez tous les hommes » (*ibid.*, p. 778). On peut concevoir qu'un Leibniz invente une langue avec la même facilité qu'un enfant en apprend une (*ibid.*, p. 781), mais la même chose n'est pas vraie d'un Hottentot.

Quant aux partisans du modèle corrélationnel, dont Condillac est le plus éminent représentant, les réponses qu'ils apportent sont sensiblement les mêmes. Certes, Condillac considère que le langage n'est pas simplement un auxiliaire capital de la pensée, mais bien ce qui seul lui permet d'atteindre la plénitude de son exercice; mais d'un autre côté, en ce qui concerne l'enfant, force est d'admettre que certaines compétences prélinguistiques soutiennent l'apprentissage de la langue.

L'importance de la tradition

Les éléments de réponse kantiens au problème de l'acquisition individuelle de la langue ont pour fil conducteur une remarque : l'enfant n'a pas à réinventer *ex nihilo* la langue par ses propres forces. Il se trouve immergé dès la naissance dans un univers linguistique déjà constitué. Parents, nourrices et précepteurs s'adressent à lui dans une langue qui le précède, ils l'initient et lui enseignent des mots et des règles grammaticales que ni eux ni lui n'ont à forger. Selon le mot de l'*Émile*, « les enfants entendent parler dès leur naissance; on leur parle non seulement avant qu'ils comprennent ce qu'on leur dit, mais avant qu'ils puissent rendre les voix qu'ils entendent »[1]. L'accession de l'*in-fans* à des premières formes de discursivité ne pose nullement la question du passage radical de l'*homo* à l'*homo loquax*[2]. L'enfance est ainsi un moment d'acquisition de compétences qui elles-mêmes sont à référer à des normes préexistantes, des normes déjà développées.

Kant prend clairement la mesure de cette différence entre le versant individuel de la question génétique touchant le langage, et l'idée d'une apparition radicale du langage. On le perçoit au cœur de sa discussion avec Herder, à l'occasion de la recension qu'il donna des *Idées en vue d'une philosophie de l'histoire de l'humanité*. Pour Herder dans ce texte, les causes initiales de *l'acquisition* de la faculté de langage sont physiologiques; cependant les causes de la *permanence* de cette faculté changent de statut, cessent d'être naturelles et deviennent principalement sociales. Kant relève l'ensemble de ces décisions théoriques pour signaler son accord avec le second point. Le texte attire en particulier l'attention de Kant par le fait qu'il met en lumière la transmission du langage au fil d'une *tradition*. D'un côté, Kant refuse la genèse physiologique herderienne de la

1. *Émile ou De l'éducation*, Paris, Gallimard, 1969, p. 129.

2. Cette affirmation peut apparaître aujourd'hui comme un truisme, mais elle ne l'est nullement au XVIIIe siècle : la plupart des penseurs assimilent au contraire volontiers la situation des premiers hommes et celles des enfants en les considérant comme équivalentes.

capacité de langage pour les débuts de l'humanité. D'un autre côté, il souscrit à l'idée du livre 9 des *Idées*, selon laquelle, une fois le langage apparu chez les premiers hommes, son acquisition par les générations ultérieures se fait selon un processus incommensurable, où désormais la transmission de génération en génération devient le principe déterminant. Il note que :

> le livre neuf s'occupe de la dépendance des hommes les uns envers les autres pour le développement de leurs capacités, avec le langage comme moyen de la culture des hommes, avec l'invention des arts et des sciences par l'imitation, la raison et le langage [1].

Tandis que Kant refuse, dans le début de sa recension, l'inscription de la faculté linguistique dans le corps humain, il ne conteste pas ici l'articulation herderienne entre langage et existence communautaire. À la dissension Kant/Herder au sujet des débuts du langage répond leur accord concernant son principal mode de persistance ; la problématique de l'apparition du langage cède la place à l'image d'un legs conservé et enrichi : « tout progrès dans la culture ne serait que communication ultérieure et prolifération fortuite d'une tradition originelle » [2].

Cette convergence locale entre Herder et Kant doit se comprendre, du côté de Kant, par analogie avec la difficulté indiquée à la proposition VI de l'*Idée d'une histoire universelle au point de vue cosmopolitique*, lorsqu'il s'agit de penser la façon dont les hommes ont besoin de s'appuyer les uns sur les autres pour conserver et transmettre la liberté qui les élève au-dessus des bêtes. L'analogie s'impose par l'identité structurelle des deux problèmes : langage et rationalité nous distinguent des animaux aussi bien que la liberté et l'existence civile, et dans les deux cas, « le problème le plus difficile » [3] consiste dans le fait que l'individu paraît avoir « besoin d'un maître » [4] pour pouvoir devenir pleinement ce qu'il est. Au besoin d'être dirigé par un maître pour soumettre les impulsions à la volonté correspond le besoin d'être immergé dans une communauté linguistique et d'hériter d'une tradition afin d'être en mesure de parler [5]. Le thème de l'héritage et

1. Ak 8 : 60. *Recensionen von J.G. Herders Ideen zur Philosophie der Geschichte der Menschheit*, nous traduisons.

2. Ak 8 : 60. *Herder.*, p. 122.

3. Ak 8 : 23. *IHU*, p. 67.

4. *Ibid.*

5. Si l'on poursuit jusqu'au bout l'analogie entre l'apprentissage linguistique et l'éducation à la liberté par un « maître », on doit aller plus loin encore. Car si Kant souligne la nécessité de l'éducation par un maître, c'est pour rappeler que les maîtres ont à leur tour besoin d'être originellement dirigés par d'autres maîtres ; si bien que 1) l'intelligibilité de

l'importance qu'il revêt aux yeux de Kant apparaît également dans la proposition IX, où Kant insiste sur la nécessaire permanence d'un public instruit pour la transmission des documents et des récits qui font l'histoire humaine. Le développement de l'humanité et l'entrée de chaque génération dans l'élément de la culture supposent pour Kant la continuité de traditions.

L'indice de l'inclusion de la langue dans ce dispositif est le fait que toutes les règles linguistiques suivies par l'enfant et intégrées à ses pratiques existent indépendamment de la conscience qu'il peut ou non en avoir : « on apprend de fait une langue sans l'étudier »[1], et « les enfants parlent en observant des règles sans savoir quelles sont les règles qu'ils observent »[2]. L'insistance de Kant sur le caractère non réfléchi, non thématisé des structures de la langue, qui apparaît à l'occasion de ses réflexions sur la grammaire (*cf.* chap. III), montre que l'enfant apprend à maîtriser la langue dans la mesure où il est, dès l'instant de sa naissance, amené à agir conformément à des règles qui déterminent son existence[3].

l'éducation d'une génération à l'autre contraste avec 2) l'impossibilité de trouver un terme premier à la régression. La tradition et la transmission continue sont donc, pour Kant, à reconduire à la question de l'apparition historique des langues et de la culture, que nous aborderons dans la seconde partie de ce chapitre.

1. Ak 16 : 169. R 1955, nous traduisons.

2. Ak 24 : 312. *Logik Philippi*, nous traduisons.

3. Dans cette mesure, la théorie kantienne de l'apprentissage linguistique et de l'éducation rationnelle s'avère extrêmement proche de celle que propose aujourd'hui John McDowell. Soucieux de ne pas séparer le développement des capacités rationnelles et la nature, McDowell accorde un rôle privilégié à l'apprentissage linguistique, vecteur principal du développement de la « seconde nature ». Après avoir décrit notre esprit comme « un réseau de capacités conceptuelles reliées par des liaisons rationnelles présomptives » (*L'esprit et le monde*, trad. fr. C. Alsaleh, Paris, Vrin, 2007, VI, § 8, p. 162-163), il rapporte la maturation de notre nature pensante à l'immersion dans la langue : « par son initiation au langage, un être humain est introduit à quelque chose qui a déjà intégré des liens rationnels présomptifs entre des concepts censés constituer l'arrangement de l'espace des raisons, avant l'arrivée de cet être humain » (*ibid.*, p. 163); « un langage naturel, du genre de ceux auxquels les êtres humains sont d'emblée initiés, sert de réceptable à la tradition » (*ibid.*, p. 164). Il est ironique que McDowell croie sur ce point se détacher de Kant. Loin d'être infidèle à Kant par cette volonté de décrire une « initiation » aux raisons depuis une « naturalité pleine de rationalité » (*ibid.*, IV, § 8, p. 119), McDowell est au plus proche d'un Kant qu'il méconnaît. Alors qu'il prétend se servir d'Aristote pour « naturaliser » le suprasensible kantien (*cf.* IV, § 7 et 8, *ibid.* p. 116-120), il nous semble que McDowell ne fait jamais que défendre – sans le savoir – un autre Kant, celui qu'une longue lignée de lectures a méconnu.

Apprendre à parler une langue

Le problème de l'apprentissage linguistique individuel a donc pour objet une langue déjà constituée, et ne suppose pas qu'on interroge l'apparition du langage dans l'humanité en général en tant qu'événement.

Au cours des chapitres précédents, nous avons déjà vu la façon dont Kant met en lumière un certain nombre de processus d'apprentissage, correspondant à l'acquisition des termes et des formes de discours déjà existantes. Nous les rappellerons très brièvement, afin de nous demander quels types de capacités préalables elles présupposent, et verrons quels phénomènes supplémentaires sont relevés par Kant.

Dans le chapitre II, nous avons vu l'importance accordée par Kant à l'association entre sonorités et images. La répétition de certaines sonorités en association avec la perception de certains complexes étendus dans l'espace conduit à la maîtrise des premiers mots. Les capacités d'être attentif à un langage déjà constitué, d'entendre régulièrement les formes d'expression déjà existantes, et d'interagir avec des locuteurs adultes, apparaissent à Kant comme des conditions *sine qua non* de l'apprentissage. À cet égard, Kant réactive l'idée selon laquelle l'imagination et l'association par la mémoire sont des facteurs essentiels de l'acquisition d'une langue; mais dans le même temps il insiste sur la nécessité d'hériter d'associations sédimentées. Si les sourds n'apprennent pas à parler, selon Kant, c'est aussi parce que, privés d'un commerce étendu avec les locuteurs des langues vernaculaires, ils ne peuvent pénétrer des univers linguistiques déjà structurés.

En outre, dans le chapitre III, nous avons vu comment l'enfant apprend à suivre les règles de la langue avant de pouvoir se les représenter ou les formuler explicitement. L'immersion dans les usages corrects paraît suffisant à Kant; suivant Basedow, il envisage la transmission de la langue selon un mode non théorique. L'important est de parler devant l'enfant et de l'habituer à reproduire des schémas linguistiques *en les lui faisant employer :*

> Il existe deux sortes de règles : les premières sont nécessairement dérivées de l'usage [...]; les autres le précèdent nécessairement [...] Nous n'aurions pas appris la logique sans la pratique et nous la connaîtrions aussi peu que nous connaîtrions la langue sans la pratique [1].

Les développements consacrés par Kant à l'apprentissage de l'expression en première personne (chapitre IV) ne nous livrent pas d'indication sur la

1. Ak 16 : 32. R 1602. Nous traduisons.

manière dont se produit l'apprentissage linguistique, étant donné que l'enfant parle déjà au moment d'introduire cette grande transformation dans sa manière de s'exprimer.

Dans les *Réflexions sur l'éducation*, Kant fournit encore quelques indications supplémentaires sur certaines étapes du développement linguistique infantile. Tout d'abord, Kant situe la forme la plus embryonnaire du langage dans le cri. Avant même de savoir articuler ou d'avoir quoi que ce soit à *dire*, l'enfant emploie les organes de la phonation au moment de crier. Aussi, « crier est une chose salutaire pour les enfants »[1]. Juste après la naissance, « pendant les trois premiers mois environ »[2], les enfants crient selon Kant sans réflexion, c'est-à-dire sans viser à appeler leurs parents ni même vouloir leur signifier quoi que ce soit.

Dans un second temps, avec les progrès de la vue et les premières formes de réflexion, l'enfant comprend que son entourage réagit lorsqu'il produit des sons. Il commence alors à produire des cris volontairement, afin d'obtenir certains effets, si bien que l'émission sonore au départ purement mécanique devient porteuse de premières formes d'intentions et de significations. La fréquence de la répétition du cri est l'indice de cette réflexion que fait l'enfant sur les suites de ses émissions sonores : « car lorsqu'il voit que tout accourt à son cri, il répète souvent ses cris »[3]. Suivant Rousseau dans l'*Émile*, Kant voit dans ce premier progrès le risque de la première corruption de l'enfant : car si l'on réagit trop vite aux cris des enfants, on risque de faire d'eux de petits tyrans. Quoi qu'il en soit, les attitudes des adultes confèrent rétroactivement au cri un *caractère d'appel* initialement absent : « quand l'enfant en vient à cet état, il crie avec réflexion »[4]. Les rires et les pleurs qui accompagnent bientôt les cris et les babils sont pour Kant le signe des premières notions (de joie et d'offense) dont l'enfant dispose, et qu'il associe étroitement à ses émissions sonores.

1. Ak 9 : 459. *Éduc.*, p. 95.

2. Ak 9 : 460. *Ibid.*, p. 96.

3. Ak 9 : 459. *Ibid.*, p. 95. Dans l'*Émile*, Rousseau souligne la façon dont les réactions des parents aux cris des nourrissons projettent sur ces émissions de voix sans significations diverses valeurs (d'appel, de commandement, de prière, etc.) : « En naissant un enfant crie [...]. Tantôt on s'agite, on le flatte pour l'apaiser ; tantôt on le menace, on le bat pour le faire taire. [...] Ainsi ses premières idées sont celles d'empire et de servitude. Avant de savoir parler, il commande ; avant de pouvoir agir, il obéit » (*Émile ou de l'éducation*, *op. cit.*, p. 97). Ces analyses de Rousseau et de Kant, qui font de la *réponse* au cri non-signifiant le principe conférant au cri sa signification ne sont pas sans anticiper sur les analyses de Lacan, lorsque celui-ci fera de la réponse à la demande ce qui institue la demande comme telle et introduit l'enfant dans le domaine du symbolique.

4. Ak 9 : 460. *Éduc.*, p. 97.

Et de même que les réponses des parents aux cris de l'enfant produisent les premiers usages volontaires de la voix, de même, les premiers silences imposés donnent naissance à l'intériorité enfantine. Au départ, l'enfant extériorise sans y penser ses joies et ses peines. Mais en lui apprenant à se tenir tranquille, « on l'habitue à la dissimulation et aux mouvements secrets de l'âme »[1]. Si plus tard on lui fait honte de certaines de ses demandes, « il n'ose plus rien demander [...] il cache ses intentions »[2].

Une fois l'enfant initié à l'usage volontaire de la voix, on peut faire l'hypothèse selon laquelle l'apprentissage des locutions correctes et de la prononciation adéquate se fait à mi-chemin entre l'éducation mécanique du corps et l'éducation intellectuelle. Kant ne fait pas de l'apprentissage de la langue l'objet d'une section des *Réflexions sur l'éducation*, mais plusieurs distinctions et indices peuvent offrir des lumières à cet égard. Il ne suffit pas d'apprendre aux enfants à articuler correctement et à maîtriser la technique du discours (comme le pensent les tenants du modèle communicationnel), car même si l'on peut dresser l'homme et le diriger mécaniquement[3], « il importe avant tout que les enfants apprennent à *penser* »[4]. Aussi, lorsque l'on mobilise la mémoire dans l'acquisition du vocabulaire, il s'agit de le faire autant que possible en relation avec l'exercice du jugement, sans quoi on fait du jeune humain un simple « lexique vivant »[5]. On doit, autant que faire se peut, apprendre la langue en sollicitant les diverses facultés :

> Les choses sont ainsi faites que l'entendement suit d'abord les impressions des sens et que la mémoire doit les conserver. C'est ce qui se passe, par exemple, pour les langues. On peut les apprendre soit par une mémorisation formelle, soit par le commerce avec les hommes et pour les langues vivantes, cette dernière méthode est la meilleure[6].

Ce passage concerne l'apprentissage de langues *étrangères*. Mais ce que Kant fait valoir à cette occasion est transposable pour l'acquisition de la langue maternelle. La mémoire, qui se trouve mobilisée soit directement (de manière « formelle »), soit à l'insu de l'enfant par la pratique de la discussion, va se trouver cultivée de manière vivante, en relation avec les progrès de l'entendement et l'usage de la faculté de juger. À cette fin, Kant recommande l'usage d'un *orbis pictus*, c'est-à-dire d'un livre d'images

1. Ak 9 : 461. *Ibid.*
2. Ak 9 : 465. *Ibid.*, p. 102.
3. Ak 9 : 450. *Ibid.*, p. 83.
4. *Ibid.*
5. Ak 9 : 472. *Ibid.*, p. 112.
6. Ak 9 : 472-473. *Ibid.*, p. 113.

procurant aux concepts un premier objet qui leur corresponde, afin d'associer autant que possible les premiers mots à des images[1] : « il faut lier le savoir et la parole »[2].

Le caractère sommaire de ces indications tient au fait que pour Kant, l'imitation des manières de s'exprimer des adultes produit une transmission de la langue qui ne constitue pas une difficulté majeure. Quels que soient les détails, la conjonction entre l'existence préalable d'une langue et les facultés innées de l'enfant suffit à expliquer le développement du discours.

De l'absence d'innéité de la langue à la question de l'origine du langage

L'absence d'innéité des langues, cependant, n'intéresse pas uniquement Kant comme un fait qui consonne avec l'absence d'innéité des concepts et des principes, elle lui sert également d'argument vecteur pour affirmer que le langage a dû apparaître progressivement dans l'espèce. Chez Kant, le passage de la problématique de l'apprentissage individuel à la question de l'origine historique des langues se trouve construit depuis le premier de ces deux thèmes.

Sommes-nous contraints d'admettre qu'il fut un temps reculé où les humains ne disposaient d'aucune ressource expressive, où ils n'entretenaient aucune forme de communication au moyen de mots ? L'idée selon laquelle les langues ont eu une origine déterminée s'impose-t-elle nécessairement à nous ? La réponse à cette question n'a rien d'évident, en partie pour des raisons méthodologiques. En effet, nous nous heurtons à l'absence de base empirique permettant de répondre adéquatement à ces questions. Kant souligne dans l'*Idée d'une histoire universelle* et les *Réflexions sur l'éducation* le fait que notre connaissance du passé humain

1. Ak 9 : 474. *Ibid.*, p. 115. L'*Orbis Pictus* le plus célèbre est celui de Johann Amos Comenius, publié en 1658 : *Orbis Sensualium Pictus : hoc est Omnium Principalium in Mundo Rerum, & in Vita Actionum, Pictura & Nomenclatura.* L'idée de Comenius est qu'on doit *apprendre à reconnaître les choses en même temps que l'on mémorise les mots.* Contre la scission de la technique d'expression et de l'apprentissage des pensées, Comenius met à l'honneur un principe pédagogique qui sera également au cœur de l'*Émile* – quoique Rousseau préfère instruire l'enfant sans le moyen de livres. Le *Manuel élémentaire* de Basedow, bien connu de Kant, comprend une grande variété de dessins et lithographies pour que les professeurs puissent montrer aux enfants des objets correspondant aux concepts sensibles de la première éducation (*cf.* tout le vol. 4, Leipzig, Crusius, 1774).

2. Ak 9 : 474. *Éduc.*, p. 116.

va seulement aussi loin que les documents écrits dont nous disposons[1]. S'il y a effectivement eu une époque où les hommes vivaient sans langage, une telle époque est par définition antérieure à l'écriture et à toute forme de documents fiables.

À cette aporie, Kant oppose pourtant un raisonnement apagogique : si de tout temps les hommes avaient été doués de langage, les enfants devraient être capables de parler par eux-mêmes, y compris en l'absence de toute instruction. Or, on constate que le langage n'est pas inné chez les enfants. Donc il n'a pas pu être présent de tout temps dans l'espèce :

> L'homme a donc inventé le langage progressivement, comme les oiseaux ont appris à chanter et les chiens à aboyer; en effet, de même que le chant des oiseaux n'est pas possédé par création divine [*anerschaffen*], puisque dans ce cas il devrait être inné [*angeboren*] au contraire de ce que montre l'expérience, de même l'idée que le langage est possédé par création divine ne peut pas non plus valoir pour l'homme[2].

La structure de ce raisonnement, qui conclut de l'observation de l'enfant aux époques inscrutables des débuts de l'humanité, par analogie avec les oiseaux, se trouve éclairée par des raisonnements similaires consacrés spécifiquement aux oiseaux. Kant remarque en effet à plusieurs reprises le fait que les oisillons doivent être formés au chant par leurs parents, ce qui force à penser que le chant n'a pour eux rien d'instinctif. Dans les *Réflexions sur l'éducation*, au moment d'introduire le concept d'instruction à propos de l'humanité, il remarque que les oiseaux doivent eux aussi littéralement être instruits :

> Les oiseaux sont, en effet, instruits en ceci par leurs parents, et il est touchant de voir, comme s'ils étaient dans une école, les parents chanter de toutes leurs forces avant leurs petits et ceux-ci s'efforcer de tirer les mêmes sons de leurs petits gosiers. Pour se convaincre que les oiseaux ne chantent pas par instinct, mais apprennent réellement à chanter, il vaut la peine d'en faire l'expérience et ainsi d'enlever à des serins la moitié de leurs œufs et d'y substituer des œufs de moineau [...] : ils apprendront le chant des serins [...]. En fait on peut vraiment s'étonner que chaque espèce d'oiseaux conserve à travers toutes les générations un certain chant fondamental et en ce monde la tradition du chant est bien la plus fidèle[3].

1. « On pourrait vraiment appeler le commencement de l'écriture le commencement du monde » (Ak 9 : 447. *Ibid.*, p. 79) ; *cf.* également Ak 8 : 29, n.

2. Ak 25 : 1196. *Anthropologie Menschenkunde*, nous traduisons.

3. Ak 9 : 443. *Éduc.*, *op. cit.*, p. 72-73.

De même selon l'*Anthropologie :*

> Il est vrai que les oiseaux chanteurs apprennent à leurs petits certains chants, et les perpétuent ainsi par la tradition ; si bien qu'un oiseau isolé, ôté encore aveugle à son nid, puis élevé, ne chante qu'à l'âge adulte : de naissance il ne possède qu'un certain vocal. D'où vient donc le premier chant ? Car il n'a pas été enseigné, et s'il avait une origine instinctive, pourquoi les petits n'en hériteraient-ils pas [1] ?

Si les oiseaux chantaient instinctivement dès la naissance, ou tout au moins sans que l'instruction joue ici aucun rôle, on pourrait juger vraisemblable le fait que le chant n'est pas survenu historiquement ou géographiquement dans l'espèce. Or, les oisillons sont instruits, et les oiseaux ne chantent pas de la même façon dans les différentes régions du monde[2], donc on doit penser que le chant a été progressivement développé, au fil des époques, par certaines espèces d'oiseaux. Le problème est strictement le même pour les hommes. L'absence d'innéité de la langue chez l'enfant explique la nécessité pour Kant du questionnement historique. Elle ne permet pas d'apporter de réponse contraignante à la question des facteurs et des étapes du développement historique des langues, mais elle permet tout au moins d'exclure la connaturalité du langage à l'espèce. Sur ce point, Kant a vraisemblablement suivi Warburton :

> À juger seulement par la nature des choses et indépendamment de la révélation [...] l'on serait porté à admettre l'opinion de Diodore de Sicile et de Vitruve, que les premiers hommes ont vécu pendant un temps dans les cavernes et les forêts, à la manière des bêtes, n'articulant que des sons confus et indéterminés, jusqu'à ce que s'étant associés pour se secourir mutuellement, ils soit arrivés, par degrés, à en former de distincts, par le moyens de signes ou de marques [...] ; car tout le monde convient que le langage n'est point inné [3].

L'absence d'innéité qui sert d'argument dans le raisonnement de Warburton est bien celle que l'on peut observer chez chaque nourrisson. Tout le monde en convient, parce qu'elle est empiriquement incontestable. À partir de là, pour Kant, la question de l'origine historique peut et même doit être posée.

1. Ak 7 : 323. *APP*, p. 162.

2. « On voit aussi que les pinsons et les rossignols présentent des chants différents selon les pays » (Ak 7 : 323. *Ibid.*, p. 163).

3. W. Warburton, *Essai sur les Hiéroglyphes des Egyptiens où l'on voit l'origine et le Progrès du langage et de l'écriture, l'Antiquité des Sciences en Egypte, et l'origine du culte des animaux*, Paris, Hippolyte-Louis Guérin, 1744, p. 48.

LE PROBLÈME DE L'INVENTION HISTORIQUE DES LANGUES

Faire l'hypothèse d'une apparition et d'un développement historiques du langage paraît de loin la perspective la plus plausible. La chose fait d'ailleurs figure d'évidence à l'époque de Kant, où l'influence de Warburton est considérable dans toute l'Europe. Même si les événements et processus correspondant à la naissance du langage s'avèrent difficiles voire impossibles à connaître ou à dater, les premières formes de communication entre humains, ou plus tard les premières formes d'écriture, *ont dû avoir lieu*, et la question se pose donc de savoir quelles propriétés et capacités de l'homme ont été mises en jeu lors de l'apparition et du développement du langage. Ce faisant, quel rapport Kant entretient-il avec les principales solutions proposées à la question de l'origine du langage par ses contemporains, et quelle valeur épistémique donne-t-il aux quelques propos qu'il risque sur le sujet? Juge-t-il que les causes qui ont produit l'apparition des premières formes de langage sont inscrites dans le corps humain? Refuse-t-il au contraire toute explication mécanique du langage? Et en quoi ce questionnement donne-t-il à Kant l'occasion de réfléchir de façon originale sur la différence entre l'homme et les animaux supérieurs?

Au siècle de l'origine du langage

Au XVIIe siècle la question de l'origine et du développement du langage est encore en sourdine. Comme nous l'avons vu au début de ce chapitre, chez les Cartésiens, l'invention du langage ne constitue pas réellement une difficulté, et la réflexion sur les langues est résolument statique. Chez Hobbes en 1651, la parole est décrite comme une « invention », mais les étapes et les principes de cette invention sont laissés de côté à la faveur d'un simple résumé littéral des épisodes bibliques de la Genèse et de Babel[1]. La réflexion sur le langage se trouve ainsi déterminée à la croisée d'un

1. *Léviathan* [1651], trad. fr. G. Mairet, Paris, Gallimard, 2000, chap. IV, p. 96: « L'invention la plus sublime et la plus nécessaire entre toutes reste celle de la parole qui consiste en *noms*, ou *dénominations* [...]. Le premier inventeur de la parole est *Dieu* lui-même qui enseigna à *Adam* comment nommer telles ou telles créatures se présentant à la vue (l'Ecriture ne dit pas plus à ce sujet). Mais c'était suffisant pour le guider dans l'attribution de plus de noms au fur et à mesure que l'expérience et l'usage des créatures lui en fournissaient l'occasion [...] avec le temps, il disposa d'un langage adapté à divers usages. [...] Mais tout ce langage acquis et enrichi par Adam et sa descendance fut à nouveau perdu à la tour de Babel quand Dieu frappa chaque humain de sa main, pour sa rébellion, de l'oubli de son premier langage. Et les humains ayant été ainsi forcés de se disperser en plusieurs parties du monde, leurs besoins ont engendré par étape la diversité des langues qui existent actuellement ».

paradigme communicationnel mentaliste et de présupposés théologiques : dans aucun des deux cas le thème de l'origine historique ne constitue un problème.

Au tournant du XVIIe et du XVIIIe siècles, les débuts du paradigme ampliatif chez Locke suscitent de l'intérêt pour l'apprentissage individuel de la langue, et Leibniz, le premier, consacre des réflexions historiques à l'origine des mots. Une double direction est alors donnée : par l'empirisme, *via* la question du développement de l'entendement humain, et par le rationalisme et le mysticisme, *via* la question du langage adamique à la suite de Jacob Böhme et *via* la connivence entre le projet leibnizien de la caractéristique universelle et l'enquête pour savoir si les différentes langues ne possèderaient pas une origine commune. Leibniz en 1703, à l'occasion d'une discussion pour savoir si les significations des mots sont arbitraires ou déterminées par nécessité naturelle, s'engage à examiner si les diverses langues possèdent ou non « un même fonds »[1] et des « racines communes »[2]. Dans son dialogue avec Philalèthe, Théophile prend alors le ton de la conjecture : « il n'y a rien qui combatte et qui ne favorise plutôt le sentiment de l'origine commune de toutes les nations et d'une langue radicale et primitive »[3]. Leibniz se risque à une séquence de cratylisme, cherchant à déterminer pourquoi tels sons ont été favorisés pour exprimer telles et telles idées. Au final il suggère donc quelques pistes pour la question de l'origine de la faculté du langage en tant que telle, mais reste encore très tributaire de la position antique du problème de la rectitude des noms – plus proche de Platon que de Condillac.

Le XVIIIe siècle voit le débat acquérir un sens spécifique[4]. Pour la première fois, c'est véritablement le problème de l'origine du langage comme telle, chez les premiers hommes, qui accapare l'attention des philosophes. Condillac (1746, *Essai sur l'origine des connaissances humaines*) et Rousseau (principalement 1755, *Discours sur l'origine et les*

1. *Nouveaux essais sur l'entendement humain*, Paris, GF, 1990, III, 2, § 1, p. 218.

2. *Ibid.*

3. *Ibid.*

4. Dans son essai, *La question de l'origine des langues* (Paris, P.U.F., 2007), Sylvain Auroux distingue quatre grands moments pour l'interrogation sur l'origine des langues : l'Antiquité, plus préoccupée du problème de l'origine des *noms*, le XVIIIe siècle curieux de l'origine historique et individuelle de l'*aptitude* générale à la parole, puis de la fin du XVIIIe au début du XXe, le temps de l'anathème porté contre la question (depuis les soupçons de Destutt de Tracy jusqu'à l'exclusion de la question par la Société de linguistique de Paris en 1866 dans l'article 2 de ses statuts), et enfin le XXe siècle avec un renouveau de la question via les études biologiques et paléontologiques (y compris la grammaire générative de Chomsky).

fondements de l'inégalité parmi les hommes)[1] projettent sur la scène philosophique européenne l'enquête sur l'origine radicale du langage.

Parce que Condillac est le premier à souligner la nécessité des signes pour la majorité des opérations de l'esprit, il est le premier à faire de l'origine du langage une véritable *difficulté*. Parce qu'il donne naissance au modèle corrélationnel (pas de raison sans langage) en site empiriste (ni langage ni raison ne sont innés), Condillac doit affronter la question de l'origine des langues : sa solution est d'unifier l'apprentissage individuel et l'invention historique, en dégageant des séries de capacités et de circonstances. Les capacités naturelles de l'homme expliquent qu'il ait *pu* inventer un langage, les circonstances expliquent qu'il ait *dû* le faire. Une fois le langage apparu, les capacités antérieures de l'homme et son rapport à son environnement se trouvent massivement re-déterminés. Condillac dérive ainsi le langage des progrès de la mémoire (en particulier la capacité de répéter un cri d'abord associé à une situation ou à une action, en l'absence du stimulant direct), suscités par le besoin qu'éprouvèrent les premiers hommes de se prêter secours en situation de détresse[2]. À sa suite, Rousseau s'empare de l'interrogation génétique. Le *Second discours*, proche de Condillac sur bien des points, met avant tout l'accent sur la difficulté de la question : « je laisse à qui voudra l'entreprendre, la discussion de ce difficile problème, lequel a été le plus nécessaire, de la société déjà liée, à l'institution des langues, ou des langues déjà inventées, à l'établissement de la société »[3]. Quant à l'*Essai sur l'origine des langues*, il promeut la passion et les sentiments (au détriment du besoin) comme origines du langage oral. Car d'après Rousseau, les gestes suffisent à se coordonner pour l'action. Mais l'*Essai sur l'origine des langues* n'est reçu que très tardivement en Europe (1781), et peu lu en Prusse. En France, Condillac et Rousseau seront suivis dans leur questionnement par Maupertuis et de Brosses.

Afin de bien lire Kant, le point capital n'est pas simplement de remarquer la percée du questionnement génétique au XVIIIe siècle, il est de percevoir sa *prégnance* en Prusse dans les cercles de philosophes proches

1. L'*Essai sur l'origine des langues*, rédigé dès 1755, paraît à titre posthume (en 1781), et est de ce fait moins connu et moins déterminant pour l'état historique de la discussion au moment où Kant écrit. Ainsi toutes les allusions faites par Herder à Rousseau dans son *Traité de l'origine du langage* renvoient au *Second discours*, non à l'*Essai*. Kant, grand lecteur de Rousseau, a avant tout lu comme Herder l'*Émile*, le *Premier Discours* et le *Second discours*, ainsi que le *Contrat social*.

2. *Essai sur l'origine des connaissances humaines*, *op. cit.*, II, I, 1, § 2, p. 196.

3. *Essai sur l'origine et les fondements de l'inégalité parmi les hommes*, Paris, Gallimard, 1969, p. 81.

de Kant. L'état du débat philosophique est tel en Prusse que Kant n'est pas simplement en contact sporadique avec la question, il se trouve littéralement immergé dans un univers où celle-ci s'avère être débattue de toutes parts, y compris par ses proches ou ses interlocuteurs directs. Les éléments déterminants pour le champ allemand sont l'histoire institutionnelle de l'Académie de Berlin et la traduction du *Second Discours* de Rousseau par Mendelssohn en 1756[1].

Fondée en 1700, avec pour premier président Leibniz, l'Académie de Berlin remplit la fonction de lieu de passage privilégié des Lumières françaises en Prusse. Le roi Frédéric II en confie la présidence à Maupertuis en 1745 et prescrit l'usage du français comme langue de la classe de philosophie. L'Académie compte parmi ses membres La Mettrie (1748) et Diderot (1751) : cette présence à Berlin de penseurs préoccupés par la question de l'origine du langage précipite la prise en charge de ce champ théorique par les auteurs allemands.

Mendelssohn, en 1756, assortit sa traduction de Rousseau d'une lettre à Lessing consacrée à la question de l'origine du langage[2]. Ce texte, peu relevé jusqu'à présent, constitue véritablement la source *princeps* de cette thématique en langue allemande[3]. Mendelssohn y confie qu'il s'est bien souvent entretenu avec Lessing au sujet de l'origine du langage et qu'il tient pour acquises les difficultés avancées par Rousseau. Son point de départ est l'association (*Verknüpfung*) involontaire des idées, qui se produit lorsque les choses sont elles-mêmes liées dans le temps, l'espace, en tant qu'effet et cause, ou encore par une certaine ressemblance. À force d'entendre les moutons bêler, les chiens aboyer, les oiseaux chanter, la mer gronder, etc., l'homme de l'état de nature associe naturellement certaines images à certains sons. À terme, il ne peut entendre un bêlement sans se représenter en même temps l'image d'un mouton, et réciproquement, il ne peut voir un mouton sans entendre par l'imagination un bêlement. Dès lors, pour Mendelssohn, les premiers signes ont dû être des onomatopées mimétiques, basées sur l'association involontaire préalable. Les sauvages ont commencé par imiter les cris des animaux, et les sons imitatifs sont les premiers éléments (*Grundriss*) du langage humain, apparus par l'effet du

1. *Johann Jacob Rousseau... Abhandlung von dem Ursprunge der Ungleichkeit unter der Menschen, und worauf sie sich gründe, mit einem Schreiben an den Herr Magister Lessing und einem Briefe Voltairens an den Verfasser vermehret*, Berlin, C. F. Voss, 1756.

2. *Ibid.*, p. 246-252.

3. Jusque dans les exemples choisis. Ainsi, l'imitation du bêlement du mouton par l'homme, que discute Herder dans le *Traité sur l'origine du langage*, est un écho direct à la lettre de Mendelssohn.

« génie » de certains individus. Il n'y a donc pas besoin jusqu'ici de supposer une raison cultivée ou un don divin. Seulement mémoire, imagination, faculté d'imiter[1].

En réaction à l'explication naturelle donnée par Mendelssohn, le démographe Johann Peter Süssmilch prend la plume afin de défendre le dogme de l'origine divine du langage. L'*Essai pour prouver que la première langue ne peut avoir reçu son origine de l'homme, mais bien du créateur seulement*[2], publié en 1766, est institutionnellement décisif en raison de son influence auprès des membres de l'Académie de Berlin[3]. Herder y fait abondamment référence dans son *Traité*, et l'on possède de bonnes raisons de penser que Kant en connaît les arguments de seconde sinon de première main[4]. Contre les auteurs français et Mendelssohn, Süssmilch vise à contrecarrer toute humanisation de l'origine du langage,

1. À partir de là, reste encore à expliquer comment le langage en est venu à posséder une logique et une grammaire, et comment il se fait que certains sons de nos langues n'ont rien de commun avec les objets qu'ils désignent. L'explication de Mendelssohn est la suivante. Lorsqu'ils entendaient un mouton bêler, les premiers hommes ne voyaient pas seulement un mouton. L'image habituellement associée au mouton comprenait les fleurs, les près, etc. Si bien que les sons imitatifs ont signifié également des objets avec lesquels ils n'avaient pas de ressemblance (en quelque sorte par extension, par accrétion). Ainsi, l'apparition des signes non imitatifs est elle-même naturelle, contre l'avis de Rousseau. Au départ, les mêmes noms étaient donnés à une multiplicité d'objets, non pas parce que les hommes voyaient précisément ce que ces objets avaient de commun, mais au contraire parce qu'ils ne distinguaient pas bien ce que ces objets avaient de différent. Ainsi sont apparus les noms communs. Lorsque l'on sut mieux distinguer les lieux et les circonstances, ainsi que les différences individuelles, on a pu faire la différence entre noms et adjectifs. Mendelssohn ne livre pas l'origine de toutes les catégories grammaticales, mais il lui semble vraisemblable de faire dériver les verbes de l'appréhension des relations causes/effets. *Cf.* Cordula Neis, *Anthropologie im Sprachdenken des 18. Jahrhunderts. Die Berliner Preisfrage nach dem Ursprung der Sprache* [*1771*], Berlin/New York, Walter de Gruyter, 2003, p. 67 *sq.* Neis souligne le rôle de Mendelssohn pour la diffusion des théories génétiques françaises.

2. *Versuch eines Beweises, dass die erste Sprache ihren Ursprung nicht vom Menschen, sondern allein vom Schöpfer erhalten habe*, Nachr. Der Ausg. Berlin, 1766.

3. On peut consulter sur ce point Friedbert Holz, *Kant et l'Académie de Berlin*, Frankfurt am Main, Peter Lang Verlag, 1981, en particulier « Le problème du langage », p. 286-304.

4. Kant connaît les travaux de démographe de Süssmilch. Il y fait une référence précise dans *L'unique argument possible pour une démonstration de l'existence de Dieu* (Ak 2 : 122), trois ans avant la parution du *Versuch*. Cette allusion est suivie d'un bref éloge par lequel Kant présente Süssmilch comme un homme « scrupuleux et sensé » (*ibid.*). En 1766, soit l'année de la parution du *Versuch*, Kant demande à Mendelssohn d'envoyer à Süssmilch un exemplaire des *Rêves d'un visionnaire* (Ak 10 : 68, lettre du 7 février 1766). Enfin, comme nous le verrons plus précisément ci-dessous, Kant fait référence à un argument de Süssmilch tiré du *Versuch* dans la *Logik Vienna* (Ak 24 : 792), datée des années 1780.

pour mieux assurer son statut de don divin. Son argument principal, qui fera vite figure de *topos*, est le suivant :

> Toute ma thèse repose sur quelques propositions qui se résument facilement. / Ma première proposition : le langage est le moyen pour parvenir à l'usage de la raison. Sans langage, ou autres signes semblables, il n'y a pas de raison. Qui donc veut faire œuvre d'intelligence doit connaître le langage. / Ma deuxième proposition : le langage, ou usage de signes sonores, est une œuvre de l'intelligence, et d'une intelligence très immense et parfaite […]. Partant celui qui a instauré la langue doit s'être déjà trouvé dans l'usage de la raison. Si on pouvait admettre l'homme comme inventeur de la langue il faudrait qu'il soit en possession d'une langue avant qu'il n'invente la langue, et il faudrait qu'il soit intelligent et raisonnable en l'absence de langue, ce qu'on a démontré être impossible [1].

La simplicité du propos et la clarté logique de l'argument en assurent très vite une large diffusion. Süssmilch s'appuie sur la *circularité* des rapports entre langage et raison (pas de raison sans langage, mais pas de possibilité de concevoir le langage autrement que comme une œuvre de l'intelligence) pour déduire l'impossibilité d'une théorie de sa genèse, et supprimer ainsi toute velléité de généalogie empirique du langage. Süssmilch appartient bien en ce sens au modèle corrélationnel, mais il s'efforce de le détacher de toute perspective génétique. Avec lui, l'interrogation sur le développement des langues pénètre dans le monde allemand *via* une fin de non-recevoir. Simultanément, le rôle historique de Süssmilch outrepasse sa thèse théologique, puisqu'à la suite de Condillac en France, et donc contre la secondarité du langage posée par les cartésiens jusqu'à Locke et Leibniz, il érige la maîtrise de la langue en condition de l'exercice des facultés. Les auteurs allemands vont désormais se diviser, au sujet de l'origine du langage, entre partisans du cercle de Süssmilch et de l'origine divine d'une part (Hamman, Herder dans *Le plus ancien document sur l'histoire du genre humain* en 1774), partisans de l'origine naturelle s'efforçant d'accorder le cercle de la présupposition mutuelle avec la perspective génétique (Mendelssohn, Sulzer, Tetens, Herder dans le *Traité sur l'origine du langage* en 1771)[2].

1. Trad. P. Pénisson dans l'introduction du *Traité sur l'origine de la langue* de Herder, Paris, Aubier-Montaigne, 1992, p. 19.

2. La question de savoir quelle est la position dominante chez Herder est délicate et abondamment débattue. Dans le *Traité* de 1771, qui a remporté le prix de l'Académie, Herder critique aussi bien Condillac, Rousseau et Maupertuis que Süssmilch. Mais trois ans plus tard dans *Le plus ancien document*, il fait au contraire du langage un présent divin, tout comme dans les *Idées pour une philosophie de l'histoire de l'humanité*, livre III, chap. IV

Pour finir, en 1769, soit un an avant que Kant ne soutienne sa propre dissertation destinée à lui obtenir le rang de professeur titulaire à l'Université de Königsberg, l'Académie des sciences de Berlin met au concours la question suivante :

> En supposant les hommes abandonnés à leurs facultés naturelles, sont-ils en état d'inventer le langage? Et par quel moyen parviendront-ils à cette invention? On demande une hypothèse qui satisfasse à toutes les difficultés [1].

Comme nous l'avons déjà souligné dans le chapitre II du présent travail, parmi les membres du jury se trouvent notamment Sulzer et Nicolaï. Herder, qui remportera le prix, a suivi en 1762 les cours de Kant alors qu'il était répétiteur au Collegium Fredericanum de Königsberg. Même s'il a commencé à s'éloigner de Kant, les deux hommes continuent de correspondre. Tetens, dont Kant suit également les travaux, publie en 1772 le texte qu'il avait soumis à l'Académie. Aussi, dans un contexte aussi saturé par les préoccupations sur l'origine du langage[2], il est au moins plausible, et même hautement vraisemblable que Kant ait été imprégné des difficultés aussi bien que de l'urgence de la question[3]. Même si l'on ne dispose pas de preuves formelles, il paraît bien douteux que Kant ait ignoré ce champ d'examen ou qu'il s'en soit désintéressé, et il est assurément plus fécond de risquer des conjectures qui assurent une lecture de l'œuvre kantienne au sein d'une topologie problématique étendue, que de risquer de manquer un versant de sa réflexion par obsession quantitative pour les occurrences. Par

(*cf.* M. Deneken, « Quand Dieu apprend à parler aux hommes : Herder et la Bible », *Recherches de Science Religieuse*, n° 90, 2002/4, p. 487-508). On peut faire l'hypothèse selon laquelle dans sa conception ultérieure, Herder s'efforce de subsumer les hypothèses sur l'origine naturelle du langage *au sein d'un cadre théologique*. Ainsi, dans les *Ideen* recensées par Kant, Herder propose une genèse physiologique du langage, tout en concevant une origine divine de toutes les dispositions naturelles de l'homme.

1. *Cf.* C. Neis, *Anthropologie im Sprachdenken des 18. Jahrhunderts*, *op. cit.*

2. On pourrait encore ajouter, comme sources probables des réflexions kantiennes sur le sujet, la vigoureuse synthèse consacrée par Pufendorf à la question de l'origine du langage dans *Le droit de la nature et des gens* (rééd. Caen, Presses Universitaires de Caen, 2009), t. I, livre IV, chap. premier, § III, « De l'origine de la parole », p. 426-428. Pufendorf oppose les partisans d'une origine naturelle des langues (héritiers de Lucrèce) et les partisans de l'origine divine (héritiers de Platon).

3. À la fin de la *Lettre à Marcus Herz* du 21 février 1772, si souvent tenue pour la position première de la question critique, on ne manquera pas de remarquer que le propos s'achève sur une requête qui regroupe plusieurs protagonistes du débat : « Comme signe de votre réconciliation sincère, j'attends prochainement de vous une lettre : elle sera pour moi la bienvenue. Remplissez-là de nouvelles […] Saluez MM. Mendelssohn et Lambert, ainsi que M. Sulzer » (Ak 10 : 135. *Correspondance*, p. 98).

conséquent nous nous autoriserons à faire un usage maximal des textes consacrés à l'histoire de l'humanité et au développement individuel, sachant bien que nous nous exposons par là, quelques fois, à en extrapoler la portée.

Le refus kantien de toute solution surnaturelle

Dans les rares passages où il distille pistes et arguments concernant le problème de l'origine historique du langage humain, Kant répète à plusieurs reprises un élément constant, à savoir le refus clair de toute attribution de l'origine des langues à un créateur divin de l'espèce humaine. Ainsi, d'un côté il est contraint d'admettre les difficultés posées par le cercle de Süssmilch, d'un autre côté il refuse l'inférence qui en est solidaire chez ce dernier.

Kant et le cercle de Süssmilch

Nous avons déjà montré en quoi Kant prend très au sérieux dans son œuvre l'idée d'une présupposition du langage par la raison. Que l'on voie ou non dans cette position de Kant l'influence proche ou lointaine de Süssmilch, il est certain que l'œuvre du premier assume la difficulté dans des termes *au départ* extrêmement proches de ceux choisis par le second. Que la raison suppose le langage, la chose n'est plus à démontrer : l'*Anthropologie* explicite linguistiquement le concept de discursivité en parlant de la « représentation discursive par la parole et l'écriture »[1] et décrit la pensée comme l'activité de se parler et de s'entendre, version moderne du dialogue platonicien de l'âme avec elle-même. Mais l'inverse est tout aussi vrai, et dès le moment où l'on a affaire à quelque extériorisation vocale méritant le nom de « langage », celle-ci ne peut être déterminée indépendamment de capacités cognitives. L'*Anthropologie* souligne que tout son n'est pas un langage (un râle, un bâillement, ou des sons ressemblants aux sons humains comme ceux des perroquets ne peuvent recevoir ce titre). Les seuls sons qui « constituent un langage »[2] sont les sons « articulés »[3] (*articuliert*). Or en quoi l'articulation consiste-t-elle ? Elle n'est pas pour Kant une simple propriété phonique, la liaison des sons vocaliques par des attaques consonantiques. Kant explicite l'articulation des sons par le fait que ceux-ci sont « liés par l'entendement selon

1. Ak 7 : 244-245. *APP*, § 70, p. 104.
2. Ak 7 : 155. *Ibid.*, § 18, p. 38.
3. *Ibid.*

une loi »[1]. En d'autres termes, « l'articulation » signifie que les sons du langage humain sont organisés selon des principes (logico-grammaticaux et sémantiques). Cette notion, vaste et englobante, et non explicitée plus avant par Kant, recouvre potentiellement aussi bien la liaison habituelle entre un complexe phonique et certains objets (liaison habituelle entre le mot « table » et les tables) que les règles de liaison entre ce complexe phonique et d'autres complexes au sein des phrases et énoncés. Dans tous les cas, les sons doivent être soumis à l'entendement pour être un langage et non de simples bruits. À la fin de l'*Anthropologie*, Kant identifie le problème qui se pose à celui qui veut dérouler un discours cohérent (et par suite qui s'efforce de tenir ensemble les différents moments de son discours) avec le problème de « l'unité de l'entendement »[2] (*Verstandes-einheit*). Celui qui parle (représenté de façon hyperbolique dans le paragraphe par « celui qui enseigne dans une chaire ou dans une salle de cours »[3], dont le discours est exemplairement long), doit unifier durant toute la durée de son propos trois attentions :

> d'abord celle qui porte sur la perception de ce qu'il dit *au moment même* pour le représenter clairement; deuxièmement celle qui porte sur la perception rétrospective de ce qu'il *a dit*; troisièmement celle qui porte sur la perception prospective de ce qu'il *veut dire*[4].

Le problème qui se pose ici à propos de l'exorde et de la péroraison se pose pour tout discours pour autant qu'il possède une structure et se déroule dans le temps. Or, on le sait, une thèse fondamentale de Kant est que l'unité d'une séquence ne peut jamais être assurée par les sens mais suppose l'intervention de l'imagination et de l'entendement. Tout langage, dans la mesure où il suppose des synthèses, suppose donc l'activité de l'entendement et ne saurait précéder et constituer intégralementcette activité depuis un seuil inférieur. Pour des motifs qui lui sont propres, Kant a donc à affronter un cercle analogue à celui de Süssmilch.

Critique de la thèse théologique

En raison de la présupposition réciproque entre langage et raison, Kant pourrait être tenté par la thèse de l'origine divine de la parole. Pourtant, parce qu'il est tout autant conduit à la question de l'origine du langage par

1. *Ibid.*
2. Ak 7 : 208. *Ibid.*, § 47, p. 76.
3. *Ibid.*
4. *Ibid.*, p. 76-77.

l'absence d'innéité des langues (cf. *supra*), la solution théologique lui paraît insatisfaisante.

On trouve tout d'abord chez Kant plusieurs passages au sein desquels la thèse théologique se trouve exposée, telle que Kant l'a rencontrée chez ses principaux avocats. La première mention qui en est faite se trouve dans la *Correspondance* de Kant, en 1774. Une série de lettres échangées entre Kant et Hamann ont pour objet de discussion le livre de Herder paru cette année, *Le plus ancien document sur l'histoire du genre humain*[1] (dans ce texte, Herder a abandonné la posture anti-théologique du *Traité sur l'origine du langage* de 1771). En s'adressant à Hamann, Kant centre sa lecture du texte de Herder sur la question de l'origine du langage :

> L'objet de l'auteur est celui-ci : montrer que Dieu a lui-même enseigné aux premiers hommes le langage et l'écriture, ainsi que, grâce à cela, les linéaments de toutes les connaissances ou disciplines du savoir[2].

Kant repère parfaitement le fait que la thèse de Herder ôte aux hommes tout pouvoir de former des langues par eux-mêmes, en s'appuyant sur leurs propres facultés. Selon Herder, les premiers hommes « ont dû être d'abord incités à penser et formés au langage »[3]. Par cette description, Kant relève le fait qu'une telle option théorique représente l'esprit humain comme essentiellement passif – ce qui ne peut manquer de s'opposer à la détermination de spontanéité, inséparable de l'entendement aux yeux de Kant. Mais dans ce passage, comme dans plusieurs autres des deux lettres adressées à Hamann, Kant fait mine de se contenter de restituer ce qu'il a compris à la lecture du texte de Herder. Aussi déclare-t-il : « si vous trouvez, cher ami, comment améliorer en quelque manière la conception que j'ai de l'intention principale de l'auteur, je vous serais reconnaissant de me le dire en quelques lignes »[4]. Feignant de chercher l'approbation de Hamann, il détaille amplement la conception de Herder :

> Dieu aurait lié la figure [...] au langage; l'écriture et le langage se seraient unis dans ce premier enseignement divin, origine et source de tout savoir humain ultérieur. Selon lui [...] c'est aux Egyptiens qu'on doit d'avoir conservé la représentation symbolique de la *figure* directement créée par la main de Dieu comme origine de toute écriture[5].

1. Dans la traduction française de la *Correspondance* de Kant, le titre de Herder est traduit par l'expression de « *Plus ancien témoignage* » (*op. cit.*, p. 111).

2. Ak 10 : 158. *Correspondance*, lettre du 8 avril 1774 à Hamann, p. 115.

3. Ak 10 : 159. *Ibid.*, p. 116.

4. Ak 10 : 156. *Ibid.*, lettre du 6 avril 1774, p. 112.

5. Ak 10 : 154. *Ibid.*, p. 111.

Pourtant, Kant indique finement la gêne qu'il éprouve à la lecture du *Plus ancien document*. Dans la première lettre, lorsqu'il invite Hamann à lui apporter des lumières sur le texte, il précise ironiquement :

> mais, si possible, dans le langage des hommes ordinaires. En effet, moi qui suis un pauvre fils de la terre, je ne suis pas du tout fait pour le langage divin de la *Raison intuitive*. Je parviens à comprendre ce qui m'est épelé, selon des règles logiques, à partir de notions courantes [...] [1].

L'opposition entre la « *Sprache der Menschen* » et la « *Göttersprache* » indique déjà la méfiance de Kant envers la description du langage comme fruit d'une inspiration divine. Dans la seconde lettre, Kant surenchérit en soulignant que Herder « ne veut pas démontrer [son] idée à partir de principes rationnels » [2]. La thèse théologique est donc tout d'abord rejetée comme un *dogme* sans fondement démonstratif, plutôt que comme une idée fausse ou irrecevable. Hamann juge d'ailleurs que Kant s'accorde avec Herder et lui-même pour attribuer une place décisive au langage [3]. Mais le refus kantien d'affirmer une origine divine du langage ne manque pas de le froisser. Par contraste avec la réserve kantienne, faite de prudence épistémologique, Hamann loue au contraire, avec emphase, l'audace de Herder, à propos de la thèse théologique repérée par Kant :

> Voici ce qu'a fait mon ami Herder [...]; il a fait preuve d'une *rage de conquête* à la grandeur de laquelle mon âme a pris autant de plaisir que notre conseiller juridique Hippel au goût faisandé d'un lièvre rôti [4].

En dehors de ces lettres à Hamann, les *Vorlesungen* nous montrent que Kant avait connaissance de certains arguments de Süssmilch en faveur de l'origine divine des langues. Dans la *Logik Vienna*, au moment d'aborder le thème de la structure grammaticale des langues, il fait, sans le nommer, une allusion à Süssmilch :

1. Ak 10 : 156. *Ibid.*, p. 112-113.

2. Ak 10 : 158. *Ibid.*, p. 115.

3. À ce titre, il nous semble que l'on doit faire une lecture non ironique des premières lignes de la dernière lettre de Hamann en avril 1774, lorsqu'il affirme s'inspirer *de Kant lui-même* pour certaines thèses relatives au langage : « permettez-moi, très vénéré Professeur, de commencer et de poursuivre en vous donnant l'assurance sincère de ce que le développement de mes impressions, idées et concepts implicites sont infiniment redevables au fait que vous me communiquiez aimablement vos réflexions. C'est ainsi qu'il est vrai que le *langage* et *l'écriture* sont les instruments et la condition les plus indispensables de tout enseignement humain, plus essentiels et plus absolus que la lumière pour voir et le son pour entendre. » (Ak 10 : 161. *Ibid.*, p. 118). La thèse que développera Hamann dans sa *Métacritique du purisme de la raison* procède en ce sens d'une réévaluation de sa compréhension du kantisme.

4. Ak 10 : 157. *Ibid.*, lettre du 7 avril 1774, p. 114.

> certains ont considéré le langage comme une inspiration divine. Ce qui toutefois est certain, c'est que toutes les langues, au regard de leurs premiers principes, peuvent être réduites à une grammaire. En outre, la grammaire est une doctrine de l'entendement, de toute évidence [...] [1].

Que l'indéterminé « certains » renvoie implicitement à Süssmilch, on ne doit pas en douter. En effet, l'argument principal de ce dernier pour prouver que Dieu nous a donné les langues, consiste à souligner à l'envi le contraste entre 1) la complexité et la diversité des langues, 2) l'unité des structures grammaticales. Afin de donner au lecteur le sentiment qu'aucun esprit humain ne peut être la source de la régularité des structures grammaticales, Süssmilch place l'humanité du côté de l'éclatement, des particularités et de l'usage local[2]. En réponse, Kant va associer au point de vue transcendantal la possibilité de réduire les principes grammaticaux nationaux à *une* grammaire, ruinant ainsi la portée de l'argument de Süssmilch. D'ailleurs, si Dieu était à l'origine des constantes du langage humain, et si le langage était vraiment un don de Dieu, on ne devrait pas selon Kant avoir affaire à une multiplicité de langues : « il n'est pas à croire que [le langage] soit inné par création divine chez l'homme, puisque dans ce cas il ne devrait y avoir qu'une seule et même langue chez tous » [3].

De surcroît, la réflexion sur l'apprentissage individuel fournit à Kant un solide argument contre la thèse théologique. Kant n'insiste pas tant sur le caractère erroné ou invérifiable de la thèse, que sur sa faiblesse explicative. Pour ce faire, il accorde, à titre d'hypothèse, la possibilité que Dieu ait donné un langage aux hommes dans les premiers temps de l'humanité. Or, comme on constate que les enfants ne sont pas capables de s'exprimer par eux-mêmes dans une langue s'ils ne l'ont pas apprise au préalable, cela signifie que le supposé don divin n'est en rien *suffisant* pour que chaque homme se mette à parler : « Si la parole était en lui par création, elle devrait également être innée » [4]. Les facteurs décisifs doivent donc être cherchés en dehors de toute référence à Dieu. On peut à présent donner entier un passage déjà cité plus haut :

1. Ak 24 : 790, nous traduisons.

2. Jutta Steinmetz examine les particularités du raisonnement de Süssmilch, et sa mobilisation des techniques statistiques, dans *Wiederentdecken – Aufdecken. Johann Peter Süssmilchs « Versuch eines Beweises, daß die erste Sprache ihren Ursprung nicht vom Menschen, sondern allein vom Schöpfer erhalten habe » (1766) als (sprach)-wissenschaftliche Arbeit der Aufklärungszeit*, Hanovre, Wehrhahn Verlag, 2003, p. 55-70.

3. Ak 25 : 1417. *Anthropologie Mrongovius*, nous traduisons.

4. Ak 15 : 620. R 1423, nous traduisons.

Le langage était-il inné par création divine [*anerschaffen*] chez les premiers hommes? si c'était le cas, l'homme aurait bien pu se trouver dans des circonstances où il aurait perdu le langage et il aurait dû être assez habile pour l'inventer à nouveau après l'avoir perdu. L'homme a donc inventé le langage progressivement, comme les oiseaux ont appris à chanter et les chiens à aboyer; en effet, de même que le chant des oiseaux n'est pas possédé par création divine [*anerschaffen*], puisque dans ce cas il devrait être inné [*angeboren*] au contraire de ce que montre l'expérience, de même, l'idée que le langage est possédé par création divine ne peut pas valoir pour l'homme [1].

L'insuffisance des explications mécaniques de la faculté de parler

Kant refuse donc tout règlement théologique de la question de l'origine du langage. Cela le contraint-il à expliquer la faculté de parler en la référant uniquement à la disposition du corps humain ou à des facteurs mécaniques? Kant semble hésiter quant à la réponse à donner à cette seconde question. Plusieurs textes montrent son attirance pour les explications naturelles de l'origine du langage. Mais dans le même temps, à l'instar de l'impossibilité de connaître parfaitement les phénomènes du vivant par des modèles mécaniques, Kant souligne tout autant les failles et l'insuffisance persistantes des explications naturelles. Une fois de plus, c'est l'analogie avec la théorie de l'épigenèse qui éclaire au mieux la posture kantienne : on doit produire des explications causales toujours plus poussées de l'origine du langage, en indiquant la place des facteurs dispositionnels et la place des circonstances externes, mais le meilleur résultat auquel on pourra parvenir sera la description d'une série de phases dans le développement, plutôt qu'une connaissance exhaustive du sujet.

L'intérêt de Kant pour les facteurs mécaniques du développement des langues

Si Kant n'a jamais entrepris de développer lui-même de théorie complète de l'origine du langage, il a éprouvé une certaine curiosité pour la question.

Les comparaisons faites par Kant entre les hommes et les oiseaux pour l'apprentissage de la langue signalent une conviction: les bases de la faculté linguistique sont naturelles. Dans la Réflexion 1476 (rédigée selon les éditeurs de l'*Akademie Ausgabe* entre 1772 et 1774), Kant déclare que

1. Ak 25 : 1196. *Anthropologie Menschenkunde*.

dans un premier temps, « le langage est appris de manière mécanique »[1]. Dans les *Reflexionen zur Anthropologie*, deux notes programmatiques mentionnent l'Abbé De Brosses, l'auteur du *Traité de la formation mécanique des langues et des principes physiques de l'étymologie* (1765). La première note est datée du début des années 1780 par Erich Adickes :

> Hören. Mittelbar (mehr subiectiv). Theilt die Zeit ein, stellt die Gestalt des Gegenstandes nicht vor. Der Eindruk ist innigst. Erschütterung der Nerven (Vitalsinn). Ist ~~das Werkzeu~~ sammt der Zunge das Werkzeug der Mittheilung der Gedanken. Bedeutent an sich nichts, aber darum kan es zum Zeichen ~~wilkührlicher~~ der Vorstellungen dienen. (La Brosse)[2].

La seconde, plus tardive, daterait selon les éditeurs de l'Académie des deux années ayant précédé la publication de l'*Anthropologie d'un point de vue pragmatique* (1796-1798). Elle est tout aussi minimale que la première : « La Brosse : *vom Ursprung der Sprache* »[3]. Le fait que Kant orthographie mal le nom de l'Abbé de Brosses, couplé avec l'absence de tout compte-rendu des thèses de cet auteur, constituent une preuve suffisante du fait que Kant n'a pas lu ou examiné directement le *Traité*. Cependant, les thèmes que Kant savait abordés par l'Abbé l'ont vraisemblablement intéressé au titre de l'anthropologie pragmatique – ce que l'homme fait, peut et doit faire de lui-même. Si Kant note le nom de De Brosses, c'est certainement parce que l'Abbé prétend construire une théorie *entièrement physique* des formes de la parole.

Enfin, la comparaison entre l'homme et les animaux qui lui sont anatomiquement les plus proches (certains grands singes) conduit Kant à poser deux types d'hypothèses : si les singes n'ont pas développé de langage, (1) c'est probablement parce qu'ils ne disposent pas des organes permettant l'articulation et la phonation; ou alors (2) c'est en raison de facteurs externes contingents, et il n'est pas interdit de penser que les singes auraient pu ou pourraient parler, au terme d'un certain concours de circonstances. L'hypothèse (1) apparaît par exemple dans le manuscrit Dohna des *Vorlesungen zur Anthropologie*, datant de 1791-1792 :

> Kamper dit de l'un des plus grands singes qui aient existé (quatre pieds et demi) qu'il pouvait saisir des objets avec ses pieds, mais qu'il n'avait pas de rotules. Il avait également le gosier constitué d'une manière telle qu'il ne pouvait pas apprendre à parler[4].

1. Ak 15 : 653. « So wie die Sprache mechanisch erlernt wird… »
2. Ak 15 : 802-803. R 1503.
3. Ak 15 : 113. R 297.
4. Ak 25 : 1552, nous traduisons.

L'hypothèse (2) se trouve privilégiée par Kant dans une note célèbre de l'*Anthropologie du point de vue pragmatique :*

> Est-ce qu'à cette [...] époque dans les grandes révolutions de la nature n'en doit pas succéder une troisième lorsqu'un Orang-Outang ou un Chimpanzé développera les organes qui servent à marcher, à manier les objets, à parler jusqu'à la formation d'une structure humaine, contenant en son élément le plus intérieur un organe pour l'usage de l'entendement et se développant peu à peu par une culture sociale[1] ?

Selon cette hypothèse où Kant se prend à rêver du développement ultérieur des espèces animales les plus proches de l'homme[2], des transformations de la structure du corps pourraient conduire, par paliers, à l'apparition des traits qui soutiennent la raison humaine. La station droite, l'agilité de la main, associées avec les organes de la phonation et de l'articulation, enfin la vie à plusieurs, favorisent voire déclenchent l'avènement du langage et de la raison. Bien sûr, Kant formule cette réflexion à l'aide de jugements problématiques plutôt que par des déclarations assertoriques, mais il n'en reste pas moins que cette note indique les principaux facteurs naturels associés selon Kant à l'apparition du langage.

L'apparition de la faculté linguistique n'est pas purement mécanique

Même si la genèse de la faculté linguistique met en jeu des processus naturels, elle ne saurait être uniquement l'effet d'enchaînements mécaniques. La faculté linguistique étant en effet la propriété d'un être vivant rationnel, elle doit être interrogée selon les propriétés spécifiques qui caractérisent la rationalité de l'homme.

Le refus opposé à la genèse mécanique se trouve dans le *Compte-rendu de Herder : Idées en vue d'une philosophie de l'histoire de l'humanité* en 1785. Parmi les moments saillants de l'ouvrage de Herder, Kant ne manque pas de relever la genèse que l'auteur propose du langage notamment à partir de la station droite :

> Grâce à cette station verticale, l'homme devint une créature apte à créer; il reçut des mains libres et créatrices. Et seule la station debout permet l'apparition du véritable langage humain. Autant du point de vue théorique

1. Ak 7 : 327. *APP*, p. 166, note.

2. Dans l'*Anthropologie Dohna* (manuscrit partiel), Ak 25 : 1552, on trouve que selon Kant, « le gibbon et les singes aux grandes mains sont ceux qui ressemblent le plus à l'homme, avec l'orang-outang ».

> que pratique, la Raison n'est rien qu'une acquisition : celle de certaines proportions et d'une orientation appliquées aux idées et aux forces [1].

La position de Herder sur ce point est sensiblement la même que celle exprimée par le *Traité sur l'origine du langage*, même si l'ouvrage de 1772 insistait davantage sur les propriétés constitutionnelles de l'homme (faiblesse, dispersion des centres d'intérêts) que sur des propriétés physiques définies. Reprenant ici un *topos* popularisé par Grégoire de Nysse[2], Herder adopte une posture épistémologique proche des explications naturalistes. S'il ne dérive pas le langage du besoin comme Condillac, ou de l'urgence de l'expression des passions comme Rousseau, Herder part résolument de la constitution physiologique du corps humain pour isoler un espace où la performance linguistique a pu se développer (quitte à réserver au « doigt de Dieu »[3] le rôle de cause initiale de la « force organique »[4] elle-même). De ce point de vue, dans le texte relevé par Kant, Herder propose une genèse intégralement empirique et mécanique de la faculté de langage. D'où d'ailleurs sa réticence à l'égard du concept d'épigenèse, également soulignée par Kant : « Si l'on parle d'épigenèse c'est une locution incorrecte [...] il s'agit de genèse »[5]. La réaction de Kant tranche dans le vif précisément sur la question de l'apparition du langage :

> Vouloir déterminer quelle contexture de la tête, du point de vue extérieur quant à sa forme, et du point de vue intérieur quant au cerveau, est en liaison nécessaire avec l'aptitude à la démarche en station verticale ; et qui plus est encore, déterminer comment une organisation orientée uniquement vers cette fin contiendrait le fondement de l'aptitude rationnelle, à laquelle de ce fait l'animal participe, cette ambition dépasse manifestement toute raison humaine [6].

1. Ak 8 : 49. *Herder*., p. 101.

2. Grégoire de Nysse déclarait déjà au IVe siècle : « Ainsi c'est grâce à cette organisation que l'esprit, comme un musicien, produit en nous le langage et que nous devenons capables de parler. Ce privilège, jamais sans doute nous ne l'aurions, si nos lèvres devaient assurer, pour les besoins du corps, la charge pesante et pénible de la nourriture. Mais les mains ont pris sur elles cette charge et ont libéré la bouche pour le service de la parole » (cité par Leroi-Gourhan in *Le geste et la parole*, Paris, Albin Michel, 1964, t. I, p. 40)

3. Ak 8 : 50. *Herder*., p. 103. Comme le perçoit bien Kant, Herder fait de la station droite elle-même un don du Créateur : « Elève tes regards au ciel, ô homme, et goûte un frisson d'allégresse en constatant cet avantage incommensurable que le Créateur de toutes choses a rattaché à un principe aussi simple le fait que tu te tiens droit sur tes pieds » (Herder cité par Kant, Ak 8 : 49. *Ibid*., p. 101).

4. Ak 8 : 50. *Ibid*., p. 103.

5. *Ibid*.

6. Ak 8 : 55. *Ibid*., p. 110.

On doit d'abord remarquer dans ce texte la façon dont la terminologie de Kant est sous-tendue par l'équivalence implicite entre la possession d'un langage et « l'aptitude rationnelle ». On doit surtout remarquer la gradation dans les réserves formulées. Si d'abord Kant se montre sceptique vis-à-vis de la possibilité de lier l'étude du crâne et du cerveau pour expliquer à partir de là la station verticale, son scepticisme est, selon l'expression d'Adickes, celui d'un *Naturforscher*, et concerne ce qu'il perçoit comme une *borne* de la recherche historico-anatomique (de fait nous ne pouvons établir la nécessité d'une telle liaison). En revanche concernant la possibilité de tirer le langage et la raison à partir de la physiologie, Kant identifie une *limite*, une ambition qui dépasse « toute raison humaine »[1] (nous ne pouvons pas établir cette seconde liaison *en droit*). Une explication purement physiologique ne peut parvenir qu'à construire des états corporels à partir de l'étude des organes, de leur forme et de leur articulation. Mais elle ne peut suffire à expliquer l'apparition de la rationalité à même le développement de la capacité linguistique. Kant ne stigmatise pas le choix de Herder consistant à accorder une part d'attention aux propriétés de l'organisme, mais il refuse de réduire la rationalité à ces propriétés. Bien qu'il parle de « force organique », Herder, en refusant la notion d'épigenèse, est conduit à poser que la raison « n'est qu'une acquisition ». Pour Kant, elle fait assurément l'objet d'une acquisition, mais les causes organiques doivent être comprises en termes d'une contribution partielle, qu'il s'agit encore de préciser, et ces causes organiques doivent être envisagées selon la spécificité de leur statut épistémique.

Le modèle épigénétique appliqué à l'invention des langues : facteurs internes, facteurs externes et développement

Parler une langue particulière n'est pas simplement un caractère propre à une certaine disposition corporelle, ni donc le bien d'une « race »[2]

1. De la même façon que dans la *Critique de la Faculté de Juger*, au § 80, Kant affirme : « le *droit* de *rechercher* un simple mode d'explication mécanique de tous les produits de la nature est en soi absolument illimité ; mais le *pouvoir* d'y *parvenir* de cette seule manière, étant donné la nature de notre entendement, dans la mesure où il a affaire à des choses comme fins naturelles, n'est pas seulement très borné, mais aussi clairement limité » (Ak 5 : 417. *CFJ*, p. 360).

2. Il faut toujours prendre profondément garde lorsqu'on emploie un terme aussi connoté que celui-ci. Il est bon de savoir cependant que Kant ne développe en rien une pensée de la race impliquant l'idée d'une hiérarchie ou d'une corrélation entre la couleur de peau et des mérites particuliers (intelligence, force…). À ses yeux et notamment à l'aide d'arguments biologiques, il affirme que « tous les hommes sur toute l'étendue de la terre appartiennent à un seul

humaine au sens de Kant, puisqu'elle ne peut être comptée parmi les traits corporels héréditaires (bien qu'elle ne soit pas non plus une conquête individuelle fortuite ou seulement le simple objet d'une transmission culturelle). Cependant, comme la possession de la capacité linguistique est un trait que l'on retrouve dans toute communauté humaine, on doit donc en référer la racine au *genre humain* lui-même. Lorsque Kant mentionne les caractères qui émergent en fonction des seules conditions extérieures, il n'évoque principalement que la couleur de peau et la forme du visage, et tient l'air et le soleil pour les principales causes d'apparition des caractères et dispositions distinguant les « races humaines ». Par contraste, l'apparition de la langue ne peut pas être conçue comme le fruit de facteurs seulement climatiques (à la façon dont chez Rousseau les nécessités de la chasse, du secours mutuel, ou le climat propice aux fêtes et rencontres autour des fontaines dans les pays du Sud provoquent les premières voix). Suivant la perspective épigénétique empruntée à Blumenbach, la disposition à développer un langage doit être conçue comme transmise en tant que caractère de l'espèce (à la différence de la capacité *individuelle* virtuelle de Leibniz). Les langues n'ont d'existence que dans des groupes sociaux particuliers, mais la capacité linguistique en général est fondée dans l'unité de l'espèce. Les circonstances extérieures, telles que le climat ou les conditions de vie des hommes, ont seulement le statut de sollicitations pouvant précipiter un progrès déjà possible au niveau de l'espèce. Il faut donc commencer par essayer de cerner les conditions prélinguistiques permettant l'émergence de langues aussi bien chez les premiers hommes qu'à chaque génération. Comme on l'a évoqué dans le premier chapitre, les éléments inhérents à la constitution de l'homme sont sa sensibilité, spatiale et temporelle, et les formes de la réflexion : ces éléments pourraient ainsi permettre de comprendre l'invention des langues. Mais elles n'indiquent pas l'intérêt qui porte l'homme à s'élever au discours et les déterminations naturelles en lui qui l'amènent à s'efforcer de parler. Kant le discerne bien, puisqu'il suggère en plusieurs lieux que le langage n'est pas seulement en l'homme l'effet d'une certaine constitution cognitive, mais également le fruit de certains *besoins* qu'il convient tout autant de porter au compte de la nature de l'espèce. Quels sont ces besoins et quels titres le philosophe possède-t-il pour les formuler ?

À ce niveau de l'analyse, Kant souligne le fait que les propositions philosophiques peuvent au mieux revêtir le caractère de la vraisemblance.

et même genre naturel » (Ak 2 : 429), qu'ils « appartiennent tous à une seule et même souche » (Ak 2 : 430).

Le texte des *Conjectures sur les débuts de l'histoire humaine* soutient qu'il est néanmoins « permis *dans le développement d'un exposé historique* de placer çà et là des conjectures pour combler les lacunes de nos documents »[1]. À vrai dire, les *Conjectures* prennent pour point de départ du développement historique un moment où l'homme est déjà « à son complet développement »[2], et où il sait donc « parler, je dis même s'exprimer, c'est-à-dire parler en enchaînant des concepts »[3], de même qu'il sait déjà marcher. Kant réserve un sort particulier au langage : refusant de le traiter comme un attribut anhistorique de l'homme, il précise que l'attribution du langage au premier homme est une décision pour les besoins de son propos, et qu'en réalité, l'homme a dû « l'acquérir entièrement par lui-même »[4]. Comme signe de son intérêt pour la difficulté temporairement neutralisée, il risque une longue note sur les facteurs naturels qui ont dû pousser l'homme à développer des formes d'expression. Par là, nonobstant le statut de fil conducteur reconnu au texte biblique, Kant manifeste son attachement à l'idée que le langage, aptitude présupposée pour tout développement ultérieur de la raison, est au départ une conquête à part entière. Il nous livre alors en substance le complément pratique de la préformation cognitive :

> *Le besoin de se communiquer à autrui* doit d'abord avoir incité l'homme encore solitaire à manifester son existence vis-à-vis des êtres vivants qui lui sont extérieurs, particulièrement vis-à-vis de ceux qui émettent des sons qu'il peut imiter et utiliser par la suite comme un langage. Un effet analogue de ce besoin se remarque encore chez les enfants et les simples d'esprit qui, par des bruits, des cris, des sifflements, des chants et autres attitudes bruyantes (souvent aussi par des imprécations), troublent la partie pensante de la communauté. Car je ne vois pas d'autres explications à cette attitude que la volonté de manifester leur existence en tous sens autour d'eux[5].

Que signifie donc l'idée-force soulignée à dessein par Kant, à savoir la position d'un « besoin de se communiquer » ? Prenons garde au fait que, partant d'une image des premiers hommes qui rappelle l'état de dispersion figuré par Rousseau (« l'homme encore solitaire »), Kant ne fonde pas le langage sur une nature initialement sociable de l'homme. Le besoin de se communiquer à autrui ne tient donc pas selon lui au partage pré-

1. Ak 8 : 109. *Conj.*, p. 153.
2. Ak 8 : 110. *Ibid.*, p. 154.
3. Ak 8 : 110. *Ibid.*, p. 155.
4. Ak 8 : 110. *Ibid.*
5. Ak 8 : 110. *Ibid.*

linguistique d'une forme de vie communautaire. Notons également que Kant choisit de prendre de la distance à l'égard des causes supposées ordinairement déclencher le besoin de communiquer au XVIIIe siècle (désir pour l'autre sexe, nécessités de la chasse, volonté de domination, tentative d'impressionner de potentiels adversaires, etc.). Dans le « besoin de se communiquer », l'homme, selon Kant, ne s'adresse d'ailleurs pas exclusivement à ses semblables, mais plus généralement aux « êtres vivants qui lui sont extérieurs », c'est-à-dire aussi bien aux mâles et femelles humains qu'aux animaux occupant une place centrale dans son environnement. Le besoin évoqué par Kant n'est ainsi au départ ni une volonté d'échange, ni un essai de communication d'une *pensée* ou d'un *objectif* précis d'action. C'est pourquoi on peut le rapprocher de l'attitude des enfants, mais aussi de celle des simples d'esprits, car les uns comme les autres sont aux yeux de Kant des exemples paradigmatiques de manifestations sonores dont le but n'est pas l'expression des pensées (comme l'atteste le contraste indiqué entre eux et « la partie pensante de la communauté »). Les cris et premiers sons des enfants ne sont pas envisagés ici en tant qu'ils peuvent avoir valeur d'appel ou de sollicitation (pour obtenir de l'assistance, des caresses, de la nourriture, etc.); au contraire, Kant nous renvoie à l'existence d'une strate de comportements vocaux où l'on crie sans avoir rien à *dire*, où l'on communique mais où l'on ne parle en aucun sens du terme (le langage viendra « par la suite »). L'intérêt du parallèle entre les premiers hommes, les enfants et les simples, déborde dans cette mesure le cadre de l'assimilation paradigmatique de l'enfance et de l'état de nature. L'objectif de Kant est de présenter un besoin qui se tienne en deçà du besoin de communiquer *des jugements ou des pensées*. Le besoin de se communiquer se trouve ici élucidé au titre d'une « volonté de manifester [son] existence en tous sens » – où ladite « volonté » n'a pas bien sûr le statut de décision, elle relève davantage de la tendance naturelle. L'intérêt de cette élucidation résulte une nouvelle fois de l'indétermination relative dans laquelle Kant maintient son propos : il ne subordonne pas la volonté de se manifester à une *finalité* supérieure quelconque (définir un territoire, chercher l'admiration, éprouver une satisfaction), ce que manifeste l'absence de direction unique, l'absence de point focal pour l'adresse des manifestations (« en tous sens »). Par conséquent, la volonté de manifester son existence est à comprendre au départ comme une pure affirmation de soi devant l'autre, comme la tendance de l'homme à s'éprouver comme existant et agissant, la tendance à faire l'expérience d'une première liberté. C'est ce qui permet de comprendre l'importance du pronom réfléchi dans la notion proposée par Kant : il s'agit bien non d'un simple besoin de communiquer, mais d'un besoin de *se* communiquer. Ce point se trouve directement confirmé par un passage de l'*Anthropologie* où Kant revient sur les premières manifestations vocales de l'enfant :

> Le cri de l'enfant qui vient de naître n'a pas le ton de la plainte, mais de l'indignation et de la colère qui explose ; ce n'est pas qu'il ait mal, mais il est contrarié ; probablement parce qu'il veut se mouvoir et qu'il éprouve son impuissance comme une entrave qui lui retire sa liberté [...]. Aucune bête en dehors de l'homme tel qu'il est maintenant *n'annonce* ainsi son existence au moment où il naît [1].

À nouveau, le cri n'est pas interprété dans l'optique de l'expression d'une signification (c'est le « ton » qui est analysé), ni dans celle de la transmission d'une information à autrui (on remarque l'absence de tout complément d'objet indirect : l'enfant ne se plaint pas *à* quelqu'un, ni ne s'indigne *contre* quelqu'un, même si le concept d' « annonce » suppose la présence d'autrui). La racine du cri est le sentiment de la « liberté » entravée, qui ne fait qu'un avec la première expérience de soi. Quoiqu'il en soit, que la manifestation sonore soit l'expression d'une privation vécue de liberté ou l'expression pure d'une affirmation, elle est à rapporter à un trait propre à l'homme, un trait que ne possède « aucune bête » et qui doit donc relever à nouveau du donné de l'espèce [2].

Revenons au texte des *Conjectures*. Bien que les premiers hommes ou les nouveaux-nés ne possèdent pas une nature sociale, ni ne cherchent à engager une discussion avec autrui lors de leurs premières manifestations, c'est néanmoins à l'autre qu'ils se communiquent, c'est « vis-à-vis des êtres vivants » qu'ils parlent et qu'ils s'annoncent. Leurs vocalisations ne sont ni des demandes ni des menaces, ni des plaintes ni des reproches, mais l'individu éprouve le besoin d'affirmer sa liberté et de manifester sa présence *devant un autre que soi*. Kant semble donc ménager un espace pour un rapport de l'homme aux êtres qui lui sont les plus ressemblants (en particulier ceux qui « émettent des sons »). On peut donc imaginer que ce soient initialement la présence d'autrui et des premières réponses entendues, ou la conscience (même faible) d'une proximité dans les manifestations sonores produites par les êtres à nous les plus ressemblants, qui ont produit le premier facteur externe massif dans le développement des premières formes d'expressions. Ainsi, dans le texte des *Conjectures*, Kant

1. Ak 7 : 317. *APP*, p. 166, note.

2. Mai Lequan offre une lecture rigoureuse et instructive de cette remarque de Kant sur le cri de l'enfant dans *La philosophie morale de Kant*, chap. « Les statuts de la liberté », Paris, Seuil, 2001, p. 263 *sq*.

relève le fait que les sons, d'abord utilisés non pour dire quoi que ce soit mais simplement pour se communiquer et manifester son existence, peuvent plus tard faire l'objet d'un usage « comme langage »; la cause principale de ce changement de statut des sons se situe justement dans le fait qu'ils ne sont plus seulement une manifestation immédiate de soi, mais qu'ils sont repérés, identifiés comme des sons réutilisables, reproductibles, en particulier à l'occasion de l'écoute de sons semblables proférés par un autre être. Pour l'individu de l'état de nature imaginé par Kant, le point de bascule réside dans le contact avec des êtres qui comme lui « émettent des sons », et en particulier ceux qui « émettent des sons qu'il peut imiter et utiliser »[1].

Enfin, conformément au troisième principe du modèle épigénétique, à savoir le primat accordé à l'observation et à la description des phases du développement, on trouve chez Kant, dans l'*Anthropologie* de 1798 et les *Vorlesungen* d'anthropologie, de métaphysique et de logique des esquisses de réflexion sur le développement des langues au cours de l'histoire. Dans ces textes, Kant abandonne la question – insoluble – de la détermination de l'origine du langage pour lui préférer l'identification de principes de transition entre les états successifs des langues. Dans le manuscrit *Anthropologie Pillau*, on lit que l'homme à l'état de nature est proche d'une forme de « stupidité »[2] (*Stupiditaet*) animale, et que sa première invention, précédant toutes les autres techniques humaines, est le langage[3]. 1) Le premier principe de la diversification et de l'évolution des langues coïncide, dans l'ensemble des leçons d'anthropologie, avec l'arrachement

1. Sur ce point Kant est proche des théoriciens français du développement du langage. Pour Condillac, les sons que produisent au départ les enfants et les premiers hommes ne peuvent entretenir de liaison significative avec aucune représentation, parce qu'initialement ces liaisons sont le fait du hasard et ne sont pas entretenues par un exercice fréquent. C'est l'assiduité ou la répétition d'un commerce avec un individu semblable utilisant des sonorités proches qui conduit graduellement les sons à revêtir le statut de signes: « Les mêmes circonstances ne purent se répéter souvent, qu'ils ne s'accoutumassent enfin à attacher aux cris des passions et aux différentes actions du corps, des perceptions qui y étaient exprimées d'une manière si sensible. Plus ils se familiarisèrent avec ces signes, plus ils furent en état de se les rappeler à leur gré. Leur mémoire commença à avoir quelque exercice; ils purent disposer eux-mêmes de leur imagination, et ils parvinrent insensiblement à faire, avec réflexion, ce qu'ils n'avaient encore fait que par instinct » (*Essai sur l'origine des connaissances humaines*, *op. cit.*, II, I, § 3, p. 196).

2. Ak 25 : 843.

3. Ak 15 : 845. Le langage est évoqué directement après le titre : « *Entwickelung der Gattungen der Künste* ». Suivent l'invention de l'agriculture (*Ackerbau*), de l'écriture, des postes, de l'argent et de l'imprimerie. L'ordre des inventions évoquées par Kant se conclut sur le dernier fruit de l'évolution humaine : « les pensées de Rousseau » ! (Ak 25 : 846).

progressif aux images par un effort continué pour enrichir et affermir la conceptualité. Dès l'*Anthropologie Collins*, Kant dispense des réflexions sur l'état des langues chez les peuples anciens :

> Le génie des nations orientales est la richesse des images, leur philosophie consiste à choisir de meilleures images, c'est pourquoi les hiéroglyphes des égyptiens touchent. Les images sont aussi des signes de l'ignorance de la nation; c'est en effet parce qu'ils ne pensent pas les choses de façon tout à fait exacte qu'ils doivent se servir d'images. Le caractère sublime de l'écriture orientale provient des images; l'entendement ne connaîtrait que faiblement, si les représentations n'étaient pas accompagnées de symboles [1].

Suivant probablement Warburton, pour qui l'évolution intellectuelle des nations peut être appréhendée en fonction des formes nationales de l'écriture (pictographique, idéographique ou phonétique), Kant analyse les hiéroglyphes comme une écriture faite de simples images, signe d'une grande puissance d'invention (« génie ») et symptôme d'une limite (« ignorance »)[2]. À la différence de Warburton, il ne s'intéresse pas exclusivement à l'écriture. Les langues, dans leur lexique même, témoignent de leur degré de développement par l'ampleur de leur recours aux images. C'est pourquoi on peut affirmer avec certitude que « la poésie qui n'est rien d'autre que le revêtement de la pensée en images, est plus ancienne que la prose »[3]. Si l'on remonte le temps, « on trouve une époque où la langue grecque était tellement limitée [...] que tout devait y être exprimé de façon poétique »[4]. Dans la partie du manuscrit *Metaphysik Mrongovius* consacrée à l'histoire de la métaphysique, une longue page évoque d'un point de vue historique la transition progressive des images aux concepts dans la langue grecque et la langue latine[5]. La primauté temporelle de la poésie et des langues imagées converge en tous points avec l'ordre hiérarchique des facultés et les propos de Kant sur les sourds. Dans les premières langues humaines, la sensibilité est davantage à l'œuvre que

1. Ak 25 : 126-127. Nous traduisons.

2. Ce jugement de Kant sur les Egyptiens est une constante de son enseignement. On le retrouve notamment dans l'*Anthropologie Friedländer* (Ak 25 : 498) et dans l'*Anthropologie Menschenkunde* (Ak 25 : 1024).

3. Ak 9 : 28. *Logique*, p. 29. On peut déjà lire cette affirmation dans la *Metaphysik L2*, Ak 28 : 536. Il est possible que Kant emprunte indirectement cette idée à Rousseau et à l'*Essai sur l'origine des langues;* ce texte est publié en 1781, et la première occurrence de l'affirmation kantienne dans la *Metaphysik L2* date de 1784-1785.

4. Ak 29 : 757. *Metaphysik Mrongovius*, nous traduisons.

5. Ak 29 : 758.

l'entendement, et les rapports de ressemblance partielle prédominent pour former les expressions. Or, au fil de son enseignement, le jugement de Kant sur les images dans la langue se fait plus sévère. En accord avec la perspective épigénétique et suivant la plupart des penseurs de l'évolution des langues (Warburton, Maupertuis, Wolff), Kant détermine la présence d'un grand nombre d'images comme un *défaut* et la diminution du nombre d'images dans la langue comme un *progrès :*

> Une nation dont la langue est symbolique a beaucoup de mal avec les vrais concepts de l'entendement [1].
>
> Celui qui ne peut jamais s'exprimer que symboliquement a peu de concepts de l'entendement; la représentation si vive qu'on admire dans le discours des sauvages [...] n'est rien que pauvreté de concepts, et par conséquent de mots pour les exprimer; par exemple, quand le Sauvage américain dit: « nous voulons enterrer la hache de guerre », cela veut dire: nous voulons faire la paix; et en fait les vieux chants, depuis Homère jusqu'à Ossian ou depuis Orphée jusqu'aux Prophètes, doivent l'éclat de leur expression à l'absence de moyens pour exprimer leurs concepts [2].

Kant crédite les Grecs d'avoir su, les premiers, dépouiller la langue de son trop-plein d'images en vue de lui conférer une clarté supplémentaire: « Nous devons remercier les Grecs de s'être libérés les premiers du fouillis des images »[3]. Le manuscrit *Anthropologie Menschenkunde* va jusqu'à affirmer qu'en un sens, les égyptiens « n'avaient pas de signes linguistiques »[4] proprement dits. 2) Le second principe de l'évolution et de la diversification des langues évoqué par Kant réside dans leur enrichissement mutuel par contacts et échanges. Selon une note de la main de Kant: « Les peuples dont la langue originelle est restée sans mélange peuvent certes être très cultivés, comme les Chinois, mais ils ne deviendront jamais éclairés et demeurent limités dans leurs concepts. Qui sait combien de mélanges de celtique, de thrace, de phrygien, peut-être de syriaque, la langue n'a pas intégrés avant qu'elle ne fût grecque. L'anglaise est plus mêlée que toute autre, l'allemand dans une moindre mesure, le slave au minimum »[5]. Ce principe d'évolution a pour conséquence la possibilité, déjà étudiée par Leibniz, de déduire rétrospectivement les filiations entre

1. Ak 25 : 498. *Anthropologie Friedländer*, nous traduisons.

2. Ak 7 : 191. *APP*, § 38, p. 64.

3. Ak 25 : 498. *Anthropologie Friedländer*, nous traduisons.

4. Ak 25 : 1025. Nous traduisons. Leur écriture est en effet fondée sur la « ressemblance » (*ibid.*). Là encore, les propos sur les langues consonnent avec ceux sur les sourds.

5. Ak 15 : 637. R 1455a, trad. fr. M. Castillo in *Kant et l'avenir de la culture*, Paris, P.U.F., 1990, p. 252.

les peuples ou les contacts qu'ils ont pu entretenir à partir d'un examen comparatif des langues : « les peuples rendent connaissable l'unité de leur origine [*Abstammung*] par l'unité de leurs langue »[1] (Kant mentionne les Samoyèdes et un autre peuple possédant une langue similaire vivant à deux cents lieux, séparé des premiers par un peuple mongol).

Une formule percutante de la *Logik Mrongovius*, datée de la leçon du 25 mai 1784, condense virtuellement l'ensemble des pistes entr'ouvertes par Kant au fil des réflexions qu'il a esquissées : « *Die Sprache besteht aus Begriffen, sie müsste also mit der Kultur des Verstandes steigen* »[2].

1. Ak 23 : 177. Cette note fait partie des brouillons de Kant pour le *Projet de paix perpétuelle*. Nous traduisons.

2. Ak 29 : 1047. *Logik Mrongovius :* « le langage se compose de concepts, il a donc été nécessaire qu'il croisse avec la culture de l'entendement » (nous traduisons).

CONCLUSION

Bien qu'il n'ait pas fait du langage l'objet central d'un livre, Kant se révèle un penseur remarquable de ce thème. Esprit synthétique, exemplairement soucieux de répondre aux difficultés de son temps et de différencier les problématiques, il doit aujourd'hui nous interpeller par la démarche originale qui est la sienne.

Les auteurs des métacritiques, dans leur hâte, ont estimé que la critique de la raison était incompatible avec une appréciation fine des rôles remplis par le langage dans la formation théorique et pratique du sujet. Kant leur donne tort. Au fil de la *Critique de la raison pure*, il fortifie la légitimité d'une ligne d'enquête majeure, qui forme la trame de toutes ses réflexions originales sur le langage. En distinguant (I) « l'explication de la possession » des connaissances et (II) la « déduction » des concepts et des connaissances *a priori*, il rend possible une approche génétique de l'apprentissage qui place le langage au premier plan (tout en isolant une approche épistémique de la validité des connaissances qui minore l'importance des langues). Hamann et Herder ont reproché à la philosophie transcendantale d'interdire toute prise en compte de la tradition et des particularités de la langue dans la *Critique de la raison pure*. À cela, on doit répondre tout d'abord que Kant n'aborde pas ces thèmes en ce lieu *pour d'excellentes raisons :* à l'égard du langage, le questionnement de la première *Critique* est autre – il réside (en particulier pour les concepts *a priori*) dans la théorie de la signification élaborée au gré de la « Théorie transcendantale des éléments ». Mais l'on peut surtout répondre que l'attention maximale portée par Kant à la solidarité entre langage et pensée est *ailleurs :* il se situe du côté de l'explication génétique des capacités, qui ne doit pas être confondue avec le problème de la validité des concepts.

L'oubli de la distinction entre « explication de la possession » et « déduction » d'une connaissance, en grande partie due à la controverse sur le psychologisme kantien aux XIXe et XXe siècles, a certainement constitué l'obstacle majeur à une évaluation équitable de la pensée kantienne du langage. Contre cet oubli, nous avons insisté sur la nécessité de distinguer l'*a priori* kantien de la conception métaphysique de l'innéité. Kant refuse radicalement, contre Platon ou Leibniz, l'idée selon laquelle nous viendrions au monde armés de tous les concepts théoriques et pratiques fondamentaux. Admettre une telle idée reviendrait à se rendre coupable de dogmatisme, à nier les enseignements de l'expérience et à confondre la validité objective des concepts *a priori* avec une simple nécessité subjective. Les catégories sont acquises, de même que tous les concepts des mœurs: la nécessité d'interroger les rôles génétiques du langage en découle. Par suite, le modèle de la croissance épigénétique des organismes fournit à Kant les linéaments généraux pour décrire ces rôles: le langage doit être compris à partir des capacités communes de l'espèce humaine, d'un point de vue qui exclut toute explication hyperphysique, tout mécanisme réductionniste, et qui accorde un primat réitéré à la description des phases de développement.

Nous avons discerné le premier rôle génétique du langage selon Kant à l'occasion de ses réflexions sur la privation de l'ouïe chez les sourds de naissance, vraisemblablement suscitées par la lecture de Herder, Tetens ou Platner. Chez Descartes et plus nettement encore chez Arnauld et Nicole, la compréhension des signes linguistiques comme vêtements et véhicules contingents des pensées s'avère étroitement solidaire de l'attribution aux sourds de capacités strictement identiques à celle des entendants. De Locke à Sulzer et de Buffon à Condillac, la prise en compte progressive des bénéfices de l'expression linguistique des pensées conduit à l'élaboration d'un modèle ampliatif (le langage *étend* les pouvoirs de l'esprit) et d'un modèle corrélationnel (le langage et la pensée sont maximalement *co-dépendants*); la théorie des capacités des sourds incarne, pour le meilleur et pour le pire, cette évolution philosophique majeure. Nous avons vu comment Kant s'empare du débat et propose une défense originale du modèle corrélationnel, à partir de la décennie 1770. À ses yeux, le caractère arbitraire des signes est indissociable de notre pouvoir d'ordonner les représentations au moyen de règles; or, il ne peut naître d'abord que sur le terrain de l'oralité. L'ouïe et les paroles sont donc nécessaires à la nature conceptuelle de nos pensées; celles-ci se déploient toujours dans les mots, définis comme caractères et non comme symboles.

Nous avons en outre vu qu'un second rôle génétique est dévolu par Kant au langage, par le biais de l'apprentissage des règles grammaticales. En dépit de la contingence de certaines règles, Kant affirme que plusieurs traits grammaticaux formels existent universellement dans toutes les langues. Nous avons proposé d'expliquer ces traits en référence à la table des jugements dans la « Logique transcendantale » plutôt qu'à la lumière de la logique générale. La grammaire déploie à même la langue les fonctions transcendantales de l'entendement : l'unité introduite par la grammaire entre les mots n'est autre que le déploiement linguistique de l'unité introduite par les formes logiques entre les concepts – la séparation notionnelle que l'on peut faire entre les deux niveaux ne devant pas nous masquer leur inséparabilité réelle. À cet égard, l'analyse kantienne de la copule s'avère cruciale. Loin de simplement *exprimer* un acte mental de comparaison entre des concepts, l'usage de la copule soutient et accomplit la liaison entre les représentations. En conséquence, l'apprentissage des règles grammaticales par la pratique du discours affermit progressivement la maîtrise même que nous avons de notre propre entendement.

De surcroît, nous avons expliqué le rôle décisif rempli par l'usage du pronom personnel « je » (ou plus largement par tous les marqueurs linguistiques de la première personne) à l'égard de la formation de la personnalité. Pour les premiers cartésiens, l'emploi du pronom n'est jamais que la manifestation d'une conscience de soi infra-discursive (il en est même la représentation « confuse » pour les Messieurs de Port-Royal) ; pour Hume, le pronom nous donne au contraire l'illusion de posséder une idée claire de nous-mêmes en suppléant l'absence de toute base perceptive ou mémorielle stable pour constituer une telle idée. Kant renvoie ces penseurs dos à dos en faisant du pronom l'opérateur privilégié de la réflexion sur soi-même. Nous avons montré qu'on ne peut comprendre cette thèse, formulée de façon emblématique dans le premier paragraphe de l'*Anthropologie*, que si l'on abandonne l'interprétation de l'aperception transcendantale comme pouvoir s'attribuer à soi-même ses représentations. L'unité de l'esprit ne dépend pas du pronom « je », en revanche la réflexion sur cette unité, qui développe la responsabilité théorique et pratique, se trouve parachevée par l'aptitude à parler en première personne.

Enfin, nous avons vu les rôles multiples que Kant accorde à la formulation des impératifs, à la description des exemples et au dialogue érotématique dans l'éducation morale. L'opposition de Kant aux théories du sentiment moral (Hutcheson, Hume) impose à ses yeux de recourir à des « formules de nécessitation pratique », conjoignant des termes prescriptifs à la détermination conceptuelle des actions obligatoires ou défendues. L'impossibilité épistémique et pratique de fonder l'apprentissage des Idées morales sur la perception ou la représentation d'exemples, de même que l'exigence d'accomplir les actions externes *selon certaines intentions*, convergent strictement avec cette perspective : l'éducation morale doit se faire au moyen de directives et en référant les exemples aux formules du devoir. Contre Locke et Aristote, l'importance revêtue par le discours chez Kant apparaît comme la suite nécessaire du refus de fonder les progrès moraux sur une pédagogie promouvant l'imitation et l'habitude. Après nous être demandé si la centralité des énoncés de commandement dans l'éducation morale ne risquait pas de maintenir l'enfant dans une situation d'hétéronomie, nous avons étudié comment les dialogues de forme socratique entre maîtres et élèves permettent à l'enfant de reconnaître sa propre raison comme l'unique source des obligations catégoriques.

Dès lors, ayant pris acte de la relation de présupposition mutuelle entre nos capacités théoriques et pratiques et divers aspects de l'apprentissage linguistique, nous avons montré que Kant ne pouvait éviter de rencontrer la question de l'origine du langage, à la fois dans l'individu et dans l'espèce. Si l'esprit est rendu dépendant des ressources du langage, comment ce dernier a-t-il jamais pu naître ? Nous avons reconstitué la façon dont cette difficulté, propre aux tenants du paradigme corrélationnel, échoit à Kant telle qu'elle a été posée par Süssmilch et Herder. Nous avons vu que, même s'il ne propose aucune solution ferme, Kant esquisse pourtant (principalement dans ses leçons orales) une position conforme au modèle épigénétique : déniant toute validité à la solution surnaturelle et signalant les insuffisances des explications mécanistes, Kant émet l'hypothèse selon laquelle le langage se serait développé progressivement, prenant appui sur une liberté naturelle propre à l'espèce humaine, par la reproduction des sons fréquemment entendus. Cette hypothèse se prolonge dans l'idée selon laquelle le premier langage a dû être poétique et imagé, avant que les lexiques ne se sédimentent et ne s'enrichissent par l'effet de la « culture de l'entendement » et par les contacts renouvelés entre les peuples.

Ce parcours de l'approche génétique du langage par Kant confirme la distinction faite dans la *Critique de la raison pure* entre « l'explication de la possession » et la « déduction ». Les rôles respectifs de l'audition des signes, de la grammaire, du pronom personnel « je », jusqu'aux énoncés moraux et aux dialogues ne mettent jamais en jeu la tentation de construire une analyse empirique de la signification de certains concepts *a priori*.

La fécondité des réflexions consacrées au langage du point de vue du développement individuel provient autant des résultats obtenus que de l'absence d'empiètement de ces résultats sur la théorie de la signification : la réflexion sémantique sur les concepts se trouve donc appelée à compléter la réflexion génétique[1], sans qu'aucun empiètement entre les niveaux n'ait à être redouté.

1. À la lumière des ces résultats, nous espérons entreprendre, dans un ouvrage distinct, une enquête sur ce second volet de la pensée kantienne, inintelligible sans la mise en lumière de la perspective génétique. En effet, c'est uniquement lorsque l'on prend pleinement acte de la stricte *corrélation* établie par Kant entre langage et pensée, à la lumière de l'étude du développement de l'esprit, que l'on se trouve en mesure de relire avec acuité la critique de la raison théorique pour y discerner une pensée de la signification. Une fois admise l'affirmation selon laquelle nous pensons « dans les mots » – « sans l'expression au moyen des mots, on ne pourrait pas juger du tout » –, l'examen du rapport entre concepts et intuitions, la distinction entre jugements analytiques et jugements synthétiques, la déduction transcendantale des catégories ou la définition des principes pratiques revêtent une portée directement *sémantique*. À la lumière de l'enquête génétique, l'emploi kantien du concept de *Bedeutung* apparaît sous un nouveau jour. Dans cette optique, même si nous ne rejoignons pas la plupart des conclusions de Wolfram Hogrebe, on doit lui accorder que la philosophie transcendantale telle qu'elle est définie en 1781, comme « connaissance qui s'occupe en général moins d'objets que de notre mode de connaissance des objets, en tant que celui-ci doit être possible *a priori* », s'apparente fortement à ce que nous nommerions aujourd'hui une théorie générale de la référence.

BIBLIOGRAPHIE

L'édition de référence des œuvres de Kant est la *Gesammelte Schriften, herausgegeben von der Königlich Preussischen Akademie der Wissenschaft*, Berlin, à partir de 1902, rééditée chez Walter de Gruyter, Berlin, à partir de 1968. Le renvoi à cette édition se fait, selon l'usage, par l'abréviation « Ak » suivie du numéro du volume et de la page du volume.

Pour le relevé des références, nous avons consulté notamment l'édition en ligne des œuvres de Kant suivant la pagination de l'*Akademie Ausgabe*, sur le site http ://www.korpora.org/kant/.

ŒUVRES ANTÉRIEURES À KANT OU CONTEMPORAINES

ABBÉ de l'EPÉE, Charles-Michel, *L'art d'enseigner à parler aux sourds-muets de naissance* [1784], Paris, J-G. Dentu, 1820.

– *La véritable manière d'instruire les sourds et muets, confirmée par une longue expérience* [1784], Paris, Fayard, 1984.

– *Les quatre lettres sur l'éducation des sourds*, Maryse Bézagu-Deluy (éd.), Ile Saint-Denis, Mouvement des Sourds de France, 1992

ADELUNG Johann Christoph , *Grammatisch-kritisches Wörterbuch der hochdeutschen Mundart* [1793], 2e éd., Leipzig, Breitkopf und Härtel, 1798.

AMMAN Jean Conrad, *De loquela* [1700], trad. fr. Beauvais de Préau « Dissertation sur la parole », *in* Deschamps, E-F., *Cours élémentaire d'éducation des sourds et muets de naissance*, 1779.

ARISTOTE, *Éthique à Nicomaque*, trad. fr. J. Tricot, Paris, Vrin, 1997.

– *Catégories. De l'interprétation*, trad. fr. J. Tricot, Paris, Vrin, 1997.

ARNAULD Antoine et LANCELOT Claude, *Grammaire générale et raisonnée* [1660], Paris, Allia, 2010.

ARNAULD Antoine et NICOLE Pierre, *La logique ou l'art de penser* [1662], Paris, Gallimard, 1992.

AUGUSTIN D'HIPPONE, *Le maître* [389], trad. fr. G. Madec, Paris, Nouvelle Bibliothèque augustinienne, II, 1993.

– *Les Confessions* [397-400], trad. fr. P. Cambronne, in *Œuvres I*, L. Jerpagnon (dir.), « Bibliothèque de la Pléiade », Paris, Gallimard, 1998.

BASEDOW Johann Bernard, *Manuel élémentaire d'éducation. Ouvrage utile à tout ordre de lecteurs, en particulier aux parents et aux maîtres pour l'éducation des enfants et des adolescents et qui renferme une suite de toutes les connaissances nécessaires*, trad. fr. M. Huber, Leipzig, Crusius, 1774, 4 vol.

BAUER Carl Gottfried, ESCHKE Ernst Adolf, KIESEWETTER Johann Gottfried Carl Christian, *Ueber den Unterricht der Taubstummen. Anmerkungen zu Kant's Anthropologie*, Berlin, Braun, 1801.

BAUMGARTEN Alexander Gottlieb, *Metaphysica* [1739; 7e éd. 1779], Hildesheim/New York, Olms, 1982.

BEATTIE James, *Essay on the Nature and Immutability of Truth* [1770], trad. all. H. F. Klemme, *Versuch Über die Natur und Unveränderlichkeit der Warheit*, Copenhague & Leipzig, Heineck & Faber, 1772.

BERNHARDI August Friedrich, *Sprachlehre*, 2 volumes [1801-1803], Olms, Hildesheim, 1973.

– *Anfangsgründe der Sprachwissenschaft* [1805], fac-similé de l'édition de 1805, Stuttgart-Bad Cannstatt, Frommann-Holzboog, 1990.

BLUMENBACH Johann Friedrich, *Manuel d'histoire naturelle* [1792], 6e éd., trad. fr. S. Artaud, Metz, 1803.

– *Über der Bildungstrieb und das Zeugungsgeschäfte*, Göttingen, Dieterich, 1781.

– *Institutiones physiologicae*, Göttingen, Dieterich, 1787 (trad. fr. Pugnot, *Institutions de physiologie*, Lyon, Reymann et Cie, 1797).

BUFFON Georges-Louis Leclerc, comte de, *De l'homme* [1733-1734], Paris, l'Harmattan, 2006.

CHAMFORT Sébastien-Roch Nicolas de, *Maximes* [posthume, 1795], Paris, Tchou, 1965.

COMENIUS Johann Amos [1658], *Orbis Sensualium Pictus : hoc est Omnium Principalium in Mundo Rerum, & in Vita Actionum, Pictura & Nomenclatura*, texte latin et trad. du latin à l'anglais C. Hoole, Londres, S. Leacroft, 1777.

CONDILLAC Étienne Bonnot de, *Essai sur l'origine des connaissances humaines* [1746], éd. critique, intro. et notes par J.-Cl. Pariente et M. Pécharman, Paris, Vrin, 2014.

– *Grammaire* [1775], in *Œuvres complètes*, t. VI, Genève, Slatkine Reprints, 1970, p. 261-652.

CRUSIUS Christian August, *Entwurf der notwendigen Vernunft-Wahrheiten*, Leipzig, Johann Friedrich Gleditschens Buchhandlung, 1745.

DESCARTES René, *Œuvres complètes*, éd. C. Adam et P. Tannery, Paris, Vrin, 1996.

– *L'homme. Et un traité de la formation du fœtus*, Paris, Charles Angot, édition posthume 1664.

– *Discours de la méthode* [1636], Paris, GF, 1966.

– *Méditations métaphysiques. Objections et Réponses*, présentation Michelle et Jean-Marie Beyssade, Paris, GF, 1979.

– *Œuvres philosophiques*, t. II et III, Paris, Garnier, 1967 et 1973.

DIDEROT Denis, « Lettre sur les sourds et muets, à l'usage de ceux qui entendent et qui parlent » [1751], in *Lettre sur les aveugles*, Paris, GF, 2000, p. 89-137

– *Encyclopédie ou dictionnaire raisonné des sciences, des arts et des métiers* [1751-1780], Stuttgart-Bad Cannstatt, Friedrich Frommann Verlag, 1995, fac-similé de la première édition du volume 7, article « Geste ».

– *Encyclopédie ou dictionnaire raisonné des sciences, des arts et des métiers* [1751-1780], Stuttgart-Bad Cannstatt, Friedrich Frommann Verlag, 1988, fac-similé de la première édition, volume 9, articles « Langage », « Langue ».

– *Encyclopédie ou dictionnaire raisonné des sciences, des arts et des métiers* [1751-1780], Stuttgart-Bad Cannstatt, Friedrich Frommann Verlag, 1966, fac-similé de la première édition du volume 10, article « Mot ».

– *Encyclopédie ou dictionnaire raisonné des sciences, des arts et des métiers* [1751-1780], Stuttgart-Bad Cannstatt, Friedrich Frommann Verlag, 1967, fac-similé de la première édition, volume 15, articles « Sens », « Signe », « Sourd », « Surdité ».

FICHTE Johann Gottlieb, « De la faculté linguistique et de l'origine du langage », in *Essais philosophiques choisis*, trad. fr. A. Renaut, Paris, Vrin, 1984, p. 115-146.

FRIES Jakob, « Sur le rapport de la psychologie empirique à la métaphysique », trad. fr. C. Bonnet, *Archives de philosophie*, 66/2, 2003, p. 303-323.

GOETHE Johann Wolfgang, *Naturwissenschaftliche Schriften*, Hambourg, Christian Werner Verlag, 1955.

HAMANN Johann Georg, *Métacritique du purisme de la raison pure* [1784], in *Aesthetica in nuce et autres textes*, trad. fr. R. Deygout, Paris, Vrin, 2001, p. 149-155.

– *Schriften zur Sprache*, Frankfurt am Main, Surkhamp, 1967.

HEINICKE Samuel, *Wörterbuch zur Kritik der reinen Vernunft* [1788], Bruxelles, Aetas Kantiana, 1968.

— et ABBÉ de l'EPÉE Charles Michel, *Controverse au sujet de la véritable manière d'instruire les sourds-muets*, trad. fr. J. Alard, Paris, G. Pelluard, 1881.

HERDER Johann Gottfried, *Traité sur l'origine de la langue* [1771], suivi de textes critiques de Hamann et Mérian, trad. fr. P. Penisson, Paris, Aubier-Montaigne, 1992.

– *Traité de l'origine du langage* [1771], trad. fr. D. Modigliani, Paris, P.U.F., 1992.

– *Idées pour une philosophie de l'histoire de l'humanité* [1784-1791], trad. fr. E. Quinet, M. Crépon (éd.), Paris, Presses Pocket, 1991.

– *Eine Metakritik zur Kritik der reinen Vernunft*, Leipzig, Hartknock, 1799 [rééd. Bruxelles, Aetas Kantiana, 1969; trad. fr. d'extraits de la *Métacritique de la « Critique de la Raison Pure »*, in *Auklärung. Les lumières allemandes*, G. Raulet (éd.), Paris, Flammarion, 1995, p. 108-118].

HOBBES Thomas, *Léviathan* [1651], trad. fr. G. Mairet, Paris, Gallimard, 2000.

HUME David, *Traité de la nature humaine* [1739-1740], 3 vol., trad. fr. P. Baranger et P. Saltel (t. I), J.-P. Cléro (t. II) et P. Saltel (t. III), Paris, GF, 1991-1995.

– *Enquête sur l'entendement humain* [1748], trad. fr. M. Malherbe in *Essais et traité III*, Paris, Vrin, 2004.

HUTCHESON Francis, *Epistémologie de la morale* [L'ouvrage comprend : *Illustrations sur le sens moral* [1728], *Correspondance entre Gilbert Burnet et Francis Hutcheson*[1725], *Réflexions sur le rire* et *Remarques sur la Fable des Abeilles* [1725-1726]], trad. fr. O. Abiteboul, Paris, l'Harmattan, 2010.

KIESEWETTER Johann Gottfried Carl Christian, *Grundriss einer reinen Allgemeinen Logik nach Kantischen Grundsätzen zum Gebrauch für Vorlesungen begleitet mit einer weitenr Auseinandersetzung für diejenigen die keine Vorlesungen darüber hören können* [1791], Berlin, Lagarde, 1802.

– *Prüfung der Herderschen Metakritik zur Kritik der reinen Vernunft*, Berlin, Quien, 1799.

LAMBERT Johann Heinrich, *Neues Organon. Semiotik, oder Lehre von der Bezeichnung der Gedanken und Ding* [1764], in *Philosophische Schriften*, Hans-Werner Arndt (éd.), Hilesheim, Olms, 1965.

– *Nouvel Organon, Phénoménologie*, trad. fr. G. Fanfalone, Paris, Vrin, 2002.

LA ROCHEFOUCAULD François de, *Maximes* [1678], Paris, GF, 1977.

LEIBNIZ Gottfried Wilhelm, *Discours de métaphysique* [1685] et *Monadologie* [1712-1714], « Folio Essais », Paris, Gallimard, 2004.

– *L'harmonie des langues*, textes réunis, traduits et présentés par M. Crépon, Paris, Seuil, 2000.

– *Nouveaux essais sur l'entendement humain*, trad. fr. J. Brunschwig, Paris, GF, 1990.

– *Principes de la nature et de la grâce fondés en raison* [1714], in *Œuvres de Leibniz*, A. Jacques (éd.), t. II, Paris, Charpentier, 1842.

LOCKE John, *Essai sur l'entendement humain* [1690], trad. fr. J.-M. Vienne, intro. par M. Malherbe, Annexes de J.-M. Vienne, Paris, Vrin, livres I et II en 2001, livre III en 2003, livre IV en 2002.

– *Quelques pensées sur l'éducation* [1693], trad. fr. G. Compayré, Paris, Vrin, 2007.

MAÏMON Salomon, *Essai sur la philosophie transcendantale*, trad. fr. J.-B. Scherrer, Paris, Vrin, 1989.

MALEBRANCHE Nicolas, *De la recherche de la vérité* [1674-75], Paris, Vrin, 3 tomes, 2006.

MAUPERTUIS Pierre Louis Moreau de, « Dissertation sur les différents moyens dont les hommes se sont servis pour exprimer leurs idées » [1748], in *Œuvres III*, Hildesheim, Olms, 1965, p. 437-468 (ou *Sur l'origine du langage*, Genève, Droz, 1971).

– *La Venus physique* [1645], in *Œuvres de Maupertuis*, t. II, Lyon, Jean-Marie Bruysset, 1768.

MENDELSSOHN Moses, *Johann Jacob Rousseau… Abhandlung von dem Ursprunge der Ungleichkeit unter der Menschen, und worauf sie sich gründe, mit einem*

Schreiben an den Herr Magister Lessing und einem Briefe Voltairens an den Verfasser vermehret, Berlin, C.F. Voss, 1756.

– « Über die Sprache » [1755-1756; Essai non publié du vivant de Mendelssohn], in *Gesammelte Schriften*, 6,2, Suttgart/Bad Cannstatt, Friedrich Frommann Verlag/Günther Holzboog, 1981, p. 3-25.

– « Sur la question : que signifie « Aufklären » ? », trad. fr. D. Bourel revue par C. Morana, in *Qu'est-ce que les Lumières ?*, Paris, Mille et une nuits, 2006, p. 29-39.

– *Jerusalem, ou Pouvoir religieux et judaïsme* [1783], trad. fr. D. Bourel, Paris, Gallimard, 2007.

MICHAELIS Johann David, *De l'influence des opinions sur le langage, et du langage sur les opnions. Dissertation qui a remporté le prix de l'Académie Royale des sciences et belles lettres de Prusse en 1759*, trad. fr. Mérian, Brême, George Louis Förster, 1762.

PLATNER Enrst, *Neue Anthropologie für Aerzte und Weltweise* [1772], Leipzig, Ben Siegfried Lebrecht Crusius, 1790.

– *Philosophische Aphorismen nebst einigen Anleitungen zur philophischen Geschichte*, Frankfurt und Leipzig, Schwidertschen Verlage, 1776.

PUFENDORF Samuel, *Le droit de la nature et des gens* [1672], trad. fr. J. Barbeyrac, Amsterdam, Henri Schelte, 1706; édition de Bâle, 1732, rééd. Caen, Presses Universitaires de Caen, 2009

ROUSSEAU Jean-Jacques, *Discours sur l'origine et les fondements de l'inégalité parmi les hommes* [1755], « Folio Essais », Paris, Gallimard, 1969.

– *Émile ou De l'éducation* [1762], « Folio Essais », Paris, Gallimard, 1969.

SPINOZA Baruch, *Traité de la réforme de l'entendement* [1661], trad. fr. C. Appuhn, Paris, GF, 1964.

– *Éthique* [réd. 1661-1675; éd. posthume 1777], trad. fr. C. Appuhn, Paris, GF, 1965.

– *Court traité* [réd. 1660; éd. posthume 1852], in *Œuvres*, t. I., trad. fr. C. Appuhn, Paris, GF, 1964.

SÜSSMILCH Johann Peter, *Versuch eines Beweis, dass die erste Sprache ihren Ursprung nicht vom Menschen, sondern allein vom Schöpfer erhalten habe*, Berlin, zu finden im Buchladen der Realschule, 1766.

SULZER Johann Georg, « Observations sur l'influence réciproque de la raison sur le langage et du langage sur la raison », in *Histoire de l'Académie royale des sciences et belles-lettres, année MDCCLXVII*, Berlin, Haude et Spener, 1767, p. 413-438.

TETENS Johann Nicolaus, *Sprachphilosophische Versuche*, Hamburg, Felix Meiner Verlag, 1971.

– *Philosophische Versuche über die menschliche Natur und ihre Entwicklung*, Leipzig, M. G. Weidmanns Erben und Reich, 1777.

WARBURTON William, *Essai sur les Hiéroglyphes des Egyptiens où l'on voit l'origine et le Progrès du langage et de l'écriture, l'Antiquité des Sciences en Egypte, et l'origine du culte des animaux*, Paris, Hippolyte-Louis Guérin, 1744.

WOLFF Caspar Friedrich, *La formation des intestins* [1768], trad. du latin M. Perrin, Turnhout, Brepols, 2003.

WOLFF Christian, *Vernünftige Gedanken. Von den Kräften des menschlichen Verstandes und ihrem richtigen Gebrauche in Erkenntnis der Wahrheit* [Halle, 1712-1713], Hildesheim, Olms, 1965.

– *Vernünftige Gedanken. Von Gott, der Welt und der Seele des Menschen, auch alle Dingen überhaupt* [1719], Hildesheim, Olms, 1983.

– *Discours préliminaire sur la philosophie en général* [1728], trad. du latin T. Arnaud, W. Feuerbahn, J-F. Goubet et J-M. Rohrbasser (dir.), Paris, Vrin, 2006.

– *Vernünftige Gedanken von der Menschen Thun und Lassen, zur Beförderung ihrer Glückseligkeit* [1733], New York, Hildesheim, Olms, 1976.

– *Psychologia empirica* [1738], éd. J. Ecole *et alii.*, Hildesheim, Olms, 1968.

ŒUVRES POSTÉRIEURES À KANT

ARENDT Hannah, *Juger*, trad. fr. M. Revault d'Allonnes, Paris, Seuil, 1991.

BENEKE Friedrich Eduard, *Kant und die philosophische Aufgabe unserer Zeit*, Berlin, Posen et Bromberg, 1832.

BRANDOM Robert, *Rendre explicite*, trad. fr. I. Thomas-Fogiel (dir.), Paris, Cerf, 2011-2012.

– *L'articulation des raisons*, trad. fr. C. Tiercelin et J.-P. Cometti, Paris, Cerf, 2009.

– *Reason in Philosophy*, Cambridge (Mass.), Harvard University Press, 2009.

CASSIRER Ernst, *La philosophie des formes symboliques*, 3 tomes, Paris, Minuit, 1972.

CAVELL Stanley, *Dire et vouloir dire* [1969], trad. fr. S. Laugier et C. fournier, Paris, Cerf, 2009.

– *Un ton pour la philosophie* [1994], trad. fr. S. Laugier et E. Domenach, Paris, Bayard, 2003.

DESCOMBES Vincent, *Le complément de sujet*, Paris, Gallimard, 2004.

FOUCAULT Michel, *Les mots et les choses*, Paris, Gallimard, 1966.

HABERMAS Jürgen, *De l'éthique de la discussion* [1991], trad. fr. M. Hunyadi, Paris, Cerf, 1992.

– *Morale et communication*, Paris, Flammarion, 1999.

HEGEL Georg Wilhelm Friedrich, *Encyclopédie des sciences philosophiques III. Philosophie de l'esprit* [1817, 1830], trad. fr. B. Bourgeois, Paris, Vrin, 1988.

HEIDEGGER Martin, *Questions II*, trad. fr. K. Axelos, J. Beaufret *et alii.*, Paris, Gallimard, 1968.

HERBART Johann Friedrich, *Psychologie als Wissenschaft neu gegründet auf Erfahrung, Metaphysik und Mathematik*, publié à compte d'auteur, Königsberg, August Wilhelm Unzer, 1824.

HUMBOLDT Wilhelm Von, *Gesammelte Werke*, Berlin, Walter De Gruyter, 1991.

– *Schriften zur Sprache*, Stuttgart, Reclam, 1973.

– *De l'origine des formes grammaticales et de leur influence sur le développement des idées*, trad. fr. A. Tonnellé, Paris, Librairie A. Franck, 1859.

– *Sur le caractère national des langues et autres écrits sur le langage*, trad. fr. D. Thouard, Paris, Seuil, 2000.

LIEBRUCKS Bruno, *Sprache und Bewusstsein. Band 4. Die erste Revolution der Denkungsart. Kant: Kritik der reinen Vernunft*, Frankfurt, Ak. Verlagsgesellschaft, 1968.

MCDOWELL John, *L'esprit et le monde*, trad. fr. C. Alsaleh, Paris, Vrin, 2007.

– *Having the World in View*, Cambridge (Mass.), Harvard University Press, 2009.

NANCY Jean-Luc, *Le discours de la syncope I. Logodaedalus*, Paris, Flammarion, 1976.

– *Le partage des voix*, Paris, Galilée, 1982.

– *L'impératif catégorique*, Paris, Flammarion, 1983.

PUTNAM Hilary, *Raison, vérité et histoire*, trad. fr. A. Gerschenfeld, [1981], Paris, Minuit, 1984.

STRAWSON Peter Frederick, *The Bounds of Sense*, [1966], Londres, Routledge, 2004.

WITTGENSTEIN Ludwig, *Recherches philosophiques* [1953], trad. fr. F. Dastur, M. Elie *et alii.*, Paris, Gallimard, 2004.

LITTÉRATURE SECONDAIRE : OUTILS, MONOGRAPHIES ET ARTICLES

Sur le langage

AUROUX Sylvain dir., *Histoire des idées linguistiques*, 3 vol., Liège, Mardaga, notamment le vol. 2, *Le développement de la grammaire occidentale*, 1992.

– *La philosophie du langage*, Paris, P.U.F., 1996.

– *La question de l'origine des langues*, Paris, P.U.F., 2007.

BENVENISTE Émile, *Problèmes de linguistique générale*, Paris, Gallimard, 1966, 1980.

DUCROT Oswald et SCHAEFFER Jean-Marie, *Nouveau dictionnaire encyclopédique des sciences du langage*, Paris, Seuil, 1995.

FORSTER Michael N., *After Herder. Philosophy of Language in the German Tradition*, Oxford, Oxford University Press, 2009.

HALE Bob et WRIGHT Crispin (eds.), *A Companion to the Philosophy of Language*, Oxford, Blackwell, 1997.

STEFANINI Jean, *Histoire de la grammaire*, Paris, CNRS Éditions, 1994, notamment chap. XII, « Le pronom dans l'histoire de la grammaire », et chap. XIII, « Sur la notion de phrase et son histoire ».

STEINMETZ Jutta, *Wiederentdecken – Aufdecken. Johann Peter Süssmilchs « Versuch eines Beweises, daß die erste Sprache ihren Ursprung nicht vom Menschen, sondern allein vom Schöpfer erhalten habe » (1766) als (sprach)-*

wissenschaftliche Arbeit der Aufklärungszeit, Hanovre, Wehrhahn Verlag, 2003.

ZOLLNA I., *Europaïsche Sprachwissenschaft um 1800. Methodologische und historiographische Beiträge zum Umkreis der «Idéologie»*, 2 vol., Münster, Naus, 1991.

Sur le langage chez Kant

BAGCHI Kalyan Kumar, «Kant's Transcendental Problem as a Linguistic Problem», *Philosophy*, 46, 1971, p. 341-345.

BECK Lewis White, *Studies in the philosophy of Kant*, [1965], Westport, Greenwood Press, 1981.

BENJAMIN Walter, «Sur le programme de la philosophie qui vient» [1917], in *Œuvres 1*, trad. fr. M. de Gandillac revue par P. Rusch, Paris, Gallimard, 2000, p. 179-197.

BENOIST Jocelyn, *Kant et les limites de la synthèse*, Paris, P.U.F., 1996.

– «Kant et l'analyticité moderne», *Cahiers de philosophie de l'Université de Caen*, n°33, Caen, Presses Universitaires de Caen, 1999, p. 63-81.

– *L'*a priori *conceptuel*, «Problèmes et controverses», Paris, Vrin, 1999.

BERNER Christian, «Le climat kantien de l'herméneutique», in *Kant et les kantismes dans la philosophie contemporaine*, Ch. Berner et F. Capeillères éd., Lille, Septentrion, 2007, p. 259-276.

– «Comprendre et communiquer. Kant à l'horizon du paradigme herméneutique», in *La naissance du paradigme herméneutique*, A. Neschke et A. Laks (éd.), Lille, Septentrion, 2008, p. 26-39.

BUTTS Roberts E., «The Grammar of Reason: Hamman's Challenge to Kant», *Synthese*, 75, 1988, p. 261-283.

CALORI François, «"*Laut Denken*": de la transparence chez Kant», en ligne: http ://www.raison-publique.fr/article448.html.

CAMERA Francesco, *Ermeneutica e filosofia trascendentale: ricerche kantiane*, Genova, Tilgher-Genova, 2003.

CASSIRER Ernst, «Die kantischen Elemente in Wilhelm Von Humboldts Sprachphilosophie» [1923], in *Gesammelte Werke*, *Hamburger Ausgabe Band 16*, *Ausätze und kleine Schriften 1922-1926*, Hamburg, Felix Meiner Verlag, 2003, p. 105-133.

CHAUVIER Stéphane, «Kant et l'égologie», *Archives de philosophie*, 65/2, 2002 p. 647-667.

COHEN-HALIMI Michèle, «*Sic volo sic jubeo*, méthodiquement», in *Kant. La rationalité pratique*, Paris, P.U.F., 2003, p. 93-118.

– *Entendre raison: Essai sur la philosophie pratique de Kant*, Paris, Vrin, 2004.

– «L'aphasie de Kant? (...et si l'être de la loi morale n'était que littérature...)», *Revue de métaphysique et de morale*, 44, 2004/4, p. 580-600.

– « L'usage des pronoms personnels dans la réfutation kantienne du *cogito*. Une lecture élargie du premier paragraphe de l'*Anthropologie du point de vue pragmatique* », in *Lectures de Kant*, Paris, Ellipses, 2010, p. 73-94.

D'ALESSANDRO Giuseppe, *Kant e l'ermeneutica*, Catanzaro, Rubbettino, 2000.

DASCAL Marcelo et SENDEROWITCZ Taro, « How Pure is Reason? Language, Empirical Concepts, and Empirical Laws in Kant's Theory of Knowledge », *Histoire, Epistémologie, Langage*, 14/2, 1992, p. 129-152.

ECO Umberto, *Kant et l'ornithorynque* [1997], trad. fr. J. Gayrard, Paris, Grasset, 1999.

FOESSEL Michael et OSMO Pierre (dir.), *Lectures de Kant*, Paris, Ellipses, 2010.

FORGIONE Luca, *L'io nella mente : linguaggio et autocoscienza in Kant*, Acireale, Bonanno, 2006.

FORMIGARI Lia « De l'idéalisme dans les théories du langage. Histoire d'une transition », *Histoire épistémologie langage,* 10/1, 1988, p. 59-80.

– *La sémiotique empiriste face au kantisme*, Liège, Mardaga, 1994.

FORSTER Michael, « Kant's Philosophy of Language », *Tijdschrift voor Filosofie*, 74, 2012, p. 485-511.

FOUCAULT Michel, « Introduction à l'anthropologie », in Kant, *Anthropologie du point de vue pragmatique*, Paris, Vrin, 2008, p. 1-79.

FRISCH Shelley, *The Lure of the Linguistic: Speculations on the Origin of Language in German Romanticism*, New York, Holmes and Meier Publishers, 2004.

GARVER Newton, « Analyticity and Grammar », *in* Lewis White Beck (ed.), *Kant studies today*, Lasalle Illinois, Open Court, 1969, p. 245-273.

GRANDJEAN Antoine, *Critique et réflexion. Essai sur le discours kantien*, Paris, Vrin, 2009.

HOGREBE Wolfram, *Kant und das Problem einer tranzsendantalen Semantik*, Freiburg/München, Karl Alber Verlag, 1974.

HOLZ Friedbert, *Kant et l'Académie de Berlin*, Frankfurt am Main, Peter D. Lang Verlag, 1981 [en particulier « Le problème du langage », p. 286-304].

KITCHER Patricia, *Kant's transcendantal psychology*, New York, Oxford University Press, 1990.

LAMACCHIA Ada, « Sprachphilosophische Erwägungen zur Funktion der Signum und Symbolum in Kants kritischer Philosophie », in *Proceedings of the third international Kant congress*, Dordrecht, D. Reidel, 1972, p. 376-386.

LEBRUN Gérard, *Kant et la fin de la métaphysique* [1970], Paris, Armand Colin/Le livre de Poche, 2003.

LONGUENESSE Béatrice, *Kant et le pouvoir de juger*, Paris, P.U.F., 1993.

– « Two uses of "I" as subject? », in Simon Prosser et François Récanati (eds.), *Immunity to Error Through Misidentification: New Essays*, Cambridge, Cambridge University Press, 2012, p. 81-103.

MAKREEL Rudolf A., *Imagination and interpretation in Kant. The hermeneutical import of the Critique of Judgement*, Chicago, Chicago University Press, 1990.

MARTY François, *La naissance de la métaphysique chez Kant*, « Bibliothèque des Archives de Philosophie », Paris, Beauchesne, 1980.

MOSSER Kurt, « Why Doesn't Kant Care About Naturel Language ? », *Dialogue*, 41, 2001, p. 25-52.

NEIS Cordula, *Anthropologie im Sprachdenken des 18. Jahrhunderts. Die Berliner Preisfrage nach dem Ursprung der Sprache (1771)*, Berlin/New York, Walter de Gruyter, 2003.

PILLOW Kirk, « Jupiter's Eagle and the Despot's Hand Mill : Two Views on Metaphor in Kant », *Journal of Aesthetics and Art Criticism*, 59/2, 2001, p. 193-209.

RAGGIUNTI Renzo, *Conoscenza et linguaggio nel pensiero moderno da Locke a Kant*, Massarosa, M. del Bucchia, 2000.

RIEDEL Manfred, *Urteilskraft und Vernunft. Kant ursprüngliche Fragestellung*, Frankfurt, Suhrkamp, 1999.

– « Critique of Pure Reason and Language : Concerning the Problem of Categories in Kant », *Graduate Faculty Philosophy Journal*, 9/2, 1983, p. 33-46.

SCHNELL Alexander, « Figures du langage dans la philosophie pratique de Kant », in J.-M. Vaysse (dir.), *Kant*, Paris, Cerf, 2008, p. 213-234.

SIMON Josef, *Kant – Die fremde Vernunft und die Sprache der Philosophie*, Berlin, New York, Walter de Gruyter, 2003.

– « Kant, la compréhension et la langue de la philosophie », trad. fr. C. Berner, *in* C. Berner et F. Capeillères (dir.), *Kant et les kantismes dans la philosophie contemporaine 1804-2004*, Villeneuve d'Ascq, Presses Universitaires du Septentrion, 2007, p. 235-246.

TEREZAKIS Katie, *The Immanent Word : The Turn to Language in German Philosophy 1759-1801*, Londres, Routledge, 2007.

THOUARD Denis, « Une philosophie de la grammaire d'après Kant : la *Sprachlehre* d'A.F. Bernhardi », *Archives de philosophie*, 55, 1992, p. 409-435.

– (éd.), *Critique et herméneutique dans le premier romantisme allemand*, Villeneuve d'Ascq, Presses Universitaires du Septentrion, 1996.

WILLIAMS Terence Charles, *Kant's philosophy of language : Chomskyan linguistics and its Kantian roots*, Lewiston (N.Y.), E. Mellen, 1993.

– *The Unity of Kant's Critique of Pure Reason. Experience, Language, and Knowledge*, Lewiston (N. Y.), E. Mellen, 1987.

WUNDERLICH Falk, *Kant und die Bewusstseinstheorien des 18. Jahrhundert*, Berlin, Walter de Gruyter, 2004.

Sur l'ensemble de la philosophie de Kant ou sur des aspects précis de sa pensée

BENOIST Jocelyn, « Les limites de l'ontologie et le sujet critique », texte d'introduction à la traduction de la *Réponse à Eberhard* de Kant, Paris, Vrin, p. 8-81.

BONA MEYER Jürgen, *Kant's Psychologie*, Berlin, Wilhelm Hertz, 1870.

BRANDT Reinhard, « Commentaire de la Préface de l'*Anthropologie du point de vue pragmatique* », *in* J. Ferrari (dir.), *L'année 1798. Kant. Sur l'anthropologie*, Paris, Vrin, 1997, p. 197-220.

– *Kritischer Kommentar zu Kants Anthropologie in pragmatischer Hinsicht*, Hambourg, Felix Meiner Verlag, 1999.

CALORI François, « L'arraisonnement (Rationalité pratique et sensibilité chez Kant) », *in* Michèle Cohen-Halimi (dir.), *Kant. La rationalité pratique*, Paris, P.U.F., 2003, p. 119-172.

CASSIRER Ernst, *Kants Leben und Lehre* [1918], *Gesammelte Werke, Hamburger Ausgabe*, Bd 8, Hambourg, Felix Meiner Verlag, 2001.

CASTILLO Monique, *Kant et l'avenir de la culture*, Paris, P.U.F., 1990.

COHEN Alix, « Kant on Epigenesis, Monogenesis and Human Nature: The Biological Premises of Anthropology », *Studies in History and philosophy of biology and biomedical sciences*, 37, 4, 2006, p. 675-693.

– *Kant and the Human Sciences. Biology, Anthropology and History*, New York, Palgrave MacMillan, 2009.

COHEN Hermann, *La théorie kantienne de l'expérience* [2e éd. 1885], trad. fr. E. Dufour et J. Servois, Paris, Cerf, 2001.

COHEN-HALIMI Michèle, « L'*anthropologia in nuce* de Kant et Hamann », *Revue de métaphysique et de morale*, 1994/3, p. 313-325.

CRAMPE-CASBANET Michèle, *Genèse idéale et genèse empirique dans la philosophie transcendantale kantienne*, Doctorat d'État Paris 1, 1980.

– « La question d'une double genèse dans la philosophie kantienne », *Archives de philosophie,* 47, 1984, p. 247-262.

EISLER Rudolf, *Kant-Lexicon*, trad. fr. A.-D. Balmès et P. Osmo, Paris, Gallimard, 1994.

DELBOS Victor, *La philosophie pratique de Kant*, Paris, Félix Alcan, 1905.

DUCHESNEAU François, « Épigenèse de la raison pure et analogies biologiques », *in* F. Duchesneau, G. Lafrance et C. Piché (dir.), *Kant actuel. Hommage à Pierre Laberge*, Montréal, Bellarmin, 2000, p. 233-256.

FISCHER Kuno, *Die beiden kantischen Schulen in Iena*, Stuttgart, Gottascher Verlag, 1862.

FREULER Léo, « A priorisme et psychologisme sont-ils compatibles ? L'interprétation empiriste de la Critique de la raison pure de Beneke à J. B. Meyer », *Revue de métaphysique et de morale*, 35, 2002/3, p. 341-361.

GENOVA Arthur, « Kant's Epigenesis of Pure Reason », *Kant-Studien*, 65, 1974, p. 259-273.

HAUMESSER Matthieu, *La sensualisation de l'entendement dans Locke et Kant autour de l'Amphibologie des concepts de la réflexion*, sous la direction de J-M. Vienne, Nantes, 2005, non publiée.

HUNEMAN Philippe, *Métaphysique et biologie. Kant et la constitution du concept d'organisme*, Paris, Kimé, 2008.

– (éd.), *Understanding purpose. Kant and the philosophy of biology*, Rochester, University of Rochester Press, 2007.

KUEHN Manfred, *Kant. A Biography*, Cambridge, Cambridge University Press, 2001.

LEQUAN Mai, *La philosophie morale de Kant*, Paris, Seuil, 2001.

LIEBMANN Otto, *Kant une die Epigonen*, Stuttgart, Carl Schober, 1865.

LONGUENESSE Béatrice, « Kant on the Identity of Persons », in *Proceedings of the Aristotelian Society*, vol. CVII, 2007, p. 149-167.

– *Kant on the human Standpoint*, Cambridge, Cambridge University Press, 2005.

MAKOWIAK Alexandra, *Kant, l'imagination et la question de l'homme*, Grenoble, Millon, 2009.

PRADELLE Dominique, *Par-delà la révolution copernicienne – Sujet transcendantal et facultés chez Kant et Husserl*, Paris, P.U.F., 2012.

VAYSSE Jean-Marie dir., *Kant*, Paris, Cerf, 2008.

WARDA Arthur, *Immanuel Kants Bücher*, Berlin, Martin Breslaner Verlag, 1922.

WAXMAN Wayne, *Kant's model of the mind*, New York, Oxford University Press, 1991.

WINKLER Kenneth P., « Kant, the Empiricists, and the Enterprise of Deduction », *in* Paul Guyer (ed.), *The Cambridge Companion to Kant's Critique of Pure Reason*, New York, Cambridge University Press, 2012, p. 41-74.

WOLFF Robert Paul, « Kant's Debt to Hume via Beattie », *Journal of the History of Ideas*, 21, 1960, p. 117-123.

WOOD Allen, *Kantian Ethics*, Cambridge, Cambridge University Press, 2008.

ZAC Sylvain, *Salomon Maïmon. Critique de Kant*, Paris, Cerf, 1988.

ZAMMITO John H., *Kant, Herder and the birth of Anthropology*, Chicago, University of Chicago Press, 2002.

– « Kant's Persistent Ambivalence toward Epigenesis », in Ph. Huneman (ed.), *Understanding purpose*, Rochester, University of Rochester Press, 2007, p. 51-74.

Autres

AUROUX Sylvain dir., *Les notions philosophiques*, 2 vol, Paris, P.U.F., 1990.

BEAUFRET Jean, *Leçons de philosophie 2*, Philippe Fouillaron (éd.), Paris, Seuil, 1998.

BONNET Christian, « Le préjugé du transcendantal », *Archives de Philosophie*, 61, 1998, p. 475-488.

– « Herbart lecteur de Kant », in *J.F. Herbart (1776-1841). Métaphysique, psychologie, esthétique, Cahiers de Philosophie de l'université de Caen*, n°36, 2001, p. 31-44.

CASSIN Barbara dir., *Vocabulaire européen des philosophies*, « Dictionnaires Le Robert », Paris, Seuil, 2004.

CRÉPON Marc, *Les géographies de l'esprit*, Paris, Payot, 1996.

ÉCOLE Jean, *Introduction à l'Opus metaphysicum de Christian Wolff*, Paris, Vrin, 1985.

FREULER Léo, *La crise de la philosophie au* XIXe *siècle*, Paris, Vrin, 1996.

HILFRICH Carola, « Les écrits de Mendelssohn sur le langage et sur l'écriture : commencements oubliés d'un discours judéo-allemand moderne sur le langage », *Revue germanique internationale*, 17, 2002, p. 41-53.

RAULET Gérard, *Aufklärung. Les lumières allemandes*, Paris, GF, 1995.

INDEX NOMINUM

TABLE DES MATIÈRES

DE KANT
EN ÉDITION SCIENTIFIQUE
À LA MÊME LIBRAIRIE

Anthropologie du point de vue pragmatique, trad. fr. M. Foucault précédée de M. FOUCAULT, *Introduction à l'Anthropologie de Kant,* 272 p., 2008.

Considérations sur l'optimisme (1759). L'unique fondement possible d'une démonstration de l'existence de Dieu (1763). Sur l'insuccès de tous les essais de théodicée (1791). Pensées successives sur la théodicée et la religion, trad. fr. A.-J. Festugière, 236 p., 1972.

Critique de la raison pure – De l'amphibologie des concepts de la réflexion, trad. fr. M. Haumesser, 288 p., 2010.

Histoire et politique : Idée pour une histoire universelle du point de vue cosmopolitique. Conjectures sur le commencement de l'histoire humaine. Le conflit de la faculté de philosophie avec la faculté de droit, trad. fr. G. Leroy, introduction et notes M. Castillo, 192 p., 1999.

Histoire générale de la nature et théorie du ciel (1755), trad. fr. J. Seidengart, 320 p., 1984.

L'unique argument possible d'une démonstration de l'existence de Dieu, trad. fr. R. Theis, 240 p., 2001.

Manuscrit de Duisbourg 1774-1775, Choix de réflexions des années 1772-1777, trad. fr. F. Chenet, 199 p., 1989.

Qu'est-ce que s'orienter dans la pensée ?, trad. fr. A. Philonenko, 112 p., 2001.

Quelques opuscules précritiques : La monadologie physique (1756). Nouvelle définition du mouvement et du repos (1758). De la fausse subtilité des quatre figures du syllogisme (1762). Du premier fondement de la différence des régions dans l'espace (1768), trad. fr. S. Zac, 140 p., 1983.

Recherches sur l'évidence des principes de la théologie naturelle et de la morale, Annonce du programme des leçons de Kant durant le semestre d'hiver 1765-1766, trad. fr. M. Fichant, 124 p., 1966.

Réflexions métaphysiques (1780-1789), trad. fr. S. Grapotte, 304 p., 2011.

Réflexions sur la philosophie morale, précédé de A. G. BAUMGARTEN, *Principes de la philosophie pratique première,* introduction et traduction par L. Langlois, 424 p., 2014.

Remarques à propos des Observations sur le sentiment du beau et du sublime, trad. fr. B. Geonget, 280 p., 1994.

Réponse à Eberhard, trad. fr. J. Benoist, 176 p., 1999.

Vers la paix perpétuelle. Projet philosophique, texte allemand et trad. fr. M. Marcuzzi, 272 p., 2007.

Dépôt légal : octobre 2016 - IMPRIMÉ EN FRANCE - Imprimeur n° 19067
Imprimé le 21 octobre 2016 sur les presses de l'imprimerie *La Source d'Or* - 63039 Clermont-Ferrand